Prof. Peter Paulig

Das Kinderversteherbuch

Alles, was Eltern wissen wollen

Prof. Peter Paulig

Das Kinder-
versteherbuch

Alles, was Eltern wissen wollen

PATTLOCH

Bibliografische Information: Deutsche Nationalbibliothek
Die Deutsche Nationalbibliothek verzeichnet diese Publikation
in der Deutschen Nationalbibliografie; detaillierte bibliografische Daten
sind im Internet über http://dnb.d-nb.de abrufbar.

© 2009 Pattloch Verlag GmbH & Co. KG, München
Umschlaggestaltung: ZERO Werbeagentur, München
Lektorat: Michael Schönberger
Satz und Herstellung: Hartmut Czauderna
Druck und Bindung: GGP Media GmbH, Pößneck
Printed in Germany
ISBN 978-3-629-02219-6

www.pattloch.de

2 4 5 3 1

Inhalt

Einleitung **7**

Kinder: Wie sie sind und was sie brauchen **13**

1 Die Zehn Gebote der Kindererziehung 13
2 Kinder verstehen ist möglich, aber nicht leicht 33
3 Kinder sind keine Mini-Erwachsenen 42
4 Jedes Kind gibt es nur einmal 48
5 Kinder brauchen Vertrauen 56
6 Niemand kann Kindern etwas vormachen 64
7 Kinder brauchen ein dickes Fell 69
8 Kinder brauchen Freunde 86
9 Kinder sind keine Diplomaten 94
10 Kinder brauchen Grenzen, Eltern Verständnis 101
11 Warum es nicht einfach ist, konsequent zu bleiben 117
12 Wenn Kinder schüchtern sind 124
13 Über das Zusammenspiel von Erbanlagen und
   Umwelteinflüssen 133
14 Niemals Gewalt! 142
15 Wenn Kinder partout nicht gehorchen wollen 164
16 Wenn Kinder eifersüchtig sind 173
17 Memorandum des Kindes an den Erzieher 180

Eltern: Wie sie sind und was sie wissen müssen **183**

18 Eltern können nicht der Kumpel ihres Kindes sein 183
19 Erziehung ist gelebtes Vorbild 190
20 Eine gute Eltern-Kind-Beziehung ist das A und O
   der Erziehung 204
21 Wenn sich Eltern einig sind, ist Erziehung leichter 211
22 Humor ist Medizin, Ironie dagegen Gift 220
23 Über Wiederkäuer, Spießer und Miesmacher 228
24 Gefühle sind nicht immer die besten Ratgeber 245

25 Hört auf, die Kinder zu verwöhnen! 251
26 »So geht es mit dir nicht weiter! Ändere dich!« 263
27 Lieblingskinder sind nicht immer glückliche Kinder ... 271
28 Lassen Sie sich von Angeber-Eltern nicht verun-
sichern! 276
29 Der Vier-Stufen-Plan der Erziehung 279
30 Lob beflügelt – allerdings nicht immer 287
31 »Der Apfel fällt nicht weit vom Stamm« – richtig? 296
32 Lügen sind oft Quittungen für Ängste. Oder:
Wer Angst sät, wird Lügen ernten 301
33 Die drei großen R der Erziehung: Regeln, Reviere,
Rituale 314
34 Mit Kindern den Glauben leben 326
35 Was weißt du eigentlich von mir? 343

Namen- und Sachregister **348**

Einleitung

Von Einleitungen halte ich gar nichts, denn die liest sowieso kein Schwein«, behauptete der bekannte Literaturkritiker Marcel Reich-Ranicki einmal in einer Fernsehdiskussion. Im Gegensatz zu ihm bin ich der Ansicht, dass eine Einleitung zum besseren Verständnis eines Buches beitragen kann. Daher wäre es schade, wenn Sie diese nicht lesen würden. Denn Sie sollen wissen, *warum* und *für wen* ich dieses Buch überhaupt geschrieben habe.

Das *Kinderversteherbuch* ist aus der täglichen Arbeit mit Kindern und Eltern entstanden – also nicht im Elfenbeinturm der Erziehungswissenschaft. Seit über vier Jahrzehnten habe ich mit ratsuchenden Eltern zu tun – in den vergangenen zwanzig Jahren Woche für Woche zwar immer wieder mit anderen, die mir aber immer wieder die gleichen oder ähnliche Fragen gestellt haben. Und wenn ich dann versuche, darauf zu antworten, bin ich nicht selten zwischen mitfühlender Anteilnahme und Verärgerung hin- und hergerissen. Anteilnahme, wenn Eltern sich beispielsweise über ihr trotziges oder ungehorsamen Kindes aufregen oder sich Sorgen machen. Verärgerung, weil häufig nicht das Kind, sondern sie selbst das Problem sind. Zwar lieben sie ihr Kind, machen es ihm aber schwer oder sogar unmöglich, dass es sie ebenfalls lieben kann.

Es hat ziemlich lange gedauert, bis ich zu der Erkenntnis gekommen bin, dass viele Eltern zwar guten Willens sind und das Beste für ihr Kind wollen, oft aber gar nicht wissen, was das Beste ist. Sie suchen nach irgendwelchen Erziehungstipps oder Patentrezepten und sind überrascht, wenn ich ihnen erkläre, dass es die nicht gibt, weil jedes Kind mit seinen Eigenheiten und Bedürfnissen einmalig ist und eine »maßgeschneiderte« Erziehung braucht.

Viele Eltern setzen allein auf ihr Bauchgefühl oder erziehen ihr Kind bzw. ihre Kinder nach Lust und Laune. Wenn es dann Probleme gibt, wird in aller Regel im Kind der »Übeltäter« gesehen. Und dann gilt noch viel zu oft die Devise *Wer nicht hören will, muss fühlen.*

Dass dadurch neue Erziehungsprobleme entstehen können, ist vielen Müttern und Vätern nicht bewusst. Es gibt sogar welche, die ihre Erziehungsmaßnahmen mit der Feststellung rechtfertigen: *Mir hat's ja auch nicht geschadet.* Man kann nichts Dümmeres sagen! Und zwar deswegen nicht, weil ein Kind ein anderes genetisches Potenzial hat als seine Eltern, anders als sie fühlt, denkt und handelt, andere Stärken und Schwächen als sie hat und in einem anderen sozialen Umfeld aufwächst, einfach eine andere Person ist.

Langjährige Erfahrungen haben mich zu der Überzeugung gelangen lassen, dass die unzureichende Erziehungskompetenz vieler Eltern eine der entscheidenden Ursachen für den Erziehungsnotstand hierzulande ist, über den schon seit Jahren diskutiert wird. Zahllose Vorschläge wurden gemacht, Analysen vorgelegt und Diskussionen geführt, aber von der Überwindung des Erziehungsnotstands kann keine Rede sein, ganz im Gegenteil!

Ich habe sogar den Eindruck, dass sich immer mehr Ratlosigkeit ausbreitet. Nicht zuletzt auch deswegen, weil sich immer wieder Ratgeber zu Wort melden, die für noch mehr Verwirrung sorgen. Wer glaubt, mit einem *Lob der Disziplin* zur Lösung der vielschichtigen Erziehungsmisere beitragen zu können, irrt sich gewaltig und erweist ratsuchenden Eltern einen Bärendienst. Das gilt auch für den, der Eltern davor warnt, ihre Kinder zu *Tyrannen* zu erziehen, ohne zu sagen, wie man das vermeidet.

Mein *Kinderversteherbuch* ist der Versuch, tiefer zu bohren und allen, die mit der Erziehung von Kindern zu tun haben, Orientierungen zu geben. Dabei gehe ich vom Erziehungsalltag aus, beschreibe aber nicht nur Ursachen und Wirkungen, sondern berücksichtige auch wissenschaftliche Erkenntnisse, z.B. der Gen- und Hirnforschung. Die sind nämlich für ein *verständnisvolles* Erziehen eminent wichtig.

Warum ich dieses Buch geschrieben habe

Ich bin der Überzeugung, dass die Bundesrepublik hinsichtlich einer verständnisvollen Erziehung und Fürsorge der Heranwachsenden noch ein Entwicklungsland ist. Im Allgemeinen ist wenig Verständnis für das vorhanden, was Kinder für ihre geistige, seelische und soziale Entwicklung brauchen. In unserer *kinderfeindlichen Gesellschaft* (Roman Herzog) ist es deshalb nicht leicht, ein Kind zu sein.

Das hat viele Gründe, aber einer der wichtigsten ist meines Erachtens, dass viele Eltern im Kind einen Mini-Erwachsenen sehen und nicht das Kind mit seinen Eigenheiten und kindgemäßen Verhaltensweisen. Mangel an Einsicht und Mangel an Fürsorge tragen oft dazu bei, dass Kindern an Leib und Seele Schäden zugefügt werden, die ein Leben lang nachwirken. Das kann und muss in Zukunft grundlegend anders werden.

Wir brauchen dringend eine *neue Erziehungskultur*, die sich sowohl am Kind, an seinen Bedürfnissen und Eigenheiten orientiert als auch an überzeitlich gültigen humanen Werten und Normen. Nur wenn das endlich gelingt, wird es auch möglich sein, den *Teufelskreis der Erziehung* zu durchbrechen, den der französische Dramatiker Jean Anouilh so beschrieben hat: »Die Kinder müssen die Dummheiten ihrer Erzieher so lange ertragen, bis sie groß genug sind, sie zu wiederholen.«

Es war die Schwedin Ellen Key, die in ihrem Buch *Das Jahrhundert des Kindes* bereits 1902 eine neue Erziehungskultur gefordert hat. Aus verschiedenen Gründen haben sich ihre Vorstellungen von einer kind- und jugendgemäßen Erziehung in Deutschland nur ansatzweise erfüllt. Das ist in den skandinavischen Ländern anders. Selbstverständlich ist in diesen Ländern auch nicht alles Gold, was glänzt, aber sicher ist, dass es z. B. mehr Angebote zur Vorbereitung auf die Elternschaft gibt und auch weitaus mehr Vor- und Fürsorge für Heranwachsende als in der Bundesrepublik.

Wenn Sie es nicht schon längst sind, erhoffe ich mir von Ihnen und allen, die dieses Buch lesen, dass sie zu engagierten Anwälten der Kinder unserer Gesellschaft werden und mithelfen, damit sich ein Traum erfüllt, den nicht nur ich seit vielen Jahren träume. Zwar träumen schon viele von einer neuen *Erziehungskultur*, aber sie sind die Minderheit, gemessen, an denen, die die ausgelatschten, uralten Trampelpfade der Erziehung aus Bequemlichkeit oder Borniertheit nicht verlassen. Wenn nur wenige träumen, bleibt es ein Traum, wenn aber viele gemeinsam träumen, ist das der Beginn einer neuen Wirklichkeit – und darauf hoffe ich.

Ich hoffe darauf, weil ich die Vision habe, dass den Eltern, Kindern und Jugendlichen des 21. Jahrhunderts mit mehr Verständnis begegnet wird und sie im Alltag mehr hilfreichen Beistand erfahren.

Für wen ich dieses Buch geschrieben habe

Dieses Buch habe ich für Eltern und all diejenigen geschrieben, die an einer wertorientierten und zeitgemäßen Erziehung interessiert sind. Ich möchte sie ermutigen, sich Erziehungskompetenz anzueignen – auch mit Hilfe dieses Buches.

Zum Inhalt und zu der Form des Buches

Maßgebend für den Inhalt waren zum einen Fragen, mit denen mich verunsicherte und überforderte Eltern in zahllosen Gesprächen oft regelrecht gelöchert und nicht selten auch in Verlegenheit gebracht haben; zum anderen die Erfahrungen und Beobachtungen, die ich bei meinen Kindern und Enkelkindern, aber auch Schülerinnen und Schülern gemacht habe, die ich fünfzehn Jahre unterrichtet habe – von ihnen habe ich übrigens am meisten gelernt.

Das Buch hat zwei Teile. Im ersten gehe ich unter verschiedenen Aspekten auf die Frage ein, was Kinder für ihre körperliche, geistige, seelische und soziale Entwicklung brauchen.

Im zweiten Teil darauf, warum das Erziehen die spannendste, aber auch die komplizierteste Aufgabe ist, die es überhaupt gibt.

Ich habe mich um eine verständliche Sprache bemüht und mit Hilfe von Beispielen versucht, schwierigere Zusammenhänge zu erklären. Hin und wieder konnte ich mir aber ironische Bemerkungen nicht verkneifen. Dafür bitte ich Sie um Nachsicht. Ich bin nun mal ein leidenschaftlicher Pädagoge, der von einer kinder- und familienfreundlichen Gesellschaft träumt und dem es natürlich gelegentlich auch so wie Ihnen geht: *Was lange gärt, wird endlich Wut.*

Abschließend möchte ich Ihnen und Ihren Kindern vielfältigen Gewinn aus der Lektüre der folgenden Seiten wünschen.

Ihr

Peter Paulig, Ingolstadt im Mai 2009

Kinder: Wie sie sind und was sie brauchen

1 Die zehn Gebote der Kindererziehung

Für mich war und ist die Erziehung eines Kindes die spannendste und manchmal auch aufregendste Aufgabe, die es gibt – jedenfalls interessanter als die Konstruktion einer Maschine oder der Bau eines Hauses. Daher habe ich mir im Laufe der Jahrzehnte auch etwa zwölf Meter Bücher zu diesem Thema gekauft. Ehrlich: Ich habe sie nicht nur gekauft, sondern auch gelesen – einige sogar zweimal.

Aber das Buch von Mia Kellmer Pringle *Was Kinder brauchen* hat es mir besonders angetan. Das ist aber kein Erziehungsratgeber, sondern der Bericht über eine einzigartige Langzeitstudie, in deren Mittelpunkt die vier wichtigsten Bedürfnisse von Kindern und auch Jugendlichen standen:

1. Das Bedürfnis nach Aufmerksamkeit, Liebe und Geborgenheit
2. Das Bedürfnis nach Erfahrungen mit Menschen und Sachen
3. Das Bedürfnis nach Lob, Anerkennung und Achtung
4. Das Bedürfnis nach Selbständigkeit und Eigenverantwortung

Folgende Fragen wurden untersucht:
1. Wie können Eltern, aber auch Erzieherinnen und Lehrkräfte diesen Bedürfnissen gerecht werden?
2. Was geschieht bzw. welche Folgen hat es, wenn diese Bedürfnisse nicht befriedigt werden?
3. Was brauchen Heranwachsende für ihre optimale geistige, seelische und soziale Entwicklung?

Exakt 17 000 Kinder wurden vierzehn Jahre lang beobachtet und regelmäßig untersucht. Und die Ergebnisse dieser Untersuchung fasst Pringle in den *Zehn Geboten der Kindererziehung* zusammen. Diese Gebote sind gleichsam Grundsätze der Erziehung, die sich Pringle und ihre Mitarbeiterinnen und Mitarbeiter aber nicht ausgedacht haben, sondern sie sind Schlussfolgerungen aus ihren Forschungsergebnissen.

Ich halte die *Zehn Gebote* deswegen für hilfreich, weil nicht um den heißen Brei herumgeredet, sondern klipp und klar gesagt wird, worauf beim Erziehen immer geachtet werden muss. Es sind aber keine Erziehungsrezepte nach dem Motto: Wenn du diese und jene Zutaten verwendest, wird es dir gelingen, aus deinem oft uneinsichtigen und meistens auch patzigen Früchtchen ein stets lebensfrohes und liebenswertes Kind zu machen.

Rezepte für die »richtige« Erziehung können sie deshalb nicht sein, weil es immer von der Einzigartigkeit eines Kindes und der seiner Eltern abhängt, auch von ihren speziellen Lebensumständen, was in einer bestimmten Situation richtig oder falsch ist. Aber selbst unter dieser Einschränkung hat jedes Gebot dennoch wegweisende Bedeutung, weil jeder weiß, was er tun oder unterlassen *muss* bzw. was jedem Kind gegeben werden *muss*, damit es sich an Leib und Seele optimal entwickeln kann.

Für Eltern, die sich um eine alters- und situationsgemäße Erziehung bemühen, die sich also am Kind und nicht nur an ihren Absichten und Idealen als Erwachsene orientieren, können diese Gebote eine Bereicherung sein und ihre Erziehungskompetenz stärken. Sie werden viele Anregungen finden, vielleicht auch Bestätigung ihrer Ansichten oder Überzeugungen. Für besonders wichtig halte ich jedoch, dass das Verständnis für kindliche Bedürfnisse gefördert wird und damit für das, was jedes Kind für seine Entwicklung unbedingt braucht.

Abgesehen vom zehnten Gebot, das sich von selbst versteht, werde ich jedes Gebot kommentieren und dabei auch auf meine Erfahrungen und Erkenntnisse zu sprechen kommen, die ich in den zurückliegenden Jahrzehnten mit Kindern und Eltern gemacht habe. Außerdem weise ich gelegentlich auf andere Kapitel in diesem Buch hin, in denen ich auf bestimmte Zusammenhänge, Fragen usw. etwas ausführlicher eingehe:

1. Gebot: *Bring deinem Kind beständige, gleichmäßige Liebe und Fürsorge entgegen!* – Das ist für seine seelisch-geistige Gesundheit so wesentlich wie die Nahrung für den Körper.

Dieses Gebot ist nach meinen Erfahrungen mit Kindern tatsächlich überaus wichtig. Kinder hungern buchstäblich nach Liebe. Sie wollen – so wie Sie und ich! – geliebt werden. Daher ist nichts wichtiger, als einem Kind die Gewissheit zu geben, dass es angenommen, geachtet und geliebt wird. Was auch geschieht, diese Gewissheit braucht jedes Kind ebenso wie die tägliche Nahrung und die Luft zum Atmen.

Aber kann man sein Kind auch dann lieben, wenn es häufig z. B. dickköpfig, ungehorsam oder streitsüchtig ist? Immerhin sollen Eltern ihrem Kind *beständige und gleichmäßige Liebe* entgegenbringen. Ich weiß, dass das ein hoher Anspruch ist. Aber ich weiß auch, dass beispielsweise demütigende Vorwürfe und Verurteilungen, vor allem aber Strafen letztlich keine wirksamen Mittel gegen Dickköpfigkeit, Ungehorsam und Streitsucht sind. Wenn ein Kind gedemütigt wird, lernt es nämlich nicht nur das Demütigen, sondern es kann passieren, dass es anfängt, über Vergeltung nachzudenken.

Wenn ein Kind

Wenn ein Kind kritisiert wird,
lernt es zu verurteilen.
Wenn ein Kind angefeindet wird,
lernt es zu kämpfen.
Wenn ein Kind verspottet wird,
lernt es, schüchtern zu sein.
Wenn ein Kind beschämt wird,
lernt es, sich schuldig zu fühlen.

Wenn ein Kind verstanden und toleriert wird,
lernt es, geduldig zu sein.
Wenn ein Kind ermutigt wird,
lernt es, sich selbst zu vertrauen.
Wenn ein Kind gelobt wird,
lernt es, sich selbst zu schätzen.
Wenn ein Kind gerecht behandelt wird,
lernt es, gerecht zu sein.
Wenn ein Kind geborgen lebt,
lernt es zu vertrauen.
Wenn ein Kind anerkannt wird,
lernt es, sich selbst zu mögen.
Wenn ein Kind in Freundschaft angenommen wird,
lernt es, in der Welt Liebe zu finden.

(Text über dem Eingang einer Schule in Tibet)

Geduld, Besonnenheit, Einfühlungsvermögen und auch Nachsicht können Eltern helfen, sich an das 1. Gebot zu halten. Da Eltern aber meistens keine Übermenschen sind, ausgestattet mit Nerven aus Drahtseilen, und da ihre Nachsicht natürlich auch Grenzen hat, ist es nicht einfach, nicht gegen dieses Gebot zu verstoßen und zu »sündigen«. Müssen sie deswegen ein schlechtes Gewissen haben?

Ich bin der Ansicht, dass einem Kind beständige und gleichmäßige Liebe entgegenbringen nicht heißt, dass Eltern immer alles hinnehmen und verzeihen müssen, weil ihr Kind z. B. erst drei Jahre ist. Schon das kleine Kind kann und muss lernen, Grenzen und ein Nein zu akzeptieren. Und erstaunlich ist, dass viele der Zweijährigen durchaus akzeptieren, wenn beispielsweise in gefährlichen Situationen ein Verbot ausgesprochen wird. Verstehen können sie es zwar oft noch nicht, aber wenn Eltern konsequent daran festhalten, akzeptieren sie es.

Interessant ist, dass Eltern häufig Folgendes übersehen: Dass für Kinder Gebote und Verbote gar nicht so wichtig sind, wie sie oft glauben. Das Wichtigste für ein Kind ist, *wie* mit ihm darüber gesprochen wird bzw. wie ihm beigebracht wird, dass es sich daran halten muss. Aber nicht nur das *Wie* ist ihm wichtig, sondern auch *wer* mit ihm darüber spricht.

Da Kinder höchst sensibel sind und ihre Eltern lieben, kann es sie buchstäblich verrückt machen, wenn sie z. B. bei jeder Gelegenheit ausgeschimpft werden oder sie ein Verbot als ungerecht empfinden. Ungerechtigkeiten und das, was ein Kind dafür hält, empfindet es aber nicht nur als Kränkung, sondern auch als *Lieblosigkeit*. Jedes Kind hat Angst, wenn es glaubt, von dem Menschen nicht mehr geliebt zu werden, den es selbst liebt.

Ein Feind der *beständigen, gleichmäßigen Liebe* ist die Launenhaftigkeit. Wenn sich Eltern also allzu oft von ihren Launen leiten lassen und heute das scharf verurteilen oder bestrafen, worüber sie gestern noch geschmunzelt oder hinweggesehen haben, dürfen sie sich über die Folgen nicht wundern. Kinder brauchen möglichst ausgeglichene und berechenbare Eltern, an denen sie sich orientieren können. Schwankende Gestalten, deren Kennzeichen Launen und Wechselbäder der Gefühle sind, verunsichern sie nicht nur, sondern werden von ihnen irgendwann auch abgelehnt.

2. Gebot: *Sei großzügig mit deiner Zeit!* – Mit deinem Kind zu spielen und ihm vorzulesen zählt mehr als ein ordentlicher, reibungslos funktionierender Haushalt.

In unserer hektisch-stressigen Zeit haben viele Eltern Schwierigkeiten, sich an das zweite Gebot zu halten. Sie können gar nicht großzügig mit ihrer Zeit sein, weil sie eigentlich nie genug davon haben. Auch wenn sie täglich 24 Stunden auf Achse wären, hätten sie nie Zeit – nicht für ihr Kind, oft nicht einmal für sich selbst. Ständig sind sie im Stress und kommen nie zur Ruhe.

Das kann viele Gründe haben, aber ein wichtiger ist, dass sie nicht in der Lage sind, die ihnen zur Verfügung stehende Zeit so einzuteilen, dass auch für ihr Kind genügend übrig bleibt. Anstatt für die Wochenenden, vor allem aber für den normalen Tagesablauf bestimmte Zeiten für das Kind wenigstens grob einzuplanen, überlässt man vieles dem Zufall.

Ein anderer Grund für das Zeit-Problem ist, dass sie sich zu viel vornehmen und möglichst vieles, und das möglichst sofort, haben wollen: Sie wollen z. B. im Beruf erfolgreich sein, natürlich eine schöne und geräumige Wohnung oder ein eigenes Haus besitzen, mindestens ein Auto haben, auf jeden Fall einmal im Jahr in Urlaub fahren, selbstverständlich ihrem Hobby nachgehen, Kontakt zu Freunden und Bekannten halten usw.

Schon ohne Kinder ist es nicht leicht, das alles unter einen Hut zu bringen. Aber mit einem oder zwei Kindern wird es noch schwerer, wenn man z. B. nicht Omas und Opas hat, die immer zur Stelle sind, wenn sie gebraucht werden. Aber selbst wenn »Teilzeitkräfte« zur Verfügung stehen, müssen sich Eltern meines Erachtens entscheiden, was ihnen im Interesse ihres Kindes wichtig ist. Entscheiden heißt aber auch, im Interesse des Kindes auf das eine oder andere zu verzichten, was ihnen bisher wichtig war.

Ich habe die Erfahrung gemacht, dass Schwierigkeiten oft deswegen entstehen, weil Eltern versuchen, sich um bestimmte Entscheidungen herumzudrücken. Und dann kann es eben passieren, dass sie glauben, für alles bestens gesorgt zu haben, aber ihr Kind von ihnen leider nicht das bekommen kann, was es gerade von ihnen unbedingt haben möchte: ZEIT!!!

Wie es auch ist: In ein Kind quasi Zeit zu investieren bedeutet letztlich Zeit gewinnen. Eltern sollten sich z. B. Zeit für das gemeinsame Ansehen eines Bilderbuches oder das Erzählen von Geschichten nehmen. Sie sollten Kinderfragen nie als lästig oder dumm abtun, sondern darauf eingehen; gemeinsam mit ihrem Kind überlegen, was sie am Wochenende unternehmen oder wem sie eine Freude bereiten können. Und wenn das Kind z. B. Interesse am Basteln oder Malen hat, an Tieren, Pflanzen oder an einem bestimmten Sport, sollten Eltern das unterstützen, auch wenn es Zeit kostet.

Das Kind sollte sich nie vernachlässigt fühlen und z. B. unbegrenzt Fernsehen schauen oder sich mit Computerspielen beschäftigen dürfen. Das Gefühl, das fünfte Rad am Wagen zu sein, macht kein Kind glücklich. Noch schlimmer ist aber, wenn es ständig erlebt, dass seine Eltern für vieles Zeit haben, nur nicht für seine Interessen und Fragen. Kinder, die sich nicht geachtet und im Grunde auch überflüssig fühlen, ziehen sich oft in ihre Welt zurück. Und wenn Eltern dieser Rückzug irgendwann beunruhigt und sie Psychologen oder Therapeuten um Rat fragen, muss dann Zeit und auch Geld da sein, um mit fremder Hilfe das wieder in Ordnung zu bringen, was aus Zeitgründen versäumt worden ist.

»Willst du das Land in Ordnung bringen,
musst du erst die Provinzen in Ordnung bringen.

Willst du die Provinzen in Ordnung bringen,
musst du erst die Städte in Ordnung bringen.

Willst du die Städte in Ordnung bringen,
musst du erst die Familien in Ordnung bringen.

Willst du die Familien in Ordnung bringen,
musst du erst die eigene Familie in Ordnung bringen.

Willst du die eigene Familie in Ordnung bringen,
musst du erst dich selbst in Ordnung bringen.«

(Konfuzius, chinesischer Philosoph, um 551 bis 479 v. Chr.)

Man kann es drehen und wenden, wie man will: Vieles, was in einer Familie täglich erledigt werden muss, ist wichtig. Aber ich bin der Ansicht, dass das, was Kinder für ihre seelische und soziale Entwicklung brauchen, immer wichtiger ist, als die stets blitzblank aufgeräumte Wohnung oder Papas Stammtisch. Man sollte einmal Kinder fragen, wie sie das sehen. Schon oft haben mir Kinder Antworten gegeben, die mich sprachlos gemacht haben. Da sie sehr gute Beobachter sind, durchschauen sie das Tun und Lassen ihrer Eltern auf erstaunliche Weise. Sie können auch unterscheiden, ob die Zeit für gemeinsame Unternehmungen oder das Spielen tatsächlich fehlt oder das hinreichend bekannte *Ich hab jetzt keine Zeit* wieder einmal nur eine dumme Ausrede war.

Auf die Bedeutung des kindlichen Spiels werde ich im Zusammenhang mit dem vierten Gebot eingehen.

3. Gebot: *Ermögliche deinem Kind neue Erfahrungen und hülle es von früh auf in Sprache!* – Das bereichert seine geistige Entwicklung!

Die Beachtung dieses Gebots bedeutet, dass dem Kind gleichsam verschiedene Welten geöffnet werden sollen, damit es *in* und *mit* diesen Welten Erfahrungen machen kann. Da sind zuerst die Menschen: Junge und alte, gesunde und kranke, freundliche und unnahbare, bescheidene und arrogante; auch die Menschen mit anderer Hautfarbe und Sprache gehören dazu. Die Erfahrung zu machen, dass jeder Mensch seine Eigenheiten hat, auch seine Ansichten und Geschichte, seine Stärken und Schwächen und Helden ebenso selten wie Heilige und Teufel sind, ist für jedes Kind sehr wichtig.

Dann gibt es die Welten der unmittelbaren Umgebung, die dem Kind erschlossen werden sollten und können. Das ist z. B. die Feuerwehr, das Wasserwerk und die Kläranlage, die Polizei und das Krankenhaus, die Kirche und der Friedhof, das Theater, der Kindergarten und die Schule, das Rathaus und die Stadt- oder Pfarrbücherei. Wenn man mit Kindern bestimmte Lebensbereiche aufsucht und sich von den dort Tätigen das eine oder andere erklären lässt, stellt man immer wieder fest, wie interessiert Kinder daran sind, das ist jedenfalls meine Erfahrung.

Es gibt aber auch die »großen« Welten, die Eltern ihrem Kind öffnen können. Die Welt der Natur, der Kunst und der Religionen, des Sports und der Arbeit. Wenn es gelingt, einem Kind die Augen für diese unendlich interessanten Welten nur einen Spalt zu öffnen, wird es nicht nur das Staunen lernen, sondern irgendwann auch anfangen, über all das, was es besonders interessiert, noch mehr erfahren zu wollen. Es geht aber auch darum, dass ein Kind sich selbst entdeckt und z. B. erkennt, wofür es sich begeistern kann, welche Möglichkeiten in ihm liegen und welche Schwierigkeiten es bei seiner Selbstentdeckung haben kann.

Die wichtigste Voraussetzung für das Sammeln, Ordnen und Verarbeiten der Erfahrungen ist, dass Eltern ihr Kind *loslassen.* Die »Expeditionen« ihres Kindes sollten sie lediglich mit wissender Zurückhaltung beobachten und sich auch dann nicht sofort einmischen, wenn es einen Weg geht, der wahrscheinlich in eine Sackgasse führt.

Und was bedeutet ... *hülle dein Kind von früh auf in Sprache*? Eigentlich nur, dass man mit seinem Kind ständig im Gespräch bleiben soll. Man kann ihm etwas zeigen und erklären, es um etwas bitten, auf etwas aufmerksam machen usw. Das geht mit Worten, aber auch die Sprache der Augen und der Hände, also Mimik und Gestik, enthalten immer mindestens eine Botschaft. Und Kinder nehmen das *Was* und *Wie* dieser Botschaften in sich auf und machen sich ein Bild von dem Menschen, der mit ihnen spricht.

Übrigens: Mit den 43 Gesichtsmuskeln, die jeder Mensch hat, können mehr als 10 000 Gesichtsausdrücke erzeugt werden. Das hat Paul Ekman, einer der weltbesten Experten für nonverbale Kommunikation, herausgefunden. In seinem Buch *Gefühle lesen* gibt er Hinweise, wie man am Gesichtsausdruck ablesen kann, ob jemand wirklich Wut im Bauch hat oder nur so tut, als ob.

Wenn in einer heiklen Situation nur ein einziges freundliches Wort gesagt wird, kann das im Handumdrehen für Entspannung sorgen. Auch ein Lächeln, ein Schmunzeln oder zustimmendes Kopfnicken kann wie ein Sonnenstrahl die Dunkelheit erhellen. Schon ein Augenkontakt oder die ruhige Antwort auf eine vermeintlich lächerliche Frage können ein kleines Wunder bewirken. Sogar eine strenge, aber die Gefühle des Kindes schonende Ermahnung hat eine heilsamere Wirkung als z. B. die Strafpredigt des Vaters, der wieder mal schlecht drauf ist.

Welche Empfindungen ein Kind hat, wenn es beispielsweise mit Worten gesteinigt oder bestraft wird, kann niemand mit

Sicherheit sagen. Auch nicht, was durch die Körpersprache in ihm alles zum Klingen gebracht wird. Aber eines ist gewiss: Ein Kind zu ignorieren, es bewusst zu übersehen und nicht mehr in Sprache zu hüllen, ist ein folgenreiches Vergehen, für das es – egal, was vorgefallen ist! – keine Rechtfertigung gibt.

4. Gebot: *Ermuntere deine Kinder zum Spiel in jeder Form, für sich und mit anderen Kindern, zum Forschen, Nachahmen, Bauen und schöpferischen Gestalten!*

Schon Friedrich Fröbel (1782–1852) hat die Bedeutung des Spiels für die kindliche Entwicklung erkannt:»Durch das Spiel macht das Kind Erfahrungen, die für den Aufbau seines Weltbildes von größter Wichtigkeit sind.« Fröbel hat nicht nur die ersten Kindergärten gegründet, sondern auch die sogenannten Spielgaben entwickelt.

Zahllose wissenschaftliche Untersuchungen belegen, dass das Spiel des Kindes für seine körperliche, geistige, seelische und soziale Entwicklung eine enorme Bedeutung hat. Der Appell *Lasst Kinder spielen!* ist zwar uralt, aber nach wie vor aktuell. Dabei ist es zunächst nicht so wichtig, ob das Kind allein oder mit anderen Kindern spielt. Wichtig ist vor allem, dass es überhaupt spielt und in seinem Spiel nicht gestört wird.

»Das Spiel ist für das Kind Arbeit«, hat die Pädagogin Maria Montessori (1870–1952) gesagt. Auch sie hat die Eltern aufgefordert, Kinder zum selbständigen Spielen (= Arbeiten), Forschen, Beobachten usw. zu ermuntern. Die Betonung lag auf *selbständig*, denn sie hat nichts davon gehalten, wenn sich Eltern in das kindliche Spiel einmischen und ihre Vorstellungen vom »richtigen« Spielen einbringen.

Eigenartig und für mich völlig unverständlich ist nun Folgendes: Seit Fröbel ist die Bedeutung des kindlichen Spiels bekannt. Aber es gibt auch heute noch Eltern, die das Spielen ihres Kindes für wert- und nutzlos halten. Kinder sollen sich Wissen aneignen, sie sollen lernen, aber nicht spielen, sagen diese Eltern. Im Grunde halten sie das Spielen für unwichtig, für Zeitverschwendung.

Leider ist es mir nur selten gelungen, die Gegner des kindlichen Spiels davon zu überzeugen, dass das Spielen für die gesamte Entwicklung jedes Kindes überaus wichtig ist. Sie können oder wollen nicht einsehen, dass kindliches Spielen, im umfassenden Sinne des Wortes Kräfteschulung ist. Dass also jedes Kind, wenn es ausgiebig spielen darf, die letztlich auch heute noch weitgehend rätselhaften Kräfte seines Kopfes, Herzens und seiner Hände entwickelt.

5. Gebot: *Lobe Anstrengungen mehr als Leistungen!*
Das ist ein geradezu klassisches Gebot der Erziehung. Lobenswert ist jede Anstrengung, um ein bestimmtes Ziel zu erreichen. Das Bemühen eines Kindes, eine Aufgabe möglichst allein zu bewältigen, ist sogar noch höher zu bewerten als die vollbrachte Leistung oder das Erreichen des Zieles.

Vielleicht werden Sie nun einwenden, dass diese Sicht nicht zeitgemäß ist, denn sie steht im Gegensatz zu dem, was wir aus der Erwachsenenwelt kennen. Dieser Einwand ist richtig, denn ob in der Schule, der Arbeitswelt oder im Sport: Sieger genießen das höchste Ansehen, Sieger werden gelobt und entsprechend bezahlt, Sieger stehen auf der höchsten Stufe der Siegertreppe. Und das ist so, weil allein die vollbrachten Leistungen oder die Arbeitsergebnisse zählen. Produkte sind die Maßstäbe der Leistungsgesellschaft.

Ein Bischof hat dazu einmal Folgendes geschrieben: »Wo das Leistungsprinzip das einzig Ausschlaggebende ist, da liegt es nahe, nur jene gelten zu lassen, die über eine ausgereifte und unverbrauchte Arbeitskraft verfügen. Was aber hätten dann noch die Kinder, die Alten, die Kranken, die Behinderten in unserer Gesellschaft zu suchen? Maßstab sollte nicht die Leistung an sich sein, sondern die Leistung nach Vermögen. Auch der unverschuldet begrenzten Leistung gebührt Anerkennung.«

Das ist die entscheidende Aussage: Um die *Leistung nach Vermögen* geht es. Konkret: Wenn eine Dreijährige aus Bauklötzen einen Turm zu bauen versucht oder ein Achtjähriger sich an den Bau eines Vogelhäuschens wagt, kann es sein, dass diese »Werke« nie fertig werden. Und wenn es so ist: War die ganze Anstrengung sinn- und wertlos, weil das Endprodukt fehlt?

Das Kind hat auf seine Weise probiert und konstruiert, nachgedacht und seine Hände zum Falten, Schneiden und Malen gebraucht – im Rahmen seiner Möglichkeiten hat es viel geleistet. Diese wichtigen Teilleistungen müssen gesehen und gewürdigt werden. Wer sich aber nur für das fertige Produkt interessiert, der wird es schwer haben, sein Kind zu verstehen, wenn es sich über das freut, was es schon geschafft, aber diesmal leider noch nicht vollendet hat.

Ein anderes Beispiel: Um eine Rechenaufgabe zu lösen, sind fünf Denkschritte erforderlich. Wer nur drei Denkschritte vollzogen hat, der hat eine lobenswerte Leistung vollbracht, auch wenn das Endergebnis fehlt. Lob und Ermutigung werden vielleicht dazu führen, dass bei der nächsten »Rechenprobe« vergleichbare Aufgaben gelöst werden, weil sich das Kind noch mehr anstrengt. Werden aber die drei Denkschritte nicht als Teilleistung anerkannt oder, weil das Endergebnis fehlt, nur mit einem *Falsch!* quittiert, wirkt das demotivierend.

Für Kinder sollte also die Anstrengung immer mehr als das fertige Produkt zählen. Jedes erfolgreiche Bemühen ermutigt und kann der Schlüssel zum Erfolg sein. Daher müssen Kinder lernen, Schwierigkeiten möglichst allein zu meistern. Nur wenn sie darum bitten, dürfen ihnen Eltern, Geschwister usw. helfen. Und wenn ihre Hilfe nicht erwünscht ist, sollten sie das respektieren.

6. Gebot: *Übertrage dem Kind stetig wachsende Verantwortung!* – Wie alle Fertigkeiten, muss auch diese geübt werden.

Es gibt viele Möglichkeiten, Kinder zum verantwortlichen Handeln zu erziehen. Aber das muss schrittweise erfolgen, denn sie müssen erst lernen, selbständig und eigenverantwortlich zu handeln. Und das ist schwieriger, als das Laufen und Sprechen zu lernen.

Interessant ist, dass Eltern beim Laufenlernen buchstäblich »von Fall zu Fall« jeden Versuch ihres Kindes mit großer Aufmerksamkeit und Geduld verfolgen. Wenn es noch auf wackeligen Beinchen steht, geben sie ihm die Hand, ermutigen es zu ersten kleinen Schritten und sind glücklich, wenn der erste Meter zwar schwankend, aber im aufrechten Gang geschafft ist – und das Kind strahlt.

Mit dieser Aufmerksamkeit und Geduld sollten Eltern auch das Einüben verantwortlichen Handelns angehen. Sie sollten ihrem Kind etwas zutrauen und ihm schrittweise immer ein bisschen mehr Verantwortung übertragen. Und wenn nicht gleich alles so klappt, wie sie sich das vorstellen, sollten sie sich an die ersten Schritte ihres Kindes erinnern, als sie ihm die Hand gegeben und es nach jedem Hinfallen ermutigt haben, wieder aufzustehen.

Das Einüben von Verantwortung wird dann erfolgreich sein, wenn nicht schon das kleinste »Versagen« des Kindes ein Anlass zum Schimpfen ist oder ihm Vertrauen wieder entzogen wird. Kinder, denen Vertrauen entzogen wird, sind enttäuscht und trauen sich irgendwann nichts mehr zu. Aber Vertrauen, das man Kindern entgegenbringt, indem man ihnen stetig wachsende Verantwortung überträgt, stärkt ihr Selbstvertrauen. Lesen Sie dazu auch Kapitel 5, *Kinder brauchen Vertrauen*, S. 56.

7. Gebot: *Denke daran, dass jedes Kind einzigartig ist!* – Die Behandlung, die dem einen voll gerecht wird, ist vielleicht für das andere nicht richtig.

Dieses überaus wichtige Gebot liegt mir besonders am Herzen. Daher gehe ich auch im Kapitel 4, *Jedes Kind gibt es nur einmal*, S. 48, etwas ausführlicher auf die Konsequenzen dieser Feststellung ein und beschränke mich hier nur auf einige Anmerkungen.

Schon lange wünsche ich mir, dass dieses Gebot, mit großen Buchstaben auf eine Tafel geschrieben und schön eingerahmt, in jedem Kinderzimmer, Kindergarten und auch in jedem Klassenzimmer hängt. Ein Platz in Sichtweite des Kruzifixes wäre sinnvoll. Das Kreuz, als *das* christliche Symbol, sollte nämlich alle, die Kinder erziehen, an das christliche Menschenverständnis erinnern, das nichts anderes sagt als dieses Gebot. *Jeder Mensch ist Person*, ist einmalig und hat seine Würde. Durch seine Eigenheiten ist er eine Individualität und keine Kopie eines anderen Menschen.

Seit etwa einhundert Jahren weisen vor allem Pädagogen immer wieder darauf hin, dass in der Erziehung von diesem Menschenverständnis bzw. dieser »neuen Sicht« des Kindes ausgegangen werden muss. Im Gegensatz zu früher, als das noch nicht möglich war, können heute z. B. die Gen- und die Hirnforschung beweisen, dass jedes Kind ein Original und keine Nachbildung einzelner oder vieler anderer Menschen ist.

Mit uns Menschen ist es wie mit den Milliarden Blättern in einem Buchen- oder Eichenwald: Niemand wird zwei finden, die sich in Form, Farbe, Aufbau und Struktur völlig gleich sind. Weder in der Natur noch beim Menschen gibt es eine Serienproduktion, sondern immer nur Originale.

Und genau diese Unterschiedlichkeit ist das Problem. Wenn jedes Kind einmalig ist, muss bei der Erziehung darauf Rücksicht genommen werden. Daher müssen Eltern, aber auch alle anderen, die ein Kind erziehen, ihre Erziehungsmaßnahmen auf die Eigenheiten des einzelnen Kindes quasi abstimmen, denn jedes Kind braucht die individuelle Förderung und Betreuung.

Aber das ist eben alles andere als leicht, weil niemand von vornherein sagen kann, welche Maßnahmen für ein bestimmtes Kind angemessen und daher richtig sind. Das liegt auch daran, dass zahllose Faktoren auf den Erziehungsprozess einwirken, die letztlich niemand genau kennt. Anders gesagt: Das bis heute ungelöste Problem ist, dass das Zusammenwirken von Ursachen und Wirkungen einzelner Faktoren nach wie vor nur ansatzweise geklärt ist. Wobei einerseits das Zusammenspiel von Erbanlagen, also das »Mitgebrachte«, und andererseits der Umwelt, also das »Erworbene«, entscheidende Bedeutung hat – siehe dazu das Kapitel *Über das Zusammenspiel von Erbanlagen und Umwelteinflüssen*, S. 133.

Vielleicht hat sich schon der griechische Philosoph Demokrit (um 460 vor Christus) über das Zusammenspiel von Erbe und

Umwelt Gedanken gemacht. Kurz und bündig soll er Folgendes behauptet haben: *Erziehung ist Glücksache.* Diese drei Worte haben mich sehr nachdenklich gemacht. Stimmt das, was Demokrit behauptet, habe ich mich gefragt. Offen gestanden: Mir wollte es nicht in den Kopf, dass Erziehung Glücksache sein soll. Im Laufe der Jahrzehnte habe ich aber eingesehen, dass Demokrit mindestens teilweise recht hat: Es gibt kein Erfolgsrezept für Erziehung! Es gibt nicht den »Königsweg« für alle Zwei- oder Fünfjährigen, Zwölf- oder Sechzehnjährigen, der mit Sicherheit zum Ziel führt. Und diese Einsicht hat mich zurückhaltender und gelassener gemacht, auch demütiger.

Unerklärlich ist mir aber, wie Demokrit vor nun 2500 Jahren ohne die Erkenntnisse der Neurobiologie, Sozialpsychologie und moderner Forschungen schon wissen konnte, dass der Erfolg von Erziehung nicht planbar und daher letztlich Glücksache ist. Aber vielleicht hat er es ja gar nicht gewusst, sondern lediglich geglaubt. Aber ob er das gewusst oder nur geglaubt hat, erstaunlich ist auf jeden Fall, dass er sich schon mit Fragen der Erziehung befasst hat.

8. Gebot: *Zeige Missbilligung auf eine Weise, die das Alter, die Persönlichkeit und das Verständnis des Kindes nicht überfordert!*

9. Gebot: *Drohe niemals mit Liebesentzug oder damit, dein Kind wegzugeben!* – Du kannst sein Verhalten ablehnen, aber lass nie den Verdacht entstehen, du könntest seine Person ablehnen.

Diese zwei Gebote sind letztlich Appelle, in schwierigen Situationen mit dem Kritisieren und Schimpfen Maß zu halten. Ich habe festgestellt, dass Kinder eine vernünftige, das heißt dem Alter und ihrem Verständnis angemessene Missbilligung durchaus akzeptieren.

Andererseits empfinden sie jede ungerechte Bestrafung und auch jedes Herumbrüllen, vielleicht sogar noch in Gegenwart von anderen, als Demütigung. Es ist tatsächlich so: Jede Überreaktion, also Maßlosigkeit, die in keinem Verhältnis zu dem steht, was ein Kind angestellt oder ausgefressen hat, wird als Ungerechtigkeit empfunden.

Noch empfindlicher reagieren Kinder jedoch auf Drohungen mit Liebesentzug oder gar mit Unterbringung in einem Heim. Diese Reaktion ist leicht zu erklären: Alle Kinder haben nicht nur das Bedürfnis nach Liebe, sondern auch nach Zugehörigkeit. Sie wollen vor allem in der Familie anerkannt und geachtet werden, sie wollen dazu gehören, denn das gibt ihnen Sicherheit. Folglich fürchten sie den Verlust der Geborgenheit wie den Tod.

Alle Eltern wissen, dass uns Kinder bis aufs Blut reizen können. Sich in einer angespannten Situation nicht von der Raserei der Unvernunft zu irgendeiner Überreaktion hinreißen zu lassen ist nicht einfach, aber durchaus möglich. Das schaffen Eltern dann, wenn sie sich z. B. Folgendes nicht nur vornehmen, sondern auch durchhalten: *Ich werde jetzt kein Öl zusätzlich ins Feuer gießen und das Kind niedermachen. Ich werde mich auch nicht provozieren lassen und mit ironischen oder kränkenden Vorwürfen zurückschlagen.* Besonnenheit ist nicht Schwäche, sondern Stärke. Dazu mehr in den Kapiteln *Gefühle sind nicht immer die besten Ratgeber*, S. 245, und *Humor ist Medizin, Ironie dagegen Gift*, S. 220.

10. Gebot: *Erwarte keine Dankbarkeit!* – Dein Kind hat dich nicht darum gebeten, geboren zu werden – es war deine Entscheidung.

Dieses Gebot möchte ich nicht kommentieren, sondern nur auf einen wesentlichen Aspekt eingehen, über den ich schon oft mit Eltern diskutiert habe. Richtig ist, dass kein Kind seine Eltern darum gebeten hat, auf unsere nicht immer und überall wunderbare Welt zu kommen. Es war allein ihre Entscheidung. Und mit dieser Entscheidung haben die Eltern Verantwortung für das Wohlergehen ihres Kindes übernommen, die sie nicht ablegen können.

Sie sind also die Hauptverantwortlichen für die körperliche, geistige, seelische und soziale Entwicklung ihres Kindes. Auch wenn im Laufe der Jahre z. B. eine Tagesmutter, Erzieherinnen,

Lehrerinnen und Lehrer mitverantwortlich für die Befriedigung bestimmter kindlicher Bedürfnisse sind, die Eltern sind und bleiben die Hauptverantwortlichen. Auch für die Folgen nichterfüllter Bedürfnisse tragen sie allein die Hauptverantwortung.

Allen Eltern, die ich kennengelernt habe, ist bewusst, dass sie für das körperliche und seelische Wohlbefinden ihres Kindes verantwortlich sind, das sagen sie jedenfalls. Demnach müsste ihnen auch klar sein, *wofür* sie verantwortlich sind. Interessant ist aber, dass sie sich über eine andere Frage, die meines Erachtens noch weitaus wichtiger als die *Wofür-Frage* ist, meistens nur wenig oder noch keine Gedanken gemacht haben: *Vor wem* sind Eltern eigentlich verantwortlich?

Diese Frage hat mir einmal eine Mutter von fünf Kindern, die mittlerweile Großmutter ist und schon ein Dutzend Enkelkinder hat, ohne lange zu überlegen, so beantwortet:»Nicht nur beim Erziehen höre ich immer auf meine innere Stimme. Ich glaube nämlich, dass ich alles, was ich sage und tue, vor meinem Gewissen zu verantworten habe.«

Sind diese Frau und alle, die so oder ähnlich denken, altmodisch? Für mich nicht, und ich wünsche mir, dass sich alle Eltern an die *Zehn Gebote der Kindererziehung* halten und immer auf ihre innere Stimme hören. Dann werden sie kaum etwas falsch machen. Denn ich glaube, dass das Gewissen der beste Ratgeber ist, den es überhaupt gibt. Das trifft allerdings nur für diejenigen zu, die ihr Gewissen noch nicht zum Schweigen gebracht haben.

Und solche Menschen gab und gibt es! Gewissenlose Eltern lassen ihr Baby verhungern und verdursten, verscharren es in Blumentöpfen oder werfen es in eine Mülltonne. Nur gewissenlose Eltern misshandeln ihr Kind so, dass es mit zahlreichen Knochenbrüchen in ein Krankenhaus eingeliefert werden muss und stirbt. All das ist 2008 in Deutschland geschehen, weil Kinder gewissenlosen Eltern ausgeliefert waren, die keinen Funken Unrechtsbewusstsein hatten. Immer wieder müssen Kinder sterben, weil ihre Eltern weder wissen, *wofür* sie verantwortlich sind, noch, *vor wem*.

Zugegeben, das waren Extremfälle. Aber nach wie vor gibt es eben auch die Kindesmisshandlungen der kleinen Münze, die z. B. von den Jugendämtern oft erst spät entdeckt werden. Im Jahr 2007 haben Familienrichter in 10 769 Fällen den vollständigen oder teilweisen Entzug der elterlichen Sorge angeordnet. Fachleute vermuten, dass die Zahl der Sorgerechtsentzüge weiter steigen wird, weil die Familiengerichte aufgefordert worden sind, sich früher als bisher mit Problemfällen zu befassen.

Die Folgen nichterfüllter kindlicher Bedürfnisse

Neben Pringle und ihrem Team haben sich in den vergangenen Jahren auch viele andere Wissenschaftler verschiedener Disziplinen intensiv mit der Frage befasst, welche Folgen es hat, wenn kindliche Bedürfnisse nur ungenügend oder überhaupt nicht befriedigt werden.

Diese Untersuchungen haben Folgendes ergeben: Wenn bestimmte kindliche Bedürfnisse nur unzureichend oder gar nicht befriedigt werden, kann sich das störend auf die Gesamtentwicklung eines Kindes auswirken. Außerdem ist davon auszugehen, dass es auch negative Auswirkungen auf andere Bedürfnisse hat, wenn nur eins nicht angemessen befriedigt wird.

Demnach können z. B. die körperliche Entwicklung und die Entwicklung des Denkens sowie der Sprache ungünstig beeinflusst werden; auch das soziale Verhalten eines Kindes und seine Lernbereitschaft. Bestimmte Fehlentwicklungen und Verhaltensauffälligkeiten können Folgen einer Erziehung sein, bei der die Befriedigung kindlicher Bedürfnisse so gut wie keine Rolle spielt.

Die am häufigsten vorkommenden Formen kindlichen Fehlverhaltens sind: Aggressivität, Kontaktschwäche, Schüchternheit, Schulversagen, Nervosität, Schulschwänzen, Angst, Konzentrationsmangel, Stammeln, Bettnässen, Lügen, Stehlen, Daumenlutschen, Nägelkauen, Stottern, Faulheit, Schlafstörungen, Trägheit.

Wenn man von den körperlichen Auffälligkeiten absieht, gibt es hinsichtlich des Sozialverhaltens von Kindern, deren Bedürfnisse nur unangemessen befriedigt werden, eigentlich nur zwei Gruppen. Zur ersten Gruppe gehören diejenigen, die quasi um ihre Rechte kämpfen. Sie verhalten sich ihren Eltern und Lehrkräften gegenüber z. B. aggressiv, provokativ oder streitsüchtig. Zur zweiten Gruppe gehören die Ängstlichen und Schüchternen, die sich lieber zurückziehen oder flüchten, weil sie nicht kämpfen wollen oder können.

Das Verhalten beider Gruppen hat dieselbe Bedeutung. Egal ob Angriff oder Flucht, es sind sozusagen SOS-Rufe, mit denen zum Ausdruck gebracht wird, dass emotionale, soziale oder geistige Bedürfnisse nicht ausreichend erfüllt worden sind oder werden. Wut, Hass, auch Mangel an Interesse für andere Menschen und die Unfähigkeit, z. B. zu Gleichaltrigen Beziehungen herzustellen, sind Reaktionen, die auf die Erfahrung zurückgehen, nicht anerkannt zu werden und ungeliebt zu sein.

Kinder, die in einem Elternhaus heranwachsen, in dem Mutter und Vater oft heftig miteinander streiten, sind hinsichtlich ihrer emotionalen und sozialen Entwicklung besonders gefährdet. Sie ahmen das Verhalten ihrer Eltern nach und traktieren ihre Kuscheltiere oder andere Kinder mit Gesten und vor allem Worten, die sie von ihren Eltern gehört haben. Besonders aufschlussreich ist, wenn Vier- oder Fünfjährige z. B. Vater-Mutter-Kind spielen. Dann spiegelt sich nämlich häufig das wider, was ihnen ihre Eltern unbewusst beigebracht haben.

Fazit: Wenn die psycho-sozialen Bedürfnisse eines Kindes nur unzureichend befriedigt werden, können die Folgen fatal sein. Es kann zu unterschiedlichsten Fehlentwicklungen kommen, die zu Verhaltensauffälligkeiten und -störungen führen, deren Therapie viel Zeit, Geduld und auch Geld kosten können.

■ **Noch einige Informationen zur erwähnten Langzeituntersuchung:**

1. In Auftrag gegeben hat diese Untersuchung das britische Gesundheits- und Sozialministerium – und zwar bereits 1958.

2. Untersucht wurden Kinder aus England, Schottland und Wales.

3. Vier Gruppen waren daran beteiligt:

– Die *Mütter* und *Väter* der Kinder. Sie hatten regelmäßig über das häusliche Milieu, die familiäre Situation, das Verhalten und die Entwicklung des Kindes zu berichten.

– *Ärzte,* die jedes Kind regelmäßig untersucht haben und Daten über Größe, Gewicht, Sprech- und Hörvermögen, Sehkraft und die Koordination der Bewegungen zu sammeln hatten.

– *Lehrerinnen* und *Lehrer,* deren Aufgabe es war, das einzelne Kind kontinuierlich und genau zu beobachten und Informationen über seine Leistungsfähigkeit und -bereitschaft sowie sein Sozialverhalten zu sammeln.

– Jedes *einzelne Kind* selbst, das regelmäßig nach seiner Befindlichkeit gefragt und auch Leistungstests unterzogen wurde.

Es gibt auch andere Untersuchungen zur gleichen Thematik, die ich aber nicht alle »studiert« habe. Aber die, mit denen ich mich intensiver befasst habe, bestätigen ausnahmslos die *Zehn Gebote der Kindererziehung.* So kann man also sagen, dass die Erkenntnisse von Pringle und ihrem Team keineswegs ein alter Hut sind, sondern nach wie vor aktuell. Leider ist der Untersuchungsbericht nicht mehr im Buchhandel zu haben, aber bei www.amazon.de gibt es noch Restexemplare.

Warum wurde in der Bundesrepublik eigentlich noch nie eine derartige Untersuchung durchgeführt? Es kann doch nicht daran liegen, dass Bund und Länder dafür kein Geld haben. Immerhin wurden für die sogenannte Bankenkrise viele Milliarden in kürzester Zeit lockergemacht. Wenn ich hinsichtlich des Themas *Die Kinder, Eltern, Erzieherinnen und Lehrkräfte unserer Gesellschaft* über die Versäumnisse der Politiker nachdenke, fällt mir immer sofort Michel de Montaigne (1533–1592) ein: »Wenn Politiker am Kostbarsten sparen, das ein Volk hat, an der nachwachsenden Generation, wird sich das bitter rächen.« Jean Paul (1763–1825) hat das anders gesagt: »Wenn ihr eure Augen nicht braucht, um zu sehen, was notwendig ist, werdet ihr sie brauchen, um zu weinen.« ■

2 Kinder verstehen ist möglich, aber nicht leicht

Kinder brauchen verantwortungsbewusste Eltern, die sich darum bemühen, ihr Kind zu verstehen – so oder ähnlich steht es in manchem Erziehungsratgeber. Allerdings habe ich bisher noch in keinem dieser Bücher gelesen, ob das mit dem Verstehen überhaupt möglich ist. Und wenn es möglich ist, wie man das schafft. Der russische Schriftsteller Leo Tolstoj (1828–1910) hat das Problem mit dem Verstehen in einem einzigen Satz beschrieben. Ob er dabei an Kinder oder nur Erwachsene gedacht hat, weiß ich nicht. Aber das, was er sagt, trifft meines Erachtens für große wie für kleine Menschen zu:»Zu den qualvollsten Leiden gehört die Situation, wenn Menschen dich nicht verstehen und du dich mit deinen Gedanken hoffnungslos einsam fühlst.«

Es müssen ja nicht gleich»qualvollste Leiden«sein, wenn Ihr Kind Sie nicht versteht, aber es kann Sie schon mal ratlos machen, oder? Mir hat das Nichtverstehen früher manche schlaflose Nacht bereitet, weil ich auf Fragen wie die folgenden keine Antworten hatte: Warum kapiert unser Sohn Tobias nicht, dass er sich an Grenzen halten muss? Will oder kann er mich nicht verstehen? Oder hat er mich sehr gut verstanden, aber aus irgendwelchen Gründen hört er einfach nicht auf mich – welche könnten das sein?

Jedes Kind gibt seinen Eltern Rätsel auf

Vielleicht kann man sein Kind besser verstehen, wenn man zunächst einmal an seine eigene Kindheit zurückdenkt. Können Sie sich noch an Ihre Kindheit erinnern? War das eine rundum glückliche Zeit, oder gab es auch viele dunkle Wolken, an die Sie sich nicht gern erinnern? Wie es auch gewesen ist, Sie sind von Ihren mehr oder weniger erfreulichen Kindheits- und Jugenderinnerungen, -erlebnissen und -erfahrungen geprägt worden. Sie haben sozusagen Wurzeln geschlagen, die Ihnen Halt geben.

Diese Einsicht könnte eigentlich schon dazu beitragen, dass Sie Ihr Kind ein bisschen besser verstehen, wenn's mal ungehorsam oder ängstlich ist, frech, eifersüchtig oder auf andere Weise »verhaltensauffällig«. Ist das so? Sind Sie in schwierigen Erziehungssituationen nachsichtiger, weil Sie aufgrund Ihrer eigenen Erfahrungen wissen, dass es für ein Kind nicht immer einfach ist, seine Eltern zu verstehen? Wissen Sie noch, warum Sie mit Ihren Eltern nicht immer gut ausgekommen sind? Und wenn Sie es wissen: Lag das an Ihnen oder an Ihren Eltern?

Wie Sie diese Fragen auch beantworten: sicher ist, dass Eltern, die ihr Kind ziemlich gut verstehen, mit dem Erziehen weniger Probleme als die haben, die ihr Herzallerliebstes wenig oder gar nicht verstehen. Weil sie weniger falsch machen, kommt es auch nicht so oft zu Machtkämpfen, unter denen alle Beteiligten leiden.

Wie ist das also mit dem Verstehen? Darunter verstehe ich nicht, dass Eltern das Tun und Lassen ihres Kindes etwa immer billigen oder sogar gutheißen, sondern nur, dass sie es sich erklären können. Dass sie Verständnis dafür haben, wenn sich ihr Kind ab und zu so verhält, wie sie sich in ihrer Kindheit auch gelegentlich verhalten haben: nämlich brav und höflich, aber auch kratzbürstig und bockig oder unzugänglich und störrisch wie ein Esel. Das wollen Eltern natürlich nicht gern zugeben. Müssen sie auch gar nicht. Es genügt schon, wenn sie sich daran erinnern und sich sagen: Hin und wieder war ich auch störrisch, verbohrt oder uneinsichtig und habe meinen Eltern Rätsel aufgegeben.

Jedes Kind gibt seinen Eltern immer wieder Rätsel auf. Und wenn sie schwer zu lösen sind, kann ihnen das gelegentlich die Sprache verschlagen oder, wenn's ganz schlimm kommt, kann auch mal ihr Herz stehenbleiben. Damit will ich Folgendes sagen: Obwohl Mütter und Väter auch einmal Kinder waren, ist es für sie nicht immer einfach, für bestimmte Merkwürdigkeiten die richtigen Erklärungen zu finden. Dann ärgern sie sich und sagen das, was mir schon meine Mutter gesagt hat. Zwar ist das schon eine kleine Ewigkeit her, aber ich weiß es noch genau: »Wenn ich doch nur wüsste, was in dir vorgeht, wenn du deine Trotzanfälle hast. Ich kann dich dann beim besten Willen nicht verstehen.«

Ähnlich habe ich etwa zwanzig Jahre später reagiert, als sich unsere ersten zwei Töchter als muntere Weltentdeckerinnen entpuppten und meine Frau und mich immer wieder mit neuen Ideen und Abenteuern überrascht haben. Vieles, was die beiden ausgeheckt haben, hat uns sprachlos gemacht. Als sie z. B. anfingen, für die Olympiade wie verrückt Weitsprung und Speerwerfen zu trainieren, hatten wir keine Erklärung für diese völlig neuen Interessen. Und wenn in bestimmten Situationen weder gutes Zureden noch Schimpfen nach dem Motto *Seid doch endlich vernünftig!* half, fanden wir uns damit ab, dass das Verhalten dieser beiden hin und wieder unerklärlich war.

Nach den Erfahrungen, die ich mit Kindern und Jugendlichen gemacht habe, muss ich sagen: Es ist nicht nur schwierig, sondern unmöglich, dass Eltern ihr Kind immer verstehen. Aber nicht nur das: Auch das Kind kann seine Eltern nicht immer verstehen. Stehen sich also beide Seiten manchmal oder sogar oft verständnislos gegenüber? Leben sie zwangsläufig nebeneinander her, weil Verstehen letztlich nur teilweise oder – im schlimmsten Fall – gar nicht möglich ist?

Klärungen

Eltern sollten davon ausgehen, dass ihrem Verstehen Grenzen gesetzt sind und sie ihr Kind nur selten ganz verstehen können. Daher sollten sie sich auch nicht ärgern oder gar entmutigt sein, wenn ihnen diese Grenzen bewusst werden. Auch wenn sie sich noch so sehr anstrengen, nicht immer wird es ihnen gelingen, alle Rätsel zu lösen und Überraschungen zu vermeiden. Sie werden es kaum schaffen, so wie ihr Kind zu fühlen und zu denken.

All das gilt auch für Erwachsene. Ich kenne meine Frau nun schon seit über fünfzig Jahren, doch längst nicht alles, was sie sagt und tut, kann ich mir erklären. Ihr geht es mit mir aber auch so. Und wenn ich an andere Ehepaare aus meinem Freundes- und Bekanntenkreis denke, die auch schon einige Jahrzehnte Eheglück auf dem Buckel haben, ist es ähnlich: Das gegenseitige Verstehen hat selbst dann Grenzen, wenn man immer wieder einmal über das spricht, was man beim anderen partout nicht verstehen kann.

Das gegenseitige Verständnis ist aber nur eine Seite der Medaille. Die andere ist, dass sich jeder Mensch gelegentlich nicht einmal selbst versteht – passiert das nur gelegentlich? Beispielsweise dann, wenn er rückblickend zugeben muss, wieder mal einen haarsträubenden Unsinn fabriziert zu haben. Wir Erwachsenen versuchen unser unvernünftiges Verhalten mit Ausreden wie z. B. »Ich war völlig durcheinander« zu erklären. Gestehen Sie Ihrem Kind eigentlich auch zu, dass es mal durcheinander, gestresst oder »außer sich« sein und Unsinn machen darf? Das wäre doch fair, oder?

Erfreulich ist es zwar nicht, aber wir müssen uns damit abfinden, dass es bei dem gegenseitigen und auch eigenen Verstehen Grenzen gibt. Das müssen Eltern akzeptieren, aber trotzdem sollten sie sich nicht davon abhalten lassen, immer wieder zu versuchen, ihr Kind täglich ein bisschen besser zu verstehen.

Annäherungen

Verständnisvolle Eltern erkennt man unter anderem daran, dass sie die Bedürfnisse, Eigenheiten, Fähigkeiten, Stärken und auch Schwächen ihres Kindes ziemlich genau kennen. Sie wissen viel von ihm, weil sie sein Verhalten in bestimmten Situationen aufmerksam beobachten. Und dieses Wissen ist gewissermaßen die Quelle für ihr Verständnis.

Eltern, die sich an den Bedürfnissen, Eigenheiten usw. ihres Kindes orientieren, halten nichts davon, nach der Devise zu erziehen: »Mein Wille geschehe.« Sie wissen nämlich, dass ihr Kind auch einen eigenen Willen hat, den sie nicht brechen dürfen. Aber vor allem wissen sie, was sie ihrem Kind zumuten können, wenn es um solche Fragen geht wie: Welche Grenzen muss ich meinem Kind setzen? Wie viel Aufmerksamkeit und Lob braucht es? Welche Freiheiten muss ich ihm geben? Wie kann ich seine Ängste abbauen? Wie kann ich bestimmte Begabungen fördern, die offensichtlich in ihm schlummern?

Für Eltern, die sich um Erziehungskompetenz bemühen, ist also zweierlei wichtig: Die Einstellung, die sie *zu* ihrem Kind haben, und das Wissen, das sie *von* ihm haben. Was heißt das?

Einstellungen

Im Grunde geht es nur darum, dass Eltern das Kindgemäße bzw. die besonderen Eigenheiten ihres Kindes erkennen und auch akzeptieren. Dass sie begreifen, was es eigentlich konkret bedeutet, in unserer Zeit, in dieser Familie, mit dieser Mama, diesem Papa und diesen Geschwistern Kind zu sein. Ein Kind zu sein, das sich in der Entwicklung befindet und nichts mehr als verständnisvolle Anleitung und Hilfe braucht.

Dass sie begreifen, dass ihr Kind mit anderen Augen als sie in die Welt schaut, in die es hineingeboren worden ist. Anderes als sie interessant und schön findet, ekelhaft und doof; anders als sie denkt und fühlt. Und all das werden sie dann besser verstehen, wenn sie im Kind nicht den noch unvollkommenen »Zwerg« sehen, der noch keine Ahnung vom Leben hat.

Eltern, die sich um dieses Verständnis des Kindes *nicht* bemühen, verhalten sich unbewusst egozentrisch. Sie sehen sich gewissermaßen als eine Art Zentrum, um das sich alles zu drehen hat. Folglich machen sie sich zum alleinigen Maßstab kindlichen Verhaltens und beurteilen Gut und Schlecht, Richtig und Falsch nur aus ihrer Sicht.

Alles, was von ihren idealen Vorstellungen und Absichten abweicht, gilt dann als Fehler, der unbedingt korrigiert werden muss. Weil sie sich für das allein maßgebende Vorbild halten, nach dem sich das Kind zu richten hat, wird z. B. in jedem Versuch des Kindes, seinen Willen durchzusetzen und eigene Wege zu gehen, Ungehorsam, Auflehnung und Bockigkeit gesehen.

Konflikte

In vielen Gesprächen, die ich in den vergangenen Jahren mit Eltern geführt habe, habe ich die Erfahrung gemacht, dass sehr oft das Unverständnis die entscheidende Ursache für Streitereien und Konflikte ist. Zwar ist man um das Wohl des Kindes besorgt, will nur sein Bestes und ihm helfen, bringt Opfer und liebt sein Kind, aber man will es auch beherrschen.

Irgendwann wehrt sich aber jedes Kind gegen diejenigen, die es ständig kontrollieren und bevormunden; die es nicht als werdende Persönlichkeit achten und daher nicht akzeptieren, dass es eigene Vorstellungen und einen eigenen Willen hat. Sie entziehen sich, sind beispielsweise ungehorsam und aggressiv, weil sie denen eins auswischen wollen, die sie nicht verstehen können oder wollen. Und damit beginnt ein nicht selten unheilvoller Prozess des Gegeneinanders, der sich über Jahre hinziehen kann. Wer ist eigentlich verantwortlich dafür, wenn das geschieht? Ich kann es drehen und wenden, wie ich will: Die Hauptverantwortlichen für das Unverständnis sind immer die Eltern, weil sie sich zu wenig um die Frage gekümmert haben, was es eigentlich heißt, das Kind, das man liebt, auch zu verstehen.

Empathie

Das Unverständnis kann mindestens teilweise überwunden werden, wenn Eltern Einfühlungsvermögen entwickeln. Darunter ist zum einen die wunderbare menschliche Fähigkeit zu verstehen, sich in einen anderen Menschen hineinzuversetzen und mit dessen Gefühlen intelligent und sensibel umzugehen; zum anderen aber auch, mit den eigenen Gefühlen vernünftig umzugehen. Es geht also, wie heute gesagt wird, um Empathie oder emotionale Intelligenz, die Eltern davor bewahren kann, beim Erziehen folgenreiche Fehler zu machen. Nun sagen Sie bitte nicht, dass Sie diese Fähigkeit leider nicht haben. Das stimmt nämlich nicht, denn im Gehirn jedes Menschen ist diese Fähigkeit angelegt. Und zwar im limbischen System und auch in der Denkkappe jedes Menschen, dem Neokortex. Dessen Aufgabe ist es, Gefühle wie Angst, Wut, Freude und Trauer zu kontrollieren.

Schon Neugeborene zeigen Mitgefühl und reagieren auf das Weinen anderer Kinder. Das zwei bis vier Monate alte Kind beantwortet das Lächeln oder Streicheln seiner Mutter mit einem Schmunzeln. Es kann auch weinen, wenn es Schluchzen hört oder Tränen sieht. Im Laufe der ersten Lebensjahre entwickelt sich die Fähigkeit ständig weiter, Freude, Traurigkeit und auch Wut zu erkennen. Mit etwa sechs Jahren können Kinder vielschichtigere Situationen verstehen, in denen Gefühle wie z. B. Eifersucht, Scham und Stolz zum Ausdruck gebracht werden.

Wenn ein Kind lacht und andere lachen mit, wenn es weint und getröstet wird, wenn es traurig ist und ihm Mitgefühl gezeigt wird, fühlt es sich verstanden. Dieses Gefühl, verstanden zu werden, trägt entscheidend dazu bei, dass sich sein Gefühlsleben entwickeln kann. Und das bedeutet: Man muss für die eigenen Gefühle und auch für die anderer Menschen sensibel sein und möglichst bleiben. Daher ist es schlicht dumm, beispielsweise einem Jungen zu sagen: »Du darfst keine Memme sein! Jungen weinen nicht!«

Können Eltern ihre emotionale Intelligenz so trainieren, dass sie sich immer weiter entwickelt? Alle bisher durchgeführten Untersuchungen sind zum Ergebnis gekommen, dass sich jeder Mensch Einfühlungsvermögen aneignen kann. Ich gebe fünf Empfehlungen dafür, die auf ihre Alltagstauglichkeit getestet sind und tatsächlich helfen, Kinder besser zu verstehen.

1. Wechselt die Perspektive!
Um herauszufinden, was ein Kind bewegt bzw. in ihm vorgeht, muss man versuchen, die Situation mit seinen Augen zu sehen.

Dabei geht es darum, herauszufinden, was es denkt und welche Motive hinter seinem Verhalten stecken. Wenn ein Kind beispielsweise immer wieder zu Bosheiten oder Schwindeleien neigt, sollten Eltern nicht drohen, verurteilen oder in Strafen das Heil suchen, sondern der Frage nach den Ursachen nachgehen. Nichts anderes machen übrigens Therapeuten. Sie suchen zuerst nach den Gründen bestimmten Verhaltens. Und erst wenn sie sich über Ursachen und Folgen klar geworden sind, schlagen sie etwas vor, was getan werden kann.

Der Wechsel der Perspektive kann und soll auch dazu führen, dass man beginnt, über sein eigenes Verhalten gegenüber dem Kind nachzudenken. Das Ergebnis kann sein, dass man seine Einstellung und Haltung ändert. Das ist kein Zeichen von Schwäche, sondern von innerer Stärke. Nur die Unbelehrbaren halten auf Gedeih und Verderb an dem fest, was sie einmal für richtig erklärt haben.

2. Achtet auf die »Zwischentöne«!

Zu dem, was Kinder sagen und wie sie das tun, gibt es meistens so etwas wie eine »Begleitmusik«, die über die Befindlichkeit eines Kindes viel verrät. Für die »Zwischentöne« sind die gesprochenen Worte zwar wichtig, aber auch die Stimme und die Körpersprache des Kindes enthalten wichtigste Informationen, die Eltern immer beachten sollten.

Wer sich um Einfühlungsvermögen bemüht, entwickelt im Laufe der Zeit ein feines Gespür für bestimmte Signale. Zitternde Hände, nervöses Zupfen am T-Shirt, der auf den Boden gerichtete Blick, Nägelkauen, das feuerrote oder kreidebleiche Gesicht und vieles andere sind Zeichen, dass mit einem Kind etwas nicht stimmt. Eltern, die solche Zwischentöne übersehen und -hören, haben es immer schwer, ihr Kind zu verstehen.

3. Zerfließt nicht in Mitgefühl!

Eltern sollten sich von der Erregung ihres Kindes nicht anstecken lassen. Ob sie selbst dazu beigetragen haben, dass ihr Kind »außer sich« ist, oder ob es z. B. ein anderes Kind war: In jedem

Fall müssen sie sich zuerst darum bemühen, dass sich ihr Kind wieder beruhigt. Es soll aber seine Gefühle nicht etwa runterschlucken oder verdrängen, sondern lernen, umsichtig damit umzugehen. Wenn schon das Kind ausgerastet ist, sollten seine Eltern nicht auch noch durchknallen, denn das führt meistens zu einer Eskalation der Situation. Eskalation ist bekanntlich das Gegenteil von Beruhigung.

Falsch ist es, wenn Eltern mit irgendwelchen Geschichten aus ihrem Leben ihrem Kind Mitgefühl zeigen wollen – etwa nach dem Motto: *Ich weiß, wie du dich jetzt fühlst, denn ich war auch schon auf 180.* So ein Geständnis hilft dem Kind vielleicht im Augenblick, aber langfristig nicht, denn es will seine Gefühle und Probleme als einzigartig respektiert sehen. Das sollten vor allem auch die Eltern akzeptieren, denen die Gefühle ihres Kindes im Grunde schnuppe sind. Diese Eisblöcke auf zwei Beinen haben es immer schwer, ihr Kind zu verstehen – meistens wollen sie es nicht einmal.

4. Stellt die richtigen Fragen!

Manche Fragen, die nicht nur Eltern stellen, enthalten schon eine Be- oder Verurteilung. Beispiel: »Glaubst du wirklich, dass das gut war, was du gerade gesagt hast?« Beantwortet das Kind die Frage mit ja, werden vermutlich Belehrungen oder Vorwürfe folgen. Sagt es aber, obwohl es von dieser Antwort nicht überzeugt ist, nein, werden zwar die Eltern zufrieden sein, aber nicht das Kind.

Offene Fragen sind immer besser als die, die nur mit Ja oder Nein beantwortet werden sollen. Wer in einer schwierigen Situation an den Ansichten seines Kindes wirklich interessiert ist, sollte immer mehrere Antworten zulassen. Wenn das Kind beispielsweise wieder einmal frech gewesen ist, die Frage zu stellen, ob das aus seiner Sicht gut oder schlecht war, wird es immer das sagen, was seine Mutter oder sein Vater hören will. Besser wäre eine Bitte beziehungsweise offene Frage: »Bitte erkläre mir, warum du gerade zu mir wieder mal so frech gewesen bist!«

5. Versichert euch, ob ihr alles richtig verstanden habt!

Carl Rogers, ein Experte für konstruktive Gesprächsführung, schlägt für einen Streit folgende Regel vor: »Jeder darf erst dann von sich selbst sprechen, nachdem er die Gedanken und Gefühle des Vorredners oder der Vorrednerin genau wiedergegeben hat, und zwar zu dessen oder deren Befriedigung.« Rogers geht es also darum, die Ansichten oder die Sicht eines anderen Menschen nicht nur zu verstehen, sondern mit eigenen Worten so zusammenzufassen, dass das »Gegenüber« sagt: Ja, so sehe ich das Problem, über das wir streiten.

Das ist eine sehr anspruchsvolle, aber heilsame Regel. Wer sie anwendet, wird nämlich feststellen, dass die angespannte Stimmung, die eine Streitschlichtung sehr erschweren kann, ziemlich schnell umschlägt und alles in einem milderen Licht erscheint, weil sich Sachlichkeit ausgebreitet hat. Die Regel von Rogers hat den Vorteil, dass sie Missverständnisse verhindern kann.

Ich habe – nicht nur mit Kindern und Jugendlichen! – oft erlebt, dass Konflikte deswegen schwer zu lösen waren, weil man aneinander vorbeigeredet hat. Oder weil die Streithähne gar nicht zugehört haben, wenn die Gegenseite ihre Argumente zur Sprache gebracht hat. Letztlich wollte man den »Gegner« gar nicht verstehen, sondern nur den eigenen Standpunkt durchsetzen.

Vor diesem Nicht-verstehen-Wollen sollten sich Eltern hüten. Kinder brauchen nämlich verständnisvolle Eltern, die sich um Einfühlungsvermögen bemühen, aber keine engstirnigen Rechthaber und Besserwisser, die sich nicht an kindlichen Bedürfnissen orientieren.

3 Kinder sind keine Mini-Erwachsenen

Nach einem Vortrag über das Thema »Erziehung ist (k)ein Kinderspiel« fragte mich eine Mutter: »Haben Sie bei der Erziehung Ihrer Kinder eigentlich immer alles richtig gemacht?« Diese Frage konnte ich leicht beantworten, denn sie ist mir schon oft gestellt worden: »Nein, ich habe längst nicht immer alles richtig gemacht. Oft habe ich gar nicht gewusst, was in einer bestimmten Situation das Richtige ist. Dass ich das nicht gewusst habe, war aber gar nicht schlimm, denn ich wusste wenigstens, was tausendprozentig falsch ist.«

Mit dieser Antwort war die Mutter aber nicht zufrieden und bohrte weiter:»Und was ist beim Erziehen tausendprozentig falsch?« Darauf ich:»Wenn ein Kind z. B. einen Wutanfall hat, weil es nicht das bekommt, was es unbedingt haben möchte, ist es absolut falsch, herumzuschreien oder ihm eins hinter die Ohren zu geben.« Wieder die Mutter:»Das sehe ich auch so. Aber was könnte ich tun, wenn mein Kind uneinsichtig und trotzig ist?« – »Das kann ich auch nicht sagen. Ich weiß nur, dass es in solchen Situationen nie gut ist, noch Öl ins Feuer zu gießen.«

Damit war die Mutter immer noch nicht zufrieden. Jetzt fragten auch andere, was beim Erziehen noch absolut falsch ist. Ohne lange zu überlegen, sagte ich:»Der größte Fehler ist meines Erachtens, wenn Eltern in ihrem Kind einen kleinen Erwachsenen sehen und es entsprechend behandeln.« Das hätte ich lieber nicht sagen sollen, denn nun prasselten viele Fragen auf mich ein. Alle drehten sich nur um eine einzige:»Was ist eigentlich falsch daran, wenn man in Kindern Mini-Erwachsene sieht? Sie sind es doch, oder?«

Auch in dieser Diskussion zeigte sich, was ich schon oft festgestellt hatte: Viele Eltern neigen dazu, in ihrem Kind mehr den künftigen Erwachsenen und weniger das Kind zu sehen. Sie sagen zwar, selbstverständlich sind Kinder keine kleinen Erwachsenen, aber im Erziehungsalltag spielt diese wichtige Einsicht keine maßgebende Rolle. Nicht das, was Kinder für ihre geistige, seelische und soziale Entwicklung unbedingt brauchen, ist für sie entscheidend, sondern das, was in der Erwachsenenwelt erwartet und gebraucht wird. Wie ist diese einseitige Orientierung an der Welt der Erwachsenen zu erklären?

Meines Erachtens liegt das daran, dass man im Kind ein unvollkommenes Wesen sieht, das erst durch Erziehung zum Menschen gemacht werden muss. Folglich versteht man Erziehung als einen Prozess, bei dem es vor allem darauf ankommt, ein

Kind quasi auf das Erwachsenenniveau hochzuziehen. Und je schneller und reibungsloser das gelingt, umso besser.

Über Jahre hinweg sind Eltern mit dem Großziehen und der Bekehrung ihres Kindes zum erwachsenengemäßen Verhalten beschäftigt. Und da sie sich über das Kindgemäße wenig oder gar keine Gedanken machen, wissen sie zwar viel von ihrem Kind, können es aber oft nicht verstehen. Beispielsweise halten sie wenig davon, wenn ihr Kind mal übermütig herumtollt, eine Ameise beobachtet oder auf Bäume klettert, aus Spaß an der Freude sich mit anderen Kindern balgt, sich in ihren Augen kindisch verhält oder etwas macht, was in ihren Augen absolut unvernünftig ist.

Sie versäumen, vom Kinde aus über Erziehung nachzudenken, und fragen sich nicht, welche Bedürfnisse, Eigenheiten und Interessen ihr Kind hat. Daher wissen sie oft nicht, was es braucht und was sie ihm geben müssen, damit es sich an Leib und Seele gesund entwickeln kann. Dass sie das nicht wissen, beunruhigt sie meistens wenig, denn sie haben andere Maßstäbe, an denen sie sich orientieren. Und das sind fast ausschließlich die geschriebenen und ungeschriebenen Gesetze, Normen und Konventionen, die in der Welt der Erwachsenen gelten.

Vieles spricht dafür, dass die meisten Eltern ihre wichtigste Aufgabe darin sehen, ihr Kind gesellschaftsfähig zu machen. Nur auf die Eingliederung oder Sozialisation ihres Kindes kommt es ihnen an. Und das, was jedes Kind lernen muss, ergibt sich aus den Anforderungen der Erwachsenenwelt. Diese Welt ist der Maßstab für das, was sie ihrem Kind beizubringen versuchen.

Offen gestanden: Ich habe nicht das geringste Verständnis für Eltern, die nur vom Erwachsenen und nicht auch vom Kinde aus denken und ihr Kind entsprechend erziehen. Kein Wort glaube ich ihnen, wenn sie beteuern, dass ihnen nichts wichtiger ist als das Wohl ihres Kindes. Wer in seinem Kind lediglich den künftigen Erwachsenen sieht, macht den zweiten Schritt vor dem ersten und übersieht das, was sein Kind braucht.

Selbstverständlich müssen Kinder auf das Erwachsensein

vorbereitet werden. Aber sie müssen auch Kinder sein dürfen, denn das Lebensalter der Kindheit hat einen eigenen Sinn. Kindheit und auch Jugendzeit sind nicht nur Vorbereitung auf etwas Späteres, das niemand kennt, weil die Zukunft immer ein Geheimnis ist. Daher müssen Eltern bei der Erziehung immer in zwei Richtungen schauen und sich fragen: Was braucht mein Kind heute für seine geistige, seelische und soziale Entwicklung und was braucht es hinsichtlich späterer Anforderungen? Das Heute ist so wichtig wie das Morgen, das Jetzt ebenso wichtig wie das Später.

Aus zwei Gründen kann ich nicht verstehen, wenn Eltern das ignorieren, was für ihr Kind interessant, schön, erstrebenswert und wichtig ist. Der erste Grund: Sie waren doch selbst einmal Kinder und müssten daher wissen, dass Kinder andere Interessen und Bedürfnisse als Erwachsene haben und z. B. ihr Bewegungsdrang ebenso unstillbar ist wie ihre Neugierde. Sie müssten doch wissen, was z. B. ein Drei- oder Fünfjähriges braucht, um sich seines Lebens zu freuen und glücklich zu sein. Haben sie das vergessen? Wollen oder können sie sich an ihre Kindheit nicht mehr erinnern? Wie es auch sein mag: Niemand kann sie daran hindern, darüber nachzudenken, was sie in ihrer Kindheit vielleicht so froh gemacht hat, dass sie nicht nur einmal gesagt haben: »Ich freue mich, dass ich lebe und so verständnisvolle Eltern habe.« Erich Kästner trifft mit einem Gedicht den Nagel auf den Kopf:

Die meisten Menschen legen ihre Kindheit ab
wie einen alten Hut.
Sie vergessen sie, wie eine Telefonnummer,
die nicht mehr gilt.
Früher waren sie Kinder, dann wurden sie
Erwachsene, aber was sind sie nun?
Nur wer erwachsen wird und Kind bleibt,
ist ein Mensch.

Warum legen Eltern ihre Kindheit wie einen alten Hut ab? Ob sie eine glückliche Kindheit hatten oder nicht, folgende Erfahrungen haben doch alle gemacht: Dass Kinder anders als Erwachsene denken, handeln und fühlen; dass sie andere Interessen und Bedürfnisse als Erwachsene haben und dass ihre unersättliche Sehnsucht nach Zuwendung befriedigt werden muss.

Der zweite Grund: Nie war es leichter als heute, dass sich Eltern über eine zeitgemäße, das heißt an den Bedürfnissen des Kindes orientierte Erziehung informieren können. Zeitschriften und Bücher stehen in Hülle und Fülle zur Verfügung; Vorträge und Kurse werden überall angeboten und auch Radio- und Fernsehsendungen befassen sich mit Erziehungsfragen. Und es gibt ein relativ dichtes Netz von Erziehungsberatungsstellen. Auch die Erzieherinnen in den Kindergärten können im Allgemeinen die Fragen beantworten, die Eltern haben.

Warum werden diese Möglichkeiten nur unzureichend genutzt? Viele Eltern suchen erst dann Rat, wenn sie mit ihrem (Erziehungs-)Latein am Ende und verzweifelt sind. Sie wollen für ihr Kind das Beste, wissen aber oft nicht, was das Beste ist. Das Gleichnis des weisen Chinesen Mong Dsi macht deutlich, welche Folgen Unwissen haben kann: Ein junger Mann meinte es gut und wollte dem Korn wachsen helfen. Während seine Eltern schliefen, ging er des Abends heimlich hinaus und zog an jedem Halm ein bisschen. Am Morgen waren alle Pflanzen verdorrt.

Apropos Unwissen: Viele Eltern bemühen sich deswegen nur halbherzig um Erziehungskompetenz, weil sie glauben, genau zu wissen, worauf es beim Erziehen ankommt, denn schließlich sind sie ja selbst erzogen worden. Sie verlassen sich, wie es mir Mütter schon oft gesagt haben, auf ihr Bauchgefühl. Dabei haben sie nicht einmal ein schlechtes Gewissen, denn sie versichern, dass sie ihr Kind unendlich liebhaben. Und das glaube ich ihnen auch, meistens jedenfalls. Aber ich bin nun mal der Überzeugung, dass Liebe allein nicht genügt, um ein Kind zu erziehen. Man muss auch etwas wissen, man muss Einsichten haben, an denen man sich orientiert.

Ich kenne einen Arzt, der seine Patienten über alles liebt, aber von Medizin herzlich wenig versteht. Bei einem Rechtsanwalt ist es ähnlich: Der liebt seine Klienten und betuttelt sie vorbildlich, verliert aber leider jeden Prozess, weil er von der Juristerei nicht viel versteht. Der Arzt hat so gut wie keine Patienten mehr, der Jurist keine Klienten. So kann es auch Eltern gehen, die ihr Kind zwar lieben, aber von verständnisvoller Erziehung keine Ahnung haben: Irgendwann will ihr Kind mit ihnen nichts mehr zu tun haben.

Würden Sie Ihr Kind einem Lehrer anvertrauen, der zwar selbst zur Schule gegangen ist und Kinder mag, aber keine Berufsausbildung hat? Oder einer erfahrenen OP-Schwester erlauben, dass sie Ihr Kind operiert? Bestimmt würden Sie die Hände über dem Kopf zusammenschlagen und sofort aus dem Flugzeug aussteigen, wenn Sie erfahren würden, dass der Pilot noch nie ein Flugzeug gesteuert hat, allerdings schon viele Flugstunden als Passagier auf dem Buckel hat. Das Dilemma ist, dass kein Kind aussteigen darf bzw. kann, wenn ihm seine Eltern versichern: Verlass dich drauf, dass ich dich richtig erziehe, denn ich weiß Bescheid, weil ich selbst erzogen worden bin.

Ich möchte noch einmal auf die zahlreichen Veröffentlichungen zum Thema Erziehung zurückkommen. Auch wenn ich längst nicht allem zustimmen kann, was in den vergangenen dreißig Jahren dazu gesagt, geschrieben und empfohlen worden ist, freue ich mich über die Informationsmöglichkeiten, die es heute für Eltern gibt. Aber nicht nur darüber freue ich mich, sondern noch mehr darüber, dass alle Erziehungsratgeberbücher, die ich kenne, ohne Wenn und Aber für die an kindlichen Bedürfnissen orientierte Erziehung eintreten. In keinem wird der Rat gegeben, beispielsweise einem trotzigen Kind eine Tracht Prügel zu verabreichen, damit es wieder zur Vernunft kommt. Kein Buch empfiehlt Drohungen und demütigende Strafen als probate Erziehungsmittel. Keines rät Eltern, nach der Divise zu erziehen: *Wer nicht hören will, muss fühlen.* Und einig ist man sich auch, dass Kinder keine Mini-Erwachsenen sind.

4 Jedes Kind gibt es nur einmal

Von den etwa 6,7 Milliarden Menschen, die gegenwärtig auf der Erde leben, gibt es nicht zwei, die sich bis aufs Haar gleichen, sagen Genforscher. Ob das stimmt, weiß ich nicht. Aber selbst wenn es 10 000 geben sollte, die sich »äußerlich« und »innerlich« absolut gleich sind, wäre das auch kein Problem. Was sind schon 10 000 von 6,7 Milliarden? Mir sind übrigens von den »Gleichen«, sollte es überhaupt welche geben, noch keine über den Weg gelaufen. Haben Sie schon mal welche getroffen?

Ich gehe jedenfalls davon aus, dass sich die Genforscher nicht getäuscht haben und es jeden Menschen bzw. jedes Kind nur einmal gibt. Es ist einmalig und keine Kopie von irgendeinem anderen Kind. »Dass Wunder ist die unendliche Vielfalt der Gleichartigen«, hat schon Martin Buber (1878–1965) gesagt. Eigentlich kann man es nicht glauben, aber es ist tatsächlich so: Wir sind alle von derselben Art, nämlich Menschen. Aber jeder hat sein genetisches Potenzial und unterscheidet sich durch sein Äußeres und sein »Innenleben« bzw. seine Eigenheiten von jedem anderen Menschen. Daher ist es auch richtig, wenn gesagt wird: Jeder Mensch bzw. jedes Kind ist ein Original.

Über dieses Thema habe ich 1998 zum ersten Mal einen kurzen Artikel geschrieben. Dazu angeregt hatte mich eine Mutter, die in einem Gespräch beiläufig gesagt hatte: »Es ist nicht zu fassen, dass zwei Kinder, die aus demselben Nest kommen, so grundverschieden sein können.« Dann hat sie mir von ihrer Maria (6) und ihrem Philipp erzählt, der gerade vier geworden war. Mit Maria hatte sie überhaupt keine Probleme – sie war die personifizierte Sanftmut. Aber ihr Philipp war das ganze Gegenteil von Maria – nämlich ein kaum zu bändigender kleiner Rabauke.

Diese Mutter hat sich über das unterschiedliche Verhalten ihrer Kinder gewundert, weil ihr nicht klar war, dass sich jedes Kind von jedem anderen durch Alter, Eigenheiten und individuelle Bedürfnisse unterscheidet. Das gilt auch, wenn sie »aus demselben Nest kommen« und sich ihre Eltern bemühen, sie

»gleich« zu behandeln. Die Unterschiedlichkeit ist also völlig normal. Vielleicht wäre es gut, wenn jedes Kind bei der Geburt ein mitwachsendes und ein Leben lang haltbares T-Shirt geschenkt bekäme, auf dem nur drei Worte stehen: *Ich bin einmalig!*

Im Grunde sind das Binsenwahrheiten. Denn seit mindestens einem halben Jahrhundert werden alle, die Kinder erziehen, vor allem von Pädagogen, Erziehungsberatern, Therapeuten und Kinderpsychologen regelrecht angebettelt: *Bitte denkt immer daran, dass es jedes Kind nur einmal gibt!* Diese »Bettelei« bzw. Binsenwahrheiten waren auch der beunruhigten Mutter bislang entgangen. Aber auch bei anderen Eltern, die ich kennengelernt habe, sind sie noch nicht auf fruchtbaren Boden gefallen. Viele kommen nämlich mit der Unterschiedlichkeit ihrer Kinder nicht gut zurecht, das ist jedenfalls mein Eindruck.

Beispielsweise können sie sich nicht erklären, warum gutes Zureden bei einem ihrer Kinder durchaus hilft, bei einem anderen dagegen überhaupt nicht. Ratlos macht sie auch, wenn eins ihrer Kinder die »Artigkeitsgesetze« (Jean Paul) brav befolgt, aber ein anderes sich nicht darum kümmert. Und wenn sie in einem Vortrag gehört oder in einem Erziehungsratgeber gelesen haben, wie man Kindern beibringen kann, sich z. B. an Grenzen zu halten, dieser Rat bei ihrem Kind aber nichts bringt, wissen sie nicht mehr, was sie machen sollen.

Diese Rat- und Hilflosigkeit könnte vermieden werden, wenn Eltern davon ausgehen, dass jedes ihrer Kinder so etwas wie eine maßgeschneiderte Erziehung braucht, sozusagen eine spezielle, individuelle. Bei diesem ganz speziellen, individuellen Erziehen muss es darum gehen, ein Kind so zu behandeln, dass es ihm an Leib und Seele gutgeht. Und es wird ihm immer dann gutgehen, wenn es körperlich, geistig, seelisch und sozial weder überfordert noch unterfordert wird, weil z. B. auf seine Stärken und Schwächen Rücksicht genommen wird.

Es geht aber nicht nur darum, beispielsweise seine Anlagen und Eigenschaften zu kennen, sondern sich auch nach ihnen zu richten. Auf diese Erziehung »vom Kinde aus« hat jedes Kind

ein Recht. Und aus diesem Recht ergibt sich für Eltern, Erzieherinnen und auch Lehrkräfte die Pflicht, sich beim Erziehen und
Unterrichten an seinen Eigenheiten zu orientieren. Wer Kinder
erzieht, muss von ihren individuellen Entwicklungsmöglichkeiten und auch der Umwelt ausgehen, in der sie heranwachsen.

Was das konkret bedeutet, wird in einem alten Erziehungsbuch (1953) beschrieben: »Die Arbeit des Erziehers gleicht der
eines Gärtners, der verschiedene Pflanzen pflegt. Eine Pflanze liebt den strahlenden Sonnenschein, die andere den küh-
len Schatten, die eine liebt das Bachufer, die andere die dürre
Bergspitze. Die eine gedeiht am besten auf sandigem Boden, die
andere auf fettem Lehm. Jede muss die ihrer Art angemessene Pflege haben, andernfalls bleibt ihre Vollendung unbefriedigend.«

Demnach geht es darum, dass Eltern für die angemessene
Pflege ihres Kindes sorgen. Es geht also nicht um irgendeine
Pflege, die man mal ausprobiert, weil andere Eltern damit gute
Erfahrungen gemacht haben, sondern darum, dem Kind das zu
geben, was es unbedingt braucht. Wenn Eltern aus irgendwelchen Gründen aber nicht dafür sorgen, dass ihr Kind das bekommt, was es braucht, riskieren sie, dass die geistige, seelische
und soziale Entwicklung ihres Kindes unbefriedigend verläuft.

Natürlich besteht zwischen der Pflege von Pflanzen und
Menschen ein himmelweiter Unterschied. Und eigentlich halte ich von dem Erzieher-Gärtner-Vergleich auch nicht viel, weil
ich beispielsweise immer gleich an das Beschneiden von wil-
den Trieben denken muss, auch an das Ausreißen von Unkraut,
giftige Spritzmittel und Treibhäuser, in denen Tomaten und
Gurken »gezüchtet« werden, die nicht immer gut schmecken.
Aber eins gilt für Pflanzen, Tiere und Menschen gleichermaßen:
Wenn sie nicht die Pflege bekommen, die sie brauchen, wird es
ihnen nicht gutgehen. Sie werden dahinvegetieren und schließlich nicht überleben. Es kommt also auf die richtige Pflege an,
auf die, die nur für das bestimmte Kind geeignet ist.

Die Eigenheiten eines Kindes

Die Eigenheiten, die jedes Kind hat, sind so etwas wie Kennzeichen seiner Einmaligkeit. Sie machen den Unterschied zu jedem anderen Kind aus. Auch Geschwister und Zwillinge unterscheiden sich, keine Schülerin bzw. Schüler gleicht einem anderen. Und weil das so ist, müssen Eltern, Erzieherinnen und auch Lehrkräfte die Gleichbehandlung der im Grunde immer Unvergleichbaren unterlassen. Es gibt nämlich keine größere Ungerechtigkeit, als das Vergleichen der immer Ungleichen. Vergleichen sollen Sie bitte also nicht. Aber Sie müssen die Eigenheiten beachten, die jedes Kind hat. Was das heißt, wird schnell klar, wenn Sie zunächst einmal z. B. an die Eigenheiten Ihrer Eltern oder bestimmter Freunde denken. Die Eigentümlichkeiten Ihrer Eltern beurteilen Sie heute vielleicht milder als in Ihrer Kindheit und Jugendzeit. Aber es geht nicht um die Beurteilung, sondern nur um bestimmte Besonderheiten, die Sie über relativ viele Jahre hinweg hautnah erlebt haben.

Besonders spannend ist natürlich, wenn Sie Ihre Eigenheiten mal aufs Korn nehmen. Sie könnten beispielsweise mit Ihrem Temperament anfangen, das vielleicht Ihnen gefällt, aber anderen gelegentlich auf die Nerven geht. Mit Sicherheit haben Sie bestimmte Interessen, die Ihnen über alles gehen, für die aber andere keinen Funken Verständnis haben. Sie werden an Ihre guten, aber auch weniger guten Fähigkeiten denken, die Sie haben. Auch Ihre hervorragenden Eigenschaften wie z. B. Zuverlässigkeit, Ehrlichkeit oder Geduld sind sozusagen Ihre Markenzeichen. Ihre Vorlieben und Abneigungen werden Ihnen ebenso einfallen wie Ihre Schwächen, die Sie natürlich möglichst für sich behalten. Und dann gibt es noch Ihren Charakter und Ihre gemischten und ungemischten Gefühle, Ihren mehr oder weniger starken Willen und Ihre Überzeugungen.

Das, aber noch vieles andere, sind Ihre Eigenheiten, die Ihre Individualität ausmachen und durch die Sie sich von jedem anderen Menschen unterscheiden. Wenn Ihnen bewusst geworden ist, was gewissermaßen typisch für Sie ist, dürfte es Ihnen eigentlich nicht mehr allzu schwer fallen, sich auch in Ihr Kind hineinzuversetzen. Dabei werden Sie bestimmte Eigenheiten entdecken, die mit Ihren »verwandt« sind, aber auch andere, die Sie sich nicht erklären können. Aber sie sind nun mal da, und wenn Sie mit Köpfchen und nicht nur »aus dem Bauch« erziehen, werden Sie sich darauf einstellen. Beispielsweise werden Sie genau wissen, wie Sie Ihr Kind beruhigen oder wieder aufbauen können, wenn es traurig ist. Auch wird Ihnen klar sein, was Sie ihm zumuten können oder nicht; wie Sie ihm helfen können, wenn es überaus ängstlich ist oder mit dem Lernen bestimmte Schwierigkeiten hat.

In diesem Zusammenhang kann ich mir eine Zwischenbemerkung nicht verkneifen: Seit vielen Jahrzehnten kritisieren vor allem Pädagogen und Lernpsychologen, dass allgemein in deutschen Schulen auf die Unterschiedlichkeit und individuelle Leistungsfähigkeit der Kinder und Jugendlichen so gut wie keine Rücksicht genommen wird – das gilt insbesondere für die Realschulen und Gymnasien. Nach wie vor werden die Schülerinnen und Schülern einer Klasse über einen Leisten geschlagen. In Kindern und Jugendlichen werden keine Originale gesehen, sondern Objekte, die mit Hilfe des Nürnberger Trichters mit Wissen vollgestopft werden.

Maßgebend für den Unterricht sind bestimmte Leistungsnormen, die es für alle Unterrichtsfächer gibt. Individualisierende Unterrichtsformen wie z. B. Partner-, Gruppen- und Projektarbeit spielen nur in den Grundschulen eine gewisse Rolle, aber im Allgemeinen nicht an den weiterführenden Schulen. Aus pädagogischer und lernpsychologischer Sicht war und ist diese Gleichmacherei eine der Hauptursachen dafür, dass es an deutschen Schulen unverhältnismäßig viele Schulversager gibt und die Schule für ein Kind schon im ersten Jahr zum Alptraum werden kann. Aber lassen wir das höchst unerfreuliche Thema Schule hier beiseite!

Zurück zu den Eigenheiten! Sie sind quasi Wegweiser für die maßgeschneiderte Erziehung, auf die jedes Kind einen Anspruch hat. Diesen Anspruch kann es aber nicht geltend machen. Es muss das hinnehmen und sich möglichst auch damit abfinden, was seine Eltern sagen und tun, weil sie es für richtig halten. Wenn sie sich beim Erziehen z. B. an seinen Fähigkeiten, Interessen und Eigenschaften orientieren, wird das seiner Entwicklung guttun. Aber wenn sie sich für die Eigenheiten ihres Kindes wenig oder sogar überhaupt nicht interessieren und seine angemessene Pflege vernachlässigen, verhalten sie sich unverantwortlich. Leider können alle Drei- bis Zehnjährigen, die von ihren Eltern vernachlässigt werden, weder einen Aufstand planen noch durchführen. Und eine Lobby, wie sie z. B. die Autoindustrie hat, haben sie auch nicht.

Wie auch immer: Die Erziehung »vom Kinde aus«, für die ich ohne Wenn und Aber eintrete, hat weder mit Gefühlsduselei noch mit Nachgiebigkeit zu tun; auch nichts mit Strenge und Nachsicht. Es geht nur darum, dass jedes Kind das bekommt, was es – unter Berücksichtigung seiner individuellen Möglichkeiten und Bedürfnisse – für seine Entwicklung braucht. Und darüber kann man heute sehr viel sagen, weil entsprechende Untersuchungsergebnisse vorliegen. Noch vor dreißig Jahren wusste man nicht so genau wie heute, wie die körperliche, seelische und soziale Entwicklung jedes Kindes optimal gefördert werden kann.

Das Problem ist, dass – mit Ausnahme der körperlichen Entwicklung – dieses Wissen von vielen Eltern nicht zur Kenntnis genommen wird. Folglich wenden sie Erziehungsmethoden an, bei denen z. B. Pädagogen, Kinderpsychologen, Erziehungsberater und Familientherapeuten oft die Haare zu Berge stehen. Manche weinen auch, so wie ich.

Erfreuliches und Bedauerliches

Erfreulich ist, dass sich die meisten Eltern um das körperliche Wohlergehen ihres Kindes kümmern. Sie sind gut informiert und sorgen für seine gesunde Ernährung, ausreichend Kleidung und Schuhe, ein eigenes Bett und ein Zuhause, in dem es sich möglichst wohl fühlt. Sie achten auch darauf, dass es sich nicht nur einmal in der Woche wäscht und die Zähne putzt. Und wenn ihr Kind z. B. Läuse oder Zahnschmerzen hat, ein schlechter Esser ist, nicht gut sehen oder hören kann, nehmen sie das nicht einfach hin, sondern suchen Ärzte oder Spezialisten auf.

Das sind heute Selbstverständlichkeiten, die deutlich machen, dass sich auf den Gebieten der kindlichen Körper- und Gesundheitspflege ein Umdenken vollzogen hat. Vor allem Kinderärzte und Therapeuten haben dazu beigetragen, dass sich die meisten Eltern verantwortungsbewusst darum bemühen, die körperlichen oder physischen Bedürfnisse ihres Kindes zu befriedigen. Das ist eine erfreuliche Entwicklung, die gelegentlich sogar als Revolution bezeichnet wird.

Höchst bedauerlich ist aber, dass hinsichtlich der Befriedigung der seelischen und sozialen Bedürfnisse, die jedes Kind hat, bisher noch keine Revolution stattgefunden hat. Es ist für viele Eltern leider keine Selbstverständlichkeit, auf die Eigenheiten ihres Kindes einzugehen und seine Bedürfnisse z. B. nach Aufmerksamkeit, Anerkennung und Selbständigkeit zu befriedigen. Sie nehmen die psychosoziale Pflege und Fürsorge auf die leichte Schulter und wundern sich über die Folgen.

Wenn es nur beim Sichwundern bleiben würde, wäre das ja nicht schlimm. Aber dabei bleibt es oft nicht. Bisweilen lassen sie sich zu folgenreichen Dummheiten und auch Gemeinheiten hinreißen. Wenn ihr Kind z. B. lügt, dass sich die Balken biegen, unverschämte Antworten gibt, wenn es gefragt wird, oder seine Eltern lieber von hinten als von vorn sieht, wird es ausgeschimpft, angebrüllt oder bestraft.

Dumm ist das deswegen, weil kränkendes Schimpfen, Anbrüllen und Bestrafen nichts mit angemessener Pflege zu tun haben, dagegen viel mit Kindesmisshandlung, mit der man jedes Kind gegen sich aufbringt. Eine Gemeinheit, wenn Eltern – oft nicht nur mit Worten! – zuschlagen, ohne sich gefragt zu haben, ob das Verhalten ihres Kindes damit zu tun haben könnte, dass es sich z. B. ungerecht behandelt, unverstanden oder vernachlässigt fühlt. Es ist kein Trost für Kinder, wenn sie von ihren Eltern zwar satt zu essen bekommen, damit sie groß und stark werden, aber seelisch und sozial nicht gefüttert werden und allmählich seelisch verhungern.

Können Sie mir sagen, aus welchen Gründen in unserer Gesellschaft von den meisten Eltern zwar die Körper- und Gesundheitspflege durchaus ernst genommen wird, dagegen die seelische und soziale Hygiene längst nicht in dem Maße, wie es notwendig wäre? Ich kann diese Frage beim besten Willen nicht beantworten. Manchmal denke ich, dass es vielleicht daran liegt, dass viele Eltern als Kind mit dieser folgenreichen Vernachlässigung irgendwie fertig werden mussten und allmählich abgestumpft sind. Weil sie glauben, dass ihnen diese kindliche Bedürfnisse verachtende Erziehung nicht geschadet hat, sind sie in den sogenannten »Teufelskreis der Erziehung« geraten, den der französische Dramatiker Jean Anouilh so beschrieben hat: »Die Kinder müssen die Dummheiten ihrer Erzieher so lange ertragen, bis sie groß genug sind, sie zu wiederholen.«

Aufrecht durchs Leben

Im Grunde ist es mir in diesem Kapitel nur darum gegangen, Sie davon zu überzeugen, dass Kindererziehung nichts mit Modellieren, Bildhauern, Töpfern, Biegen, Ausrichten, Schnitzen usw. zu tun hat. Auch nichts mit Züchten und dem Beschneiden, wie es der Gärtner macht, der Spalierobst zieht – auch nichts mit Dressur.

Niemand hat das Recht, aus einem Original eine Kopie zu machen. Niemand hat das Recht, aus einem eckigen Etwas ein rundes Nichts zu machen. Wer das versucht, weil er Erziehung nur als einen Prozess der Anpassung an Regeln, Normen und Konventionen versteht, der hat nichts verstanden. Und dieses Unverständnis hat in der Vergangenheit schon oft dazu geführt – und führt leider auch heute noch dazu –, dass aus Kindern und Jugendlichen funktionierende Menschen und keine Persönlichkeiten werden, die das »Prinzip Verantwortung« (Hans Jonas) über alles stellen.

Funktionäre brauchen wir aber nicht, sondern Menschen, die mit Selbstbewusstsein, aber auch selbstkritisch ihre Überzeugungen vertreten und bereit sind, für sich selbst, aber auch für andere Menschen Verantwortung zu übernehmen. Von den Verantwortungsbewussten kann es nicht genug geben. Kennen Sie welche? Alle, die ich kenne, sind unverwechselbar, einmalig. Es sind Originale, die den aufrechten Gang gelernt und nie verlernt haben. Und dass sie immer aufrecht gehen können und wollen, hat viel mit ihrer Erziehung zu tun. Was haben Sie bisher unternommen, um Ihrem Kind, das ein Unikat ist, den aufrechten Gang beizubringen?

Früher bändigte man die jungen Pferde mit der Peitsche
und bekam auf diese Weise Pferde,
die man immer im Auge haben musste,
wenn man in ihre Nähe kam.
Heute warten wir mit der Erziehung,
bis ein Fohlen bereit ist, mitzumachen,
bis es selber Freude daran hat, an der Leine zu gehen.
Mit dem Ergebnis, dass wir selbst unseren feurigsten Hengsten
gefahrlos in ihrer Box den Rücken zudrehen können.

(Erfahrung eines »Pferdeflüsterers«, ohne Quellenangabe)

Das weiß ein »Pferdeflüsterer« von Erziehung ohne Gewalt. Wissen wir Eltern das auch?

5 Kinder brauchen Vertrauen

Sie und ich wissen, dass man längst nicht jedem Menschen alles anvertrauen kann. Man ist vorsichtig und überlegt sich genau, wem man sein Vertrauen schenkt. Menschen, von denen man befürchtet, dass sie ausplaudern, was man ihnen im Vertrauen auf ihre Verschwiegenheit gesagt hat, wird man nichts Vertrauliches erzählen. Aber selbst dann, wenn man diese Befürchtung nicht hat, ein Wagnis ist es immer, sich einem anderen Menschen gewissermaßen zu offenbaren. Ob Wagnis oder nicht: Wer Vertrauen hat, traut sich etwas, hat also keine Angst, enttäuscht zu werden. Er hält den Menschen, dem er seinen Kummer oder seine Fragen in der Hoffnung anvertraut, Antworten zu bekommen, für zuverlässig, für vertrauens- und glaubwürdig.

Was für Freundschaft und Partnerschaft gilt, trifft auch auf das Verhältnis zu einem Kind zu. Kaum etwas ist wichtiger als das Vertrauen, das man zueinander hat. Gegenseitiges Vertrauen ist ein Segen, dagegen ist Misstrauen ein tödliches Gift. Das ist aber Eltern nicht immer bewusst. Ich habe jedenfalls die Erfahrung gemacht, dass sie sich oft nur wenig Gedanken darüber machen, wie wichtig Vertrauen für ein gutes Verhältnis zu ihrem Kind ist. Und zwar Vertrauen, das einerseits ihr Kind zu ihnen hat, andererseits sie zu ihrem Kind haben. Ihnen ist nicht klar, dass gegenseitiges Vertrauen quasi das Fundament für ein harmonisches Eltern-Kind-Verhältnis ist. Damit stellt sich folgende Frage: Was können Eltern tun, damit sich ein vertrauensvolles Verhältnis entwickelt?

Wie sich Vertrauen entwickelt

Wenn das Baby gestillt, gefüttert und einfühlsam mit ihm gesprochen wird, wenn es gebadet, gepflegt, gestreichelt und ihm eine Geschichte erzählt oder ein Lied vorgesungen wird, sind das erste sogenannte »vertrauensbildende« Maßnahmen. Das Kind macht ständig eine Fülle von Erfahrungen mit Menschen und Sachen. Es gibt unendlich viel Neues zu sehen, zu hören, zu riechen, zu schmecken und zu fühlen. Und da sich vieles täglich wiederholt, entwickelt sich allmählich bei ihm das Gefühl für Vertraute und Vertrautes.

Schon bald »weiß« das Kind, dass da Menschen sind, die rund um die Uhr etwas gegen seinen Durst und Hunger tun und für sein Wohlergehen sorgen. Und es »weiß« auch, dass es sich auf seine »Versorger« verlassen kann, die bald seine Vertrauten werden. Es freut sich auf sie, lächelt, wenn es wach wird und vertraut ihnen, weil sie ihm Gutes tun. Und weil das so ist, hat es auch vor niemandem und nichts Angst. Das Vertrauensgefühl des Kindes, das sich mit der Zeit aus der fürsorglichen Liebe seiner Eltern entwickelt, gibt dem Kind Sicherheit. Der Psychoanalytiker Erik H. Erikson spricht in diesem Zusammenhang von *Urvertrauen*. Das Kind ist sich sozusagen absolut sicher, dass es sich auf seine Eltern verlassen kann. Auch und gerade dann, wenn es sich z. B. unwohl fühlt, weil es Bauchschmerzen hat, ein bisschen gestreichelt werden oder auf Mamas oder Papas Schoß kuscheln möchte.

Das Kind vertraut aber nicht nur seinen Eltern und anderen, die sich unermüdlich um sein Wohl kümmern, sondern lernt nach und nach auch, sich selbst zu vertrauen. Selbstvertrauen entwickelt sich, weil es die Erfahrung macht, dass es mit seiner Stimme, den Augen, Händen und Füßen schon einiges bewirken und bewegen kann.

Gelegentlich habe ich diese zierlich-süßen, aber hilfsbedürftigen »Zwerglein« schon mit Bewegungsmeldern verglichen. Es ist sehr interessant zu beobachten, wie schon Kleinstkinder verstehen, auf ihre Bedürfnisse aufmerksam zu machen. Sie »wissen« genau, was sie wollen und brauchen und wie sie sich fühlen. Daher fuchteln sie mit ihren Händchen, strampeln mit den Beinen, brabbeln vor sich hin, jammern, schreien oder weinen, wenn ihre stets wachsamen »Versorger« nicht sofort das tun, was sie von ihnen erwarten.

Im Laufe der ersten Lebensjahre legt sich das Kind gleichsam einen Vorrat an Vertrauen zu, weil es vor allem mit Mutter, Vater, Geschwistern, der Oma und anderen Menschen viele gute Erfahrungen gemacht hat. Diese guten Erfahrungen sind gewissermaßen Bausteine für die Weiterentwicklung des Vertrauens. Besonders wichtig sind Erfahrungen mit Menschen, die ihm verständnisvoll begegnen und ihm – ohne gleich ungeduldig zu werden und zu drohen oder zu strafen – sagen, was richtig oder falsch ist, die hilfsbereit sind und sich ihm gegenüber gerecht und zuverlässig verhalten.

Vertrauen entwickelt sich also dann, wenn sich das Kind sicher ist, dass die Menschen, denen es vertraut, die Möglichkeit, Fähigkeit und auch den Willen haben, ihm beispielsweise zu helfen, wenn es Hilfe braucht, und alles zu unterlassen, was es traurig machen, ängstigen oder enttäuschen könnte. So ist Vertrauen immer etwas Verbindendes, Misstrauen dagegen etwas Trennendes. Aber nicht nur das: Vertrauen gibt Zuversicht und stärkt das Gefühl der Zusammengehörigkeit, es ermutigt und öffnet das Herz.

Schon x-mal habe ich die Erfahrung gemacht, was das konkret heißt: Kinder, die ihren Eltern vertrauen, sind leichter zu erziehen. Auf eine eigentümliche Weise sind sie unbefangen, quicklebendig und glücklich. Es sind Kinder, denen man schon an der Nasenspitze ansehen kann, dass sie sich nicht nur darüber freuen, sondern stolz darauf sind, dass sie Eltern haben, vor denen sie keine Angst haben und nichts verheimlichen müssen.

Auf gegenseitiges Vertrauen kommt es an

Verständnisvolle Eltern glauben an die guten Eigenschaften ihres Kindes und werben um sein Vertrauen. Sie haben eine positive Einstellung zu ihm und freuen sich jeden Tag, dass es gesund und munter ist. Und wenn es z. B. mal patzige Antworten gibt oder ungehorsam ist, zweifeln sie nicht gleich an seinem guten Willen. Frechheiten und Ungehorsam nehmen sie aber keinesfalls unwidersprochen hin, sondern gehen auf angemessene Weise darauf ein.

Angemessene Weise heißt: Weil sie die Eigenheiten ihres Kindes kennen, seine Bedürfnisse, Stärken und auch Schwächen, wissen sie auch, was sie ihm in bestimmten Situationen z. B. an Ermahnungen, Kritik und Konsequenzen zumuten können. Und wenn sie hin und wieder das nicht wissen, ist es ihnen lieber, einfach mal gar nichts zu sagen, anstatt ein Riesentheater zu veranstalten – nach dem Motto: Reden ist Silber und Schweigen Gold, aber Brüllen ist Blech.

In jedem Fall kann gelegentliches Schweigen zur Vertrauensbildung mehr beitragen, als Herumbrüllen und unerbittliches Strafen. Das wird Ihnen jedes Kind und jeder Jugendliche bestätigen. Auch, dass sich ein Vertrauensverhältnis nur dann entwickeln kann bzw. wird, wenn Eltern z. B. bei Enttäuschungen und Misserfolgen nicht mit Vorwürfen, sondern mit gutem Rat zur Stelle sind. Hilfreicher Beistand schafft Vertrauen und Nähe, Anklagen dagegen Misstrauen und Distanz.

Kinder haben dann Vertrauen zu ihren Eltern, wenn sie sich absolut sicher sind, dass sie ihnen nichts sagen und antun, was sie traurig machen, verletzen oder ihnen schaden könnte. Wenn ein Kind aus Erfahrung weiß, dass ihm seine Eltern immer mit Verständnis begegnen, vertraut es ihnen. Es fragt sie z. B. um Rat, hintergeht sie nicht und sagt offen und ehrlich seine Meinung. All das ist ihm selbstverständlich, weil es auch dann nicht befürchten muss, »verdammt« zu werden, wenn es mal versagt oder etwas ausgefressen hat. »Wer glaubt und vertraut, zittert nicht«, hat Papst Johannes XXIII. gesagt.

Wodurch Vertrauen verlorengehen kann

Bei Kindern ist es wie bei Erwachsenen: Vertrauen geht verloren, wenn man mit den Menschen schlechte Erfahrungen gemacht hat, denen man sich anvertraut hat. Das passiert bei jungen Menschen aber nicht von einem Tag auf den anderen. Der sogenannte Vertrauensvorrat, der sich in den ersten Lebensjahren angesammelt hat, geht aber dann allmählich zur Neige, wenn das Kind mit seinen Eltern allzu oft schlechte Erfahrungen machen musste. Ohne dass Eltern das gleich bemerken, kann aus Urvertrauen Urmisstrauen werden.

Schlechte Erfahrungen: Ständiges Bevormunden und Kritisieren des Kindes, in alles besserwisserisch reinreden und auf seinen »Fehlern« herumhacken, nie Erfreuliches loben, aber Misserfolge ironisch kommentieren, Versprechen nicht einhalten, Geheimnisse verraten, Vorwürfe und kränkende Verurteilungen – all das sind mehr oder weniger große Enttäuschungen, die im Laufe der Zeit das Vertrauen des Kindes erschüttern. Vor allem Ängste fressen Vertrauen auf. Und so kann es geschehen, dass das Kind seinen Eltern auch dann nicht mehr traut, wenn die mit Engelszungen reden und ihm immer wieder versichern: *Wir wollen doch nur dein Bestes!* Manchmal ist auch das Beste nicht gut genug.

Je mehr schlechte Erfahrungen ein Kind mit einem Menschen macht, desto schwieriger ist es, sein Vertrauen zu gewinnen. Am schwierigsten ist es, verlorenes Vertrauen wiederzugewinnen. Enttäuschte und gekränkte Kinder, die z. B. ihrem Vater nicht mehr trauen und sich selbst nichts zutrauen, können sich in ihr Schneckenhaus zurückziehen und sind nicht mehr ansprechbar. Es kann aber auch sein, dass sie trotzig-aggressiv reagieren und nicht zögern, beispielsweise Geschwister oder andere Kinder zu piesacken. Im Grunde ist es egal, ob ein Kind mit Rückzug oder mit Angriff reagiert, eins macht dieses Verhalten immer deutlich: dass sein Vorrat an Vertrauen bald oder vielleicht sogar schon ganz aufgebraucht ist.

Mein Eindruck ist, dass Eltern hinsichtlich der Vertrauensfrage oft übersehen, wie schwierig die Situation ihres Kindes ist, wenn es ihnen nicht mehr vertrauen kann. Es muss mit ihnen auch dann noch zusammenleben und z. B. ihre Ungerechtigkeiten und Strafen ertragen, wenn sie ihm mehr Böses als Gutes antun und – vielleicht unbewusst! – sein Vertrauen allmählich zerstören. Es kann sich nicht entziehen, wenn seine Eltern weder den Willen noch die Fähigkeiten haben, zu ihm eine vertrauensvolle Beziehung aufzubauen. Weglaufen ist ihm also nicht möglich, folglich wird es nach Mitteln und Wegen suchen, sich auf seine Art gegen die zu wehren, die ihm nicht mit Vertrauen begegnen.

Markus – ein Problemkind?

Die Geschichte von Markus und seinen Eltern ist aus verschiedenen Gründen ein gutes Beispiel dafür, was geschehen kann, wenn sich Eltern nur unzureichend um ein vertrauensvolles Verhältnis zu ihrem Kind bemühen.

Markus war bis zum dritten Lebensjahr ein sogenanntes pflegeleichtes Kind. Jetzt ist er sieben, und seine Eltern sind ratlos, denn er hat sich zu einem Mini-Macho entwickelt. Ständig eckt er irgendwo an, weil er sich nur selten an Grenzen hält. Oft bekommt er Wutanfälle. Dann kann er immer nur mit Mühe wieder zur Ruhe gebracht werden. Rücksichtslos aggressiv traktiert er bei Streitereien seine ein Jahr ältere Schwester und auch andere Kinder mit Fäusten, Fußtritten und Kraftausdrücken aus der untersten Schublade. Manchmal geht dieser kleine Wüterich brüllend, beißend und kratzend sogar auf seine Mutter los. Die Kinder in der Nachbarschaft und Schule fürchten ihn, Freunde hat er keine. Als eine Mitschülerin einmal zu ihm gesagt hat: »Du bist ein Ekel!«, hat er ihr eine blutige Nase geschlagen.

Die Eltern von Markus, die mir das erzählt haben, konnten sich sein Verhalten nicht erklären. Im Kindergarten hatte es mit ihm nämlich keine Probleme gegeben. Innerhalb von nicht einmal zwei Jahren hatte er sich vom freundlichen und stets gutgelaunten zu einem schwierigen Kind entwickelt. Mit dieser Veränderung, die den Eltern große Sorgen machte, wollten sie sich nicht abfinden. Daher stellten sie mir die Was-sollen-wir-tun-Frage. So wichtig diese Frage auch war, mir war es wichtiger, erst einmal herauszufinden, was möglicherweise dazu beigetragen hatte, dass in verhältnismäßig kurzer Zeit aus Markus ein unausstehlicher Streithansel und Unruhestifter geworden war – ein Sorgenkind, wie die Eltern sagten.

Schnell stellte sich heraus, dass zweierlei eine entscheidende Rolle gespielt hatte.

Erstens: In der Schule hatte er schon im ersten Jahrgang Schwierigkeiten mit dem Lesen und Schreiben. Er war unaufmerksam und musste von seiner Lehrerin oft ermahnt werden.

Dann hänselten ihn seine Mitschüler, und er wehrte sich dagegen. Zu Hause drückte er sich am liebsten vor den Hausaufgaben. Oft wusste er gar nicht, was er machen sollte, oder wenn er es wusste, machte er nur das, woran er Spaß hatte.

Zweitens: Seitdem er in die Schule ging, hatte er ein gespanntes Verhältnis zu seiner Mutter. Weil sie täglich nachfragte, wie es in der Schule gewesen war, aber Markus darüber nicht sprechen wollte, war es immer häufiger zu Streitereien gekommen. Wenn sie aus ihm mal etwas herausgebracht hatte, war sie misstrauisch, ob er sie nicht hinters Licht geführt hatte. Also rief sie Mitschüler an, um sich zu erkundigen, was passiert war. Diese Kontrollanrufe ärgerten aber Markus, der seine Mutter vorwurfsvoll fragte: »Warum glaubst du mir nicht? Wenn du mir sowieso nie glaubst, brauch ich dir auch nichts mehr zu erzählen.« Beide waren enttäuscht voneinander und trauten sich nicht mehr über den Weg.

Was war Ursache, was Wirkung? Markus hat in der Schmuse- und Hätschelphase zwar Vertrauen zu seinen Eltern entwickeln können, aber mit dem Schuleintritt begannen die Schwierigkeiten. Er wurde mit den neuen Herausforderungen nicht fertig, traute sich aber nicht, seinen Eltern zu sagen, wo ihn der Schuh drückte. Er verheimlichte ihnen beispielsweise, wenn er von der Lehrerin ermahnt worden und zu zusätzlichen Arbeiten verdonnert worden war.

Als das herauskam, und Mama nicht mehr weiterwusste, rückte Papa an. Nun wehte schnell ein anderer, ein kalter Wind. Mit Schimpfen und nicht mit gutem Zureden, mit Drohen und nicht mit geduldigem Überzeugen, vor allem aber mit kränkenden Strafen und nicht mit vernünftigen Konsequenzen verspielten die Eltern allmählich das Vertrauen von Markus.

Die Eltern haben nicht daran gedacht, dass ohne Vertrauen Erziehung nicht gelingen kann. Folglich haben sie unbewusst Misstrauen gesät und damit mindestens zum Teil die Erziehungsprobleme selbst verursacht, die sie beklagt haben. In ihren Augen war Markus der »Täter«. Gott sei Dank haben sie aber recht schnell eingesehen, dass er auch ihr »Opfer« war, weil sie sich zu wenig darum bemüht hatten, das Vertrauen, das er ursprünglich zu ihnen gehabt hat, wie einen kostbaren Schatz zu hüten.

6 Niemand kann Kindern etwas vormachen

Auf dem Kongress »Kinder, die aus dem Rahmen fallen«, der 2004 in Köln stattgefunden hat, wurde über die sogenannten ADS-Kinder diskutiert (ADS = Aufmerksamkeitsdefizitsyndrom). Einig waren sich Pädagogen, Psychologen, Kinderärzte und Therapeuten, dass es hinsichtlich der »aufmerksamkeitsgestörten Kinder« ein grundsätzliches Problem gibt: Eltern, Erzieherinnen und auch Lehrkräfte sehen vor allem auf die Defekte, Defizite und Funktionsmängel dieser Kinder. Dagegen werden ihre Stärken, die sie auch haben, oft übersehen. Und das ist bedauerlich, denn viele von ihnen haben erstaunliche, nicht selten sogar bewunderungswürdige Eigenschaften und Fähigkeiten, wie Untersuchungen ergeben haben.

Welche Folgen hat diese eingeschränkte Sichtweise, bei der offenbar das Positive zu wenig oder gar nicht beachtet wird? Der Stuttgarter Heilpädagoge, Erziehungsberater und Therapeut Henning Köhler hat sich mit dieser Frage intensiv befasst. Ausgehend von den Erfahrungen, die er seit Jahren in dem von ihm geleiteten Janusz-Korczak-Institut macht, hat er folgenden interessanten Vorschlag gemacht:

»Mein Plädoyer ist, dass wir die Sache genau umdrehen. Wir müssen als erstes wahrnehmen, welche Stärken, Fähigkeiten und Kompetenzen ein ADS-Kind hat. Hat man das ausgiebig getan und eine entsprechende innere Haltung diesen Kindern gegenüber gewonnen, hat man das Recht, auch die Schwächen und Defizite dieser Kinder zu beschreiben und sich Gedanken darüber zu machen, wie man ihnen helfen kann, diese Schwächen zu überwinden. Wenn Sie diese Haltung gewonnen haben und bis in die therapeutische und pädagogische Praxis hineintragen, dann werden Sie bemerken, dass das Auswirkungen auf die Kommunikation mit diesen Kindern hat.«

Was Köhler vorschlägt, ist meines Erachtens absolut richtig, aber im Grunde nichts Neues. Worauf es bei der Erziehung immer ankommt, hat nämlich schon der Pädagoge Heinrich Pestalozzi (1746–1827) gesagt: »Ein weiser Erzieher sucht nicht nach dem, was dem Kind noch fehlt, sondern freut sich über das, was es schon hat.«

Schon oft habe ich nicht nur Eltern, die ein ADS-Kind haben, sondern auch denen, die sich über bestimmte Schwächen ihres Kindes den Kopf zerbrochen haben, folgenden Rat gegeben: Schauen Sie zuerst auf das Erfreuliche, dann erst auf das noch Unvollkommene! Bitte nehmen Sie zuerst die positiven Entwicklungen zur Kenntnis und freuen Sie sich darüber, was Ihr Kind allein oder mit Ihrer Hilfe oder der seiner Erzieherin im letzten Jahr schon erreicht hat! Erst dann sollten Sie sich Gedanken darüber machen, wie Sie ihm helfen können, seine Schwächen allmählich abzubauen.

Wenn ich diese Ratschläge gegeben habe, waren meine Gedanken immer bei meinem ADS-Enkelsohn Peter (14), der unter anderem große Probleme mit dem konzentrierten Lernen hat. Aber er ist auch ein erstaunlich hilfsbereiter und einfühlsamer Junge, vor allem jedoch ein äußerst verantwortungsbewusster Tierschützer und auch -pfleger, der in seine Kaninchen, Hamster und Meerschweinchen regelrecht vernarrt ist. Würde es für soziale Tugenden und Tierschutz in der Schule Noten geben, wäre Peter ein Einserschüler.

Ob ADS-Kind oder nicht: Letztlich geht es um die Einstellung, oder wie Köhler sagt, um die »innere Haltung« gegenüber dem Kind bzw. Jugendlichen. Nun könnten Sie einwenden, dass ein »schwieriges« Kind die »innere Haltung« seiner Eltern dann nicht kennt, wenn sie in seiner Gegenwart kein Wort darüber verlieren. Wenn sie sich zwar Sorgen machen, aber versuchen, ganz normal mit ihrem Sorgenkind zu sprechen bzw. sich ihm gegenüber zu verhalten. Gelingt das einigermaßen, wird das Kind nicht mitbekommen, was seine Eltern fühlen und denken.

Diesen Einwand würde Köhler nicht gelten lassen. Er ist der Ansicht, dass es niemandem gelingt, »seine Gedanken hinter einer Maske zu verbergen«. Und weiter:»Man darf nicht glauben, solche Kinder spürten nicht, wie wir über sie denken und was wir ihnen gegenüber fühlen. Es teilt sich ihnen mit, ob eine aufrichtige und nicht nur pflichtschuldige Wertschätzung vom Erwachsenen ausgeht.«

Ist das wirklich so? Kann man einem Kind wirklich nichts vormachen? Haben Kinder einen siebten Sinn? Können sie etwa auch Gedanken lesen? Diese Fragen sind mir durch den Kopf gegangen, als ich das Referat gelesen habe, das Köhler auf dem erwähnten Kongress gehalten hat und aus dem ich zitiert habe.

Dann sind mir Aussagen von Kindern eingefallen, die darauf schließen lassen, dass man ihnen auf Dauer tatsächlich nichts vormachen kann. Manchmal hatte ich schon den Eindruck, dass sie nicht nur Hellseher, sondern auch Hellfühler sind. Beispiele: Karin (8) will mit Kerstin partout nichts zu tun haben. Begründung:»Die ist zwar immer freundlich zu mir, aber ich spüre, die meint es gar nicht so.« Oder: Bernhard (11) lehnt seinen Deutsch- und Geschichtslehrer mit folgender Begründung ab:»Ich weiß nicht, warum, aber irgendwie mag der mich nicht. Das fühle ich.«

Die Frage ist nicht, ob ein Kind mit seinen Be- oder sogar Verurteilungen richtig liegt, sondern wie es dazu kommt. Natürlich können Kinder keine Gedanken lesen, aber sie schließen aus der Art und Weise, wie sich z. B. ihre Eltern, Erzieherinnen und Lehrkräfte ihnen gegenüber verhalten und mit ihnen sprechen auf deren »innere Einstellung«. Dabei geht es aber nicht nur um das, was gesagt wird und ob z. B. besonders laut oder leise gesprochen wird, sondern auch Mimik und Gestik, also die nonverbale Kommunikation, spielen eine Rolle.

Ich könnte auch sagen: Kinder machen sich ein Bild von den Menschen, mit denen sie zu tun haben und verhalten sich entsprechend. Sie entwickeln zu jedem Menschen eine bestimmte Einstellung. Hat ein Kind beispielsweise zu seiner Mutter ein positives Verhältnis, wird es keine Probleme haben, ihr zu beichten, wenn es mal etwas ausgefressen hat. Entscheidend ist, dass ihm sein Gefühl sagt: Was auch geschehen ist, meine Mama schimpft mich zwar auch mal aus und ist streng mit mir, aber letztlich steht sie immer auf meiner Seite. Dagegen reagieren Kinder z. B. ängstlich und sind darauf bedacht, ihre kleinen und größeren Vergehen zu vertuschen, wenn sie befürchten, dass ihnen niemand beistehen wird.

Vegetative Resonanz

Heute geht man davon aus, dass jedes Kind die innere Einstellung, mit der ihm seine Eltern und auch andere Menschen begegnen, gleichsam erspüren kann. Köhler behauptet:»Die innere Haltung jedes erwachsenen Menschen teilt sich dem Kind bis in die leiblichen Strukturen mit.« Er stützt sich dabei auf die Ergebnisse naturwissenschaftlicher Forschungen, die sich mit der sogenannten vegetativen Resonanz befasst haben.

Kurz gesagt hat es damit Folgendes auf sich: Niemand kann vor einem anderen Menschen verbergen, wie er über ihn denkt und innerlich zu ihm steht. Das ist deswegen unmöglich, weil das vegetative Nervensystem so zuverlässig wie ein Feuermelder reagiert, wenn sich ein Kind beispielsweise ungerecht behandelt fühlt, lächerlich macht oder als hoffnungsloser Fall beschimpft wird.

Unter Leitung von Günter Haffelder wurde am»Institut für Kommunikation und Hirnforschung«, Stuttgart, folgender Versuch gemacht: Ein Kind wurde in einen Raum gesetzt und an ein Messgerät angeschlossen, das zeigte, was sich in seinem Gehirn tut. Dann wurde ein Lehrer in den Raum geschickt, dem man folgende Informationen gegeben hatte:»Da drin sitzt ein außerordentlich schwieriges, verhaltensgestörtes, problematisches Kind. Machen Sie mit diesem Kind einen Test!« Der Lehrer betrat den Raum, und auf dem Monitor des Messgerätes konnte beobachtet werden, was nach dem ersten Blickkontakt zwischen ihm und dem Kind passierte. Das Hirnstrommuster, das bei diesem Kind sofort auftrat, zeigte hochgradige Angst und Aufregung.

Zweiter Teil des Versuchs mit demselben Kind, aber mit einem anderen Lehrer, der folgendermaßen instruiert wurde: »Hier sitzt ein hochbegabtes, wunderbares Kind. Wir prüfen, ob wir es nicht in eine Hochbegabtenförderung geben. Machen Sie bitte einen Test mit ihm! Wir vermuten einen hohen IQ-Wert.« In dem Augenblick, als der Lehrer den Raum betrat und noch kein Wort mit dem Kind gesprochen hatte, zeigten die Hirnstrommuster keinerlei Anzeichen von Aufregung. Der gesamte Organismus des Kindes blieb gelassen und ruhig.

Diese Versuche lassen folgenden Schluss zu: Kindern bleibt die innere Einstellung, mit der man ihnen begegnet, nicht verborgen. Keiner kann ihnen etwas vormachen, denn sie spüren, ob man sie mag oder nicht. Wenn also z. B. Eltern, Erzieherinnen oder Lehrkräfte in einem Kind vor allem sozusagen nur das »Mängelwesen« sehen, weil die Defizit-Sicht die Wertschätzung seiner Fähigkeiten und Stärken, die es auch hat, nicht zulässt, wird es sich nicht angenommen und geachtet fühlen. Bei Kindern, die sich nicht angenommen und geachtet fühlen, schwindet allmählich das Selbstvertrauen und es fällt ihnen auch schwer, anderen Menschen zu vertrauen. Menschen, denen sie nicht mehr vertrauen können, haben aber irgendwann auch keinen Einfluss mehr auf sie.

Aus eigener Erfahrung weiß ich, dass es oft nicht einfach ist, zu einem »schwierigen« Kind eine positive innere Haltung einzunehmen. Ich kenne Eltern, die sich erst allmählich dazu durchringen konnten. Dabei hat ihnen geholfen, dass sie sich immer wieder bewusst gemacht haben: Mein Kind hat auch viele gute Fähigkeiten und Eigenschaften, und im Grunde tue ich ihm unrecht, wenn ich die nicht sehe.

Andere Eltern haben sich einem Psychologen oder Psychotherapeuten anvertraut, der ihnen geholfen hat, schrittweise eine Einstellungsänderung herbeizuführen. So schwierig dieser Prozess des Umdenkens auch sein kann, Eltern sollten sich intensivst darum bemühen und nichts unversucht lassen, denn eins ist sicher: Eine lebensbejahende Sicht auf das »schwierige« Kind wirkt sich immer positiv auf das Miteinander aus – sie ist Balsam für die Seele der Eltern und auch für die des Kindes.

7 Kinder brauchen ein dickes Fell

Vermutlich ist es Ihnen auch so wie mir gegangen: Im Laufe der Jahre habe ich mir ein ziemlich dickes Fell zugelegt. Genauer gesagt: zulegen müssen, denn zunächst wollte ich das gar nicht. Aber irgendwann habe ich festgestellt, dass es nicht anders geht, weil mich der ganz normale, aber leider oft auch kräftezehrende tägliche Kleinkrieg sonst fertiggemacht hätte.

Im Grunde ist ein dickes Fell so etwas wie ein Selbstschutz, der uns mehr oder weniger davor bewahrt, dass wir uns von Gemeinheiten, Niederträchtigkeiten, Neid, Gehässigkeiten, Rückschlägen, Bosheiten und Betrügereien unterkriegen lassen. Aber es geht nicht nur ums Unterkriegenlassen, sondern auch darum, dass man sich nicht dazu hinreißen lässt, mit gleicher Münze zurückzuzahlen. Also z. B. auch zu betrügen, weil man selbst betrogen worden ist, oder auf Bosheiten mit anderen Teufeleien zu reagieren. Natürlich ist die Versuchung groß, sich an einem Gauner zu rächen, aber mich hat ein Rat meiner Mutter immer davon abgehalten: »Nur der kleine Mann übt Rache« – womit ich nicht sagen will, dass ich mich für einen großen Mann halte.

Als meine Kinder zur Schule gingen und immer wieder einmal von Ungerechtigkeiten, Kränkungen und Enttäuschungen dort berichtet haben, habe ich mich gefragt: Wie kann ich sie auf all die Ärgernisse und kalten Duschen, die sie in ihrem Leben bestimmt noch abbekommen werden, vorbereiten? Wie kann ich sie vor dem Bösen in der Welt schützen? Soll ich ihnen, um sie quasi abzuhärten, von all den Grausamkeiten erzählen, zu denen Menschen fähig waren und sind? Soll ich ihnen erklären, was Titus Maccius Plautus (250–184 v. Chr.) mit seiner Feststellung gemeint hat: *Der Mensch ist dem Menschen ein Wolf?*

Wahrscheinlich stellen sich viele Eltern die gleichen Fragen. Und spätestens dann werden sie darauf antworten müssen, wenn ihr Kind unendlich traurig ist, weil es z. B. wegen einer Ungerechtigkeit den Kopf hängen lässt oder von seiner Freundin oder seinem Freund hintergangen worden ist. Dann werden sie sich fragen: Wie können wir unser Kind trösten und das

Zu-Tode-Betrübtsein ein wenig mildern? Wie können wir ihm beibringen, dass es sich z. B. von irgendwelchen Bösartigkeiten nicht seine gute Laune verderben lässt?

Es geht also einerseits um die aktuelle Situation, die bewältigt werden muss. Andererseits aber auch darum, mitzuhelfen, dass sich das Kind allmählich ein dickeres und auch dichteres Fell zulegt. Aber bitte keine Hornhaut! Dass das nicht einfach ist, liegt auf der Hand, denn niemand kann die Erfahrungen, die ein Kind machen wird, vorwegnehmen. Auch weiß von vornherein niemand, wie es beispielsweise auf borniertes Menschen, Rücksichtslosigkeiten, Eifersucht und Missgunst reagieren wird. Nicht einmal von sich selbst kann man das mit absoluter Sicherheit sagen, weil bei den Reaktionen z. B. die Dicke des Fells eine große Rolle spielt, aber auch Stimmungen und das Temperament, das jedem von uns in die Wiege gelegt worden ist. Meistens meldet sich auch der sogenannte innere Schweinehund zu Wort und noch vieles andere, was in uns rumort und uns oft gar nicht bewusst ist.

Körperliche und seelische Abhärtung

Was unter körperlicher Abhärtung zu verstehen ist, weiß jeder, obwohl sie gegenwärtig in der Erziehung längst nicht mehr die Rolle wie in früheren Zeiten spielt. Man darf Kinder nicht verweichlichen, sondern muss sie abhärten, wurde gesagt. Wenn es nicht zu Übertreibungen kommt, ist körperliche Abhärtung meines Erachtens nach wie vor wichtig, denn sie macht Kinder widerstandsfähiger.

Bei der körperlichen Abhärtung das richtige Maß zu finden, ist dann nicht schwierig, wenn man Kinder aufmerksam beobachtet und weiß, ob sie wirklich überfordert worden sind oder nur so tun als ob. Wenn es darum geht, habe ich früher manchen Fehler gemacht. Weil ich nicht genau hingeschaut habe, habe ich unseren Kindern gelegentlich zu viel zugemutet. Dann haben sie protestiert und wollten mich um nichts in der Welt z. B.

bei einem »Sturm auf den Gipfel« begleiten, sondern lieber eine gemütliche Rast machen. Eigenartig war, dass sie nie gesagt haben: *Wir sind müde*, sondern meistens nur: *Wir haben erbärmlichen Durst und Hunger.*

Ich konnte nicht verstehen, dass sie lieber von unten nach oben schauen wollten, anstatt unter dem Gipfelkreuz zu sitzen und von oben nach unten zu schauen. Dabei war die Erklärung sehr einfach: Sie wollten unbedingt rasten, weil sie nicht mehr weiterlaufen konnten, denn die Füße taten ihnen weh, der Rucksack wurde mit jedem Schritt schwerer, und außerdem wurde es immer heißer. Also gab es für sie nur eins: Pause! Das habe ich ziemlich schnell kapiert, und mir ist kein Stein aus der Krone gefallen, darauf einzugehen. Übrigens haben wir z. B. auch bei ausgedehnten Radtouren immer unser gemeinsames Ziel erreicht, wenn auch mit Pausen – manchmal allerdings nur, weil einer einen Platten hatte.

Beim Zelten ging es weniger um bestimmte Anstrengungen, sondern darum, sich mit den Gegebenheiten abzufinden, ohne ständig zu jammern. Wenn den einen im Schlafsack zu warm war und den anderen zu kalt, Regenwetter auf die Stimmung drückte oder kein Holz fürs Lagerfeuer zu finden war, mussten sie selbst für Abhilfe sorgen. Auch das Waschen im kalten Gebirgsbach behagte längst nicht allen, aber es musste sein, denn nur wer sich gewaschen hatte, durfte an unserer Frühstücksrunde teilnehmen – so hatte es der Familienrat beschlossen.

Ich halte hinsichtlich der körperlichen Abhärtung nichts von Drill, aber viel davon, Kindern beizubringen, ihre Kräfte richtig einzuschätzen und so einzuteilen, dass sie die Ziele, die sie sich gesetzt haben, erreichen können. Oft wissen sie gar nicht, wozu sie imstande sind, weil sie sich noch nie angestrengt haben. Und angestrengt haben sie sich deswegen nicht, weil sie z. B. von ihren Eltern noch nicht herausgefordert worden sind. Wie es auch ist: Körperlich abgehärtete Kinder werden nicht gleich von jedem Wind umgepustet, wenn der ihnen mal ins Gesicht bläst.

Mit der seelischen Abhärtung ist es schwieriger. Darunter ist die Fähigkeit zu verstehen, mit Frustrationen, Dämpfern usw.

fertig zu werden. Diese Fähigkeit ist gewissermaßen eine innere Stärke, die Psychologen als Frustrationstoleranz bezeichnen. Was das konkret heißt, hat einmal der ehemalige Fußballtrainer Udo Lattek gesagt. Auf die Frage, wie er auf Missgunst, Beleidigungen und überzogene Kritik reagiert, hat er mit folgender Gegenfrage geantwortet: »Seit wann kümmert's die Eiche, wenn sich Schweine daran reiben?«

Was Lattek mit diesem Eichen-Schweine-Bild sagen wollte, ist klar: Ich bin so stark wie eine Eiche, der es nichts ausmacht, wenn sich Kritiker bzw. Schweine daran reiben. Zwar bemerke ich sie, aber es kümmert mich überhaupt nicht, was die sagen oder tun. Leider hat er nicht gesagt, wer oder was zu seiner offensichtlichen inneren Stärke beigetragen hat.

Bemerkenswerte Untersuchungsergebnisse

In den USA und Deutschland haben sich Expertinnen und Experten mit der Frage befasst, wie innere Stärke erreicht werden kann. Die Untersuchungsergebnisse sind sehr interessant, weil man heute sagen kann, was Eltern tun können, wenn ihnen daran liegt, ihrem Kind eine möglichst große Portion seelische Abhärtung mit auf seinen Lebensweg zu geben.

Die Untersuchungen wurden mit sogenannten »unverwundbaren Kindern« durchgeführt. Das sind Kinder, die unter schwierigsten materiellen und sozialen Lebensbedingungen aufgewachsen und, ohne seelischen Schaden zu erleiden, damit erstaunlich gut zurechtgekommen sind. Es ist eine eigentümliche Souveränität, die es ihnen ermöglicht, unerschrocken und selbstbewusst ihren Weg zu gehen, weil Ängste, Enttäuschungen und unzureichendes Selbstvertrauen ihre Seele nicht aufgefressen haben. Der Erlanger Professor Friedrich Lösel hat bei »unverwundbaren Kindern« Folgendes festgestellt:

1. Sie verlassen sich bei der Lösung von Problemen möglichst nicht auf andere Menschen, sondern versuchen, selbst eine Lösung zu finden.

2. Sie fühlen sich z. B. bei Diskriminierungen und Anfeindungen nicht hilflos ausgeliefert und verkriechen sich auch nicht in die Schmollecke, sondern gehen aktiv dagegen vor.

3. Schwierigkeiten weichen sie weder aus, noch werden sie von ihnen auf die lange Bank geschoben, sondern sie versuchen, sie möglichst bald aus der Welt zu schaffen.

4. Selbstbewusst gehen sie auf andere Menschen zu und lassen sich dann von ihnen helfen, wenn sie Hilfe brauchen.

5. Sie sind »aufgabenorientiert« (Lösel) und sehen in Alltagsproblemen Herausforderungen, die sie so gut wie es geht allein bewältigen wollen. Wenn ihnen das nicht gelingt, zögern sie nicht, andere um Rat zu fragen und um Hilfe zu bitten.

6. Sie haben hohe »Selbstwirksamkeitserwartungen« (Lösel), weil sie Selbstvertrauen haben.

In anderen Untersuchungen wird nicht von unverwundbaren Menschen gesprochen, sondern von resilienten. Mit Resilienz wird in der psychologischen Forschung die Widerstandsfähigkeit oder Stärke bezeichnet, die es Menschen ermöglicht, beispielsweise Krisen und die sogenannten Nackenschläge des Lebens ohne langfristige Schäden an Leib und Seele zu meistern. Es ist erwiesen, dass es Menschen gibt, die mit der Fähigkeit zur Resilienz geboren werden. Bei mir war das leider nicht so. Gesicherte Erkenntnis ist aber auch, dass das Temperament und die Intelligenz eine große Rolle dabei spielen, wie Menschen mit bestimmten Herausforderungen umgehen.

Ob Widerstandsfähigkeit angeboren ist oder nicht: Das Interessanteste ist meines Erachtens, dass sich jeder Mensch diese Fähigkeit aneignen kann. Man kann also lernen, widerstandsfähig zu sein. Und für Eltern ist besonders wichtig, dass resiliente Fähigkeiten in den ersten zehn Lebensjahren am leichtesten gelernt werden können, wie Untersuchungen gezeigt haben. Aber auch Erwachsene können »Versäumtes« noch nachholen und ihre Widerstandsfähigkeit sozusagen trainieren.

Dafür haben Wissenschaftler ein »Programm zur Krisenbewältigung« entwickelt, das auch für Kinder und Jugendliche hilfreich sein kann. Dieses Sechs-Punkte-Programm ist das Ergebnis von Langzeitstudien mit resilienten Menschen. Man hat diese Menschen gefragt, wie sie es geschafft haben, beispielsweise mit ausweglos erscheinenden Situationen, Verbitterung und Krisen fertig zu werden. Dieses Sechs-Punkte-Programm setzt an folgenden sechs typischen Verhaltensmustern an:

1. Widerstandsfähige Menschen akzeptieren das, was geschehen ist, sie sprechen darüber und schämen sich ihrer Gefühle nicht.

Das heißt vor allem: Sie flüchten sich nicht in hektische Aktivitäten und lamentieren, wenn das Schicksal zugeschlagen hat. Auch gehen sie nicht zur Tagesordnung über und tun so, als sei nichts geschehen. Sie spielen nicht den Unerschütterlichen, und auf keinen Fall betäuben sie sich mit Alkohol oder Medikamenten. Völlig verkehrt ist es nach Ansicht aller Befragten, Rache- oder sogar Selbstmordgedanken nachzugehen. Außerdem halten sie es für falsch, Zwangslagen, ständigen Ärger usw. in sich hineinzufressen und zu versuchen, ihre Gefühle zu verdrängen.

Das alles tun sie nicht, sondern resiliente Menschen krempeln gewissermaßen die Ärmel auf und stellen sich der Situation. Sie nehmen sich Zeit, um ihre Gedanken zu ordnen und über das nachzudenken, was passiert ist. Um innerlich und auch äußerlich Distanz zu den sie beunruhigenden Ereignissen herzustellen, ziehen sie sich für Stunden oder an einem Wochenende an einen Ort zurück, an dem sie sich wohl fühlen. Dieser »Tapetenwechsel« kann ebenso heilsam sein wie das Gespräch mit einem Menschen, dem sie sich anvertrauen. Was immer sie tun: Sie lassen ihren Gefühlen freien Lauf, und Tränen sind für sie kein Zeichen von Schwäche. Freimütig sprechen sie über das, was sie gekränkt oder sogar verletzt hat, und überlegen, was sie vernünftigerweise tun könnten.

2. Niemand und nichts kann widerstandsfähigen Menschen die optimistische Lebenseinstellung nehmen. Optimistisches Denken ist kein Wunschdenken, sondern akzeptiert die Wirklich-

keit auch dann, wenn es außerordentlich schwerfällt; außerdem geht es davon aus, dass jedes negative Ereignis vorübergeht und es wieder bessere Zeiten geben wird.

Das wichtigste Merkmal resilienter Menschen ist ihr optimistisches Denken, das sich vom positiven Denken unterscheidet. Wer optimistisch denkt, verschließt die Augen nicht vor der Wirklichkeit und steckt nicht – wie der Vogel Strauß – den Kopf in den Sand, um nur ja nichts Schlimmes, Abscheuliches oder Böses zu sehen. Aber nicht nur das: Optimistische Menschen vertrauen darauf, dass sich das Schicksal früher oder später wieder zum Positiven wenden wird. Ihre Stärke ist ihr Vertrauen auf den letztlich guten Ausgang eines bestimmten Geschehens. Unerschütterlich glauben sie daran, dass ihnen irgendwann wieder die Sonne scheinen wird, weil auch das Beunruhigende, Deprimierende, Gemeine usw. nie ewig dauert.

Positives Denken dagegen wählt aus einem schlimmen Ereignis nur das Erfreuliche sowie Gute aus und versucht, alles Negative quasi auszublenden. Wenn das aber nicht geleugnet werden kann, weil es jedem in die Augen springt, wird durch Schönreden oder Bagatellisieren versucht, die bittere Wahrheit zu verschleiern – nach dem Motto: *Ich hab mir zwar schwere Verletzungen zugezogen, aber erstens habe ich gute Medikamente und keine Schmerzen; zweitens schmeckt mir das Essen.*

Bei Untersuchungen hat man auch festgestellt, dass Menschen mit einer optimistischen Lebenseinstellung bei Lebenskrisen weniger zu Selbstanklagen neigen als pessimistisch denkende. Wenn mal etwas total schiefgegangen ist, sagen sie z.B. nicht: »Ich bin ein totaler Versager«, sondern eher: »Diesmal hatte ich keinen Erfolg, aber ich bin davon überzeugt, dass es nächstes Mal klappen wird.« Im Grunde sind Optimisten Lebenskünstler. Sie erleben zwar auch unangenehme Überraschungen, die sie beuteln, aber nicht brechen.

3. Widerstandsfähige Menschen legen die Hände nicht in den Schoß und baden in Selbstmitleid, sondern suchen intensiv nach Lösungen.

Wenn es mal knüppeldick kommt und man der Verzweiflung nahe ist, gibt es eigentlich nur zwei Möglichkeiten: Man beklagt sein Schicksal nach der Devise: »Dass ausgerechnet mir das passieren musste! Ist das nicht schrecklich?!« Oder man sagt: »Was geschehen ist, ist ein Unglück. Aber ich kann es nicht ändern und werde über vergossene Milch nicht jammern, sondern versuchen, das Beste daraus zu machen.«

Für resiliente Menschen kommt nur die zweite Möglichkeit in Frage. Sie hadern zwar auch mit ihrem Los, sind zornig und schimpfen wie die Rohrspatzen, aber das Toben und auch Grübeln über das Hätte, Wenn und Aber haben Grenzen. Weltuntergangsstimmung lassen sie nicht aufkommen, sondern werden aktiv und – gerade das ist Zeichen ihrer Stärke! – konzentrieren sich auf die Suche nach einer annehmbaren Lösung. Dabei gehen sie von folgenden Fragen aus:

- Worüber mache ich mir Sorgen?
- Was kann ich dagegen tun?
- Welche Lösungen gibt es?
- Für welche Lösung entscheide ich mich?
- Wann setze ich meine Entscheidung in die Tat um?

4. Widerstandsfähige Menschen verkriechen sich nicht in ein Kämmerchen und leiden vor sich hin, sondern beziehen andere in die Problemlösung ein.

Vielen Menschen fällt es nicht leicht, mit anderen über ihre Ängste, Befürchtungen oder ihr Herzeleid zu sprechen. Die einen sprechen nicht gern darüber, weil sie Tratscherei oder Schadenfreude befürchten; andere, weil sie sich scheuen, Freunde oder Bekannte, die selbst genug Probleme haben, zusätzlich mit den eigenen Sorgen zu belasten; und wieder andere haben nicht gelernt, aus sich herauszugehen.

Resiliente Menschen versuchen nicht, bestimmte SOS-Situationen im Alleingang zu lösen, auch das belegen verschiedene Untersuchungen. Sie haben ein »soziales Netz« (Familie, Freunde, Vertrauenspersonen) und wissen genau, an wen sie sich wenden können, wenn sie Rat brauchen. Ihre Ratgeber sind aber nie Menschen, die z. B. nicht mehr lachen können, weil sie nur auf die Schattenseiten des Lebens starren, sondern solche, die optimistisch denken und denen sie vertrauen können.

5. Widerstandsfähige Menschen betrachten sich nicht als Opfer und geben sich nicht allein die Schuld für eine Krise.

Das Gefühl, Opfer zu sein, kann Menschen buchstäblich lähmen. Dann sind sie schnell mit Feststellungen zur Hand, die über ihre innere Verfassung alles sagen. Solche Feststellungen sind beispielsweise: Warum musste das gerade mir passieren? Warum ist das Leben immer so ungerecht mit mir? Ich pack das nicht! Ich werde nie wieder glücklich sein! Ich weiß nicht, wie ich aus dieser Krise wieder rauskomme!

Auch widerstandsfähige Menschen sind nicht immun gegen das Gefühl, bedauernswertes Opfer zu sein. Aber sie unterscheiden sich dadurch von denen, die die Opfer-Rolle nicht ablegen können, dass sie sozusagen Stehaufmännchen sind. Nach einer gewissen Zeit richten sie sich gleichsam selbst wieder auf und fangen an, sachlich und kontrolliert über das nachzudenken und auch zu sprechen, was geschehen ist. Sie sagen dann nicht »Ich schaff das beim besten Willen nicht!«, sondern »Ich werde mich mit allen Mitteln darum bemühen, aus dem Tal der Tränen wieder rauszukommen.«

6. Widerstandsfähige Menschen beugen vor. Sie kennen die sogenannten »Wendepunkte des Lebens« und werden von konflikträchtigen Situationen nie völlig überrascht.

Wer Lebenserfahrung hat, hält nur wenig für selbstverständlich und weiß, dass es im Leben jedes Menschen kritische Situationen, Tiefpunkte, Zwangslagen usw. geben kann, die gemeistert werden müssen. Vor allem aber gibt es Vorhersehbares. So z. B., wenn die Tochter oder der Sohn auszieht, das Ausscheiden aus dem Beruf ist absehbar, auch das Altern mit dem Nachlassen körperlicher und geistiger Kräfte, Trennungen von liebenswerten Menschen und der Tod.

Aber längst nicht alle »Wendepunkte des Lebens« kann man voraussehen, denn Gott sei Dank weiß niemand, was vielleicht schon morgen auf ihn zukommt. Aber gedanklich und damit gewissermaßen vorbeugend kann man sich mit Eventualitäten befassen. Und exakt das tun resiliente Menschen. Sie wissen, dass man sein Leben nur rückblickend verstehen kann, aber vorausschauend leben muss. Also versuchen sie, die »Was-wäre-wenn-Fragen« zu beantworten. Das vorausplanende Krisenmanagement, mit dem man sich auf einschneidende Veränderungen vorbereitet, hat den Vorteil, dass bei bestimmten Herausforderungen, einer neuen Situation und Schicksalsschlägen keine Weltuntergangsstimmung entsteht.

Sind das nicht großartige Erkenntnisse!? Ich hätte mir manche schlaflose Nacht ersparen können, wenn ich schon vor dreißig Jahren gewusst hätte, wie ich Enttäuschungen, Krisen usw. bewältigen kann. Dennoch habe ich ein Problem mit diesem Programm, wenn ich an Kinder und deren Eltern denke. Sie werden ihr Kind nur dann zur Widerstandsfähigkeit erziehen können, wenn sie selbst innere Stärke haben.

Für Eltern, die eher eine pessimistische als optimistische Lebenseinstellung haben, ist es meines Erachtens so gut wie unmöglich, ihr Kind zu einem zuversichtlichen und starken Menschen zu erziehen. Wer nämlich jedes rauhere Lüftchen für einen Orkan hält oder sich ständig den Kopf darüber zerbricht, was seinem Kind alles zustoßen könnte, und sich vor irgendwelchen Krisen fürchtet, macht es unbewusst auch seinem Kind schwer, Widerstandsfähigkeit zu entwickeln. Nur starken Eltern wird es gelingen, starke Kinder zu erziehen, die sich z. B. nicht vor Käfern fürchten.

Wie es auch ist: Kinder brauchen ein dickes Fell und auch Herausforderungen. Mindestens tausendmal wichtiger ist, dass sie starke Eltern und keine Heulsusen haben, die bei jeder Gelegenheit das Lied von der ach so verdorbenen Welt singen – aber die Welt kümmert sich nicht darum. Sie brauchen lebenstüchtige Eltern, die ihnen Widerstandsfähigkeit vorleben und sich von vermeintlichen oder tatsächlichen Problemen ihr Leben nicht so vermiesen lassen, dass sie an nichts und niemandem mehr Freude haben können.

Mal ehrlich: Neigen Sie dazu, schnell zu verzagen, wenn es mal massive Schwierigkeiten gibt? Wenn es Ihnen schwerfallen sollte, Ihre negativen Gedanken quasi zu verscheuchen, beispielsweise weil ein Konflikt mit Verwandten, Freunden oder Ihrem Kind nicht gelöst werden kann, sollten Sie sich einmal in Ihrem Freundes- und Bekanntenkreis umschauen. Vielleicht gibt es da einen resilienten Menschen, der Ihnen Vorbild sein kann oder sogar beisteht, wenn Sie in Not sind. Einen Menschen, der nicht nur gelernt hat, sein Schicksal zu tragen und zu ertragen, sondern daran gewachsen ist und sich seine optimistische Lebenseinstellung bewahrt hat. An diesen stillen Helden des Alltags, die ich bewundere, sollten sich alle die ein Beispiel nehmen, die trotz aller Beschwernisse die Sehnsucht haben, froh und glücklich zu sein.

Damit stellt sich die Frage: Was können und sollen Eltern tun, damit ihr Kind innerlich stark wird? Wie können sie es quasi seelisch und sozial fit machen?

Worauf es ankommt

Vor allem darauf, dass ein Kind die Erfahrung machen kann, dass es selbst etwas bewirken (»Selbstwirksamkeit«!), schaffen und erreichen kann. Dass Anstrengungen zum Ziel führen können und vollbrachte Leistungen sowie Erfolge dazu ermutigen, sich neue Aufgaben vorzunehmen. Jedes selbständig gelöste Problem und jedes Überwinden einer Schwierigkeit ist so etwas wie Lebenselixier und ein wichtiger Baustein für die Entwicklung von *Selbst*bewusstsein und *Selbst*vertrauen.

Kinder, die sich wenig oder nichts zutrauen, die alles schlucken und sich gegenüber Menschen und Aufgaben unsicherscheu verhalten, sind im Grunde bedauernswerte Kinder. Sie haben kein Selbstvertrauen und auch kein dickes Fell entwickeln können. Folglich gehen sie ängstlich allem Unangenehmen aus dem Wege. Wenn das aber mal nicht geht, müssen ihre Eltern ran, die den Weg freischaufeln sollen. Aber wenn die dazu weder bereit noch in der Lage sind, kann es schwierig werden, denn nun hat das Kind zwei Probleme. Erstens muss das Kind mit dem Unangenehmen irgendwie allein fertig werden; zweitens fühlt es sich von seinen Eltern im Stich gelassen. Wenn Kinder dann sagen: »Mögen täten wir schon wollen, aber dürfen haben wir uns nicht getraut« (Karl Valentin), haben ihre Eltern den »Schwarzen Peter«.

Es kommt also darauf an, dass Eltern sich zunächst darüber klar sind, dass jedes Kind, auch wenn es das nie ausspricht, ihnen sagen möchte: *Auch wenn in meinem Verhalten oft etwas ganz anderes zum Ausdruck kommt, möchte ich, dass ihr nichts für mich tut, was ich schon selbst machen kann.* Das bedeutet: Was immer ein Kind allein bewältigen kann, muss es auch tun. Für einsichtsvolle Eltern ist es eine Selbstverständlichkeit, alles, was sie für ihr Kind und mit ihm tun wollen oder müssen, darauf zu prüfen, ob sie ihm nicht wenigstens teilweise das eine oder andere überlassen können.

Je häufiger Eltern ihrem Kind kleine und zunehmend anspruchsvollere Aufgaben stellen, umso intensiver sind die Erfahrungen, die es mit sich selbst, anderen Menschen und der Welt macht. Sie müssen ihm Verantwortung übertragen und auch erlauben, auf »Entdeckungsreisen« zu gehen. Das Kind soll selbst z. B. ausprobieren, wie Sachen funktionieren und wie Menschen sich in Stresssituationen verhalten.

Auf diese unmittelbaren Erfahrungen – die Soziologen sprechen von Primärerfahrungen – kommt es an. Man kann Kindern unendlich viel erklären und zeigen, aber die eigene Anschauung ist immer besser. Irgendwie ist es mit Kindern wie mit Katzen: Wenn die nur aus Dosen ernährt werden, müssen sie ein völlig falsches Bild von der Welt bekommen. Jean Piaget, der bekannte Psychologe, hat es mit einem Satz auf den Punkt gebracht: »Wer einem Kind die Lösung eines Problems sagt, betrügt es um seine eigene Erfahrung.«

Nun ist das alles leicht hingeschrieben, aber ich weiß, dass die Umsetzung von dem, was man als richtig erkannt hat, im Erziehungsalltag Probleme bereiten kann. Und zwar dann, wenn sich Eltern nicht die Zeit nehmen, ihr Kind immer wieder dazu anzuleiten, wenigstens zu versuchen, selbständig bestimmte Herausforderungen zu meistern. Wenn sie nicht zulassen, dass ihr Kind bei der Problemlösung auch Umwege gehen und »Fehler« machen darf; wenn sie allzu ungeduldig sind und das, was ihr Kind schon allein erledigen könnte, lieber selbst machen, um Zeit zu sparen.

Und wie stärkt man Kinder so, dass sie sich von Enttäuschungen, Ungerechtigkeiten usw. nicht entmutigen lassen? Ich habe folgende Erfahrung gemacht: Wenn ein Kind weiß, dass die Eltern für seinen Kummer immer ein offenes Ohr haben und nie als Kinderkram abtun, dass sie ihm nicht nur zuhören, sondern ihm auch helfen, aus dem Tal der Tränen wieder herauszukommen, ist schon viel erreicht.

Wichtig ist aber auch, offen und ehrlich die Frage zu klären, ob das Kind für eine bestimmte Enttäuschung oder Ungerechtigkeit vielleicht mitverantwortlich ist. Es genügt nämlich nicht, nur die vermeintlich oder tatsächlich Schuldigen an den Pranger zu stellen und gemeinsam mit dem Kind über die schlechten Menschen zu jammern. Das hilft einem Kind allenfalls im Augenblick, aber zur Entwicklung von Widerstandsfähigkeit kann Jammern auf hohem Niveau nichts beigetragen.

Vor allem Selbstvertrauen und Einsichten, zu denen man selbst gekommen ist, tragen dazu bei, dass man sich allmählich zu einer Eiche entwickelt, die sich nicht darum kümmert, wenn sich Schweine daran reiben. Ich halte es aber auch für sehr wichtig, dass sich Eltern fragen, ob ihr Kind vielleicht deswegen so verwundbar ist, weil es zu Wehleidigkeit und Überempfindlichkeit neigt. Es kann auch sein, dass ihm übertriebenes Misstrauen das Leben schwermacht oder sein kindlicher Egoismus dazu beiträgt, dass andere Kinder ihm eins auswischen wollen.

Fazit: Wer seinem Kind nur wenig oder sogar nichts zutraut, immer den Schutzengel spielt und es nie loslässt, es nicht mit eigenen Augen in die Welt sehen und auf eigenen Beinen stehen lässt, macht allmählich aus einem Riesen einen Zwerg. Bekanntlich haben es Zwerge immer schwer, selbstbewusst durch die Welt zu gehen und zu sich selbst ja zu sagen.

Ein abschreckendes Beispiel

Der Schriftsteller Gregor von Rezzori erzählt in seinem Buch »Maghrebinische Geschichten« folgende Geschichte: Einmal hatte ihn sein Vater aufgefordert, auf die oberste Sprosse einer Leiter zu steigen. Dann sagte er zu ihm: »Jetzt spring runter! Ich fang dich auf, es kann dir nichts passieren!« Gregor sprang, aber der Vater trat einen Schritt zurück und fing ihn nicht auf. Der Junge knallte auf den Boden. Die Erklärung des Vaters für sein Zurückweichen war: Du darfst keinem trauen. Nicht einmal deinem eigenen Vater.

Diese Geschichte habe ich schon des Öfteren Eltern erzählt – als abschreckendes Beispiel. Immer haben sie mit Kopfschütteln und empört auf das Verhalten des Vaters reagiert. Wir waren uns einig, dass es heller Wahnsinn ist, einem Kind den Rat zu geben: *Du darfst nicht einmal deinem Vater trauen!* Der Kommentar einer Mutter war: »Auf diese Art kann man keinem Kind zu einem dicken Fell verhelfen. Ich kann mir aber auch nicht vorstellen, dass heute noch jemand auf die Idee kommt, einem Kind so etwas Entsetzliches anzutun.«

Hoffentlich täuschst du dich nicht, liebe Frau, habe ich mir im Stillen gesagt. Dabei habe ich aber nicht nur an die Kindesmisshandlungen gedacht, über die z. B. der Deutsche Kindesschutzbund immer wieder berichtet, sondern an den Rat, den die »Apostel« der antiautoritären Erziehung einmal allen Heranwachsenden gegeben haben: Traue keinem über dreißig!

Ein erfreuliches Beispiel

Manuel, jetzt 11 Jahre alt, war vor etwa zwei Jahren für mich ein Sorgenkind. Wenn ich mit diesem bemitleidenswerten Kerlchen gesprochen habe, hat er mich immer traurig angeschaut, die Schultern hochgezogen und sich dauernd nervös über die Haare gestrichen. Ängstlich beantwortete er auch einfachste Ja-Nein-Fragen. Nicht ein einziges Mal habe ich ihn herzhaft lachen gehört. Wenn's hoch kam, ließ er sich zu einem verlegenen Schmunzeln hinreißen. Aber selbst das schien ihm unangenehm zu sein. Wenn es stimmt, was Goethe einmal gesagt haben soll, dass die Augen die Fenster der Seele sind, dann hatte Manuel keine optimistisch-lebensfrohe Seele.

Wenn zu Hause oder in der Schule mal etwas nicht so geklappt hat, wie er sich das vorgestellt hatte, war er sofort am Boden zerstört und machte sich Vorwürfe. Als ich ihn einmal trösten wollte, sagte er schluchzend: »Ich bin nun mal doof. Dagegen kann keiner was machen, auch Sie nicht.« Da half auch kein gutes Zureden, denn er war überhaupt nicht mehr ansprechbar, ließ den Kopf hängen und wollte mit niemandem etwas zu tun haben. Höchst empfindlich reagierte er auch auf vorsichtige Kritik. Und wenn er glaubte, dass andere Kinder über ihn getuschelt oder sich lustig gemacht hatten, zog er sich beleidigt von ihnen zurück. Freunde hatte er immer nur für kurze Zeit.

Das Verhalten von Manuel hat seinen Eltern und auch mir große Sorgen bereitet. Er war zwar ein guter Schüler und das, was man ein artiges Kind nennt, aber eben auch beunruhigend ängstlich und verschlossen, schnell entmutigt und bei der geringsten Kleinigkeit zu Tode betrübt. Vor allem seine Mutter und seine Lehrerin haben sich über ihn viele Gedanken gemacht. Seine Lehrerin hat mir einmal gesagt: »Wenn ich nur wüsste, wie ich an Manuel rankommen und ihm helfen könnte. Irgendetwas quält diesen Jungen. Aber ich habe es bisher nicht geschafft, ihn dazu zu bringen, mir zu sagen, was das ist.«

Vieles könnte ich noch über Manuel berichten, der heute ein lebensfroher, optimistisch denkender Junge ist. Enttäuschungen, die auch ihm – wie jedem Heranwachsenden! – natürlich nicht erspart bleiben, auch Ungerechtigkeit, Niederlagen, Bosheiten usw. tun ihm zwar auch heute noch weh, aber er hat gelernt, damit umzugehen. Das heißt: er kann sie jetzt viel besser als noch vor zwei Jahren verkraften, weil er innerlich stärker geworden ist. Wie hat er das geschafft?

Zuerst haben seine Eltern gemeinsam mit einer Sozialpädagogin und seiner Lehrerin einen Förderplan für Manuel gemacht und sich Folgendes vorgenommen:

1. Wir werden Manuel immer wieder klarmachen, dass die meisten negativen Ereignisse zeitlich begrenzt sind – also vorübergehen werden.
2. Im Leben jedes Menschen gibt es Rückschläge und Niederlagen. Wir werden dafür sorgen, dass Manuel daraus keine falschen Schlüsse zieht und z. B. sagt: »Ich bin sehr traurig, denn niemand mag mich.« Oder: »Ich weiß, dass ich ein Versager bin.«
3. Wir werden Manuel erklären, warum er sich bei einem Misserfolg nicht als Opfer fühlen und an seinen Fähigkeiten zweifeln darf.
4. Wir werden Manuel ermutigen, über jeden Katzenjammer, vor allem aber über seine Ängste offen und ehrlich mit einem von uns zu sprechen. Es ist egal, wer das ist! Wichtig ist nur, dass er sich jemandem anvertraut.

Das waren die Ziele, auf die man sich verständigt hatte. Und was wurde von den »Helfern in der Not« konkret getan? Ich nenne nur einige der »vertrauensbildenden Maßnahmen«:

1. Die Eltern verzichteten in schwierigen Situationen auf zwar gut gemeinte, aber letztlich nicht hilfreiche Ratschläge wie: »Reiß dich zusammen!« – »Du musst stark sein!« – »Gib dir nur mehr Mühe!« – »Mir ist das auch schon mal passiert!« Solche Sprüche helfen nie! Stellen Sie sich bitte einmal einen Beinamputierten vor, der mit der Feststellung getröstet wird: »Sei nicht traurig! Immerhin hast du ja noch ein Bein.«

2. Egal welche Schwierigkeiten auftauchten, die Eltern hielten sich immer an Manuels Bitte:»Schimpft nicht gleich, wenn ich mal etwas verbockt habe! Besser ist, wenn ihr mir unter vier Augen sagt, was euch geärgert hat!«

3. Gemeinsame Aktivitäten waren den Eltern besonders wichtig. Dabei zeigte sich, dass Manuel beispielsweise Familien-Radtouren sehr gut organisieren konnte. Besonders gute Ideen hatte er, wenn es darum ging, mit seiner Mutter den wöchentlichen Großeinkauf oder einen Kindergeburtstag zu planen. Seine Frage »Könnt ihr mir nicht ein bisschen mehr Taschengeld geben?« führte zu einem interessanten Vorschlag der Mutter:»Versuch doch, dir selbst etwas Geld zu verdienen! Die Hälfte von dem, was du z. B. fürs Austragen von Prospekten und Zeitungen bekommst, geben wir dir dann dazu.« Zunächst zögerte Manuel, dieses Angebot anzunehmen. Als ihm aber die Mutter versprach, am Anfang beim Austragen mitzugehen, ging er auf ihren Vorschlag ein.

4. Die Lehrerin nutzte jede Möglichkeit, Manuel Aufgaben zu übertragen, die er möglichst mit anderen Kindern oder auch allein erledigen konnte. Sie bat ihn, gemeinsam mit einer Mitschülerin zweimal in der Woche die Hausaufgabenbetreuung für zwei türkische Schüler und auch bestimmte »Klassendienste« zu übernehmen. Auch für die Klassenbücherei war er verantwortlich – diese Aufgabe erledigte er besonders gut.

5. Die Sozialpädagogin ermutigte Manuel und Bernhard, einen gleichaltrigen Jungen aus der Nachbarschaft, in einen Sportverein einzutreten. Mit Schwimmen haben sie es zuerst versucht. Das gefiel aber beiden nicht. Dann Fußball: Das war etwas für Bernhard, aber nicht für Manuel. Sein Ding war Tischtennis. Seit einem Jahr ist er mit Begeisterung dabei und ist in seiner Altersklasse schon Drittbester.

Das Beispiel von Manuel zeigt, dass es viele Möglichkeiten gibt, einem entmutigten oder ängstlichen Kind zu helfen, Widerstandsfähigkeit und Selbstvertrauen zu entwickeln. Dafür können Eltern jedoch nur dann sorgen, wenn sie selbst stark sind und trübsinniges Jammern nicht für Meditation halten. Wenn sie sich von niemandem und durch nichts davon abhalten lassen, Nackenschläge, Krisen usw. mit Zuversicht und Mut zu bewältigen. Und das können sie erreichen, denn, und das möchte ich mit großen Buchstaben schreiben: WIDERSTANDSFÄHIGKEIT KANN JEDER LERNEN. Ein Esel ist, wer es in seinem eigenen Interesse und in dem seines Kindes nicht wenigstens versucht. Sehen Sie das nicht auch so?

8 Kinder brauchen Freunde

Dichter, Schriftsteller und auch Philosophen haben sich schon viele Gedanken über die Freundschaft gemacht. Vor 2500 Jahren soll einer Folgendes gesagt, allerdings nicht aufgeschrieben haben:»Es gibt dreierlei Freunde, die von Nutzen sind, und dreierlei Freunde, die von Übel sind: Freundschaft mit Aufrichtigen, Freundschaft mit Beständigen, Freundschaft mit Erfahrenen ist von Nutzen. Freundschaft mit Schmeichlern, Freundschaft mit Duckmäusern, Freundschaft mit Schwätzern ist von Übel.«

Es war nicht irgendeiner, sondern Konfuzius (um 551 bis 479 v. Chr.), der das gesagt hat. Vielleicht überrascht es Sie ebenso wie mich, dass es in früheren Zeiten auch schon Schmeichler, Duckmäuser und Schwätzer gegeben hat – die sind keine heutige Erfindung und sterben offenbar auch nicht aus. Ein bisschen stört mich, dass Konfuzius von»Nutzen« spricht. Mir hätte das Wort»bereichernd« besser gefallen. Aber lassen wir diese Wortklauberei.

Eltern scheint das Thema Freundschaft nicht sehr wichtig zu sein – das ist jedenfalls mein Eindruck. Sie sehen die Freunde ihrer Kinder kommen und gehen und sind froh, wenn es mit denen keine Probleme gibt. Allerdings kann sich das schnell ändern, wenn sie glauben, dass sich ihr Kind in»schlechter Gesellschaft« befindet. Dann machen sie sich wegen der schlechten Einflüsse Sorgen, die von diesen»Typen« ausgehen. Am liebsten würden sie ihr Kind von ihnen fernhalten.

Über gute oder schlechte Einflüsse machen sich kleine Kinder keine Gedanken, denn sie wissen gar nicht, was das ist. Das ist mit ihren Freundschaften anders. Man muss ihnen nur mal aufmerksam zuhören, wenn sie voller Begeisterung von ihren Freundinnen und Freunden erzählen. Dann strahlen sie, denn sie freuen sich unbändig darüber. Daher ist es auch kein Wunder, wenn sie mit einem gewissen Stolz ihre guten von ihren noch besseren Freundinnen bzw. Freunden unterscheiden und z. B. sagen:»Kerstin ist meine beste Freundin.« Wenn das gesagt wird, ist das – wie bei einem Fünf-Sterne-Hotel – eine Art Gütesiegel. Wie viele Fünf-Sterne-Freundinnen und -Freunde haben Sie eigentlich?

Gern spreche ich mit Kindern und auch Jugendlichen über das, was sie an ihren Freundinnen und Freunden faszinierend oder, wie sie sagen, cool finden. Allerdings fällt es ihnen meistens schwer, ihre Zuneigung zu erklären. Es ist ja auch schwierig, über seine Gefühle zu sprechen, wenn man eine prima Freundin oder einen prima Freund hat. Das geht uns Großen doch auch so, oder? Aber egal: Mich hat schon oft überrascht, welche Gedanken sich Kinder machen, um diese Kostbarkeit, die eine Freundschaft für sie immer ist, davor zu schützen, dass sie nicht zerbricht.

Erstaunlich ist außerdem, dass auch für Kinder- und Jugendfreundschaften oft das gilt, was man bei Erwachsenen beobachten kann: Gegensätze ziehen sich an. Es ist also nicht so, dass immer nur Gleichgesinnte zueinanderfinden, sich suchen und mögen. Alles ist möglich, doch welche Ideale, Vorstellungen, Erwartungen usw. für eine Freundschaft letztlich ausschlaggebend sind, bleibt häufig ein Rätsel. Ich glaube aber, dass zweierlei immer eine entscheidende Rolle spielt: Sympathie und gegenseitiges Vertrauen. Noch nie hat mir ein Kind oder Jugendlicher gesagt:»Das ist zwar meine Freundin, besonders sympathisch ist sie mir aber nicht.«

Bestimmte Interessen sind also nicht ausschlaggebend. Der Sports-, Natur- oder Musikfreund ist wie der Geschäftsfreund nicht automatisch sozusagen der Freund fürs Leben. Nur wenn jemand aufrichtig und zuverlässig ist, kann er quasi den Ritterschlag bekommen und zum Freund werden. Freundschaft ist für Kinder und Jugendliche etwas ganz Besonderes, eine Art Auszeichnung.

Sprachlos hat mich einmal Martin (8) gemacht, der mir begeistert von seinen besten Freunden Thomas und Bernhard erzählt hat. Mit leuchtenden Augen und sich überschlagender Stimme erzählte er eine Lausbubengeschichte nach der anderen. Aber mit keinem Wort erwähnte er seine zwei älteren Brüder, die er natürlich noch viel besser als seine beiden Freunde kannte. Daher habe ich ihm bei passender Gelegenheit eine ziemlich gemeine Frage gestellt: »Wen magst du eigentlich lieber – deine Brüder oder deine Freunde?« Wie aus der Pistole geschossen kam die Antwort: »Ist doch klar, dass ich meine Freunde lieber mag. Erstens ticken die so wie ich. Und zweitens konnte ich mir die aussuchen, meine Brüder aber nicht. Mit denen muss ich irgendwie auskommen, denn die sind immer da.«

Dass Kinder und Jugendliche nicht selten mit Freundinnen oder Freunden besser als mit ihren Geschwistern klarkommen, hängt auch mit Folgendem zusammen: Mit Freunden kann man so reden, wie einem der Schnabel gewachsen ist. Man muss nicht damit rechnen, an die Eltern verpetzt zu werden, wenn man z. B. mal Blödsinn gequatscht oder Mist gemacht hat. Weil gute Freunde immer dichthalten, wenn man mal Dampf ablassen muss, kann man z. B. auch über Lehrer herziehen, die man partout nicht mag. Im Gegensatz zu älteren Geschwistern spielen sich Freunde auch nicht als Rechthaber und Besserwisser auf, die einem Fragen beantworten, die man gar nicht gestellt hat, und einem ständig die Welt erklären wollen.

Wenn ich an meine Kinder und Enkelkinder denke, aber auch an die Schülerinnen und Schüler, die ich in der Schule hatte, steht für mich fest, dass für das Selbstwertgefühl jedes Kindes und Jugendlichen Freundschaften von größter Bedeutung sind. Und ihre Bedeutung nimmt mit zunehmendem Alter immer mehr zu. Freundschaften im Kindergarten- und Grundschulalter halten in der Regel nur wenige Monate, wie Untersuchungen ergeben haben. Festgestellt wurde auch, dass die wichtigste Zeit, in der Freundschaften geschlossen werden, die Vorpubertät und die Pubertät ist – diese Freundschaften halten oft auch länger.

Wie wichtig sie sind, wird zum einen deutlich, wenn sich eine anbahnt, zum anderen, wenn es in einer bestehenden Freundschaft zu einem großen Krach gekommen ist und sie zu zerbrechen droht. Dann sind Heranwachsende meistens sehr traurig und enttäuscht. Die eventuelle Trennung beschäftigt sie oft Tag und Nacht, weil sie ihnen unter die Haut geht. Meistens können sie an nichts anderes mehr denken, denn sie empfinden das Ende einer Freundschaft als Verlust.

Unterschiedlichste Gefühle können dann dazu beitragen, dass von einem Tag auf den anderen aus dem »himmelhoch jauchzend« das »zu Tode betrübt« wird. In einer solchen Situation die richtigen Worte zu finden, um das Kind zu trösten und seinen Enttäuschungs- und Trennungsschmerz zu mildern, ist für Eltern nicht einfach. Aber sie sollten es – ohne sich aufzudrängen – wenigstens vorsichtig versuchen. Denn das Kind braucht jetzt Beistand und Ermutigung.

Alle Eltern, die Freundschaften für wichtig halten, sind beunruhigt, wenn sie feststellen, dass ihr Kind nur selten oder nie eine Freundin bzw. einen Freund hat. Sie machen sich Sorgen, wenn es so gut wie nie zu einem Geburtstag eingeladen wird und von anderen Kindern immer wieder Ablehnung erfährt. Sie stehen ihrem Kind bei, wenn ihm z. B. von einem kleinen Rambo an den Kopf geknallt worden ist: »Lass mich doch in Ruhe! Ich mag dich nicht!« Solche Äußerungen können wie Keulenschläge wirken. Natürlich müssen Eltern ihr Kind dann trösten, ihm gut zureden und sagen, dass bald wieder die Sonne scheinen wird. Aber es muss meines Erachtens noch etwas anderes versucht werden: Wenn sich die Situation wieder einigermaßen normalisiert hat, sollten Eltern mit ihrem Kind auch einmal überlegen, woran es liegen könnte, dass es nur von wenigen Kindern gemocht wird.

Zwei Einwände

Hinsichtlich der so wichtigen Kinder-Freundschaften habe ich seit vielen Jahren eine interessante Beobachtung gemacht. Alle Eltern, die ich kenne, wissen durchaus, dass Freundschaften für jeden Menschen eine Bereicherung sind. Und wenn ich sage: »Es ist ein großes Glück, wenn man gute Freunde hat, denen man etwas anvertrauen und auf die man sich verlassen kann«, wird mir immer sofort zugestimmt.

Wenn ich aber sage: »Auch Kinder brauchen Freundschaften«, hält sich die Zustimmung oft in Grenzen. Man ist skeptisch, ob das wirklich so ist. Hinter diesen Bedenken steckt meistens zweierlei:

Erstens: Man befürchtet die Beeinflussung durch »schlechte« Freundinnen oder Freunde. Und um die zu verhindern, hält man das Kind möglichst von den Kindern fern, von denen schlechte Einflüsse ausgehen können.

So verständlich und berechtigt diese Sorge auch sein mag, es ist für kein Kind gut, wenn seine ängstlichen und misstrauischen Eltern versuchen, die Kontakte zu bestimmten Kindern einzuschränken oder sogar zu unterbinden. Kindergartenkinder bekommen das in der Regel noch nicht mit, aber Fünf- und Sechsjährige durchaus. Sie haben weder Verständnis für ihre eingeschränkte Bewegungsfreiheit noch für die Bedenken ihrer Eltern hinsichtlich der »schlechten« Freunde.

Sie sehen nämlich ihren Freund ganz anders als z.B. die besorgte Mama. Also verteidigen sie ihn auf Biegen und Brechen, wenn sie kein gutes Haar an ihm lässt. Und wenn sie versucht, ihrem Kind den Freund auszureden, kann es schwierig werden, weil das zum Widerspruch nach dem Motto reizt: *Du hast den Stab über Karlchen, meinen besten Freund, gebrochen, aber du kennst ihn doch gar nicht richtig. Glaub mir, der ist wirklich cool!*

Es kann aber auch sein, dass ältere Kinder auf die Einmischung ihrer Eltern mit einer Bitte reagieren: *Bitte vertraut mir einfach! Ich weiß genau, was gut für mich ist und was ich zu tun habe. Wenn ich Probleme habe, werde ich euch das sagen.* Auch diese Situation ist schwierig: Einerseits erwartet das Kind Vertrauen, andererseits machen sich seine Eltern Sorgen, die vielleicht nicht unberechtigt sind.

Zweitens: Es gibt vor allem Mütter, für die sind die möglicherweise schlechten Einflüsse, die sie nicht kontrollieren können, nur ein Vorwand. Ihr Problem ist, dass sie im Grunde ihr Kind nicht loslassen wollen und können. Mit Argusaugen beobachten sie, mit welchen Kindern und auch Erwachsenen ihr Kind Kontakt hat. Die Begründung der Glucken-Mütter, die sie aber meistens nicht aussprechen, lautet: *Schmuddelkinder und Erwachsene, die ich nicht ausstehen kann, sind kein Umgang für mein Kind.*

Was Eltern wissen müssen

Jeder Mensch, demnach auch jedes Kind, ist ein soziales Wesen und kein Einsiedler, der auf das Miteinander verzichten will und auch kann. Daher ist schon dem Zweijährigen nicht nur die Anerkennung seiner Eltern wichtig. Neben der Nestwärme, die ihm Geborgenheit gibt, sucht das Kind auch nach Zuwendung und Aufmerksamkeit anderer Kinder und auch Erwachsener. Dabei ist es ihm meistens völlig wurscht, ob das kleine oder große Menschen sind, jüngere oder ältere, behinderte oder gesunde, dicke oder dünne, ob sie rote oder schwarze Haare haben, saubere Fingernägel oder blitzblanke Schuhe – wenn sie nur freundlich sind und durch Worte oder Gesten zu erkennen geben: *Ich hab dich gern!*

Jedes Kind hat also seine eigenen, mehr oder weniger stark ausgeprägten Wünsche, die es unbedingt befriedigen möchte. Dazu gehört vor allem das Bedürfnis nach Zugehörigkeit und Fremdachtung, nach Gerechtigkeit, Ordnung und Sicherheit. Und hinsichtlich der Befriedigung dieser Bedürfnisse haben Freundschaften eine eigentümliche Bedeutung. Denn längst nicht alles, was sich ein Kind insgeheim wünscht, was es braucht und erleben möchte, können Eltern ihm geben. Aber Kinder können das. Welche Kinder das sind, spürt jedes Kind auf eine rätselhafte Weise. Und wenn die Auserwählten seine Zuneigung erwidern, hängt der Himmel voller Geigen.

Eltern sollten also – wenn ihr Kind das nicht schon allein macht – quasi Brücken zu anderen Kindern bauen. Dabei geht es aber nicht nur um Kontakte zu Gleichaltrigen, sondern – und das halte ich für sehr wichtig! – auch zu Kindern, die jünger oder älter sind. Sechsjährige fühlen sich z. B. gegenüber Vierjährigen wie Große und können sehr einfühlsam mit ihnen umgehen. Sie können stundenlang mit ihnen spielen, sie beschützen und auch trösten, wenn sie traurig sind. Gegenüber Zehnjährigen sind sie aber die Kleinen. Und wenn man beobachtet, wie sie sich als Große bzw. Kleine z. B. beim Toben, beim Teilen einer Tüte Gummibärchen und beim Aushecken von Streichen verhalten, staunt man oft über ihre Lern- und auch Anpassungsfähigkeit.

Das mit dem Bau von Brücken ist dann nicht einfach, wenn ein Kind an intensiven Kontakten zu anderen Kindern wenig interessiert ist. Wenn es gar keine Freundin bzw. keinen Freund haben möchte, weil es lieber für sich ist, sollten Eltern das akzeptieren. Keinesfalls sollten sie ihr Kind bedrängen oder ihm sogar zum Vorwurf machen, dass es nicht mal einen einzigen Freund hat. Die sogenannten Einzelgänger sind keine »Asozialen«, meistens haben sie nur irgendwelche Hemmungen, frisch, fromm, fröhlich und frei auf andere Menschen zuzugehen. Darüber sollte verständnisvoll mit dem Ziel gesprochen werden, dass das Kind seine Befangenheit Schritt für Schritt abbaut.

Bleiben wir bei den Kindern, die nicht gehemmt sind! Eltern übersehen oft oder wollen nicht wahrhaben, dass ihr Kind von anderen Kindern viel lernen kann – allerdings nicht immer nur Gutes. Daher sollten sie auch seine Freundin oder seinen Freund ab und zu nach Hause einladen und dafür sorgen, dass ihr Kind mit seinem Freund ungestört z. B. sprechen, spielen, basteln, etwas bauen oder das tun kann, woran sie interessiert sind. Sie sollten ihrem Kind aber auch erlauben, dass es seine Freundin bzw. seinen Freund nicht nur einmal zu Hause besuchen darf.

Als unsere Kinder etwa sechs Jahre waren, haben wir ihnen

gelegentlich erlaubt, Freundinnen oder Freunde zum Übernachten mitzubringen, übrigens auch zum Zelten im Garten. Und wenn sie selbst eingeladen wurden, hatten wir auch nichts dagegen. Das haben wir aber immer mit den »Eine-Nacht-Gast-Eltern« abgesprochen. Das war uns wichtig, weil Gaby, unsere älteste Tochter, einmal eine Überraschung erlebt hatte. Sie war sieben und ohne Wissen der Eltern von ihrer Freundin Elisabeth eingeladen worden. Daraus ergab sich aber eine peinliche Situation für alle Beteiligten, denn die Eltern haben nichts von der Idee ihrer Tochter gehalten. Also kam Gaby wieder nach Hause, brachte aber Elisabeth gleich mit, weil sie die wegen ihrer Eltern, *diesen gemeinen Spaßverderbern,* bis spät in die Nacht trösten musste.

Ich bin auch deswegen dafür, dass Kinder Freundschaften nicht nur haben, sondern auch hegen und pflegen, weil sie wichtigste soziale Erfahrungen machen können. Im Umgang mit jüngeren und älteren, insbesondere aber auch behinderten Kindern lernen sie beispielsweise, was Hilfsbereitschaft und Rücksichtnahme im Alltag konkret bedeuten. Dass es ängstliche und waghalsige Kinder gibt, hilfsbedürftige und grenzenlos übermütige. Und dass Kinder froh und glücklich sein können, obwohl sie unter schlechteren Bedingungen heranwachsen bzw. leben als sie selbst.

Das, aber noch vieles andere, können Kinder nur dann erleben, wenn man sie loslässt und nicht versucht, sie möglichst abzuschirmen. Sie werden z. B. die Erfahrung machen, dass es im Leben weniger aufs Wattepusten, Gaudi und Streiche, sondern mehr darauf ankommt, gute Freunde von schlechten zu unterscheiden. Und wenn sie das verstanden haben, sind sie auf einem guten Weg und werden nicht auf Schmeichler, Duckmäuser und Schwätzer reinfallen. Ihnen zu helfen, diesen guten Weg zu finden und auch zu gehen, ist Aufgabe der Eltern. Gibt es eigentlich eine noch spannendere Aufgabe? Ich kenne keine.

9 Kinder sind keine Diplomaten

Ich werde nie vergessen, was vor einigen Monaten in Ingolstadt anlässlich einer »Elternsprechstunde« passiert ist. Mit etwa 200 Müttern und einem Dutzend Vätern – warum machen sich die Väter eigentlich immer so rar, wenn's um das Thema Erziehung geht? – hatten wir schon ziemlich lange über verschiedene Erziehungsfragen diskutiert. Gegen Ende der Diskussion stellte mir eine Mutter folgende Frage: »Heute ist meine Dreijährige aus dem Kindergarten gekommen und hat lächelnd zu mir gesagt: ›Mama, du bist die größte Sau des Jahrhunderts!‹ Ich war sprachlos, regelrecht schockiert. Was hätten Sie ihr darauf gesagt?«

Bevor ich antworten konnte, versuchte eine andere Mutter die Fragestellerin zu beruhigen: »Kinder sagen manchmal die verrücktesten Sachen. Meine Julia, gerade mal vier Jahre alt, hat alle paar Tage einen anderen Spruch drauf. Kürzlich hat sie zu mir gesagt: ›Mama, du bist voll affengeil.‹ Als ich das meinem Mann erzählt habe, hat der nur gesagt: ›Ich finde es überhaupt nicht toll, was Julia gesagt hat. Aber sie ist erst vier! Kinder in diesem Alter reden viel. Natürlich auch mal Unsinn.‹ Seitdem rege ich mich über Julias Sprüche nicht mehr auf.«

Mit dieser Erklärung hat sich die schockierte Mutter aber nicht zufriedengegeben. Unbedingt wollte sie von mir wissen, wie ich auf diese Beschimpfung reagiert hätte. Also musste ich Farbe bekennen und habe ihr das gesagt, was ich nach wie vor für richtig halte: »Bitte lassen Sie die Kirche im Dorf! Niemand weiß, welches Teufelchen Ihre Tochter dazu verführt hat, Ihnen das zu sagen. Sechsjährige kennen die Bedeutung des Schimpfwortes Sau und wissen auch, dass man mit ›größte Sau‹ die Sache noch ein bisschen steigern kann. Aber Dreijährige wissen das noch nicht. Und mit dem Wort »Jahrhundert« konnte Ihre Tochter mit Sicherheit auch nichts anfangen. Auf keinen Fall wäre ich beleidigt gewesen, denn Kinder in diesem Alter schnappen schnell mal etwas auf und plappern es nach.«

Und was hätte ich getan? Vermutlich das, was ich in vergleichbaren Situationen schon oft gemacht habe: Ich hätte meine Tochter auf den Arm genommen und ihr ins Ohr geflüstert:»Das war gar nicht schön, was du mir gerade gesagt hast.« Und weil ich absichtlich ganz leise gesprochen hätte, wäre prompt die Frage gekommen:»Was hast du gesagt?« Mindestens dreimal wäre das so hin- und hergegangen. Dann hätte ich schmunzelnd gesagt:»Bitte sag mir jetzt mal laut und deutlich, was ich dir schon dreimal ins Ohr geflüstert habe! Ich möchte nämlich wissen, ob du mich jetzt eeennndddllliiiccchhh verstanden hast.«

Nicht nur die sprachlose Mutter, sondern auch die anderen haben sofort begriffen, auf was es mir angekommen wäre. Aber für meine Erklärung, warum ich auf keinen Fall beleidigt gewesen wäre, haben sie wenig Verständnis gehabt. Das habe ich ihnen aber nicht krummgenommen. Ich habe nämlich selbst ziemlich lange gebraucht, bis mir klargeworden ist, was oft dahintersteckt, wenn ein Kind frech ist, seine Eltern kritisiert oder ihnen Schimpfwörter an den Kopf schmeißt. Was steckt denn dahinter?

Kinder sind spontan

Unbefangenen und lebensfrohen Kindern kann ich stundenlang zusehen und zuhören, wenn sie sich unterhalten, miteinander oder allein spielen, etwas ausprobieren und beobachten, mir oder anderen etwas zeigen oder erklären. Beispielsweise interessiert mich, wie sie sich darüber freuen, wenn sie etwas geschafft haben. Auch, ob sie ihren Eltern und anderen Kindern zeigen, dass sie sich über das Erreichte freuen. Besonders spannend ist, wie sie sich verhalten, wenn etwas nicht so klappt, wie sie sich das vorgestellt haben. Die einen sind traurig und werfen die Flinte ins Korn, andere lassen nicht locker und versuchen, die Nuss doch noch irgendwie zu knacken.

Wenn Sie Kinder gelegentlich oder sogar oft beobachten, wird es Ihnen vielleicht auch so wie mir gehen, dass Sie von ihrer Unbekümmertheit, Kreativität und Spontaneität fasziniert sind. Kinder haben Ideen, die uns Erwachsenen nicht im Traum einfallen würden. Sie können so lachen und sich freuen, dass man davon regelrecht angesteckt wird. Mich hat auch schon oft überrascht, wie unvoreingenommen und unkompliziert sie beispielsweise auf körperlich und geistig behinderte Kinder zugehen und mit ihnen spielen oder ihnen helfen. Was ich selbst erlebt habe, als mein Vater beerdigt wurde, habe ich auch bei anderen Kindern schon häufig beobachtet: Sie können sehr einfühlsam sein und trösten, wenn jemand traurig ist.

Das ist aber nur die eine Seite der Medaille. Die andere ist, dass sie nicht jedes Wort auf die Goldwaage legen und impulsiv reagieren, wenn ihnen eine Laus über die Leber gelaufen ist. Die Redensart *Kinder haben das Herz auf der Zunge* trifft den Nagel auf den Kopf. Nicht nur, aber gerade dann, wenn sie in Rage sind, sprechen sie schneller, als sie denken, und sagen Sachen, deren Bedeutung und auch Auswirkungen sie nicht übersehen. Unüberlegt und direkt sprechen sie das aus, was sie nicht gut finden, in ihren Augen gemein oder doof ist und unbedingt geändert werden muss. Kinder sind eben keine Diplomaten!

Für Diplomaten, die eine lange Ausbildung hinter sich haben, ist es eine Selbstverständlichkeit, nicht nur zu überlegen, was sie sagen, sondern auch zu wissen, wann es besser ist, den Mund zu halten. Das können bzw. wissen Kinder noch nicht. Je jünger sie sind, desto spontaner reagieren sie auf Enttäuschungen, Gemeinheiten und vor allem Ungerechtigkeiten.

Ohne zu zögern, machen sie ihrem Herzen Luft. Ob laut oder leise, jedenfalls auf unmissverständliche Weise protestieren und kritisieren sie, klagen aggressiv an oder ziehen sich wutschnaubend zurück. In solchen Situationen fragen sich Eltern – Spontaneität hin oder her –: *Was sollen wir jetzt tun?*

Das ist die Gretchenfrage, die sie deswegen stellen, weil sie glauben, sie müssten in Bruchteilen von Sekunden reagieren, wenn ihr Kind etwas Dummes, Freches, Gemeines usw. gesagt oder getan hat. Das müssen sie aber gar nicht. Wenn sie in einer schwierigen Situation nicht wissen, wie sie reagieren sollen oder könnten, ist es immer besser, erst einmal tief Luft zu holen und nichts zu tun. Sie sollten sich Zeit nehmen und in Ruhe überlegen, was vernünftigerweise zu tun ist. Und diese Zeit haben sie, denn ihr Kind wird ihnen bestimmt nicht den Vorwurf machen, dass sie mit dem Erziehen mal eine Pause gemacht und z. B. nicht geschimpft oder gestraft haben.

Sich Zeit zum Überlegen zu nehmen ist immer gut. Ich halte allerdings etwas anderes für noch wichtiger: dass Eltern nicht den Fehler machen, im Protest und der Kritik ihres Kindes von vornherein eine Majestätsbeleidigung zu sehen.

Wenn Kinder protestieren und kritisieren

In den ersten Jahren meines Vaterseins habe ich diesen Fehler gemacht und mich über jede Kritik meiner Kinder geärgert, weil mir nicht klar war, dass sie keine Diplomaten sind. Nie habe ich mich gefragt, ob ihr Protest begründet war, sondern in jeder Meckerei sofort eine Majestätsbeleidigung gesehen. Da rackert man sich ab, damit es den Kindern gutgeht, aber sie sind nicht nur undankbar, sondern auch mit Kritik alles andere als zimperlich, habe ich oft gedacht.

Auch in der Schule hat mich Schülerkritik auf die Palme gebracht. Darin habe ich eine Missachtung meiner Autorität gesehen. Zwar habe ich meine Wut meistens zügeln können und mir nur selten etwas anmerken lassen, aber im Stillen hat es heftig rumort. Und ich muss auch gestehen, dass ich gelegentlich sogar üble Rachegedanken hatte und geschworen habe: *Bürschchen, bei nächster Gelegenheit werde ich dir das heimzahlen!*

Manchmal habe ich den Beleidigten und Empörten aber auch nur gespielt, um vor den Schülerinnen und Schülern Zurechtweisungen, Drohungen und Strafen besser rechtfertigen zu können. Dieses Imponiergehabe ist aber nie gut angekommen – es ist übrigens genauso dumm wie kollektive Verurteilungen und Bestrafungen!

Rückblickend muss ich sagen: Es ist schon schlimm, auf welche verrückten Ideen man kommt, wenn man von Heranwachsenden mal kritisiert wird. Haben Sie eigentlich auch gelegentlich verrückte Ideen, um Ihrem Kind zu zeigen, wer Herr im Hause ist?

Ich habe sie jedenfalls nicht mehr, weil ich in verhältnismäßig kurzer Zeit von Kindern und Jugendlichen gelernt habe, mit ihren kritischen Fragen, Einwänden, Protesten usw. besser umzugehen. Meines Erachtens ist es gut, wenn sie offen und ehrlich sagen, was sie denken und fühlen. Das kann manchmal zwar schmerzhaft sein, aber ich weiß wenigstens, woran ich bin und was ich aus Sicht des Kindes oder des Jugendlichen falsch gemacht habe. Nun liegt es allein an mir, wie ich darauf reagiere. Ich kann beispielsweise sagen: *So hab ich das, was du mir vorwirfst, noch nie gesehen. Lass uns mal unter vier Augen und in Ruhe darüber sprechen!* Ich kann mich aber auch gekränkt zurückziehen, Drohungen aussprechen und strafen – davon halte ich aber gar nichts, weil beleidigter Rückzug zur Lösung eines Konflikts nie etwas beiträgt.

Wie sollten also Eltern und alle, die Kinder erziehen, auf Kritik reagieren? Nehmen wir an, Ihr Sohn kritisiert Ihre Vergesslichkeit oder Strenge, aber schon der Ton, den er anschlägt, bringt Sie auf die Palme. Also ärgern Sie sich im Doppelpack: Zum einen, weil er Sie kritisiert hat, zum anderen, weil er sich mehr als kratzbürstig verhalten hat. Was werden Sie tun? Vielleicht lassen Sie ihn strammstehen und sagen: *Das lass ich mir von dir nicht bieten! Mir reicht's!* Nun ist auch ihr Sohn beleidigt. Er ist ebenso enttäuscht und verärgert wie Sie. Und das Problem Vergesslichkeit oder Strenge wird ungelöst ad acta gelegt.

Wenn Sie Ihr Kind kritisiert, sollten Sie sich immer bemühen, zunächst einmal das *Was* vom *Wie* zu unterscheiden. Ich weiß, dass das nicht einfach ist, aber dieses Trennen ist eminent wichtig, und daher sollten Sie es wenigstens versuchen. Was gesagt wird, ist nämlich eine Sache; und wie es gesagt wird, eine völlig andere. Bitte hören Sie also nicht nur auf die – oft unbedachten!– Worte Ihres Kindes, das kein Diplomat ist! Bitte fragen Sie sich aber auch, ob seine Kritik vielleicht berechtigt ist!

Auf keinen Fall sollten Sie Ihrem Kind verübeln, wenn es Sie kritisiert, denn – und das wissen Sie am besten! – auch Sie sind nicht unfehlbar. Ein weiterer Fehler wäre es, wenn Sie schon wegen der unangemessenen Form, die Ihnen total gegen den Strich geht, jede Kritik abwürgen. Wenn Sie das machen, wird Ihr Kind nur noch das offen aussprechen, was Sie hören wollen. So kann aus ihm ein Duckmäuser und Heuchler werden, der nur noch ängstlich darauf bedacht ist, seine wirklichen Gefühle, Ansichten, Überzeugungen usw. vor Ihnen zu verbergen.

In diesem Zusammenhang übersehen Eltern oft Folgendes: Wenn ein Kind seine Eltern auf unangemessene Weise kritisiert, dann ist das auch darauf zurückzuführen, dass sie ihm nicht beigebracht haben, »Schwieriges« auf vernünftige Weise zur Sprache zu bringen. Kinder streiten sich oft so mit ihren Eltern, wie sie es bei ihnen beobachtet haben. Für die Form von Kinder-Kritik sind also immer auch die Eltern mitverantwortlich, denn so wie man in den Wald hineinruft, so schallt es bekanntlich heraus.

Vertrauen steht auf dem Spiel

Wie sollen sich Eltern aber verhalten, wenn ihr Kind beispielsweise seine Erzieherin oder Lehrerin kritisiert? Vor allem eins sollten sie tun: Genau hinhören, was ihr Kind nicht gut findet, und nicht etwa sagen: *Es gehört sich nicht, dass du Frau XYZ kritisierst!* Jedes Kind sollte aber auch wissen, dass ausgebildete Erzieher/-innen und Lehrkräfte auch nicht immer alles richtig machen. Sie sind nicht allwissend, sondern Menschen, die – wie Mutter und Vater! – sogar das Recht haben, Fehler zu machen, allerdings auch die Pflicht, daraus zu lernen.

Zwei Beispiele: Beate (5) hat sich aus einem bestimmten Grund über ihre Erzieherin geärgert und bezeichnet sie als »blöde Kuh«. Achim (9) schimpft auf seinen Lehrer, der für ihn ein »echt ätzender Kotzbrocken« ist. Bei solchen Kraftausdrücken zucke ich immer zusammen, aber ich weiß auch, dass kein Kind und kein Jugendlicher aus lauter Jux und Tollerei so urteilt. Es kann eine spontane Reaktion sein, möglich ist aber auch, dass schon viel Unerfreuliches, Kränkendes, Verletzendes usw. vorausgegangen ist. In jedem Fall steckt immer etwas dahinter, wenn Heranwachsende so abfällig über jemanden sprechen und urteilen.

Wie soll man reagieren? Ich gehe meistens so vor: Erstens eine Feststellung: *Ich finde es überhaupt nicht gut, dass du so über Herrn XYZ sprichst.* Zweitens eine Aufforderung: *Bitte erkläre mir, warum du so geurteilt hast!*

Wenn für die »Verurteilung« überzeugende Gründe vorgebracht werden, wird es schwierig, und ich sage etwa Folgendes: *Wenn es tatsächlich so war, wie du es mir erzählt hast, kann ich deine Verärgerung verstehen. Aber ich finde es trotzdem nicht gut, wenn du so über Frau XYZ sprichst. Außerdem muss ich dich noch etwas fragen: Warum hat sie dich eigentlich ungerecht behandelt? Ich möchte, dass wir mit ihr über das sprechen, was du zu kritisieren hast.*

Ziele einer solchen Aussprache sind:
- Das Kind soll wissen, dass es sich freimütig äußern darf.
- Es soll lernen, Urteile zu begründen.
- Es soll erkennen, dass es Mutter bzw. Vater vor allem darauf ankommt, die Wahrheit herauszufinden und nicht diesen oder jene sofort zu verurteilen.
- Es soll einsehen, dass z. B. »schlimme« Ausdrücke die Situation immer nur verschlimmern.

Was immer Sie tun, wichtig ist vor allem das Zuhören und dass Sie sich auf das einlassen, was Ihr Kind Ihnen sagen möchte. Es ist ihm nämlich wichtig, dass Sie seine Meinung gelten lassen und im Hinblick auf das, was es zu kritisieren hat, auch mit Ihrer Ansicht nicht hinter dem Berg halten.

Bei solchen Gesprächen werden Sie feststellen, dass Kinder gute Menschenkenner sind. Und deswegen dürfen Eltern z. B. offenkundiges Versagen von Erzieherinnen oder Lehrern niemals schönreden. Auch vom Beschwichtigen halte ich nichts. Besonders schlimm ist aber, wenn Eltern mit zweierlei Maß messen: Wenn sie also einerseits das Fehlverhalten ihres Kindes oft streng verurteilen. Und andererseits überaus verständnisvoll reagieren, wenn sich z. B. eine Lehrerin wieder mal im Ton vergriffen und bei der geringsten Kleinigkeit herumgeschrien hat.

Oft ist Eltern nicht bewusst, dass ihre Glaubwürdigkeit auf dem Spiel steht, wenn sie z. B. bei der Beurteilung von Ungerechtigkeit, Rücksichtslosigkeit und Bosheit unterschiedliche Maßstäbe anlegen. Das akzeptieren Kinder und Jugendliche nicht. Sie wollen nicht nur, dass ihre Eltern ihnen beistehen, wenn sie etwas verbockt haben, sondern auch, dass sie gerecht behandelt werden. Wenn sie aber das Gefühl haben, dass es nicht gerecht zugeht, fangen sie an, an der Glaubwürdigkeit ihrer Eltern zu zweifeln. Diesen Vertrauensverlust müssen Eltern unter allen Umständen vermeiden. Und das können sie auch, wenn sie nicht nach Lust und Laune erziehen, sondern sich vernünftig verhalten – durchaus auch diplomatisch.

10 Kinder brauchen Grenzen, Eltern Verständnis

Das Thema Grenzen interessiert nicht nur viele Eltern, es scheint überhaupt ihr Lieblingsthema zu sein. Wenn ich in Vorträgen oder Diskussionen z. B. sage: »Selbstverständlich brauchen Kinder Grenzen«, fühlt man sich bestätigt und ist beruhigt.

Wenn ich aber sage: »Gerade, wenn es um Grenzen geht, zeigt sich, ob Eltern Verständnis für ihr Kind haben«, bin ich schon oft ziemlich ratlos angeschaut worden. Und meistens kann ich mich dann nicht beherrschen und setze noch eins drauf: »Auch Eltern müssen sich beim Erziehen an Grenzen halten, denn nicht alles ist ihnen erlaubt. Welche Grenzen setzen Sie sich eigentlich beim Erziehen? Haben Sie Grenzen, die Sie noch nie überschritten haben? Oder muss Ihr Kind, wenn Sie sich wieder einmal geärgert haben, damit rechnen, tüchtig ausgeschimpft, angeschrien und vielleicht sogar bestraft zu werden?«

Diese Fragen, die ich auch Ihnen gern stellen würde, können Eltern verlegen und auch nervös machen. Die einen reagieren mit Kopfschütteln, andere wie ertappte Diebe und wieder andere empfinden sie als Provokation. Diese unterschiedlichen Reaktionen machen meines Erachtens deutlich, dass viele Eltern hinsichtlich der Grenzen, die man Kindern natürlich setzen muss, sehr verunsichert sind.

Was Bernhard Bueb in seinem Buch *Lob der Disziplin* dazu schreibt, kann ich nur bestätigen: »Viele Eltern sind verunsichert. Sie haben Skrupel, klare Regeln vorzugeben und Grenzen zu ziehen, und leiden gleichzeitig darunter, dass ihnen die Kinder auf der Nase herumtanzen.« Zwar bin ich mit vielem, was Bueb schreibt, nicht einverstanden, aber seiner Beschreibung der Situation stimme ich zu. Diese Verunsicherung machen auch die folgenden Fragen deutlich, die mir immer wieder gestellt werden:

- Sind Grenzen für ein Kind nicht so etwas wie Freiheitsberaubung?
- Welche Grenzen muss man Kindern eigentlich setzen?
- Wann soll man damit anfangen, ihnen Grenzen zu setzen?
- Wie setze ich meinem Kind Grenzen so, dass es sich auch daran hält?
- Muss man konsequent an den Grenzen festhalten, die man gesetzt hat?
- Woran liegt es, dass mein Kind nicht nur manchmal mit einem Wutausbruch reagiert, wenn ich ihm Grenzen setze?

Schon oft habe ich mit Müttern und Vätern über diese Fragen diskutiert und dabei festgestellt, dass sie sich über wichtige Zusammenhänge nicht klar sind. Vor allem denken sie nicht daran, dass das Thema Grenzen zwei Seiten hat. Das heißt: Man muss sich zum einen vom Kind aus darüber Gedanken machen, zum anderen aber auch aus Sicht der Eltern bzw. Erwachsenen über Grenzen nachdenken.

Grenzen vom Kind aus gesehen

Was steckt eigentlich dahinter, wenn ein Kind gelegentlich oder sogar oft Grenzen nicht beachtet? Die Antwort: Weil jedes Kind unterschiedlichste Bedürfnisse, Wünsche und Sehnsüchte hat, drängt es darauf, dass all das, was es sich wünscht, auch befriedigt wird. Dabei ahnen Kinder oft nicht einmal, dass Eltern meistens gar nicht in der Lage sind, alle ihre Wünsche zu erfüllen. Ein Kennzeichen der kindlichen Ahnungslosigkeit ist übrigens der relativ häufige Wechsel ihrer Wünsche. Heute ist eine bestimmte Puppe der allergrößte Wunsch, morgen ist ein Mini-Kochherd oder ein Handy das Allerwichtigste.

Hinter den Bedürfnissen und Wünschen, die in jedem Kind schlummern, stecken bestimmte Dränge. Sie gehören zu ihm wie das Atmen. Sie sind naturgegeben und treiben es gewissermaßen ständig an, wenn es spielt, Fragen stellt, etwas haben möchte, immer noch ein bisschen mehr Zuwendung bekommen möchte, mit anderen Kindern streitet und Grenzen überschreitet.

Beim kleinen Kind heißt das beispielsweise: Weil es unbedingt herausbekommen will, was man z. B. mit Lego-Steinen, Kuscheltieren, Bällen und den Knöpfen an der Fernbedienung für den Fernseher oder der Stereo-Anlage alles machen kann, aber auch mit Tomaten-Ketchup und Zahncreme, probiert es alles aus.

Und weil das Untersuchen von vielen Sachen, aber auch das Herumtollen mit anderen Kindern sehr interessant ist, vergisst es schnell einmal Grenzen. Spielen, mit anderen Kindern die Kräfte messen – all das kann faszinierend, die herrlichste Sache der Welt sein, bei der Grenzen lästig sind. Sie stören einfach, weil man nicht das tun darf, was man gerade möchte. All das hat nichts mit dem sogenannten »schlechten Charakter« eines Kindes zu tun.

Aber auch Mama und Papa sind interessante Versuchskaninchen. Wie kann ich die Mama dazu bringen, dass sie mir immer alle meine Wünsche erfüllt – und zwar sofort? Was muss ich tun, um sie davon abzuhalten, dass sie mir ständig in alles hineinredet? Warum ist die Mama heute wieder mal so schnell auf der Palme gewesen? Wann fängt meine kleine Schwester, dieses Biest, endlich an zu heulen? Und warum rasten Mama und Papa immer gleich aus, wenn ich die nur einmal an den Haaren ziehe?

Was auch alles passiert, von Folgendem ist auszugehen: Jedes Kind hat bestimmte Bedürfnisse, die als Dränge bezeichnet werden. Und es hat auch eigentümliche Energien, die es bei der Befriedigung seiner Bedürfnisse ständig antreiben. Und diese Energien bzw. Kräfte durch Grenzen zu zügeln, ist nicht einfach, aber es muss sein.

Mit anderen Worten: Kinder sind von Natur aus kleine Abenteurer, Forscher, Entdecker und auch Revoluzzer. Sie wollen oft anderes als Mama, Papa, ihre Geschwister, die Erzieherin und Lehrerin. Sie sind wissbegierig, aber längst nicht immer wollen sie das lernen, was sie lernen sollen, weil irgendjemand das für wahnsinnig wichtig hält. Und sie sind nie müde, oft unvorsichtig, übermütig, waghalsig und müssen erst lernen, sich an Grenzen zu halten.

Weil das alles so ist, sollte niemand, wenn ein Kind mal Grenzen überschreitet, vom sogenannten »bösen Willen« des Kindes sprechen. Außerdem ist es überhaupt keine gute Idee, im Stammbaum z. B. des Ehepartners nach dem Vorfahren zu suchen, von dem das Kind irgendwelche gemeingefährlichen Neigungen geerbt haben könnte.

Um welche Dränge handelt es sich bei Kindern eigentlich? Besonders wichtig sind:

- der Liebesdrang
- der Bewegungs- oder auch Tätigkeitsdrang
- der Spieldrang
- der Geltungsdrang

Diese verschiedenen kindlichen Dränge kommen auf unterschiedliche Weise ans Tageslicht. Das eine Kind äußert beispielsweise seinen Wunsch nach mehr Zuwendung zurückhaltend; ein anderes fordert dagegen laut und unermüdlich, dass ihm seine Wünsche erfüllt werden. Kinder können bekanntlich äußerst kreative Nervensägen sein, wenn es ihnen darum geht, ihre Bedürfnisse zu befriedigen. Und wenn ihnen das nicht gelingt, sind sie unzufrieden, quengeln herum und versuchen, Mama oder Papa mürbe zu machen. Gelingt das, freut sich jedes Kind darüber, denn das ist ein Erfolgserlebnis.

Diese Unerbittlichkeit kann die Geduld der Eltern auf harte Proben stellen. Sie hängt unter anderem damit zusammen, dass in einem Kind ein bestimmter Drang sehr stark ist, ein anderer dagegen nur schwach. Es gibt also nicht nur unterschiedliche Dränge, sondern bei jedem einzelnen Drang auch bestimmte Abstufungen oder Grade. Eltern sollten also versuchen, vom Verhalten ihres Kindes gewissermaßen abzulesen, welches Bedürfnis sehr stark oder schwach ist.

Beispiele: Bernhard hat einen starken Bewegungs- und Freiheitsdrang, hält sich nie an Grenzen und versucht ständig, Ge- und Verbote zu umgehen. Seine Schwester Kerstin ist nicht ungehorsam, aber sie hat einen überaus starken Geltungsdrang. Ein anderes Kind ist weder ungehorsam noch geltungssüchtig, reagiert aber aggressiv, wenn ihm Grenzen gesetzt werden. Und wieder ein anderes hat mit Grenzen überhaupt keine Probleme, reagiert aber auf Kritik mit Wutausbrüchen oder ist sofort beleidigt.

Das bedeutet für die Erziehung: Eltern müssen herausfinden, welche Grenzen sie ihrem Kind setzen müssen bzw. welcher Drang ihres Kindes gezügelt werden muss, weil er übermächtig ist, und welcher nicht. Sie müssen das, was sie sagen und tun, quasi ihrem Kind anpassen und die richtigen Grenzen setzen – die Grenzen, die ihr Kind unbedingt braucht. Das setzt allerdings Geduld und auch Einfühlungsvermögen bzw. Fingerspitzengefühl voraus – heute spricht man von emotionaler Intelligenz.

Drei Konstellationen sind zu beachten:
1. starker Drang ————————> | <———————— schwache Grenzen
2. schwacher Drang ————————> | <———————— starke Grenzen
3. starker Drang ————————> | <———————— starke Grenzen

1. Wenn starken Drängen nur schwache Grenzen gesetzt werden, heißt das konkret: Eltern, die ihrem Kind nur halbherzig Grenzen setzen, sich inkonsequent verhalten, alles durchgehen lassen oder entschuldigen, vernachlässigen ihr Kind, denn es macht keine Grenzerfahrungen.
2. Zeigt ein Kind nur schwache Dränge, die durch starke Grenzen quasi unterdrückt werden, kann das dazu führen, dass es verunsichert wird und sich z. B. ängstlich verhält. Ängste können viel dazu beitragen, dass ein Kind kein Selbstbewusstsein und -vertrauen entwickelt. Das kann bekanntlich für das ganze Leben eine schwere Hypothek sein.
3. Stoßen starke Dränge auf starke Grenzen, kann es zu massiven Eltern-Kind-Konflikten kommen, aus denen sich höchst Unerfreuliches entwickeln kann. So können die unberechenbare Mutter oder der dominante Vater viel Unheil anrichten, wenn sie wenig Verständnis für die natürlichen Dränge ihres Kindes haben. Unheil heißt: Sie können unbewusst dazu beitragen, dass sich ihr Kind zu einem Problemkind entwickelt.

Eltern, deren Kind sich nur selten an Grenzen hält, sollten demnach nicht nur in ihm den »Übeltäter« sehen, sondern sich z. B. folgende Fragen stellen:

■ Liegt es vielleicht gar nicht an unserem Kind, sondern an uns, wenn es sich nicht an Grenzen hält?
■ Könnte es nicht sein, dass wir durch unsere Ungeduld oder ständiges Kritisieren unseren munteren Sprössling herausgefordert haben, bestimmte Verbote einfach zu ignorieren?
■ Könnte es eine Rolle spielen, dass wir uns ab und zu inkonsequent verhalten? Oder haben wir mit unserer Lust, Grenzen zu setzen, schlicht überzogen?

Eltern, die Antworten auf diese Fragen gefunden haben, werden mit ihrem Kind weniger oder gar keine Probleme haben, wenn sie ihm bestimmte Grenzen setzen.

Grenzen vom Erwachsenen aus gesehen

Das Wichtigste ist meines Erachtens, dass Eltern die Eigenheiten ihres Kindes möglichst gut kennen und auch über seine Stärken und Schwächen Bescheid wissen. Und darauf müssen sie sich mit ihren Erziehungsmaßnahmen einstellen. So ist das, was sie von ihrem Kind wissen, sozusagen der Kompass, nach dem sie sich richten. Übrigens wäre es hilfreich, wenn endlich ein Eltern-Kompass erfunden werden würde, der sie mit Warntönen davon abhält, wenn sie etwas falsch machen oder vergessen haben – ich denke z. B. an das penetrante Piepsen im Auto, wenn ich den Sicherheitsgurt nicht angelegt habe.

Die Eigenheiten seines Kindes zu kennen ist also das Wichtigste. Aber außerdem sollten sich Eltern darüber klar sein, dass vernünftige Grenzen zwar immer bestimmte Freiheiten einschränken, aber auch helfen, das Miteinander der Menschen erträglicher zu machen. Ob man von Grenzen oder Geboten spricht, von Spielregeln oder Gesetzen, im Grunde geht es immer um irgendwelche Vorschriften, die festlegen, was aus bestimmten Gründen erlaubt bzw. verboten ist.

Vielleicht geht es Ihnen auch so wie mir: Einerseits regt mich die Fülle von Vorschriften oft auf, aber andererseits weiß ich, dass Menschen in der Regel keine Engel sind, und wir nicht im Dschungel, sondern in einer hochentwickelten Gesellschaft leben. Daher brauchen wir geschriebene und auch ungeschriebene Gesetze und Ordnungen.

Konkreter: In der Arbeitswelt und im Sport gibt es diese Vorschriften, in jedem Kindergarten und jeder Schule gibt es sie, es gibt sie bei den Parteien und Gewerkschaften, den Kirchen und in jedem Trachten- oder Gesangverein; es gibt Verkehrszeichen, Ampeln und Gesetze für den Straßenverkehr und Hausordnungen, Bauvorschriften in Hülle und Fülle und vieles andere. Wenn sich alle Menschen daran halten würden, hätten wir den Himmel auf Erden, denn es gäbe z.B. keine Verkehrstoten mehr, keine Betrüger, Diebe und Mörder, alle Gefängnisse könnten geschlossen werden, und Kinder würden nicht mehr misshandelt werden.

Alles spricht dafür, dass es mindestens noch tausend Jahre dauern wird, bis das erreicht sein wird – ob es jemals erreicht wird? Da Kinder aber heute leben und in unsere Gesellschaft hineinwachsen, sollten sie schon früh bestimmte Grenzerfahrungen machen. So wie sie all das, was sie täglich sehen – Menschen, Tiere, Bäume und Blumen, Häuser und Straßen – als Dinge erleben, die einfach da sind, so sollten sie bereits im Kleinkindalter erfahren, dass es Grenzen gibt, die beachtet werden müssen.

Viele Eltern machen oft folgenden Fehler: Weil ihr Kind noch klein und hilfsbedürftig ist, neigen sie dazu, ihm Dinge zu erlauben, die sie später dem größeren Kind verbieten *müssen*. Sie setzen ihrem Kind keine Grenzen und daher wird ihm gar nicht bewusst, dass es so etwas wie Ge- und Verbote gibt. Folglich muss das Kind glauben, dass es alles machen darf, was ihm gerade in den Sinn kommt oder Spaß macht. So entsteht bei ihm der falsche Eindruck, dass es in einer Spaßgesellschaft lebt und grenzenlose Freiheiten hat.

Mit anderen Worten: Oft fangen Eltern erst dann an, über Grenzen nachzudenken, wenn es z.B. Ärger mit anderen Kindern oder Eltern gibt, auch mit Erzieherinnen und Lehrkräften. Erst dann machen sie sich Gedanken darüber, wenn es zu den ersten Machtproben kommt, weil ihr Kind partout nicht gehorchen will. Dann fragen sie sich: Welche Grenzen muss ich meinem Kind setzen und was kann ich tun, wenn es sich trotz gutem Zureden und vielen Ermahnungen nicht daran hält? Soll ich strafen oder über das Übertreten von Grenzen hinwegsehen? Wie kann ich einem Kind beibringen, dass es sich an Ordnungen halten muss?

Wenn Eltern versäumen, ihrem Kind rechtzeitig beizubringen, dass es sich beispielsweise beim Spielen, Toben und Streiten an bestimmte Spielregeln halten muss, werden sie es im Laufe der Zeit nicht nur hinsichtlich der Grenzen, sondern überhaupt mit der Erziehung zunehmend schwerer haben. Zuerst im Kindergarten und spätestens in der Schule kann es Probleme geben, für die letztlich sie verantwortlich sind, weil ihr Kind nicht gelernt hat, sich an bestimmte Gebote zu halten. Kurzum: Eltern sollten früh ihrem Kind die richtigen Grenzen setzen, denn wer zu spät kommt, den bestraft das Leben.

Richtige Grenzen heißt, dass es nicht um Strenge oder Nachsicht geht, nicht um Härte oder Güte, sondern darum, das für das Kind Richtige zu tun. Eltern müssen also herausfinden, welche Grenzen ihr Kind unbedingt braucht, und sie dann so setzen, dass es sich auch daran hält. Und genau das ist das Problem, denn dafür gibt es leider keine Rezepte. Niemand kann sagen, wie man allen Drei-, Fünf- oder Zehnjährigen beibringen kann, dass sie sich an Grenzen halten.

Wer das Richtige tun will, muss sich also fragen: Ist die Grenze, die ich setze, buchstäblich notwendig, um Schaden zu verhüten? Muss ich unter allen Umständen darauf bestehen, dass sich mein Kind danach richtet?

Aber selbst wenn man diese Fragen beantworten kann, gibt es noch ein Problem, das oft übersehen wird: Bei unserem Tun und Lassen werden wir nicht nur von Gefühlen, Stimmungen und Eigenheiten beeinflusst, sondern auch das Temperament spielt eine Rolle, das jedem Menschen in die Wiege gelegt worden ist. Die cholerische Mutter wird eher ausrasten, wenn sich ihr Kind z. B. über ein Gebot hinwegsetzt, als der stets bedächtige Vater, der sich dadurch nicht aus der Fassung bringen lässt.

Wenn es um Grenzen geht, neigen beispielsweise überaus ängstliche Mütter dazu, zu viel des Guten zu tun. Weil sie nicht selten panische Angst haben, dass ihrem Kind etwas zustoßen könnte, verbieten sie ihm alles, was ihm gefährlich werden könnte. Wie ein Bodyguard überwachen sie ihr Kind, setzen ihm immer wieder neue Grenzen und haben kein Verständnis, wenn man ihnen z. B. sagt: *Du musst dein Kind auch mal loslassen!*

Obwohl ich weiß, dass ängstliche Mütter – Väter sind übrigens meistens nicht so besorgt – ihrem Kind keinen Gefallen tun, habe ich Verständnis für sie. Als Lehrer habe ich nämlich einige schlimme Unfälle von Kindern und Jugendlichen erlebt, die mir bis heute nachgehen. Aber nicht nur das: Ursprünglich war ich überhaupt nicht ängstlich. Aber das hat sich schlagartig geändert, als ich einmal eine Achtjährige zum Arzt bringen musste, die mit dem Fahrrad gestürzt war und schwerste Kopfverletzungen erlitten hatte.

Nicht nur zum Schmunzeln ist ein anderes Erlebnis: Josef (8), ein Junge in meiner Nachbarschaft, war verbotenerweise auf einen Baum geklettert. Als ihn seine Mutter da herumturnen sah, ging's los: »Jooosef! Komm sofort runter! Du weißt, dass ich dir das schon tausend Mal verboten habe. Du wirst gleich runterfallen und dir die Beine brechen. Dann wird dich der Krankenwagen ins Krankenhaus bringen. Mindestens einen Liter Blut wirst du verlieren und viele Wochen auf der Intensivstation liegen, und ich muss dich besuchen kommen. Komm sofort runter! Siehst du nicht, dass ich am ganzen Leibe zittere? Wenn du jetzt runterkommst, sag ich auch nichts dem Papa!«

Eine typische Situation: Josefs Mutter war völlig aus dem Häuschen, und ich hatte Mühe, sie zu beruhigen. Gott sei Dank ist Josef runtergekommen. Aber dieser Schlingel grinste wie ein Honigkuchenpferd. Und dieses Grinsen machte aus der ängstlichen Mutter eine Furie – sie war so wütend, dass sie ihm ein paar Ohrfeigen gegeben hat. Darauf ihr heulender Josef: »Nächstes Mal komme ich nicht runter! Das verspreche ich dir!«

Diese, aber auch andere Erlebnisse haben dazu beigetragen, dass ich ängstliche Eltern durchaus verstehen kann. Dagegen fehlt mir jedes Verständnis, wenn beim Thema Grenzen Eitelkeit, Ehrgeiz und Herrschsucht eine große Rolle spielen. Eltern, die sich davon leiten lassen, denken nicht an ihr Kind. Im Grunde haben sie nur ihre Absichten, Vorstellungen und Ideale im Kopf und kein Verständnis für die Bedürfnisse und Eigenheiten ihres Kindes. Gegen die Borniertheit seiner Eltern wehrt sich irgendwann jedes Kind, hält sich aus Protest nicht an Grenzen oder gibt zu erkennen: *Ihr könnt mich mal!*

Wie es auch ist: Ängstliche und ehrgeizige Eltern wollen oft nicht wahrhaben, dass Kinder durch allzu viele Grenzen einfach überfordert sind und sie daher vergessen. Anstatt sich zu fragen, warum sich ihr Kind nicht an Grenzen hält, versuchen sie es mit Ermahnungen, Drohungen und auch Strafen. Das kann dazu führen, dass sich ihr Kind – auch dann, wenn der Ton freundlich ist – ganz klein, schlecht und minderwertig fühlt. Denn auch die gut gemeinte und freundlichste Ermahnung oder Strafandrohung enthält immer die Botschaft: *Ich bin unzufrieden mit dir. Mit dir ist etwas nicht in Ordnung! Dir fehlt etwas!*

Können Sie sich eigentlich gut damit abfinden, wenn Ihnen direkt oder durch die Blume gesagt wird: *Du bist ziemlich doof, offen gestanden nur zweite Wahl und musst noch viel lernen!* Kein Erwachsener kann solche Vorwürfe und Verurteilungen vertragen. Und Kinder überhaupt nicht, weil sie erst lernen müssen, damit umzugehen.

Über kindliche Dränge und ihre Grenzen

Wer sein Kind dazu erziehen will, dass es sich an bestimmte Grenzen hält, muss ihm zuerst klipp und klar sagen oder auch zeigen, welche Grenzen es nie überschreiten darf. Vom Alter des Kindes hängt es ab, ob ihm auch erklärt wird, warum es sich daran halten muss und welche Folgen es haben kann, wenn es eine bestimmte Grenze nicht beachtet. Das bedeutet hinsichtlich der unterschiedlich starken kindlichen Dränge beispielsweise Folgendes:

Der Liebesdrang

Jedes Kind will lieben und geliebt werden. Nichts ist ihm wichtiger als die Befriedigung dieses Bedürfnisses. Dieser Drang ist im Grunde unstillbar. Alle Kinder haben die Neigung, von allem, was sie lieben, Besitz zu ergreifen. Sie wollen den Geliebten oder die Geliebte ganz für sich allein haben. Das ist – ebenso wie bei Erwachsenen! – eine menschliche und im Grunde natürliche Form von Egoismus. Jeder will das festhalten, was er liebt.

Wenn also beispielsweise die Mutter die »Heißgeliebte« ist, werden eventuell in Geschwistern und nicht selten auch im Vater Konkurrenten gesehen. Damit ergibt sich für die Mutter eine schwierige Situation, denn offene oder versteckte Eifersüchteleien können die Folge sein.

Aber nicht nur wegen der Eifersüchteleien kann die Situation schwierig sein. Wenn ein Kind seiner Mutter immer wieder sagt: »Ich hab dich soooo lieb«, kann das dazu führen, dass sie allzu nachsichtig ist. Sie entschuldigt bei ihrem Kind alles und glaubt, dass sie von ihm nicht mehr geliebt wird, wenn sie ihm etwas verbietet. Und damit beginnt das Verwöhnen, das jedes Kind auf seine Weise ausnutzt.

Der Würzburger Kinderpsychiater Gerhardt Nissen beklagt, dass immer mehr Eltern von ihren Kindern misshandelt werden, weil Eltern nicht mehr in der Lage sind, ihren Kindern schon früh Grenzen zu setzen: *Wer seinem Kind immer wieder zu verstehen gibt, dass es das Liebste auf der Welt ist, und ihm alles gewährt, gerät in einen Teufelskreis.* Dem Liebesdrang eines Kindes sollten schon früh behutsam, aber auch konsequent Grenzen gesetzt werden. Es muss verstehen und auch akzeptieren, dass die Mutter auch Ehefrau ist. Und es muss lernen, dass Schwestern und Brüder auch die Kinder dieser Eltern sind. Das heißt: Es muss lernen, das »Objekt seines Liebesdrangs« mit anderen zu teilen.

Der Bewegungs- oder Tätigkeitsdrang

Jedes Kind will aktiv sein und die in ihm liegenden Kräfte der Hände und Beine (seine Motorik) entwickeln. Schon beim Säugling ist dieses Bedürfnis zu beobachten, wenn er strampelt, nach allem greift und mit seinen Ärmchen fuchtelt. Daher muss jedes Kind auch Möglichkeiten erhalten, sich frei bewegen zu können. Gesunde Kinder sind ständig in Bewegung. Sie wollen die Welt möglichst mit eigener Kraft erobern. Darum müssen die Eltern den Bewegungsdrang des Kindes auch bejahen und fördern, denn er ist natürlich und für die körperliche und auch geistige Entwicklung des Kindes eminent wichtig.

So erfreulich der Bewegungsdrang auch ist, er muss dann gezügelt werden, wenn ein Kind z. B. grenzenlos waghalsig und übermütig ist. Eltern müssen dann eingreifen und Grenzen setzen, wenn die Gefahr besteht, dass es sich selbst oder andere verletzen könnte. Konsequent muss an bestimmten Verboten festgehalten werden – dazu gehört auch, dass ein Kind eine »Auszeit« bekommt.

Immer wieder habe ich erlebt, dass der Bewegungsdrang in bestimmten Situationen übermächtig sein kann und Kinder dazu verführt, ihre Kräfte zu überschätzen. Bei einem Sportfest für Kinder habe ich einmal Peter (8), eins meiner Enkelkinder, beobachtet, der unbedingt beim 50-Meter-Lauf, Tauziehen und natürlich auch bei einem Fußballspiel mitmachen wollte. Nach dem Fußballspiel mit seinen Kräften längst am Ende, mit puterrotem Kopf, klatschnass durchgeschwitzt und mit starrem Blick hat er dann noch beim Tauziehen mitgemacht. Keiner hat ihn davon abhalten können, auch noch zum 50-Meter-Lauf anzutreten, bei dem er aber Letzter geworden ist und einen Trostpreis bekommen hat. Getröstet hat der ihn aber nicht.

Für Eltern können solche Situationen schwierig sein. Es ist für sie immer eine Gratwanderung, wenn sie sich, ohne lange zu überlegen, zwischen dem Ertragen, Wegschauen, Diskutieren oder Kämpfen entscheiden müssen – zwischen Loslassen und Erlauben oder Zügeln und Grenzensetzen. Lassen sie los und es passiert etwas, machen sie sich Vorwürfe. Setzen sie Grenzen und verbieten ihrem Kind z. B. das Fahren mit dem Mountainbike in Fußgängerzonen oder das Klettern auf Bäume, mault das Kind, weil ihm immer alles verboten wird.

Wie dem auch sei: Wenn der Bewegungsdrang eines Kindes außerordentlich stark ist, sollten Eltern eingreifen. Dabei geht es vor allem darum, den übermächtigen Bewegungsdrang gewissermaßen zu kanalisieren. Ich habe bei unseren Kindern beste Erfahrungen mit sportlichen Aktivitäten gemacht, die die Kinder selbst auswählen durften. Es ist mit diesem natürlichen Drang nämlich auch so wie mit der Sturmflut: Es hat keinen Zweck, darauf zu warten, dass sie endlich vernünftig wird, man muss rechtzeitig Dämme bauen.

Aber unabhängig von den Möglichkeiten, die jeder Sport bietet: Es ist für Kinder, die dazu neigen, immer wieder über die Stränge zu schlagen, überaus wichtig, dass sie Grenzerfahrungen machen und lernen, ihren Bewegungsdrang zu zügeln. Daher sollten Eltern ihrem Kind Verhaltensregeln geben und nicht nur darauf bestehen, dass es sich daran hält, sondern, wenn es sie nicht beachtet, auch Konsequenzen ziehen.

Der Hamburger Erziehungswissenschaftler Peter Struck vertritt folgende Auffassung: *Kinder darf man nicht nur wachsen lassen, sie müssen auch geführt werden, und zwar in die verbindlichen Normen und Werte unserer Gesellschaft hinein. Sie müssen die Zehn Gebote, das Grundgesetz, die Menschenrechte, die Straßenverkehrsordnung als Minimum für ein geregeltes mitmenschliches Zusammenleben akzeptieren lernen – durch Vorbilder, durch Grenzsetzungen, durch Deutlichkeit, durch Konsequenz, durch das Aushalten auch über Krisen hinweg und durch Sanktionen.*

Der Spieldrang

Ob allein oder mit anderen Kindern: Kinder sollten ausgiebig und ungestört spielen dürfen, denn im Spiel werden verschiedene geistige, leibliche, seelische und soziale Bedürfnisse gleichzeitig befriedigt. Es besteht kein Zweifel, dass das so ist. Dennoch möchte ich ergänzend zu dem, was ich schon im Kapitel *Die zehn Gebote der Kindererziehung*, S. 13, dazu gesagt habe, einen Vorschlag machen, der Sie vielleicht überraschen wird: So wie das Spielen zum täglichen Kürprogramm eines Kindes gehören sollte, so sollte auch das Mithelfen zur Selbstverständlichkeit werden bzw. zum kleinen Pflichtprogramm jedes Kindes gehören.

Konkret: Schon dem kleinen Kind sollten Eltern beibringen, dass es auch kleine Pflichten hat. Beispielsweise sollte das Kind wissen, dass es seine Spielsachen ordentlich aufräumen muss und nicht in irgendwelche Kisten, Regale oder unters Bett schmeißen darf. Am besten ist es, wenn sie immer am gleichen Platz liegen, denn dann muss man sie nicht lange suchen, wenn man wieder einmal damit spielen möchte.

Natürlich sind Drei- bis Vierjährige überfordert, wenn sie ihre Spielsachen allein ein- oder aufräumen müssen. Daher sollten Eltern ihnen auch helfen. Aber sie sollten sich zurückhalten und ihrem Kind zeigen, was es wo und wie unterbringen kann. In jedem Fall sollte es dazu angehalten werden, beim Aufräumen mitzuhelfen. Ich halte nichts davon, wenn nur alle vier Wochen mal eine große Aufräum-Aktion gestartet wird. Damit mutet man keinem Kind zu viel zu, denn gerade für Kinder gilt: Äußere Ordnungen helfen, um zu einer inneren Ordnung zu finden.

Der Geltungsdrang

Jedes Kind sucht nach Zuwendung und Aufmerksamkeit, nach Anerkennung und Wertschätzung. Es will spüren: Mama und Papa sind froh, dass es mich gibt. Dieses Suchen nach Zuwendung und Anerkennung beginnt in der Familie und setzt sich auf dem Spielplatz fort; auch im Kindergarten und in der Schule sucht jedes Kind danach. Kinder wollen nämlich nicht nur einer Gemeinschaft angehören, sondern auch einen möglichst angesehenen Rangplatz in der Gruppe einnehmen. Unglaublich, was Kinder tun, um Anerkennung zu bekommen. Manche spielen beispielsweise den Kasper, andere prahlen mit irgendwelchen Erlebnissen oder simulieren irgendwelche Krankheiten, um auf sich aufmerksam zu machen.

Übermäßiger Geltungsdrang ist immer ein Signal, dass ein Kind glaubt, von bestimmten Menschen nicht die Aufmerksamkeit zu bekommen, die es sich wünscht. Das können die Eltern, aber auch Oma oder Opa sein, eine Erzieherin oder ein anderes

Kind. Es ist mit bestimmten Menschen oder einer Situation unzufrieden und fühlt sich in seiner Haut nicht wohl.

Kinder, die einen überaus starken Geltungsdrang haben, weil sie glauben, zu kurz zu kommen, wollen möglichst immer im Mittelpunkt stehen. Diesen Kindern muss und kann auch geholfen werden. Aber bitte nicht mit ständigen Ermahnungen, Vorwürfen oder Drohungen, denn die machen alles nur noch schlimmer.

Ein Beispiel: Johanna (10) hat ihren Eltern großen Kummer bereitet. Schon bei Bagatellen war sie eingeschnappt und zog sich maulend zurück. Es konnte aber auch passieren, dass sie von einer Sekunde zur anderen fuchsteufelswild wurde und sich zu üblen Beschimpfungen vor allem der Mutter hinreißen ließ. Die Eltern hatten nur eine Erklärung für ihr unberechenbares Verhalten: Johanna ist wieder einmal in einer Trotzphase.

Eine Erziehungsberaterin, die die Eltern in ihrer Not aufgesucht haben, fand aber schnell heraus, dass eine andere Ursache hinter Johannas Verhalten steckte: Sie fühlte sich in der Familie nicht so anerkannt wie ihr drei Jahre jüngerer Bruder Maximilian, der ein sogenanntes hyperaktives Kind ist. Dass der von den Eltern mehr Aufmerksamkeit als sie brauchte und auch bekam, wollte Johanna nicht in den Kopf. Folglich versuchte sie, durch Flucht oder Aggressivität die Zuwendung ihrer Eltern quasi zu erzwingen.

Der Rat der Erziehungsberaterin an Johannas Eltern, der schon nach kurzer Zeit zur Entspannung der Situation führte, war: »Erklären Sie Johanna nicht nur, aus welchen Gründen Maximilian besonders viel Zuwendung braucht, sondern bitten Sie Ihre Tochter, sich auch um Maximilian zu kümmern – beispielsweise sollten beide immer wieder einmal gemeinsam etwas unternehmen, Johanna könnte ihm bei der Erledigung der Hausaufgaben helfen, oder Sie schicken sie zum Einkaufen.«

Diese Vorschläge besprachen die Eltern mit Johanna, die sie allerdings nicht gut fand. Aber sie machte andere, die aus ihrer Sicht besser waren, und versprach auch, sich künftig mehr um ihren Bruder zu kümmern. Allein dass ihr die Eltern klaren Wein eingeschenkt und sie gebeten hatten, mehr Verständnis für Maximilian und auch ihre Situation zu haben, hat ihrem etwas übersteigerten Bedürfnis nach Anerkennung gutgetan. *Fazit:* Kinder brauchen Grenzen. Sie brauchen aber auch verständnisvolle Eltern, die ihnen die richtigen Grenzen setzen. Das fällt ihnen deswegen nicht schwer, weil sie wissen, welche Eigenheiten und Bedürfnisse ihr Kind hat. Und sie wissen auch, welcher Drang ihres Kindes gezügelt werden muss, weil er außerordentlich stark ist. Für sie gilt: Jedem Kind das Seine, aber nicht allen das Gleiche.

11 Warum es nicht einfach ist, konsequent zu bleiben

In vielen Erziehungsratgebern wird Eltern direkt oder durch die Blume gesagt:»Ihr müsst konsequent sein! Wenn ihr das nicht schafft, werdet ihr mit eurem Kind viel Ärger bekommen.« Auch die Schwedin Anna Wahlgren, Mutter von neun (!) Kindern, kommt in ihrem lesenswerten, 821 Seiten dicken Wälzer *Das KinderBuch* immer wieder auf dieses Thema zu sprechen. An zahllosen Beispielen aus dem Erziehungsalltag macht sie deutlich, wie wichtig es ist, konsequent zu sein.

Wahlgren hat mit den Verfasserinnen und Verfassern anderer Erziehungsbücher zwei Gemeinsamkeiten:

1. Alle sind davon überzeugt, dass es für Kinder Gift ist, wenn Eltern inkonsequent sind – egal, ob es um die Erziehung zur Ehrlichkeit, zu Gehorsam, Fleiß usw. geht, Eltern müssen darauf bestehen, dass ihr Kind immer die Wahrheit sagt, gehorsam und fleißig ist.
2. Man gibt lediglich den Rat *Seid konsequent!* – aber keiner sagt, dass das aus verschiedenen Gründen oft nicht einfach, manchmal sogar unmöglich ist.

So entsteht der Eindruck, dass es nur darum geht, an irgendeinem Schalter zu drehen, um von einer Sekunde zur anderen nicht mehr inkonsequent, sondern konsequent zu sein. Bitte suchen Sie nicht nach diesem Schalter, denn Sie werden ihn nicht finden! Aus welchen Gründen ist es für Eltern oft nicht einfach, konsequent zu sein? Wer oder was hindert sie eigentlich daran, an dem festzuhalten bzw. das durchzusetzen, was sie für richtig halten? Liegt das an ihnen und ihrer Erziehungskompetenz oder etwa an ihrem uneinsichtigen Kind?

Aufschlussreiche Antworten

Schon oft habe ich Eltern diese Fragen gestellt. Die Antworten, die ich bekommen habe, waren sehr aufschlussreich. Sie haben nämlich deutlich gemacht, dass es meistens nicht an gutem Willen mangelt, wenn man inkonsequent ist. Folgendes wurde mir häufig gesagt:

»Jahrlang habe ich mich mit viel Geduld darum bemüht, unserer Kerstin (8) Ordnung beizubringen. Leider hat das nicht viel gebracht. Jetzt weiß ich nicht mehr, was ich noch tun soll.«

»Ich schaffe es einfach nicht mehr, konsequent zu sein, weil mein Sohn Thomas (10) stärker ist als ich. Wenn der sich etwas in den Kopf gesetzt hat, ist er so hartnäckig, dass ich oft nicht mehr konsequent sein kann und nachgebe.«

»Mir ist durchaus klar, dass das nicht gut ist, aber manchmal bin ich einfach müde und habe nicht mehr die Kraft, darauf zu bestehen, dass sich unsere Sabine (7) z. B. an bestimmte Verbote hält.«

»Hin und wieder kann ich es nicht mehr ertragen, wenn mein Martin (5) ständig quengelt und mault, wenn ich ihm nicht das kaufe, was er unbedingt haben möchte.«

»Es gibt Situationen, da weiß ich genau, dass es verkehrt ist und inkonsequent, aber ich tue es trotzdem, weil ich den ständigen Streitereien mit Johanna (12) aus dem Weg gehen möchte.«

Inkonsequenz kann also unterschiedliche Ursachen haben. Und das ist so, weil Eltern keine Übermenschen sind, keine gefühllosen, kraftstrotzenden, stets gutgelaunten Wesen, die wie

Roboter funktionieren. Anstatt konsequent zu sein, drücken die einen lieber mal ein Auge zu, wenn ihr Kind über die Stränge geschlagen hat. Andere machen sich aus Bequemlichkeit wenig Gedanken über die Folgen ihrer Inkonsequenz. Und wieder andere werfen die Flinte ins Korn, weil ihnen ihr innerer Schweinehund eingeredet hat: *Gib doch einfach nach, wenn dein Kind keine Ruhe gibt! Morgen kannst du wieder versuchen, konsequent zu sein.*

Für all das habe ich großes Verständnis, denn als unerfahrener Vater und junger Lehrer habe ich mich auch damit schwergetan, immer konsequent zu sein. Meine Kinder und auch Schülerinnen und Schüler haben mir nämlich beigebracht, wie schwierig das sein kann. Von ihnen habe ich aber auch gelernt, dass es gar nicht so schlimm ist, wie man oft denkt, wenn man mal inkonsequent ist, weil man beispielsweise erschöpft ist und sich ein bisschen ausruhen möchte. Gelegentliche Inkonsequenz ist meines Erachtens menschlich und wird von Kindern auch richtig verstanden – die Betonung liegt auf *gelegentlich*; dagegen ist ständige Inkonsequenz eine besondere Art von (Erziehungs-) Pflichtverletzung.

Vielen Eltern geht es so, wie es mir auch einmal gegangen ist: Einerseits wissen sie, dass es für Kinder und Jugendliche immer gut ist, wenn sie beim Erziehen einen klaren und keinen Zick-Zack-Kurs steuern. Es ist ihnen durchaus bewusst, dass es Kinder verunsichert, wenn heute das Hüh! und morgen das Hott! gilt. Andererseits machen sie immer wieder die Erfahrung, dass sie es beim besten Willen nicht immer schaffen, konsequent zu sein. Auch wenn sie weder müde noch schlecht gelaunt sind, hält sie irgendetwas davon ab, ihr Kind z. B. zu ermahnen oder dazu anzuhalten, endlich mit den Hausaufgaben anzufangen. Es widerstrebt ihnen regelrecht, sie zögern und haben eine Hemmschwelle, die sie nicht überschreiten können.

Dieses Zögern kenne ich auch, allerdings war mir lange nicht klar, was eigentlich dahintersteckt. Aber eines Tages ist mir ein Licht aufgegangen. Zu dieser »Erleuchtung« hat folgender Satz von Papst Johannes XXIII. beigetragen: *Nichts macht uns feiger und gewissenloser als der Wunsch, geliebt zu werden.* Ich weiß nicht, an wen Johannes gedacht hat, als er diese Aussage, die ich für eine Lebensweisheit halte, aufgeschrieben hat. Es war mir auch egal; ich habe sie einfach umformuliert: *Nichts macht Eltern beim Erziehen feiger als der Wunsch, von ihrem Kind geliebt zu werden.* Was sagen Sie dazu? Zögern Sie manchmal oder sogar oft, konsequent zu sein, weil Sie fürchten, von Ihrem Kind nicht mehr geliebt zu werden? Sind Sie also ängstlich oder feige? Mir war lange nicht bewusst, dass mich mein Wunsch, von meinen Kindern und auch Schülerinnen und Schülern, wenn schon nicht geliebt, so doch wenigstens geachtet zu werden, nicht nur einmal davon abgehalten hat, konsequent zu sein. Und weil ich glaube, dass das vielen Eltern so geht, möchte ich etwas ausführlicher darauf eingehen.

Stille Wünsche

Eltern lieben ihr Kind, meistens jedenfalls. Folglich tun sie alles, damit es ihm an nichts fehlt. Ihr liebevoller, Jahre andauernder All-inclusive-Service ist für sie eine Selbstverständlichkeit. Und für das, was für sie eine Selbstverständlichkeit ist, wünschen sie sich quasi als Lohn auch ein wenig Entgegenkommen ihres Kindes. Mehr noch: Sie erhoffen sich Dankbarkeit, vor allem aber, von ihrem Kind geliebt zu werden. Und daher freuen sie sich – wie ein Kind, das etwas geschenkt bekommt – über jeden klitzekleinen Liebesbeweis.

Wenn ihr Kind sie z. B. anlächelt oder mit Mama schmusen möchte, wenn die Zweijährige die Arme ausstreckt und strahlend *Papa!* ruft, wenn der von der Arbeit nach Hause kommt oder wenn der Vierjährige beim Kuscheln Mama ins Ohr flüstert: *Ich hab dich sooo lieb!*, sind sie im siebten Himmel. Gibt es für Eltern eigentlich etwas Schöneres? Ich glaube nicht!

Ältere Kinder zeigen auf andere Weise, dass sie ihre Eltern nicht nur respektieren, sondern achten und lieben. Beispielsweise sind wichtige Zeichen, dass sie ihnen ihren Kummer anvertrauen; sich bei ihnen entschuldigen, wenn sie einen Bock geschossen haben; sie um Rat fragen oder sich an die Versprechen halten, die sie ihnen gegeben haben; bei Enttäuschungen sich bei ihnen ausweinen und getröstet werden wollen; die ihnen von der Mutter oder vom Vater anvertrauten Geheimnisse wie einen Schatz hüten; ein tolles Geburtstagsgeschenk basteln oder vom ersparten Taschengeld etwas Schönes kaufen. All das sind im Grunde Liebeserklärungen, die mehr als ein Strauß roter Rosen sagen – Rosen verwelken. Liebeserklärungen nie!

Der langen Rede kurzer Sinn: Wenn sich Eltern von ihrem Kind geliebt fühlen, stellt sich ein Glücksgefühl ein, das ich nicht beschreiben kann. Aber von ihrem Verhalten kann man es ablesen und in den Augen der Glücklichen kann man es sehen.

Folgenreicher Irrtum

Wenn sich Eltern von ihrem Kind geliebt fühlen, neigen sie natürlich dazu, möglichst alles zu unterlassen, was diesen glücklichen Zustand gefährden könnte. Sie werden beispielsweise versuchen, auch dann noch geduldig und nachsichtig zu sein, wenn ihnen innerlich schon dreimal der Kragen geplatzt ist. Nur halbherzig werden sie eingreifen, wenn sich ihr Kind z. B. nicht an Grenzen gehalten hat. Sie werden vielleicht Frechheiten überhören oder bagatellisieren, Schwindeleien auf die leichte Schulter nehmen und aggressives Verhalten schönreden. Sie glauben, dass es ihre Pflicht ist, ihr Kind wie ein Kleinod zu beschützen und zu verteidigen, wenn es z. B. von einer Erzieherin, Lehrerin oder einem Nachbarn zu Recht ausgeschimpft worden ist. All das tun sie, weil sie befürchten, dass sie z. B. durch ein konsequentes *Das darfst du nicht tun! Das nehme ich nicht hin!* die Liebe ihres Kindes verlieren.

Ich kenne Eltern, die aus Angst, ihr Kind könnte ihnen eine Ermahnung oder ein Verbot krummnehmen, grenzenlos nachsichtig sind. Sie trauen sich nicht, standhaft und unbeirrt an dem festzuhalten, was sie für richtig halten. Weil sie nicht nur ahnen, sondern wissen, dass ihr Kind z. B. auf ein *Nein!* mit einem Wutanfall oder ständiger Nörgelei reagieren wird, knicken sie sozusagen ein. Feige halten sie sich zurück und schlucken ihren Ärger runter. Zwar haben sie gemischte Gefühle, denn es ist ihnen klar, dass sie wieder einmal versagt haben, aber sie haben einen Trost: Immerhin hat ihre Inkonsequenz, so glauben sie, letztlich doch etwas Gutes. Ihre Zurückhaltung oder ihr Nachgeben wird dazu beitragen, dass ihr Kind sich nicht von ihnen beleidigt abwendet, sondern sie nach wie vor liebt.

Ein anderer Grund, der Eltern dazu verführen kann, inkonsequent zu sein, ist die Last falschen Verhaltens, wie Psychologen sagen. Das heißt: Wenn sie sich eingestehen müssen, falsch reagiert, sich unvernünftig verhalten oder eine falsche Entscheidung getroffen zu haben, plagt sie ein schlechtes Gewissen. Sie fühlen sich für die Suppe verantwortlich, die sie sich selbst eingebrockt haben. Das kann geschehen, wenn sie z. B. aus Verärgerung völlig übermäßige Konsequenzen gezogen haben. Konsequenzen, die sie schon nach kurzer Zeit bedauern, weil sich ihr Kind gekränkt zurückzieht oder herzerweichend weint. In einer solchen Situation denken sie über Wiedergutmachung nach und nehmen sich vor, künftig behutsamer mit Konsequenzen umzugehen.

Nun aber das Wichtigste: Es ist ein Irrtum, wenn Eltern glauben, durch ihr konsequentes Verhalten würden sie das Vertrauen ihres Kindes, seine Achtung und Liebe aufs Spiel setzen oder sogar verlieren. Das Gegenteil ist richtig! Kinder suchen Standpunkte, Orientierungen und Verlässlichkeit! Sie vertrauen ihren Eltern, achten und lieben sie, wenn sie sich z. B. gerecht behandelt fühlen und sich auf ihren Rat und ihre Versprechen verlassen können. Im Grunde wollen sie genau wissen, was von ihnen erwartet wird. Daher ist ihnen ein klares Ja oder Nein immer lieber, als ein zögerndes Jein mit kurzem Verfallsdatum. Auch wenn sie klipp und klar ausgesprochene und gut begründete Erwartungen, auch Ge- und Verbote längst nicht immer gleich akzeptieren und von ihnen als unangemessen oder überzogen empfunden werden, nehmen sie eindeutige »Vorschriften«

letztlich hin. Jedenfalls eher als unklare und die, die nach Lust und Laune bei nächster Gelegenheit widerrufen werden. Allerdings reichen Klarheit und gut begründete Erwartungen nicht aus. Es muss noch etwas hinzukommen, das nicht nur Eltern oft übersehen: Ob Kinder bestimmte Ge- und Verbote akzeptieren oder nicht, hängt nicht zuerst davon ab, was Eltern für wichtig und richtig halten, sondern wie sie ihr Kind davon überzeugen, dass es gut ist, beispielsweise fleißig, hilfsbereit und höflich zu sein. Es kommt also immer auf die drei großen W an: WER sagt oder fordert etwas, WAS steht auf der Tagesordnung und WIE wird z. B. ermahnt und kritisiert. Geschieht das auf verletzende oder demütigende Weise, kann das passieren, was mir einmal eine Mutter gesagt hat: »Ich war immer konsequent. Aber das Ergebnis ist, dass ich zu meinen zwei Kindern kein gutes Verhältnis mehr habe. Und das macht mich sehr traurig.«

Diese Mutter hat mit wenigen Worten gesagt, was auf dem Spiel steht. Selbstverständlich sollten Eltern konsequent sein, wenn's sein muss, auch streng. Aber bitte auf einfühlsame und vernünftige Weise! Tun sie das nicht, weil sie sich vom Anschreien, von kränkenden Verurteilungen, Vorwürfen, Strafen oder anderem Unsinn mehr versprechen, wird es ihnen so gehen wie der Mutter: Konsequent, aber unsensibel für das, was ihre Kinder gebraucht hätten, hat sie dafür gesorgt, dass sie zu ihnen »kein gutes Verhältnis mehr« hat. Sie hat Gutes gewollt, aber Schlechtes erreicht.

Vielleicht hätte sie das vermeiden können, wenn sie sich nur an die uralte Lebensregel gehalten hätte: *Was du nicht willst, dass man dir tu, das füg auch keinem anderen zu!* Diese »Goldene Regel« ist wirklich uralt, denn schon Sokrates (436–388 v. Chr.), der berühmte Redner in Athen, hat gefordert: *Worüber ihr zürnt, wenn ihr es von anderen erleidet, das tut den anderen nicht!* Rabbi Hillel (70 v.–10 n. Chr.) hat einem Heiden, der ins Judentum aufgenommen werden wollte, schon viele Jahrzehnte vor Jesus gesagt: *Was dir unlieb ist, füge deinem Nebenmenschen nicht zu; das ist das ganze Gesetz.* Im Neuen Testament heißt es bei Matthäus:

Alles, was ihr von den Leuten erwartet, das sollt ihr ihnen ebenso tun.
Lukas sagt: *Was ihr wollt, dass euch die Menschen tun, das tut auch ihr ihnen.* Und schließlich Seneca (4 v.–65 n. Chr.): *Von einem anderen solltest du nur das erwarten, was du dem anderen getan hast.*

12 Wenn Kinder schüchtern sind

Im Vergleich zu Thomas Gottschalk, der unbefangen auf Menschen zugeht und offenbar nie verlegen ist, ist »Benedetto«, wie die Italiener Benedikt XVI. nennen, auch heute noch ein bisschen schüchtern. Das ist jedenfalls mein Eindruck, wenn ich ihn im Fernsehen sehe. In seiner Autobiographie *Aus meinem Leben* deutet er an, dass er schon als Kind schüchtern war – das bestätigt übrigens auch sein älterer Bruder Georg. Trotzdem ist er Papst geworden. Vielleicht ist das ein kleiner Trost für die Eltern, die sich Gedanken über ihr schüchternes Kind machen.

Ich habe Verständnis dafür, wenn sich Eltern fragen, warum ihr Kind oft nicht über seinen Schatten springen und selbstsicher auf andere Kinder zugehen kann. Aber sie sollten sich deswegen nicht zu viele Sorgen machen und an der Kontaktfähigkeit und Durchsetzungskraft ihres Kindes zweifeln. Auch wenn es sich geniert, beim Metzger ein Stückchen Wurst anzunehmen, obwohl es das gern haben möchte, ist das noch kein Grund zur Sorge.

Wenn man schüchterne Kinder, Jugendliche und auch Erwachsene beobachtet, stellt man oft schnell fest, dass viele zwei Seelen in ihrer Brust haben. Sie können sich zurückhaltend und scheu, aber durchaus auch couragiert und forsch verhalten; verschämt herumstehen, aber auch unbefangen auf andere zugehen; sie sind gehemmt, aber sie können »es auch krachen lassen«, wie man heute sagt.

Diese unterschiedlichen, oft sogar gegensätzlichen Verhaltensweisen hängen immer davon ab, mit wem es schüchterne Menschen zu tun haben und in welcher Situation sie sich befinden. Sehen Sie sich nur ein zurückhaltendes Kind an, wenn es von der Begegnung mit einem Menschen erzählt, den es besonders gern hat! Oder wenn es bei einem Spiel ein Erfolgserlebnis gehabt hat! Wie es sich über eine Überraschung freuen und von einer Sekunde zur anderen ein ungehemmt glückliches Kind sein kann!

Wichtig ist demnach: Angeborene Verhaltensweisen sind eine Sache, das soziale Umfeld und die jeweilige Situation, in der sich das schüchterne Kind befindet, eine andere. Wie Anlagen, Umwelt und Situationen zusammenspielen und das Verhalten beeinflussen, ist ein Rätsel, das noch niemand gelöst hat. Daher gilt: In einer für das Kind schwierigen Situation, wenn es beispielsweise Hemmungen hat, mit einem anderen Kind Kontakt aufzunehmen, mit einem *Du Angsthase!* zu reagieren, schadet mehr, als es nützt. Wer so dumm daherredet, darf sich nicht wundern, wenn das Kind irgendwann das Gefühl hat: Meine Eltern mögen mich nicht, weil ich schüchtern bin.

Was Expertinnen und Experten sagen

Nach allem, was man heute darüber weiß, gibt es keinen Zweifel, dass Schüchternheit angeboren ist. Sie ist eine Veranlagung, die nicht zu erklären ist, denn ein Gen für Schüchternheit haben die Genforscher bisher noch nicht gefunden. Die Expertinnen und Experten des Max-Planck-Instituts in München sagen, dass diese Veranlagung ein Temperamentsmerkmal ist, das – wie beispielsweise Lebhaftigkeit oder Impulsivität – einem Kind quasi in die Wiege gelegt wird.

Psychologen sind der Ansicht, dass schüchternen Kindern geholfen werden sollte, ihre Hemmungen zu überwinden. Und das ist möglich. Kein Mensch muss sein Leben lang schüchtern sein. Von den Erfahrungen, die das Kind mit Eltern, Geschwistern, Freundinnen, Freunden usw. macht, hängt es entscheidend ab, ob und wie diese Veranlagung abgebaut werden kann. In jedem Fall ist dafür aber nicht nur viel Einfühlungsvermögen der Eltern, Erzieherinnen und auch Lehrkräfte erforderlich, sondern oft auch ein langer Atem. Niemand kann nämlich in kurzer Zeit aus einem zurückhaltenden Kind ein quicklebendiges machen. Seit vielen Jahren befasst sich Jens Asendorpf mit schüchternen Kindern. Er hat festgestellt, dass ein Großteil der Schüchternen mit einer überdurchschnittlichen Intelligenz und Phantasie ausgestattet ist – als ich das gelesen habe, ist mir sofort »Benedetto« eingefallen. Auf die Frage, warum es wichtig ist, dass sich Kinder im Kindergarten und der Schule in einer Gruppe von zwanzig Kindern möglichst schnell zurechtfinden, hat er einmal eine interessante Antwort gegeben: »Ich finde, diese Fähigkeit wird viel zu hoch bewertet. Kinder, die lange brauchen, sind genauso glücklich wie die anderen.«

Diese Feststellung sollte alle Eltern beruhigen, die mit gutem Zureden versuchen, ihr schüchternes Kind quasi aus der Reserve zu locken. Für Asendorpf und andere Experten steht nämlich zweierlei fest:

1. Auch das schüchterne Kind kann Kontakt aufnehmen, es braucht nur länger als das weniger zurückhaltende.
2. Unglücklich sind schüchterne Kinder nicht.

Zwei Formen von Schüchternheit sind zu unterscheiden. Zum einen bezeichnen Psychologen Kinder als schüchtern, die Schwierigkeiten haben, mit den Menschen Kontakt aufzunehmen, die sie wenig oder gar nicht kennen. Zwar wollen sie durchaus auf fremde Menschen zugehen, aber sie trauen sich nicht. Sie sind scheu, weil sie Hemmungen haben, die sie nur schwer überwinden können.

Beispiel: Ein Kind kommt im Kindergarten in eine neue Gruppe. Und weil ihm alle Kinder fremd sind, hat es Bammel vor den »Neuen«. Folglich verhält es sich zurückhaltend und will selbst dann nicht mit anderen Kindern spielen, wenn es von ihnen dazu aufgefordert wird. Wird es nach seinem Namen gefragt, ist es ihm sehr peinlich, *ich bin der Daniel* zu sagen. Am liebsten würde es heimlich, still und leise schnell verschwinden und sich in ein Mauseloch verkriechen.

Schon nach wenigen Stunden oder Tagen kann sich das aber ändern, wenn die Kennlernphase abgeschlossen ist und dem Kind nicht mehr alle und alles fremd erscheint. Hat es aber seine Befangenheit abgelegt, ist es ebenso aktiv, ausgelassen und kreativ wie seine Spiel- oder Klassenkameraden. Die Gänsehaut kann aber sofort wieder da sein, wenn es vor einer ähnlichen Situation steht.

Die zweite Form der Schüchternheit tritt auf, wenn ein Kind glaubt, dass es im Mittelpunkt des Interesses steht und sein Verhalten bewertet wird. Sogenannte Prüfungssituationen können ein schüchternes Kind geradezu in Panik versetzen. Zitternde Hände, erröten, an den Fingernägeln kauen usw. sind äußere Zeichen für seine Verlegenheit, gegen die – zunächst! – kein Kraut gewachsen ist.

Beispiele: Hildegard (6) soll zu Papas Geburtstag ein kurzes Gedicht aufsagen. Und obwohl sie das Gedicht gut kann, steht sie stocksteif vor ihrem Vater und bringt kein Wort heraus. Oder: Bernhard (5) soll sich bei Tante Sabine für ein Geschenk bedanken. Aber weil alle erwartungsvoll zuhören, was er sagen wird, rutscht ihm das Herz in die Hose und sein verlegenes Lächeln zeigt, was er denkt und fühlt: *Wäre diese peinliche Situation doch endlich vorbei!*

Bei Prüfungen, die ich abzunehmen hatte, habe ich oft erlebt, dass auch Erwachsene mit ihrer Schüchternheit zu kämpfen hatten – übrigens häufiger Frauen als Männer. Wenn ich z. B. bei der Begrüßung feuchte Hände gespürt oder am Hals der Kandidatin große rote Flecken entdeckt habe, war mir klar, was ich zu tun hatte: Ganz ruhig sprechen und zunächst einfache Fragen stellen, damit der Prüfling Sicherheit gewinnt. Das hat fast immer geholfen. Nicht selten ist es aber auch vorgekommen, dass Schüchterne, nachdem sie ihre Hemmungen abgelegt hatten, wie ein Wasserfall geredet haben.

Erste Anzeichen von Schüchternheit

Das Fremdeln eines Einjährigen ist kein Zeichen für Schüchternheit. Untersuchungen haben ergeben, dass sie sich erst nach etwa zwanzig Monaten entwickelt. Dann, wenn sich das Kind im Spiegel selbst erkennen kann und z. B. versucht, ein anderes Kind zu trösten, wenn es weint. Warum das erst mit ca. 1 ½ Jahren möglich ist, versuchen Psychologen des Max-Planck-Instituts seit Jahren herauszufinden.

Erstaunlich ist, wie drei- bis fünfjährige Kinder mit den Schüchternen, Zaghaften, Gehemmten und Übervorsichtigen umgehen. Sie werden von ihnen nicht links liegengelassen. Oft sind sie sogar beliebt, weil sie niemals die erste Geige spielen wollen und sich nicht vordrängeln, wenn z. B. etwas verteilt wird. Dem schüchternen Kind wird auch nicht übelgenommen, wenn es weniger redet, sondern man lässt es einfach in Ruhe und sagt: *Die Maria und der Maximilian sind eben so.* Meistens wehren sich schüchterne Kinder auch nicht, wenn ihnen ein Mini-Rowdy mal einen Schubs gibt. Und schlaflose Nächte haben sie deswegen auch nicht.

Erst im sechsten oder siebten Lebensjahr ändert sich das. Und zwar dann, wenn das schüchterne Kind von anderen Kindern oder vom Gruppen-Macho aus der Gruppe ausgestoßen oder ihm z. B. *Du Schisser!* an den Kopf geworfen wird. Kein Kind kann es ertragen, wenn ihm vorgehalten wird, ein »Weichei« zu sein, oder wenn es als Feigling ausgelacht wird. Und wenn niemand mehr mit ihm spielen möchte, fühlt es sich als Außenseiter. Für schüchterne Kinder kann das unerträglich sein und dazu führen, dass sie sich noch mehr in sich zurückziehen.

Die »hausgemachte« Schüchternheit

Außer der angeborenen Schüchternheit gibt es noch die »hausgemachte«. Eigentlich müssten es alle Eltern wissen, denn es ist naheliegend, dass ein lebensfrohes Kind durch bittere Erfahrungen, Enttäuschungen, Vernachlässigung oder Ungerechtigkeiten allmählich ängstlich und auch schüchtern werden kann. Wenn Eltern den Eindruck haben, dass ihr Kind überaus schüchtern ist, machen sie oft ihr Kind oder z. B. eine bestimmte Erzieherin für dieses Verhalten verantwortlich. Anstatt sich zuerst selbst zu fragen, ob sie durch ihr Verhalten unbewusst zur Schüchternheit ihres Kindes beigetragen haben, suchen sie in seinem Umfeld nach »Schuldigen«.

Ob es sich um angeborene oder »hausgemachte« Schüchternheit handelt: Kinder haben es dann besonders schwer, ihre Hemmungen und Unsicherheiten zu überwinden, wenn ihre Eltern schnell ungeduldig werden. Eltern, die wenig Fingerspitzengefühl, Einfühlungsvermögen oder emotionale Intelligenz haben, wissen nicht, dass sie auch mit gutgemeinten Aufforderungen wie *Sei doch nicht so schüchtern! Reiß dich zusammen! Dir tut doch keiner was!* ihrem Kind nicht helfen. Solche Ratschläge sind im Grunde Vorwürfe. Sie sind aber nicht nur nicht hilfreich, sondern können die Schüchternheit noch verstärken. Und eine Todsünde ist es, wenn dem Kind sein auffälliges Verhalten immer wieder vorgehalten und es deswegen verspottet wird.

Arm ist ein schüchternes Kind dann dran, wenn es selbstgerecht-autoritäre Eltern hat. Eltern, bei denen das gebetsmühlenhafte Kritisieren und Schimpfen zum täglichen Brot gehört. Wenn das Kind sich nicht angenommen und sogar ungerecht behandelt fühlt, hat es kaum eine Chance, seine Schüchternheit zu überwinden. Dann kann es sogar geschehen, dass es noch schüchterner wird, sich noch weniger zutraut und sich immer häufiger in die Einsamkeit flüchtet. Es ist ein Vergehen besonderer Art, wenn Eltern aus ihrem Springinsfeld eine Mimose »machen«!

Ein großes Problem ist, wenn Eltern selbst scheu, gehemmt und befangen sind, weil sie z. B. wenig Selbstvertrauen haben. Das kann verschiedene Ursachen haben, aber ein wichtiger Grund kann auch die eigene Erziehung sein, die quasi nachwirkt. Was auch immer eine Rolle spielt: Untersuchungen haben ergeben, dass schüchterne Eltern bei ihrem Kind die Entwicklung der Schüchternheit unbewusst fördern.

Die »fremdgemachte« Schüchternheit

Sobald Kinder beginnen, auf eigene Faust die Welt zu entdecken, machen sie Erfahrungen, die sie ängstigen können. Ein Sechsjähriger, der Spaß daran hat, »Kleine« einzuschüchtern, kann einem Dreijährigen einen ebenso großen Schrecken wie ein kläffender Hund einjagen – auch wenn der Gott sei Dank angebunden ist. Auch angstmachende Fernsehfilme, Videos und Computerspiele können dazu beitragen, dass sich angeborene Schüchternheit nicht nur verfestigt, sondern diese »Schwäche« sich überhaupt erst entwickelt.

Wie ein Kind z. B. mit Enttäuschungen und Rücksichtslosigkeiten umgeht, wie es sie meistert und verarbeitet, hängt immer von seinem Selbstvertrauen bzw. seiner inneren Stärke ab. Wenn es davon aber nur eine kleine Portion mitbekommen hat und von »Natur aus« schüchtern ist, kann es große Schwierigkeiten haben, seine Schüchternheit in den Griff zu bekommen.

Es kann einem schüchternen Kind sehr weh tun, wenn ihm bewusst wird, dass es in bestimmten Situationen nicht bestehen kann. Aber nicht nur das: Ein Kind, das sich oft als Amboss fühlt, kann sogar die bewundern, die immer den Hammer schwingen. Und genau das müssen Eltern meines Erachtens unter allen Umständen verhindern.

Was zu tun ist

Eins sollte von vornherein klar sein: Ein schüchternes Dreijähriges dazu aufzufordern, seine Schüchternheit einfach abzulegen, die Ärmel aufzukrempeln und sich von anderen Kindern nicht alles gefallen zu lassen, ist aus zwei Gründen völlig falsch. Erstens, weil es gerade das beim besten Willen nicht kann. Zweitens: Durch das ständige Gerede über Angsthasen oder -häsinnen, mehr Mut usw. wird dem Kind seine »Schwäche« erst bewusst und es traut sich eventuell immer noch weniger zu.

Besonders wichtig ist, dass das Kind mit anderen Kindern unterschiedlichen Alters Kontakt hat und möglichst gute Erfahrungen macht. Dabei kommt es nicht darauf an, dass es viele Kinder sind, sondern dass es zu bestimmten Kindern stabile Beziehungen entwickelt. Und wenn sich Freundschaften anbahnen, sollten sie von den Eltern gefördert werden. Auch ein Kind spürt, dass *ohne Freunde selbst das Paradies leer ist*, wie ein arabisches Sprichwort sagt.

Kindern, die sich nicht trauen, Kontakt aufzunehmen, müssen Brücken gebaut werden. Selbstverständlich hängt es vom Alter des Kindes und den Möglichkeiten in Familie, Nachbarschaft, Kindergarten und Schule ab, was konkret getan werden kann bzw. sollte. Aber zweierlei ist in jedem Fall wichtig:

1. Für den Bau einer tragfähigen Brücke braucht man Ausdauer und Phantasie.
2. Kleine Schritte sind besser als große. Dem Kind wird es dann leichter fallen, ohne zu zögern kleine Schritte zu gehen, wenn es weiß, dass es nicht sofort ausgeschimpft wird, wenn mal etwas nicht so klappt, wie es sich seine Eltern vorstellen.

Es beginnt mit Alltagssituationen, in die das Kind gezielt einbezogen wird. Beispiele:

1. Das Telefon klingelt: »Bitte nimm nur den Hörer ab, ich komme sofort!«
   Schon etwas schwieriger: »Sag nur hallo! oder Grüß Gott und deinen Namen! Dann komme ich!«
2. Es klingelt an der Haustür: »Komm, wir sehen zusammen nach, wer da ist!«
   Eine Variante: »Mach bitte auf! Das wird die Omi oder Onkel … sein.«
3. »Leg bitte bei den Nachbarn diese Tüte mit Brötchen vor die Tür und klingle! Aber warte, bis dir jemand aufmacht!«
4. »Da kommt gerade die Postbotin. Nimm ihr bitte die Post ab!«

5. »Gleich kommt Besuch, aber ich habe noch viel zu tun. Mach du bitte schon mal die Tür auf, wenn's klingelt!«
6. »Gestern hat mir Frau Müller mit sechs Eiern ausgeholfen. Bitte bring sie eben zurück und bedanke dich!«
7. »Mal doch für ... ein Bild! Das kannst du doch so gut. Ich schreib dann etwas dazu, dann gehen wir zur Post und du schickst dein Bild an ... ab.«
8. »Zeig mir im Kindergarten doch mal deine Freunde und sag mir, wie die heißen und wo sie wohnen!«

Viele Möglichkeiten der Kontaktaufnahme ergeben sich auch in Spiel- und Interessengruppen, außerdem bei Wanderungen, Radtouren und bei Familienfesten. Immer geht es darum, dass das Kind möglichst allein bestimmte Aufgaben übernimmt, die sich aus der Situation ergeben. Beim Einkaufen im Supermarkt erhält es zunächst kleine, aber zunehmend anspruchsvollere Aufträge. Beispiele:

»Bitte frag doch mal die Verkäuferin, in welchem Regal der Honig steht! Soll ich mitgehen? Besser wär's aber, wenn du allein gehst.«

»Ich brauch für den Einkaufswagen einen Euro. Geh bitte zur Kasse und wechsle die fünf Euro!«

»Lass dir bitte von der Kassiererin eine Tüte geben!«

»Bitte bring die Pfandflaschen zurück und lass dir das Pfand auszahlen! Diesmal darfst du dir 50 Cent behalten.«

Es gibt zahllose Möglichkeiten, ein schüchternes Kind behutsam dazu zu bringen, seine Zurückhaltung aufzugeben. Aber nicht immer gelingt das mit gutem Zureden und Bitten. Eine unserer Töchter hat mich indirekt gezwungen, nach einem anderen Weg zu suchen. Sie war bei der kleinsten Kleinigkeit verlegen und brachte kein Wort heraus, klammerte sich sofort an mich oder meine Frau, wenn sie angesprochen wurde. Auch wenn sie von jemandem mit einem freundlichen *Hallo!* begrüßt wurde, konnte sie sich nur mit Ach und Krach zu einem verlegenen Lächeln durchringen. Noch als Fünfjährige war das so. Mit unseren Ratschlägen, die für sie nur Elterngemecker waren, haben wir so gut wie nichts erreicht. Also haben wir das Wort schüchtern aus unserem Wortschatz gestrichen und sie immer wieder in Situationen gebracht, in denen sie mir oder meiner Frau helfen sollte (siehe oben). Das hat zwar nicht immer auf Anhieb geklappt, aber schon nach wenigen Wochen wurde es besser: Sie ging nämlich nicht nur auf unsere »Hilfsgesuche« ein, sondern machte sogar Vorschläge, was sie selbst tun bzw. erledigen könnte.

Ich vermute, zu ihrer schrittweisen Verhaltensänderung hat auch oder sogar entscheidend beigetragen, dass wir über ihre Veranlagung zur Schüchternheit kein Wort mehr verloren haben. Das ist uns auch nicht schwergefallen, denn irgendwann hatte mir meine Frau gesagt: »Als Kind war ich genauso schüchtern wie Gundula.« Ich war sprachlos und habe ihr gesagt: »Das hättest du mir aber eher sagen können.« Aber das hat sie eben nicht geschafft, weil sie immer noch ein bisschen schüchtern war – so wie »Benedetto«, der vermutlich nie gesagt hat: *Ich zieh mich jetzt für 'ne Weile zurück, wer kommt mit?*

13 Über das Zusammenspiel von Erbanlagen und Umwelteinflüssen

Hin und wieder haben mir Eltern folgende Fragen gestellt: Wie ist das eigentlich mit den Begabungen der Kinder? Haben sie die von ihren Eltern geerbt oder spielen die Umwelteinflüsse eine größere Rolle als die Erbanlagen?

Solche Fragen bringen mich immer in Verlegenheit. Es ist nämlich sehr schwierig, mit ein paar mehr oder weniger klugen Sätzen darauf zu antworten. Mir fällt das jedenfalls schwer, weil ich die Diskussion, die seit vielen Jahren über diese Fragen geführt wird, verfolge. Mein Eindruck ist, dass heute niemand mit absoluter Sicherheit sagen kann, *wer* oder *was* zur geistigen, seelischen und sozialen Entwicklung eines Kindes entscheidend beiträgt. Ist es das Erbgut, das ihm seine Eltern gleichsam als Mitgift auf seinen Lebensweg mitgegeben haben? Oder sind es die Umwelteinflüsse, die ein Kind prägen – also all das, was ein Kind in der Familie, im Kindergarten und in der Schule wahrnimmt und was auf das Kind einwirkt? Interessant ist übrigens, dass es in unserer Sprache zwar das Wort *Erbgut* gibt, aber nicht *Erbschlecht*.

Über diese Fragen haben sich schon viele Menschen den Kopf zerbrochen, Untersuchungen wurden durchgeführt und auch Bücher geschrieben. Letztlich ging es dabei immer um zwei Standpunkte, die unvereinbar waren. Jede Seite war nämlich fest davon überzeugt, allein im Besitz der Wahrheit zu sein. Folglich war das, was die einen sagten, für die anderen völliger Unsinn.

Als Student hatte ich das Glück, Frau Professor Dorndorf und Herrn Professor Pixberg in Vorlesungen und Seminaren hautnah zu erleben, die diese beiden gegensätzlichen Ansichten vertreten haben. Frau Dorndorf, von Kopf bis Fuß eine Psychologin, war davon überzeugt, dass allein die Einflüsse der Umwelt die Entwicklung eines Kindes bestimmen. Für Pixberg, mit Leib und Seele ein Pädagoge, waren es die Erbanlagen. Es war für uns Studenten hoch interessant, mitzuerleben, wie sie ihre gegensätzlichen Standpunkte begründeten und argumentierten. Aber was sie auch sagten: Beweisen konnten sie nichts.

Wenn es darum ging, die völlig abwegige Auffassung der Gegenseite darzustellen, konnte von Sachlichkeit keine Rede mehr sein. Dann wurde – zwar freundlich verpackt – Gift und Galle gespuckt, um die jeweils andere Auffassung lächerlich zu machen. Für uns Studenten war diese Auseinandersetzung immer wieder amüsant zu beobachten. Wir warteten regelrecht darauf, dass die beiden wieder einmal übereinander herfielen – oft haben sie uns nicht enttäuscht. Dieses Schauspiel hat uns aber auch gezeigt, dass sich Professoren in Giftzwerge verwandeln können, wenn man nicht ihrer Meinung ist. Eins ist diesen beiden Profs aber immerhin gelungen: Sie haben mein Interesse an dieser Streitfrage geweckt, von der ich gar nicht gewusst hatte, dass es sie gibt. Streit kann also auch positive Auswirkungen haben.

Merkmale der Anlagen- und der Umwelttheorie

Den Dorndorf-Pixberg-Streit gibt es nicht mehr. Aus heutiger Sicht war es ein Streit um des Kaisers Bart, denn niemand bestreitet mehr, dass die Umwelt für die Entwicklung eines Kindes von größter Bedeutung ist. Aber auch die Erbanlagen, die so etwas wie Rohmaterial sind, haben entscheidende Bedeutung für die Entwicklung jedes Menschen. Was heißt das konkret hinsichtlich der Erbanlagen? Erblich festgelegt (= determiniert) sind nicht nur die Augen- und Haarfarbe eines Kindes und sein Temperament, sondern auch seine Fähigkeiten und Interessen sowie bestimmte Eigenschaften. Sicher ist auch, dass schon im Augenblick der Befruchtung das Geschlecht des Kindes feststeht, seine spätere Körpergröße, sein Körperbau und sein Schlafbedürfnis. Besonders wichtig ist aber, dass es auch bestimmte Begabungen mitbringt, die sozusagen in ihm schlummern. Die Neurobiologen, die sich seit Jahren mit den Erbanlagen und damit den sogenannten Potenzialen oder auch »Vorgaben« des Menschen befassen, schätzen die Wirkung der Erbfaktoren im Hinblick auf die Ausprägung bestimmter Fähigkeiten auf 60–80 Prozent.

Die UNESCO hat vor einigen Jahren ein Erziehungsbuch mit dem interessanten Titel *Der verborgene Reichtum* veröffentlicht. Die Verfasser empfehlen Eltern, nach den im Verborgenen liegenden »Reichtümern« (= Erbanlagen) zu suchen, die jedes Kind in sich hat. Das sind gewissermaßen seine körperlichen, geistigen, seelischen und sozialen »Schätze«, die durch gezielte Förderung aus dem Verborgenen ans Tageslicht gebracht werden sollen. Mich fasziniert dieses Bild, dass in jedem Kind bzw. Menschen Reichtümer liegen, die gleichsam darauf warten, gehoben zu werden. Wie gefällt Ihnen dieses Bild?

Im Hinblick auf den verborgenen Reichtum oder die Potenziale gibt es allerdings ein bis heute ungelöstes Problem: Eltern, Erzieherinnen und Lehrkräfte sollen die Begabungen eines Kindes fördern, aber sie kennen diese Veranlagungen des Kindes nicht. Sie können sie nicht kennen, niemand kennt sie. Um aber allmählich herauszufinden, welche besonderen Fähigkeiten ein Kind hat, müssen es Eltern, Erzieherinnen und Lehrkräfte intensivst und kontinuierlich beobachten. Und sie müssen Einfühlungsvermögen entwickeln, denn es geht darum, die Möglichkeiten (Potenziale) des Kindes gleichsam auszukundschaften. Das Ziel ist: zu erkennen und dem Kind zu helfen, dass es sich seinen Anlagen gemäß zur Persönlichkeit entwickeln kann.

Wer vom Kind und nicht nur vom Erwachsenen aus über das »Mitgebrachte« nachdenkt, wird sich also als Entwicklungshelfer oder »Schatzsucher« verstehen. Aber nicht, wie das über Jahrhunderte im deutschsprachigen Raum der Fall war und z. T. heute noch ist, als Dompteur, Polizist oder – und das ist das Schlimmste! – als Diktator, der nach dem Motto erzieht: *Es ist mir völlig egal, was ein Kind denkt und fühlt, vorausgesetzt, es gehorcht.*

Die Verfechter der Umwelt-Theorie haben folgende Auffassung vertreten: Wie sich ein Kind entwickelt bzw. welche Fähigkeiten es ausbildet, hängt allein von seiner Erziehung und Unterrichtung ab. Allein die Umwelt oder, wie auch gesagt wurde, das Milieu, in dem das Kind heranwächst, ist das Ausschlaggebende. Der Mensch *hat* keinesfalls bestimmte Begabungen, die quasi in seinem Erbgut stecken, sondern man muss sie »von außen« in ihn hineinlegen. Kurzum: Alles ist möglich, denn der Mensch *ist* »begabbar«.

Diese Auffassung hat z. B. schon John Locke (1632–1704) in seinem Buch *Gedanken über Erziehung* (1692) vertreten. Er behauptet, »dass von zehn Menschen, denen wir begegnen, neun das, was sie sind, gut oder böse, nützlich oder unnütz, durch ihre Erziehung sind. Sie ist es, welche die großen Unterschiede unter den Menschen schafft.«

Nach Locke kommt es in der Erziehung also darauf an, dass dem Kind »gute Grundsätze und gefestigte Gewohnheiten in den Geist eingepflanzt werden«. Und das »Einpflanzen in den Geist« kann nur durch »Belehrungen und Übungen« erreicht werden.

Heute würde man sagen: Man muss das Kind trainieren, damit es sich z. B. an bestimmte »gute Grundsätze« hält. Auch »gefestigte Gewohnheiten« muss man ihm antrainieren. Und wenn es mit dem Training Schwierigkeiten gibt, weil weder gutes Zureden noch Ermahnungen geholfen haben, muss man das Kind auch zwingen, sich an Grundsätze zu halten – notfalls auch mit Gewalt.

Nun glauben Sie bitte nicht, dass die von Locke vor dreihundert Jahren geäußerte Auffassung »Schnee von vorgestern« ist. In neuerer Zeit hat sie nämlich auch der Amerikaner J.B. Watson (1878–1958) vertreten. Klipp und klar hat er in seinem Werk *Behaviorismus* (1925) festgestellt,»dass es so etwas wie eine Vererbung von Fähigkeiten, Begabungen, Temperament ... nicht gibt«. Das hat er behauptet, aber beweisen konnte er es nicht.

Watson hat auch einen Vorschlag gemacht, der auf eindrucksvolle Weise deutlich macht, was nach seiner Ansicht durch Erziehung erreicht werden kann:»Gebt mir ein Dutzend gesunder, wohlgebildeter Kinder und meine eigene Umwelt, in der ich sie erziehe, und ich garantiere, dass ich jedes Kind nach dem Zufall auswähle und es zu einem Spezialisten in irgendeinem Beruf erziehe, zum Arzt, Richter, Künstler, Kaufmann oder zum Bettler und Dieb, ohne Rücksicht auf seine Begabungen, Neigungen, Fähigkeiten, Anlagen und die Herkunft seiner Vorfahren.«

Das ist also das Ei des Kolumbus, das Watson und später seine »Jünger« Skinner und Bruner ausgebrütet haben: Man muss nur die richtigen Erziehungsmethoden entwickeln und konsequent anwenden, dann kann man die Menschen »machen«, die man sich wünscht und braucht. Engel und Teufel kann man ebenso produzieren wie Genies und Dummköpfe; Menschen, die verantwortungsbewusst handeln und einen starken Charakter haben, aber auch gewissenlose Menschen, die bedingungslos gehorchen und jeden Befehl ausführen.

Dieser Glaube, dass mit Hilfe von Erziehung alles möglich ist, oder anders gesagt, dieser pädagogische Optimismus, der davon ausgeht, dass es nur von den richtigen Techniken abhängt, ob ein Kind fleißig oder faul ist, gewissenhaft oder gewissenlos, eröffnet ungeahnte Möglichkeiten.

Der Glaube an die Machbarkeit, damit auch Manipulierbarkeit des Menschen, hat nach wie vor unbeschreibliche Folgen. Weil man geglaubt hat, dass jede »Sorte« Menschen durch Erziehung »hergestellt« werden kann, haben z. B. die Marxisten-Leninisten in der ehemaligen Sowjetunion von 1917–1990 Kinder und Jugendliche in ihrem Geiste erzogen. Sie haben es für möglich gehalten, in Kindergärten, Schulen und Universitäten die Menschen »machen« zu können, die ihre Lehren nicht nur annehmen, sondern ihnen blind folgen. Erfolglos waren sie damit nicht, wie wir alle wissen.

In Deutschland haben die Nationalsozialisten von 1933–1945 – leider ebenfalls sehr erfolgreich! – versucht, durch Erziehung den nationalsozialistischen Menschen zu »machen«, der bittet und zugleich versichert: *Führer befiehl, wir folgen dir!* Und so wurden auf den Schlachtfeldern des Zweiten Weltkrieges und in den Konzentrationslagern von allzu vielen alle Befehle ausgeführt, wenn sie »von oben« kamen. Für mich ist es auch heute noch unfassbar, und ich schäme mich dafür, was die durch eine menschenverachtende Erziehung manipulierten Helfershelfer der Nazis angerichtet haben – es waren Hunderttausende, wie wir heute wissen.

In der ehemaligen DDR sollte laut Verfassung »das einheitliche sozialistische Bildungssystem jedem Bürger eine kontinuierliche sozialistische Erziehung, Bildung und Weiterbildung« (Artikel 25) gewährleisten. Was das im Alltag konkret bedeutet hat, ist bekannt: bedingungslose Ein- und Unterordnung des Einzelnen, Gleichschaltung im Denken und Handeln, weil die Mächtigen geglaubt haben, dass der sozialistische Mensch durch Erziehung »gemacht« werden kann. »Wer in der DDR kein Schwein war, wurde zur Sau gemacht«, hat mir einmal eine Bürgerrechtlerin gesagt.

Gegenwärtig werden in einigen afrikanischen Ländern Kinder und Jugendliche unter 18 Jahren zu Mördern »gemacht«. Allein in Burundi wird die Zahl der sogenannten Kindersoldaten auf etwa 10 000 geschätzt. »Insgesamt sind ca. 120 000 Minderjährige bei afrikanischen Armeen im Einsatz«, heißt es in einer Studie der »Internationalen Koalition gegen den Einsatz von Kindersoldaten«.

Trifft es eigentlich zu, dass in bestimmten Koranschulen junge Menschen zu Selbstmordattentätern »gemacht« werden? Ich weiß nicht, ob das stimmt. Aber fest steht zweierlei: Erstens, dass es unglaublich viele gibt, die bereit sind, sich selbst und zahllose unschuldige Menschen umzubringen. Zweitens: Selbstmordattentäter werden nicht geboren, sondern erzogen.

Der Glaube an die Machbarkeit kann aber nicht nur Diktatoren, politische und religiöse Fanatiker sowie selbsternannte Generäle dazu verführen, die Möglichkeiten der Erziehung zu missbrauchen, sondern auch Eltern. Beispielsweise dann, wenn sie auf Biegen und Brechen versuchen, aus ihrem Kind den Menschen »machen« zu wollen, den sie sich wünschen. Wenn also z. B. aus der Tochter ein Eislaufstar oder dem gar nicht so sportlichen Sohn ein zweiter Oliver Kahn »gemacht« werden soll. Auch wenn bei einem Kind, das in bestimmten Unterrichtsfächern Schwierigkeiten hat, mit allen Mitteln versucht wird, ihm Bestimmtes beizubringen, spielt der Glaube an die Machbarkeit die entscheidende Rolle.

Die beiden extremen Auffassungen – entweder *Erbanlagen* oder *Umwelteinflüsse* – werden heute nur noch von wenigen vertreten, die aber nicht ernst genommen werden. Die Ergebnisse der Gen- und der Hirnforschung haben dazu geführt, dass das *Entweder-oder* durch das *Sowohl-als-auch* ersetzt worden ist. Was heißt das?

Anlage und Umwelt aus heutiger Sicht

Die Untersuchungen der Gen- und Hirnforscher belegen eindeutig, dass es zwischen ererbten Anlagen und den Einflüssen der Umwelt Wechselwirkungen gibt. Zweierlei steht fest: Erstens, dass an der geistigen, seelischen und sozialen Entwicklung eines Kindes sowohl die Anlagen als auch Umwelteinflüsse entscheidenden Anteil haben. Zweitens, dass die Erbanlagen gewissermaßen den Spielraum des überhaupt Möglichen festlegen, während es von den Einwirkungen der Umwelt abhängt, was innerhalb der biologischen Grenzen daraus wird bzw. was sich entwickelt.

Mit anderen Worten: Erbe und Umwelt bilden einen unauflösbaren Zusammenhang und beeinflussen sich gegenseitig. Ständig wirken die erblichen »Vorgaben« auf die Einflüsse der Umwelt ein, aber auch die Umwelteinflüsse auf das Erbgut. Die Konsequenz: Bei der Erziehung und Förderung des Kindes muss das »Rohmaterial« berücksichtigt werden, das sich aber nur dann entfalten und entwickeln kann, wenn es von »außen«, z. B. durch gezielte Aufgabenstellungen, quasi aus der Reserve gelockt wird.

Bei diesem »Zusammenspiel« von Erbe und Umwelt kann im Einzelfall niemand mit Sicherheit sagen, was und wie viel im Verhalten eines Kindes auf »inneren« bzw. anlagebedingten oder auf von »außen« erzeugten Einflüssen beruht. Das bedeutet für die Erziehung und den Unterricht, dass Eltern und Lehrkräfte bei ihren Bemühungen, die Begabungen eines Kindes zu fördern, behutsam vorgehen müssen, um das Überfordern und auch das Unterfordern zu vermeiden. Man kann nämlich *immer nur das rausholen, was in einem Kind drinsteckt*, hat mir einmal eine erfahrene Lehrerin gesagt.

Wie dem auch sei: Weder die beste Erziehung noch der beste Unterricht, also keine noch so gute pädagogische Methode, kann aus einem Kind, das auf bestimmten Gebieten unbegabt ist, ein Genie »machen«. Fleiß allein genügt nämlich nicht, um ein Genie zu werden. Ein Trost ist aber, dass ein Genie durch schlechte Erziehung und einen schlechten Unterricht nicht verhindert werden kann.

■ Zwei Empfehlungen:

1. Das Buch von Gerhard Prause, *Genies in der Schule*, hat nur indirekt mit dem Anlage-Umwelt-Thema zu tun. Es ist bereits 1974 erstmals erschienen, aber man bekommt es noch. Dieses Buch ist

eins meiner Lieblingsbücher, weil es »cool« ist, wie meine Enkelkinder sagen. Und ich sag das auch. Es ist sooo »cool«, dass ich es Ihnen ans Herz legen möchte, weil es voller Überraschungen ist und Eltern wie auch Schülerinnen und Schülern viele anregende und auch tröstliche Informationen gegeben werden. Prause ist auf eine Entdeckungsreise gegangen und hat die Schulzeit von 110 Großen und Erfolgreichen aus Politik, Wissenschaft, Literatur und Kunst nicht nur unserer Zeit untersucht. Schon die Überschriften der sechs Kapitel machen neugierig:

1. Schlecht bis allenfalls befriedigend in der Schule
2. Die Schule gehasst und verzweifelt
3. Gut und kaum aufgefallen
4. Sehr gut oder gar ausgezeichnet
5. Erzogen von Vätern und Hauslehrern
6. Trotz mangelhafter Schulbildung erfolgreich

Dabei ist es ihm allein um die Frage nach dem Zusammenhang von Erfolgen in der Schule und Erfolgen im Leben gegangen. Er nennt auch die Gründe für schlechte Schulleistungen außerordentlich begabter Schüler wie z. B. von Albert Einstein, Henry Kissinger und Robert Bosch: »Die Unfreiheit in der Schule, den Drill, der das Lernen vermiest, oder die häufige Unfähigkeit der Lehrer und der Eltern, die wahre Begabung und das wahre Interesse der Kinder zu erkennen und sie zu fördern.« Ist das nicht auch heute noch so? Für mich steht fest, dass das die wahre Bildungskatastrophe ist. Aber das ist ein anderes Thema.

2. Manfred Spitzer hat das Buch *Lernen – Gehirnforschung und die Schule des Lebens* geschrieben. Auf verständliche Weise beschreibt er die Zusammenhänge, die ich nur skizzieren konnte. Dieses interessante Buch ist spannend zu lesen, weil es viele Beispiele enthält und auch einen Überblick über neue Ergebnisse der Lernforschung gibt. ■

14 Niemals Gewalt!

Die bekannte schwedische Kinderbuchautorin Astrid Lindgren hat sich ihr Leben lang leidenschaftlich für die Forderung eingesetzt: *Niemals Gewalt!* Oft, so hat sie einmal erzählt, hatte sie bei ihren Vorträgen und Diskussionen das Gefühl, dass man ihr zwar aufmerksam zuhört, aber ihre Forderung als weltfremd oder Träumerei abgetan wird. Größtes Interesse fand sie bei den Zuhörerinnen und Zuhörern aber immer dann, wenn sie folgende Geschichte erzählt hat:

»Denen, die immer so vernehmlich nach härterer Zucht und strafferen Zügeln rufen, möchte ich das erzählen, was mir einmal eine alte Dame berichtet hat. Eines Tages hatte ihr kleiner Sohn etwas getan, wofür er ihrer Meinung nach eine Tracht Prügel verdient hatte, die erste in seinem Leben. Sie trug ihm auf, in den Garten zu gehen und selber nach einem Stock zu suchen, den er ihr dann bringen sollte.

Der kleine Junge ging und blieb lange fort. Schließlich kam er weinend zurück und sagte: ›Ich habe keinen Stock finden können, aber hier hast du einen Stein, den kannst du ja nach mir werfen.‹ Da aber fing auch die Mutter an zu weinen, denn plötzlich sah sie alles mit den Augen ihres Kindes. Das Kind musste gedacht haben: ›Meine Mutter will mir wirklich weh tun, und das kann sie ja auch mit einem Stein.‹ Sie nahm ihren kleinen Sohn in die Arme, und beide weinten eine Weile gemeinsam. Dann legte sie den Stein auf ein Bord in der Küche, und dort blieb er liegen als ständige Mahnung an das Versprechen, das sie sich in dieser Stunde selber gegeben hatte: Niemals Gewalt!

Ja, aber wenn wir unsere Kinder nun ohne Gewalt und ohne irgendwelche straffen Zügel erziehen, entsteht dadurch schon ein neues Menschengeschlecht, das in ewigem Frieden lebt? Etwas so Einfältiges kann sich wohl nur ein Kinderbuchautor erhoffen! Ich weiß, dass es eine Utopie ist. Und ganz gewiss gibt es in unserer armen, kranken Welt noch sehr viel anderes, das gleichfalls geändert werden muss, soll es Frieden geben. Aber in dieser unserer Gegenwart gibt es – selbst ohne Krieg – so unfassbar viel Grausamkeit, Gewalt und Unterdrückung auf Erden, und das bleibt den Kindern keineswegs verborgen. Sie sehen und hören und lesen es täglich, und schließlich glauben sie gar, Gewalt sei ein natürlicher Zustand. Müssen wir ihnen dann nicht wenigstens daheim durch unser Beispiel zeigen, dass es eine andere Art zu leben gibt? Vielleicht wäre es gut, wenn wir alle einen kleinen Stein auf das Küchenbord legten als Mahnung für uns und für die Kinder: Niemals Gewalt! Es könnte trotz allem mit der Zeit ein winziger Beitrag werden zum Frieden in der Welt.«

(Zitiert aus einem Vortrag, den Astrid Lindgren am 22. 10. 1978 in Frankfurt anlässlich der Verleihung des Friedenspreises des Deutschen Buchhandels gehalten hat.)

In den vergangenen zehn Jahren habe ich in jedem Kurs der »Ingolstädter Elternschule« mit Eltern über dieses Zitat diskutiert. Dabei zeigte sich jedes Mal, dass sich beim Thema Gewalt die Geister schnell schieden. Die einen lehnten Gewalt in der Erziehung kategorisch ab. Andere hielten Ohrfeigen und eine Tracht Prügel durchaus für vertretbar und heilsam. Einige Eltern haben sogar behauptet, dass es Kinder gibt, die gelegentlich regelrecht Sehnsucht nach Prügel haben. Eine Gruppe schließlich hat das Schlagen zwar abgelehnt, aber, so wurde argumentiert, wenn es gar nicht mehr anders geht, ist eine Tracht Prügel das letzte Mittel. Es gibt also die Überzeugungstäter und die Notwehrtäter.

Wie ist das also in unserer Gesellschaft mit der Gewalt in der Erziehung? Sind diejenigen, die Gewalt rundweg ablehnen, weltfremde Träumer? Um zu beweisen, dass sie das nicht sind, möchte ich etwas ausführlicher auf das Thema Gewalt eingehen. Und wenn es mir gelingt, nur einen einzigen überzeugten Gewaltverteidiger bzw. -täter zum Nachdenken und möglichst auch zur Umkehr zu bewegen, würde ich mich freuen, denn dann hätte sich meine Mühe gelohnt. Über zwei würde ich mich noch mehr freuen. Wären es zehn, würde ich ein Fest feiern.

Zunächst einige Tatsachen:

1. Nachdem über zwanzig Jahre darüber diskutiert worden ist, hat der Deutsche Bundestag am 6. 7. 2000 endlich das »Gesetz zur Ächtung der Gewalt in der Erziehung« verabschiedet. Danach sind die Kinder in unserer Gesellschaft vor Gewalt in jeder Form geschützt – theoretisch.

2. Am 28. 9. 2000 hat der Bundesrat eine Gesetzesänderung im Bürgerlichen Gesetzbuch (BGB) gebilligt. Bisher hieß es im BGB lediglich: »Entwürdigende Maßnahmen sind unzulässig.« Jetzt heißt es: »Kinder haben ein Recht auf gewaltfreie Erziehung. Körperliche Bestrafungen, seelische Verletzungen und andere entwürdigende Maßnahmen sind unzulässig« (§ 1631 Absatz 2). – Die Gesetze sind also eindeutig, aber die Erziehungswirklichkeit sieht anders aus.

3. Nach Schätzungen des »Kriminologischen Forschungsinstituts Niedersachsen« werden in Deutschland Jahr für Jahr 1,42 Millionen Kinder Opfer körperlicher Gewalt. Aber nur etwa 4000 solcher Fälle werden jährlich aufgedeckt und wegen Misshandlung von Schutzbefohlenen nach Paragraph 225 des Strafgesetzbuches abgeurteilt.

4. Hunderttausende Eltern und auch Großeltern wenden in der Erziehung nach wie vor Gewalt an. Sie schlagen mit Fäusten, Gürteln, Stöcken und Kleiderbügeln zu. Um *böswillige Vernachlässigung* handelt es sich, wenn Kinder nicht ausreichend zu essen und zu trinken bekommen, in verwahrlosten Wohnungen vegetieren und verdreckten Betten schlafen müssen.

5. Nach Untersuchungen hat die Gewalt gegen wehrlose Kinder vor allem folgende Ursachen: Überforderung, Frustration, Hass, Sadismus und emotionale Not. Ist Gewalt also nach wie vor eine bedauerliche Normalität? Und wenn es so ist: Was muss mit einem Menschen passiert sein, wenn er Gewalt für etwas Normales hält?

Ein Bekenntnis und eine Klarstellung

Ich lehne Gewalt in der Erziehung ohne Wenn und Aber ab. Allerdings muss ich zugeben, dass das nicht immer so war. Als sehr junger Vater und Lehrer habe ich tatsächlich geglaubt, mit Ohrfeigen etwas gegen Bosheiten, Frechheit, Teufeleien, Ungehorsam, Faulheit usw. ausrichten zu können. Obwohl mir nur selten die Hand ausgerutscht ist – es war wirklich nicht oft, Ehrenwort! – und ich mich bei den Gedemütigten auch reumütig entschuldigt habe, schäme ich mich noch heute dafür. Aus einem einzigen Grund bin ich schnell zur Einsicht gekommen, dass ich mit Gewalt immer Schaden anrichte. Genauer: Meine Kinder und auch Schüler haben mir beigebracht, dass ich Gutes (= eine Verhaltensänderung) nicht erreichen kann, wenn ich ihnen Schlimmes antue. Nicht nur in dieser Hinsicht waren Kinder und Jugendliche meine besten Lehrer.

Was haben sie mich gelehrt, und warum lehne ich seit über 50 Jahren jede Form von Gewalt in der Erziehung ohne Wenn und Aber ab? Warum bin ich zu einem überzeugten und leidenschaftlichen Befürworter der Gewaltlosigkeit in der Erziehung geworden?

Nicht nur körperliche Strafen, sondern auch seelische Verletzungen verkraftet kein Kind. Es fühlt sich gedemütigt, insbesondere dann, wenn es die Strafe als ungerecht empfindet und in Gegenwart von anderen geschlagen wird. Macht- und wehrlos fühlt es sich der oder dem Schlagenden ausgeliefert, und es sind keine guten Gedanken, die ihm durch den Kopf gehen. Zahlreiche Untersuchungen belegen: Schläge verursachen Angst, Niedergeschlagenheit und Zorn. Auch Hass- und Rachegefühle können sich entwickeln. Diese wahrhaft gemischten Gefühle können langfristig fatale Auswirkungen haben, denn auch für Kinder gilt: *Was lange gärt, wird endlich Wut, die sich irgendwann entlädt.*

Aber nicht nur das. Die Angst vor körperlichen Strafen und Erniedrigungen zerstört nicht nur die Beziehung zu einem Kind, sondern kann z. B. zum Lügen führen, zum Hintergehen der Eltern und zum Sich-Ducken. Und das alles, um sich bei einem Vergehen nicht erwischen zu lassen. Wird das Kind aber trotz aller Verschleierungsversuche dennoch ertappt, sind nun zwei Vergehen abzuurteilen: Zuerst die Tat, dann die damit im Zusammenhang stehenden Lügen. An der Spirale der Gewalt muss jetzt weitergedreht werden, denn irgendwann muss das Kind doch einsehen, dass es nicht schwindeln darf usw.

Es kommt aber noch etwas hinzu. Wer Gewalt in der Erziehung für normal hält, zeigt dem Kind: Gewaltanwendung ist eine legitime und auch geeignete Methode, um bestimmte Ziele zu erreichen. Und wenn ein Kind das am eigenen Leibe erfahren hat, wird es sich sagen: Wenn ich etwas durchsetzen will, muss ich reden, tricksen, brüllen und auch zuschlagen können. Gewalttätige Eltern dürfen sich nicht beklagen, wenn ihre Kinder irgendwann auf sie losgehen und zuschlagen, denn sie tun nur das, was sie über Jahre hinweg an sich selbst erlebt haben.

Eins kann man mit Sicherheit sagen: Kinder, die geschlagen werden, sind eher bereit, andere Kinder – insbesondere kleinere und schwächere – zu schlagen, als die, die gewaltfrei erzogen wurden. Als Jugendliche neigen sie außerdem eher dazu, auch ihren Eltern gegenüber Gewalt anzuwenden. Und als Erwachsene ist für sie Gewalt ein normales und unverzichtbares Mittel, um sich Vorteile zu verschaffen. Festgestellt wurde auch, dass Erwachsene, die als Kinder von ihren Eltern geschlagen wurden, wenig Neigung haben, den Eltern im Alter noch helfend zur Seite zu stehen. Fazit: Langfristig erreicht man mit der Tracht Prügel das Gegenteil des Beabsichtigten. Wer schlägt, legitimiert nicht nur die Gewaltanwendung, sondern trägt auch dazu bei, dass sich das Eltern-Kind-Verhältnis verschlechtert. Daher bleibe ich dabei: Niemals Gewalt!

Diese Klarstellung, die auch einige Hinweise auf Ursachen der Gewalt enthält, ist nur ein erster Schritt auf dem Wege, hinter andere Ursachen der nach wie vor verbreiteten Gewaltbereitschaft zu kommen. Zunächst zwei Feststellungen, über die sich die Experten einig sind:

1. Gewalttäter hat es immer gegeben. Aber im Gegensatz zur Vergangenheit ist Gewalt heute ein Massenphänomen und breitet sich in der Arbeitswelt, in den Medien, auf Autobahnen und Straßen, im Sport, in Schulen usw. immer mehr aus. Es gibt in unserer Gesellschaft aber auch »strukturelle Gewalt« (Roman Herzog).

2. Die Täter werden immer jünger und auch brutaler. Niemals zuvor hat es so viele jugendliche Alkoholiker und Drogenabhängige gegeben, niemals zuvor gab es so viele junge Menschen, die man als Gewalttäter bezeichnen muss. Der schon 1976 beklagte »Erziehungsnotstand« (Johannes Rau) wirkt sich in allen Lebensbereichen, insbesondere aber in den Schulen fatal aus.

Im Hinblick auf diese beunruhigenden Entwicklungen stellt sich die Frage nach den wesentlichen Ursachen der Gewalt. Unterschiedliche Antworten liegen vor, aber meines Erachtens sind viele dieser Antworten unbefriedigend. Vor allem deswegen, weil oft Symptome mit Ursachen verwechselt werden. Da werden z. B. die Medien, Gewaltvideos, Filme und üble gedruckte Machwerke als Hauptverursacher ausgemacht und nicht nur bei Stammtischgesprächen an den Pranger gestellt. Diese oberflächlichen »Scharfrichter«, für die ich kein Verständnis habe, werden zur Lösung der vielschichtigen Probleme nichts beitragen können.

Noch weniger kann ich aber all diejenigen verstehen, die über jugendliche Gewalttäter herfallen und nach immer härteren Strafen rufen, ohne nach den Ursachen der Gewalttätigkeit zu fragen. Warum wenden Heranwachsende Gewalt an? Es war immer so und ist auch heute so: *Gewalt birgt immer ein Element der Verzweiflung.*

Sind gewaltbereite und -tätige junge Menschen also verzweifelt? Ja, sie sind Täter, aber oft waren sie erst Opfer. Wie dem auch sei: Durch Schuldzuweisungen und den Ruf nach härteren Strafen werden weder Gewaltprobleme gelöst, noch wird ein Beitrag zum Verstehen wesentlicher Zusammenhänge geleistet.

Wir müssen tiefer bohren und dabei wissen, dass nur derjenige an die Quelle kommt, der auch bereit ist, gegen den Strom zu schwimmen.

Über wesentliche Ursachen der Gewalt

Gewalt hat unterschiedlichste Motive. In jedem Kriminalroman oder -film spielt die Frage des Motivs, das der Betrüger, Dieb oder Mörder für seine Tat gehabt hat, eine entscheidende Rolle. Und im täglichen Leben ist es nicht anders. Man fragt sich: Was hat einen Gewalttäter dazu gebracht, einen anderen Menschen zu verletzen oder sogar zu töten? Warum hat er sich über Gesetze, Normen und Konventionen hinweggesetzt? Warum haben ihn auch mögliche Strafen nicht davon abhalten können, z. B. einen alten Mann in der U-Bahn-Station mit Fußtritten zu traktieren und halb totzuschlagen?

Vor Jahren hat ein junger Mann in einem Museum in Amsterdam ein kostbares Gemälde von Rembrandt mit Säure übergossen und teilweise zerstört. Vielleicht hatte er ein Vorbild, denn im Jahr 356 v. Christus ging eines Tages der Tempel der Göttin Artemis in Ephesos – eines der sieben Weltwunder der Antike – in Flammen auf. Als Brandstifter bekannte sich ein gewisser Herostratos. Er war ein junger Bürger der Stadt Ephesos. Gefragt, warum er diese Tat begangen habe, gab er dieselbe Antwort, die auch der »Bilderstürmer« in Amsterdam gegeben hat: »Ich wollte mir einen Namen machen.«

Das ist ein Schlüsselsatz, wenn man verstehen will, was einen Gewalttäter dazu verführen kann, Gewalt gegen Sachen oder Menschen anzuwenden: *Sich einen Namen machen.* Dafür kann man auch sagen: Man will auf sich aufmerksam machen. Und wenn es nur für Stunden oder Tage ist, wichtig ist allein, im Rampenlicht öffentlichen Interesses zu stehen. Man will zur Kenntnis genommen werden, sich wichtig machen, will für voll genommen werden. Einen Namen machen muss sich jemand, der sich namenlos fühlt, der glaubt, von niemandem geachtet zu werden, der glaubt, ein Niemand, eine Null, ein Nichts zu sein.

Wer glaubt, ein Nichts zu sein, der hat auch das schreckliche Gefühl, unendlich einsam zu sein. Und die Einsamen sind die, die glauben, von keinem Menschen respektiert, geachtet und geliebt zu werden. In der Zeitschrift *Psychologie heute* hat ein Psychotherapeut die Diagnose gestellt:»Die Einsamkeit ist eine Krankheit unserer Zeit.«

Was hat Einsamkeit mit Gewalt zu tun? Um als Mensch ein sinnerfülltes Leben führen zu können, muss ich die Gewissheit haben, wenigstens für einen einzigen anderen Menschen wichtig zu sein. Ich muss einen Menschen haben, der mir vertraut und dem ich vertrauen kann. Und ich muss mir absolut sicher sein, von diesem Menschen be- und geachtet zu werden. Die Fremdachtung ist gewissermaßen der Schlüssel für die Selbstachtung.

Auch ein seelisch gesunder Mensch, der, wie man so sagt, zufrieden in sich ruht, braucht mindestens *einen* anderen Menschen, der sich ihm zuwendet, ihn anspricht, anlächelt, berührt, fragt, lobt; auch kritisiert, sich mit ihm streitet und wieder versöhnt. Nur wenn Menschen diese Aufmerksamkeit und Anteilnahme immer wieder erleben, erfahren sie, wer sie sind, was sie einem anderen Menschen wert sind und was das wert ist, was sie denken und tun.»Der Mensch wird am Du zum Ich. Der Mensch wird zu *dem* Ich, dessen Du man ihm gewährt«, hat Martin Buber (1878–1965) gesagt.

Mit anderen Worten: Für das Leben jedes Menschen sind die Beziehungen zu anderen Menschen so etwas wie ein»soziales Netzwerk«, das buchstäblich tragende Bedeutung hat. Je dichter dieses Netz geknüpft ist, d. h., je vertrauensvoller sich die Beziehungen zu anderen Menschen entwickelt haben, desto stärker ist das Gefühl, dazuzugehören, angenommen und geachtet zu werden. Wer z. B. einer Gruppe angehört und geachtet wird, fühlt sich mindestens zeitweise geborgen. Zugehörigkeit und Fremdachtung stärken das Gefühl der Geborgenheit. Sie sind der beste Schutz vor Einsamkeit und Resignation, im Grunde auch vor Depression.

Überaus wichtig sind demnach die Beziehungen eines Menschen zu anderen Menschen. Die müssen in Ordnung und gefestigt sein. Und die erste und zugleich wichtigste Beziehung, in die wir hineingeboren werden, ist die Beziehung zu unseren Eltern. Der schon einmal von mir erwähnte Psychologe Erik H. Erikson hat in seinem Buch *Kindheit und Gesellschaft* diese Beziehung, deren Entwicklung bereits während der Schwangerschaft beginnt, als »Urbeziehung« bezeichnet.

Was heißt und bedeutet das für das Thema? Mutter und Vater müssen das kleine Kind mit allem, was es zum Leben braucht, versorgen, denn es ist noch kein »Selbstversorger«. Aber beim Versorgen mit Essen und Trinken und der Körperpflege bleibt es nicht. Jeder von uns hat in seiner Kindheit Folgendes erlebt: Mutter und Vater informieren uns auch über all das, was es in der Welt gibt, denn zunächst wissen wir nicht, wie wir mit den Menschen und mit den Dingen umgehen müssen, mit denen wir in Berührung kommen. Wir lernen beispielsweise, dass man sich an heißen Herdplatten verbrennen und mit scharfen Messern schneiden kann, dass Stühle umkippen und Vasen kaputtgehen können, wenn man nicht aufpasst. Vor allem aber lernen wir viele Regeln, Normen und Konventionen kennen, die für das Miteinander der Menschen wichtig sind. Allerdings sind längst nicht alle wichtig, die man Kindern eintrichtert, aber das ist ein anderes Thema.

Wenn uns niemand versorgt, werden wir nicht überleben. Und wenn uns niemand über die Menschen und Sachen informiert, die es in der Welt gibt, werden wir im späteren Leben Schwierigkeiten haben, uns in der Welt zurechtzufinden. Doch so wichtig Versorgung und Informationen sind, sie sind in der Beziehung zwischen Eltern und Kind nicht das Wichtigste. Beides können nämlich – beispielsweise in einem Heim – auch andere Menschen übernehmen. Eine vertrauensvolle Beziehung ist für das Versorgen und Informieren letztlich gar nicht nötig.

Wahrnehmung – Zuwendung – Vertrauen

Das Wichtigste für die Beziehung zwischen Eltern und Kind kann man mit den Begriffen Wahrnehmung, Zuwendung und Vertrauen umschreiben. Selbstverständlich ist die Ernährung eines Kindes lebenswichtig, auch reine Luft und sauberes Wasser. Wenn ausreichende Nahrung fehlt, verhungert das Kind. Und wenn ihm nicht genügend Zuwendung, Wahrnehmung und Vertrauen gegeben werden, gerät das Kind in Gefahr, seelisch zu verhungern. Das seelische Verhungern ist die Katastrophe, denn bekanntlich lebt der Mensch nicht vom Brot allein.

Um jemanden wahrzunehmen, muss ich mich ihm zuwenden. Ich muss zu ihm hinsehen und ihn ansehen, muss mit ihm sprechen und ihm zuhören. Kurzum: Ich lasse mich auf ihn ein und nehme Anteil an dem, was er macht und ihn interessiert. Um mich aber jemandem zuwenden zu können, muss ich mich von dem abwenden, was ich selbst gerade tue oder vorhabe – und sei es auch nur für einen kurzen Augenblick. Mit meiner Zuwendung zeige ich dem anderen, dass er mich für eine bestimmte Zeit mehr als alles andere interessiert.

»Wahrnehmen« bedeutet aber mehr, als jemanden nur nach dem Motto registrieren: Da ist eine bzw. einer. Den anderen wahrnehmen, heißt im ursprünglichen Sinne des Wortes, ihn sehen, wie er wirklich ist, ihn als eine »Wahrheit« in sich aufnehmen und ihn so annehmen, wie er ist. Wahrnehmen hat also etwas mit Wahrheit zu tun. Jeder Mensch ist mit all seinen Eigenheiten, Stärken und Schwächen, Bedürfnissen und Hoffnungen, Interessen und Begabungen eine einmalige Wirklichkeit, er ist als einmalige Person eine Wahrheit.

Um in diesem Sinne jemanden wahrzunehmen, genügt es demnach nicht, dann und wann kurz nach ihm zu sehen, sondern ich muss mich immer wieder ganz auf ihn einlassen, um zu verstehen, was er denkt und fühlt; auch, was er kann und will, für gut oder schlecht hält, was ihm wichtig und unwichtig ist. Ich werde also mit ihm sprechen, und wenn sich Vertrauen zueinander entwickelt, werde ich mich ihm auch anvertrauen.

Mit Zuwendung und Wahrnehmung zeige ich einem anderen Menschen, dass er für mich wichtig ist, dass ich ihn beachte und auch achte. Zuwendung, Wahrnehmung und Vertrauen sind sozusagen die Fundamente oder der Nährboden für jede menschliche Bindung.

In einer intakten Bindung zwischen Mutter und Kind bzw. Vater und Kind kommt es über Jahre hinweg ständig zu Begegnungen, bei denen Wahrnehmung und Zuwendung eine für das ganze spätere Leben entscheidende Rolle spielen. Das Kind nimmt in einer Fülle unterschiedlichster Situationen wahr, wie z. B. seine Mutter denkt und handelt, worüber sie sich freut oder traurig ist. Andererseits bemüht sich die Mutter, das Tun und Lassen ihres Kindes nicht nur zu verstehen, sondern sie wird es auch anleiten, sich so zu verhalten, wie sie es für richtig hält.

Auch ohne Worte ist man ständig im Gespräch miteinander, denn auch Mimik und Gestik sind Sprache. Jedes Stirnrunzeln ist eine Botschaft, auch der erhobene Zeigefinger sagt etwas. Das Im-Gespräch-Sein ist im Grunde aber nur das äußere Zeichen für Wahrnehmung und Zuwendung. Was bei jedem daran Beteiligten durch Worte und Gesten bewirkt wird und nachwirkt, welche Gedanken, Gefühle und Vorstellungen gewissermaßen ausgelöst werden, das kann niemand mit Sicherheit sagen. Nur eins ist gewiss: Für Zuwendung, Wahrnehmung und Vertrauen gibt es keinen Ersatz. Absolut keinen. Leider ist das nicht allen Eltern bewusst.

Ein Beispiel: Katharina, eine Vierjährige, zeigt der Mutter ein Bild, das sie gemalt hat:»Mama, schau doch mal! Dieses Bild hab ich für dich gemalt«, sagt sie und zeigt ihr Kunstwerk, auf das sie stolz ist, denn sie hat es ganz allein gemacht. Was wird die Mutter dazu sagen? Ob sie sich freut? Was tut sie? Spontan stellt die Mutter den Staubsauger ab, mit dem sie gerade den Teppich gesaugt hat, und wendet sich Katharina zu. Sie setzt sich auf einen Stuhl, nimmt Katharina auf den Schoß und sieht sich das Bild aufmerksam an. Dann sagt sie:»Da hast du aber wirklich ein schönes Bild gemalt.« Dann lässt sie sich noch einiges erklären.

In dieser Situation läuft ein höchst bemerkenswerter Vorgang ab. Die Mutter hat den Staubsauger ausgemacht und sich Katharina zugewandt: Sie nimmt sie auf den Schoß, sieht sich ihr Bild an und spricht mit ihr. Damit hat sie Katharina ein Zeichen gegeben: Du – und nichts anderes! – bist mir jetzt wichtig! Ich nehme mir Zeit für dich und sehe mir aufmerksam das Bild an, das du für mich gemalt hast.

Die Mutter bringt also durch ihre Zuwendung und das, was sie sagt, Anerkennung zum Ausdruck. Das hinterlässt bei ihrer Tochter einen überaus wichtigen Eindruck: Ich bin für meine Mama wichtig. Und es ist ein zweites Zeichen, wenn sie sagt: »Du hast ein schönes Bild gemalt.« Nun weiß Katharina: Ich kann Schönes machen, und meine Mama freut sich darüber. Vielleicht nimmt es sich in diesem Augenblick vor, wieder ein Bild zu malen und es der Mutter zu zeigen, damit sie sich freut. Vielleicht wird sie aber auch für den Vater ein Bild malen und hoffen, dass er sich ebenso wie die Mutter darüber freut.

Ein anderes Beispiel. Dabei geht es um eine andere Form der Zuwendung: Katinka (7), eins unserer Enkelkinder, hat meiner Frau und mir einmal einen Brief geschrieben. Den ersten überhaupt, mit Druckbuchstaben. Sie war stolz, dass sie das Schreiben gelernt hatte. Darauf habe ich ihr geschrieben: Dass wir uns gefreut haben, als wir von ihr einen Brief bekommen haben. Dass sie schon so schön schreiben kann und wir uns freuen würden, wenn sie uns wieder einmal besuchen kommt. Meinem Brief habe ich einen frankierten Umschlag beigelegt. Die Reaktion: Drei Tage später war wieder ein Brief da. Ein noch viel längerer. Katinka wurde meine Brieffreundin. Aber sie schreibt nun auch, wenn ihr etwas nicht passt, an Pfarrer, Lehrer, die Bundeskanzlerin – und meistens bekommt sie auch eine Antwort.

Aus zahllosen Vorgängen von Zuwendung und Wahrnehmung, die uns oft gar nicht bewusst sind, setzt sich in den ersten Lebensjahren ein faszinierendes Mosaik zusammen. Jedes Lächeln, Kuscheln und Streicheln von Mutter und Vater, jeder Blickkontakt und jede Erklärung hinterlassen Spuren. Auch jedes Ermahnen und Korrigieren, jedes Bitten und Danken, jedes gemeinsame Erlebnis, jede Geschichte und jeder Spaziergang hinterlassen Eindrücke, die das Kind aufnimmt, irgendwie verarbeitet und in sich aufbewahrt. Alle diese Eindrücke sind sozusagen Mosaiksteinchen, die zur »privaten Weltgeschichte« (Bert Brecht) gehören, die jeder von uns hat.

Was aufgenommen wird und wie die zahllosen Eindrücke verarbeitet werden, das ist ein Geheimnis. Aber sicher ist, dass die unendlich vielen Eindrücke das Kind prägen. Allmählich entsteht aus Erfahrungen und Beobachtungen, die es macht, ein dichtes und immer einmaliges Gewebe aus Handlungsmustern, Erkenntnissen und Überzeugungen. Man kann auch sagen: Das Kind wird sich seiner selbst bewusst, denn das Wissen von sich selbst und den Menschen, die sich ihm immer wieder zuwenden, nimmt täglich zu. So entwickelt das Kind sein Selbstbewusstsein und Selbstvertrauen.

Kein Mensch bringt bei der Geburt Selbstbewusstsein mit auf die Welt. In den ersten vier bis sechs Lebensjahren lernt ein Kind durch Zuwendung und Wahrnehmung vor allem der Eltern, selbstbewusst zu werden. Sein Selbstbewusstsein entwickelt sich Schritt für Schritt bis zur »Ich-Stärke«. So werden in den ersten Lebensjahren die Grundlagen für das ganze Leben gelegt, die kaum verändert werden können. Daher wird zu Recht gesagt: In jedem von uns lebt das Kind weiter, das wir einmal waren. Und was bedeutet das für das Thema Gewalt und die Erziehungspraxis?

Wenn Eltern ihr Kind lediglich mit Nahrung, Kleidung und einem Dach über dem Kopf versorgen, ihm aber nicht die Zuwendung und Wahrnehmung geben können oder wollen, die es unbedingt braucht, wird sich sein Selbstbewusstsein nur unzureichend entwickeln können. Und das hat Folgen.

Es ist keine Vermutung, sondern gesicherte Erkenntnis, dass Menschen, die in den Entwicklungsjahren kein Selbstbewusstsein und kein Selbstwertgefühl entwickeln konnten, oft das ganze Leben hindurch unsicher und ängstlich sind. Auch Menschen, die es in ihrem Leben zu etwas gebracht haben, können unter diesem Mangel an Selbstvertrauen leiden. Dieses Defizit betrifft nämlich wichtigste Gefühlsschichten des Menschen und kann auch mit Hilfe von Therapien oft nur schwer abgebaut werden.

Gewalt hat viele Gesichter

Menschen, die sich nicht geachtet fühlen und kein hinreichend stabiles Selbstvertrauen entwickeln konnten, sind mit ihrem Leben oft unzufrieden. Sie neigen auch dazu, nur noch das Unerfreuliche und Abscheuliche zu sehen, das es nun mal gibt. Selbstzweifel quälen sie, und es kann sein, dass sie anfangen, sich selbst und alles zu hassen, was um sie herum nicht in Ordnung zu sein scheint oder auch ist.

Ihre Hassgefühle können dazu führen, dass sie sich für etwas rächen wollen, was sie sich im Grunde nicht erklären können. Weil sie zutiefst unglücklich sind und mit ihrem Schicksal hadern, können sie das Glück anderer Menschen nur schlecht ertragen. Folglich versuchen sie, diesen Menschen Schaden zuzufügen. Sie kränken, demütigen und verletzen die vermeintlich oder wirklich Glücklicheren. Damit wollen sie sich selbst und anderen beweisen, dass sie auch etwas bewegen können – also kein Niemand sind, kein Nichts, keine Null. Sogenannte Mutproben, auch das Beschädigen und Zerstören von irgendwelchen Sachen wie das Besprayen von Wänden vermitteln ihnen das Gefühl, auch jemand zu sein. Kein Versager, sondern ein Held auf Zeit.

Die unstillbare Sehnsucht, auf sich aufmerksam zu machen und auch einmal im Mittelpunkt öffentlichen Interesses zu stehen, ein Sieger zu sein und aus der Namenlosigkeit herauszutreten, kann sie aber auch zu Gewalttätigkeiten schlimmster Art verführen: Der eine zündet vor fast 2500 Jahren den Tempel in Ephesos an, und ein anderer zerstört kostbare Ölgemälde. Wehrlose alte Menschen werden zusammengeschlagen, Behinderte angegriffen; Mitschüler drangsaliert und erpresst, Lehrkräfte verhöhnt, Polizisten als Bullen beschimpft, ausländische

Mitbürger mit Baseballschlägern verprügelt und Aussiedlerheime in Brand gesetzt.

Jeder von uns weiß, was in unserer Gesellschaft, aber auch in anderen sogenannten Wohlstandsgesellschaften täglich an Bösem geschieht. Zur Verbreitung der vielen Schreckensmeldungen tragen leider auch die Medien bei. Schon seit Jahren habe ich den Verdacht, dass in den Zeitungs-, Rundfunk- und Fernseh-Reaktionen die Informationen nach dem Motto ausgewählt werden: »Unsere tägliche Katastrophe gib uns heute!«

Die Gewalt mit Worten, diese besonders schlimme Form der Unweltverschmutzung, auf die schon seit Jahren nachdenkliche Zeitgenossen hinweisen, kann ebenso zerstörerische Wirkungen haben wie die Gewalt mit Fäusten oder Knüppeln. Aber was die Gewalttätigen auch immer tun und aus sich herausbrüllen: In den Momenten, da sie Unheil anrichten, fühlen sie sich als Sieger. Und dieses Gefühl, auch einmal ein Sieger und nicht ständig Verlierer zu sein, befreit sie von dem unerträglichen Gefühl, ein namenloser Versager zu sein, der von keinem Menschen be- und geachtet wird.

Jeder, der sich über die Ursachen von Gewalt Gedanken macht, sollte sich vor allem über Folgendes klar sein: Eine wesentliche Ursache für Gewalttätigkeit ist nichtausreichendes oder sogar fehlendes Selbstwertgefühl und Selbstvertrauen. Dazu kommt es aber durch die Störungen der Beziehungen zu den Menschen, die in den ersten Lebensjahren für die geistige, seelische und soziale Entwicklung eines Kindes Verantwortung tragen. Was sich dann daraus entwickeln kann, sind also lediglich Auswirkungen, sind Symptome.

So wie Fieber nur ein Zeichen für eine Erkrankung ist, so sind die Gewalttaten eines Menschen ernstzunehmende Signale, die auf eine große innere Unordnung schließen lassen. Jeder verantwortungsbewusste Arzt wird die Symptome einer Krankheit zur Kenntnis nehmen und sich auf die Suche nach den Ursachen machen. Ebenso müssen verantwortungsbewusste Eltern, Erzieherinnen und Lehrer versuchen, die Signale zu verstehen, um an die Ursachen der »Krankheit« Gewalt heranzukommen.

Wer nur Symptome beklagt und Täter blindwütig bestraft, sich aber nicht darum bemüht, die Ursachen der Gewalt herauszufinden und diese möglichst zu beseitigen, der kann zum Eindämmen und Verhindern von Gewalt wenig beitragen. Strafen kann jeder, das war und ist immer der einfachste Weg. Schwerer ist es, sich Einsichten zu erarbeiten und auf der Grundlage von Erkenntnissen zu handeln bzw. zu erziehen.

Ich frage Sie: Wäre das Gewaltproblem gelöst, wenn es gelingen würde, alle Täter hinter Schloss und Riegel zu bringen? Nein, wenn alle Gewalttäter eingesperrt sind, wäre das Gewaltproblem nur in die Gefängnisse verlagert und damit teilweise verschleiert. Das ist keine Lösung, denn, das sagen nicht nur Strafgefangene, jedes Gefängnis ist eine Schule des Verbrechens.

Es gibt Zeitgenossen, die die Ausbreitung der Gewaltkriminalität mit einer Grippe vergleichen. Sie befürchten, dass sie zur Epidemie werden kann, und glauben, dass diese Epidemie nur abgewendet werden kann, wenn sie im Keim erstickt wird. Folglich fordern sie: Jede Gewalttat muss hart bestraft werden, denn nur harte Strafen verhindern die Ausbreitung von Gewalt.

Schön, wenn es so einfach wäre. Wer sagt: Ursache des Verbrechens ist der Verbrecher, der braucht über andere Ursachen nicht mehr nachzudenken. Wenn der Gewalttäter gefasst worden ist, ist alles klar: Jetzt muss er nur noch hart bestraft werden, denn er allein ist der Schuldige.

Dieses oberflächliche Denken und Urteilen ist weit verbreitet. Es ist auch deswegen so populär, weil es entlastet. Man braucht sich nämlich nicht mehr über weitere Ursachen, die quasi hinter einer Gewalttat stecken könnten, den Kopf zu zerbrechen. Ich denke z. B. an deprimierende Familienverhältnisse, Arbeitslosigkeit und Armut, Trennung der Eltern, Verzweiflung, Perspektivlosigkeit und einen gewalttätigen Erziehungsstil.

Weil man selbst mit bestimmten miserablen Verhältnissen nichts zu tun hat oder haben will, außerdem sich nicht mitverantwortlich für gesellschaftliche Fehlentwicklungen fühlt, stellt man auch keine weitergehenden Fragen. Wer das äußerst komplizierte Gewaltproblem allein mit harten Strafen zu lösen versucht, wird scheitern.

Damit kein Missverständnis entsteht, möchte ich es noch einmal betonen: Ich lehne Gewalt in jeder Form kategorisch ab. Ich lehne es aber auch ab, wenn bei Gewalttaten nur über harte Strafen und nicht auch über Ursachen nachgedacht wird. Auch Gewalttäter sind Menschen, die oft eine leidvolle Geschichte haben.

Zweifelsfrei steht schon seit einigen Jahrzehnten fest: Wer als Heranwachsender zu wenig Zuwendung bekommen und sich wie das fünfte Rad am Wagen gefühlt hat, kann zum Gewalttäter werden. Dann wird er sich z. B. an Sachen und auch Menschen vergreifen und vielleicht mit Alkohol und Drogen die letzten Hemmungen wegspülen. Er wird den Schutz einer Gruppe ebenso Vernachlässigter suchen, um durch Gewalttaten wenigstens bei Gleichgesinnten Anerkennung zu erhalten. Durch »Mutproben« kann er der Namenlosigkeit entfliehen und beweisen, dass er keine Niete ist.

Je mehr Kinder und Jugendliche an Leib und Seele vernachlässigt werden, desto größer ist die Gefahr, dass sich in unserer Gesellschaft die Gewalt immer mehr ausbreitet. Nur wer kaputt ist, macht anderes und andere kaputt. Dabei denke ich nicht nur an die Amokläufer in Winnenden (2009), Emsdetten (2006) und Erfurt (2002). René Spitz, ein berühmter Schweizer Psychologe, hat es zurückhaltender formuliert: »Aus Kindern ohne Liebe werden Erwachsene voller Hass.«

Unsere Gesellschaft als Auslöser und Verstärker von Gewalt

Von unserer »schönen neuen Welt« (Aldous Huxley), die wir für die nachwachsende Generation gebaut haben, gehen Einflüsse aus, die wie Auslöser und Verstärker von Gewalt wirken können. In diesen schädlichen Einflüssen sehe ich so etwas wie Sekundärursachen für die sich unter Jugendlichen und Kindern immer mehr ausbreitende Gewaltbereitschaft und auch -tätigkeit. Sie hängt meines Erachtens vor allem damit zusammen, dass in unserer kapitalistischen Gesellschaft fast nur noch das zählt, was Nutzen bringt. Das in Geld Mess- und Berechenbare ist der Maßstab für alles und alle.

Konkreter: Wir alle leben und arbeiten in einer sogenannten Leistungsgesellschaft. In dieser differenzierten Gesellschaft einen allgemein geachteten Platz zu finden und eine gute Position einzunehmen ist oft schwierig. Es ist nahezu eine Selbstverständlichkeit geworden, dass Menschen vor allem danach beurteilt werden, was sie leisten und was sie sich leisten können. Für allzu viele Menschen ist das Haben wichtiger als das Sein. Und so tanzt man um das Goldene Kalb. Vermutlich ohne daran zu denken, was mit den Tänzern damals passiert ist ...

In der Arbeitswelt kommt noch etwas hinzu: Die oder der Einzelne wird nicht als ganzer Mensch gesehen und bewertet. Längst nicht alle seine Fähigkeiten und Bedürfnisse werden geachtet, sondern nur der Teil von ihm, der nützlich ist bzw. gebraucht wird. Wer nicht mehr brauchbar ist, weil er nicht mehr genug leistet, wer nicht mehr mithalten kann, weil seine körperlichen und seelischen Kräfte nachlassen; wer nicht mehr kreativ, jugendlich-dynamisch und faltenlos schön ist, wird schnell zum alten Eisen geworfen. Genauer: Erst wird man abgewertet, dann aussortiert und schließlich freigestellt. Wenn man Glück hat, bekommt man wenigstens noch eine Abfindung. Das kann alles blitzschnell über die Bühne gehen, denn Ersatz durch einen unverbrauchteren und daher nutzbringenderen Menschen ist schnell gefunden.

Der Mensch neben mir, der gute Kollege, vielleicht sogar der Freund, wird dann, zumindest potenziell, zu meinem Konkurrenten. Daher muss ich ihm mit einem gewissen Misstrauen begegnen. Ich muss mich fragen: *Ist er besser? Sticht er mich aus? Nimmt er mir den Arbeitsplatz weg? Wie lange kann ich den offenen oder verborgenen Konkurrenzdruck noch aushalten?*

Diese Konkurrenzsituation, die offen oder versteckt in vielen Lebensbereichen anzutreffen ist, wirkt sich indirekt auch auf das

Zusammenleben in den Familien aus – und zwar negativ. Die Angst, den Arbeitsplatz zu verlieren und den Lebensstandard nicht mehr halten zu können, kann das Mit- und Füreinander in den Familien, das durch nichts und niemanden ersetzt werden kann, nachhaltig belasten und schließlich auch zerstören. Wissenschaftliche Untersuchungen belegen, dass der sogenannte Lebenskampf, bei dem natürlich keiner Verlierer sein will, härter geworden ist. Im Allgemeinen plagen Menschen heute viel mehr als in früheren Zeiten Existenz- und Zukunftssorgen und auch -ängste. Diese Ängste reichen tiefer als früher, weil das soziale Netz, das früher aus Familie, Freunden und Nachbarn geknüpft war, heute unter anderem wegen der Mobilität in unserer Gesellschaft nicht mehr so engmaschig und tragfähig wie in vergangenen Zeiten sein kann.

Aus diesen und anderen Gründen besteht die Gefahr, dass Menschen zu seelenblinden Egoisten und Materialisten verkümmern. Für diese moderne Spezies ist nicht nur die Bergpredigt Geschwätz von gestern, sondern auch in sozialen Tugenden wie z. B. Rücksichtnahme, Aufrichtigkeit, Maßhalten, Höflichkeit usw. sehen sie unzeitgemäße Haltungen. Kein Wunder, dass den Egoisten oft das Lachen vergangen ist und folglich auch keiner, der von ihnen abhängig ist, noch etwas zu lachen hat.

Ich habe die Befürchtung, dass unsere Ellenbogengesellschaft – Richard von Weizsäcker hat einmal von der »Raffgesellschaft« gesprochen – gleichsam automatisch Gewalttäter erzeugt. Schon in der Grundschule lernen nämlich Kinder, im Mitschüler den Konkurrenten zu sehen. Sie wissen, wie wichtig gute Zensuren sind und dass es darauf ankommt, im Konkurrenzkampf der Schule, der auch ein »Klassenkampf« ist, nicht zu versagen. Der Übertritt mindestens in eine Realschule, möglichst aber in ein Gymnasium, muss geschafft werden, denn der Besuch einer Hauptschule bedeutet sozialen Abstieg.

Nach Abschluss der Schule haben es Hauptschülerinnen und -schüler besonders schwer, einen Ausbildungsplatz zu bekommen, denn sie haben *nur* den Hauptschulabschluss geschafft.

Sie müssen sich damit abfinden, dass der Realschulabschluss mehr zählt. Das entmutigt ebenso wie die erfolglose Suche nach einem Ausbildungsplatz. Ständig erfolgloses Bemühen kann aber dazu führen, sich als Verlierer zu fühlen. Als jemand, der nur wenig oder nichts erreicht hat. Müssen sich nicht alle, die glauben, wenig oder nichts von dem erreicht zu haben, was in unserer Gesellschaft als erstrebenswert gilt, erbärmlich fühlen? Sind sie nicht in der Gefahr, ihr Leben als sinn- und wertlos anzusehen?

Insbesondere wenn beide Eltern berufstätig sind, können sie ihrem Kind – selbst wenn sie das wollen! – oft nicht das geben, was es von ihnen für seine Entwicklung unbedingt braucht: Ruhiges und ausgeglichenes Sicheinlassen und Anteilnehmen an seinen Interessen und Vorstellungen, also das Sichzuwenden und Wahrnehmen des Kindes, so wie es ist. Vor allem diejenigen, die genau wissen, was sie ihrem Kind eigentlich schuldig sind, haben ein schlechtes Gewissen. Und ein schlechtes Gewissen kann sich bekanntlich auf vielerlei Weise äußern: in Form von Ungeduld, Überempfindlichkeit, schlechter Laune, Schweigen und durch Rückzug aus der Verantwortung.

Schon oft ist mir gesagt worden: »Kinder müssen in unserer Zeit vor allem etwas leisten – für Spielereien haben wir keine Zeit.« Damit will man sagen: Der sogenannte Ernst des Lebens verlangt, dass Kinder möglichst früh lernen, reibungslos zu funktionieren und Druck auszuhalten. Wenn es in der Schule nicht so klappt, wie es sich die Eltern vorstellen, bekommt das Kind Nachhilfestunden. Um zusätzliche Anreize zu schaffen, werden Geschenke gekauft, und Kuscheltiere sollen Zuwendung und Wahrnehmung ersetzen. Alles, was man für Geld kaufen kann, bekommt das Kind, denn man meint es doch so gut mit ihm.

Leider übersehen viele Eltern, dass es für Zuwendung und das Sicheinlassen auf die Fragen und Bedürfnisse ihres Kindes keinen Ersatz gibt. Kuscheltiere haben es so an sich, dass sie das Schmusen und Streicheln nicht erwidern können. Sie können auch nicht lächeln, interessiert ein Bilderbuch ansehen und etwas erklären. Das alles können nur Menschen. Aber leider kann man die Zeit, die Zuwendung und Anteilnehmen nun einmal kosten, nicht kaufen.

Katrin, ein achtjähriges Mädchen, das ich gut kenne, hat ihre Eltern einmal auf ihre Weise gezwungen, wenigstens für ein paar Tage für sie Zeit zu haben. Sie hat eine ganze Tube Zahnpasta aufgegessen und kam ins Krankenhaus, weil es ihr schlechtging. Beim ersten Besuch der Mutter erklärte ihr Katrin:»Mama, das habe ich extra gemacht. Nun musst du jeden Tag ein bisschen Zeit für mich haben und mich besuchen kommen. Der Papa aber auch.« Die Mutter von Katrin hat mir das mit folgender Bemerkung erzählt:»Die Lektion, die uns Katrin erteilt hat, werde ich mein ganzes Leben nicht vergessen.«

Ein Jugendlicher hat auf andere Weise seinem Herzen Luft gemacht:

Reifeprüfung

Ich wollte Nähe	und bekam die Flasche
Ich wollte Eltern	und bekam Spielzeug
Ich wollte reden	und bekam ein Buch
Ich wollte lernen	und bekam Zeugnisse
Ich wollte denken	und bekam Wissen
Ich wollte einen Überblick	und bekam einen Einblick
Ich wollte frei sein	und bekam Disziplin
Ich wollte Liebe	und bekam Moral
Ich wollte einen Beruf	und bekam einen Job
Ich wollte Glück	und bekam Geld
Ich wollte Freiheit	und bekam ein Auto
Ich wollte Sinn	und bekam eine Karriere
Ich wollte Hoffnung	und bekam Angst
Ich wollte ändern	und erhielt Mitleid
Ich wollte doch einfach nur leben ...	

(Gedicht eines Jugendlichen, Name und Geschlecht sind nicht bekannt)

Mich beunruhigt aber noch etwas anderes: Die Kinder in unserer Gesellschaft sind viel größeren Ängsten ausgesetzt als die Generationen vor ihnen. Zwar haben die meisten satt zu essen, ausreichend Kleidung und ein Zuhause – das ist erfreulich. Aber sie erleben auch hautnah die immer mehr um sich greifende Verkümmerung der menschlichen Beziehungen und mehr oder weniger bewusst die Zerstörung ihrer Umwelt. Unerklärliches sehen sie auf sich zukommen und spüren die vielschichtigen Gefahren des Daseins in einem Alter, in dem sie noch unfähig sind, sich damit auseinanderzusetzen, geschweige denn, sich dagegen aufzulehnen.

Für mich ist es eines der größten Probleme überhaupt, dass wir Kindern und Jugendlichen zu früh schwere seelische und geistige Belastungen zumuten. Ihnen im Kindes- und Jugendalter gewissermaßen Bürden auf die Schultern laden, die sie deswegen nicht tragen können, weil ihnen z. B. noch Widerstandsfähigkeit, Durchhaltevermögen und Selbstvertrauen fehlen, ist ein Vergehen.

Würde man einem Fünfjährigen einen Zentnersack auf die Schultern packen und ihn durch die Straßen laufen lassen, käme bestimmt jemand, der seinen Eltern zurufen würde: *Sehen Sie denn nicht, dass der Kleine gleich zusammenbricht? Sie überfordern ihn! Das ist Kindesmisshandlung!* Wer zieht eigentlich Eltern zur Verantwortung, wenn sie ihr Kind überfordern, weil sie seine psychisch-sozialen Bedürfnisse einfach ignorieren?

Abschließende Bemerkung

Nicht nur aus der Geschichte der Erziehung, sondern auch aus zahllosen Gesprächen und Diskussionen mit Eltern habe ich gelernt, dass gewaltbereite und gewalttätige Menschen im Grunde immer schwache Menschen sind. Sie können der Versuchung, Gewalt anzuwenden, aus verschiedenen Gründen oft nicht widerstehen. Aber einer der wichtigsten Gründe ist, dass ihnen schon ihre Eltern beigebracht haben: Gewalt ist etwas völlig Normales. Obwohl sie am eigenen Leibe erfahren haben, dass Gewalt immer etwas Trennendes, Verletzendes und Demütigendes hat, prügeln sie mit Worten und Händen weiter. Ihre Erfahrungen haben sie nicht klüger gemacht – sie sind abgestumpft, blind und taub geworden. Leider sind Heranwachsende auch heute noch diesen seelenblinden Erziehungs-Barbaren nahezu wehrlos ausgeliefert. Deshalb heißt mein Plädoyer:

Niemals Gewalt!

15 Wenn Kinder partout nicht gehorchen wollen

»Früher gab es in den Familien und Schulen weitaus weniger Probleme mit Kindern als heute, weil Gehorsam, Zucht und Ordnung Selbstverständlichkeiten waren. Niemand hat Kinder gefragt, ob ihnen etwas nicht passt. Sie mussten einfach gehorchen. Und wenn sie mal nicht pariert haben, bekamen sie was hinter die Ohren. Und das hat ihnen auch nicht geschadet!« Mit diesen Worten und fast verklärtem Blick hat mich ausgerechnet eine pensionierte Lehrerin einmal darüber aufgeklärt, warum »früher« das Erziehen viel leichter war als heute. Es hatte nur noch gefehlt, dass sie gesagt hätte: »Oh, käme doch die gute alte Zeit wieder zurück!«

Aus heutiger Sicht war nicht für alle, aber viele Kinder die »gute alte Zeit« eine miserable, eine schreckliche Zeit, und ich bin über die Gnade meiner späten Geburt heilfroh. Mich packt auch heute noch jedes Mal die Wut, wenn ich lese, wie man Kinder früher behandelt hat. Sie waren Untertanen und wurden nicht erzogen, sondern vor allem in den Schulen, die im Grunde lt. Georg Kerschensteiner (1854–1934) »Belehrungskäfige« und bessere Zuchthäuser waren, dressiert und abgerichtet.

Für alle, die in der guten alten Zeit mit der Erziehung zu tun hatten, war Gehorsam das wichtigste Erziehungsziel. Nicht nur für Monarchen, Diktatoren und »Führer«, sondern auch für Eltern und Lehrkräfte war absoluter Gehorsam das Ideal. Das stets gehorsame und nie aufmüpfige Kind galt als gut erzogen. Folglich erzog man Heranwachsende dazu, widerspruchslos zu gehorchen. Um vor allem die Jungen zu gefügigen, willenlosen, beliebig einsetzbaren Erwachsenen zu machen, war fast jedes Mittel recht. Sie wurden nämlich z. B. auf den Schlachtfeldern der Weltkriege und in Konzentrationslagern als »sprechende, aber gewissenlose Werkzeuge« (Richard von Weizsäcker) gebraucht.

Im Laufe der vergangenen Jahrzehnte hat sich die Rangordnung der Erziehungsziele erheblich verändert. Ein Umdenken hat sich vollzogen, das im Grunde sehr erfreulich ist. In allen Umfragen, die in den zurückliegenden Jahren durchgeführt wurden, nimmt die Erziehung zum Gehorsam nicht mehr den ersten Platz ein. Für die befragten Eltern sind z. B. Selbstvertrauen, Selbständigkeit, Verantwortungsbewusstsein, Hilfsbereitschaft, Fleiß und Höflichkeit wichtigere Erziehungsziele als Gehorsam.

Das heißt aber nicht, dass für Eltern der Gehorsam heute keine Rolle mehr spielt. Nach wie vor hat für sie die Erziehung zum Gehorsam große Bedeutung. Zwar sollen z. B. Jungen heute nicht mehr die Hände an die Hosennaht legen und sich mit einem markigen »Jawohl!« auf die Ausführung irgendwelcher Anweisungen oder Befehle stürzen. Gott sei Dank ist auch das zackige *zu Befehl* aus dem Erziehungswortschatz verschwunden, aber die entscheidende Frage bleibt: Wie können Kinder dazu erzogen werden, dass sie gehorchen?

Die meisten Eltern, die ich kennengelernt habe, beschäftigen sich intensiv mit dieser spannenden Frage, die aber nicht leicht zu beantworten ist. Vor allem dann nicht, wenn sich Eltern vornehmen, beim Erziehen unter allen Umständen auf Drill, Zwang und Gewalt zu verzichten. Wenn sie nicht wollen, dass ihr Kind nur deshalb gehorcht, weil es Angst vor Strafen hat. Nicht aus Gefühlsduselei lehnen sie kränkende Erziehungsmaßnahmen ab, die in der Vergangenheit völlig normal waren, sondern weil sie wissen, dass aus verängstigten Kindern und Jugendlichen Duckmäuser, Schleimer, Drückeberger oder Kriecher werden können, die nicht mehr in der Lage sind, aufrecht zu gehen.

Meines Erachtens ist es sehr erfreulich, wenn zunehmend mehr Eltern viel daran liegt, dass ihr Kind z. B. Selbstvertrauen entwickelt und offen und ehrlich seine Meinung sagt. Ein gutes Zeichen ist auch, wenn sie es zur Selbständigkeit erziehen und ihm beizubringen versuchen, selbst Entscheidungen zu treffen und für sich und andere Verantwortung zu übernehmen. Und so wie sie auf Fleiß und Hilfsbereitschaft Wert legen, ist es ihnen auch wichtig, dass ihr Kind gehorcht. Und wenn es damit keine Schwierigkeiten gibt, haben sie keine Sorgen. Wenn ihr Kind aber partout nicht gehorchen will, ist guter Rat teuer. Dann fragen sie sich, ob sie es nicht doch mal z. B. mit Ohrfeigen oder anderen Strafen versuchen sollen, denn mit gutem Zureden, Ratschlägen und Ermahnungen haben sie offensichtlich keinen Erfolg.

Eltern, die gewaltfrei erziehen wollen, geraten schnell in eine Zwickmühle, wenn ihr Kind so gut wie nie auf das hört, was sie ihm sagen bzw. von ihm erwarten und fordern. Einerseits wissen sie, dass ihr Kind lernen muss, gehorsam zu sein, andererseits müssen sie zugeben, dass ihr Kind oft mit ihnen Katz und Maus spielt, wenn sie ihm mit vielen Worten beizubringen versuchen, dass es gehorchen muss.

Zwickmühle ist eine freundliche Umschreibung für das Dilemma, in das Eltern geraten können. Für dieses Dilemma ist aber nicht ihr Kind verantwortlich, sondern sie selbst, weil sie nicht rechtzeitig mit der Erziehung zum Gehorsam angefangen haben. Das ist aber nur eine Ursache für die Erziehungsprobleme, die sich entwickeln können. Eine andere ist, dass viele Eltern die vier Voraussetzungen nicht kennen, die erfüllt sein müssen, wenn es um die Erziehung zum Gehorsam geht. Werden sie mehr oder weniger erfüllt, sind Kinder und Jugendliche durchaus bereit, ihren Eltern, Erzieherinnen und auch Lehrkräften zu gehorchen:

1. Kinder und Jugendliche gehorchen, wenn sie nicht das Gefühl haben, wie Marionetten behandelt zu werden, die funk-

tionieren müssen. Dieses Gefühl haben sie dann nicht, wenn beim Erziehen auch auf ihre Bedürfnisse und Eigenheiten Rücksicht genommen wird und in Ungehorsam nicht immer gleich eine Provokation gesehen wird.

2. Kinder und Jugendliche gehorchen, wenn sie nicht befürchten, dass von ihnen Gehorsam gefordert wird, weil z. B. der Vater oder die Lehrerin Lust am Befehlen hat. Diese Befürchtung haben sie dann nicht, wenn sich die, die sie erziehen, als wohlwollende, aber auch konsequente Ratgeber und »Wegweiser« verstehen und nicht als Dompteure, die glauben, dass Erziehung nichts anderes als Dressur ist.

3. Kinder gehorchen, wenn sie den Sinn bestimmter Ge- oder Verbote einsehen, und die oder der Fordernde das Vertrauen des Kindes bzw. Jugendlichen besitzt. Je älter ein Kind ist, desto wichtiger sind die Erklärungen bzw. Begründungen, die ihm z. B. für eine Gehorsamsforderung gegeben werden.

4. Kinder gehorchen, wenn Eltern die Erziehung zum Gehorsam als einen Lernprozess verstehen und die Anforderungen dem Alter angemessen sind. So wie ein Kind das Laufen, Schreiben, Lesen usw. erst lernen muss, so muss es auch lernen, dass es auf das hören und auch das befolgen muss, was ihm seine Eltern sagen.

Mit dem Gehorsam ist es wie mit dem Vertrauen und der Sympathie: Nichts von alldem fällt einem in den Schoß! Eltern müssen sich darum bemühen, müssen geduldig und zielstrebig dafür sorgen, dass ihr Kind gehorchen will. Und das wird ihnen auch gelingen, wenn sie von ihrem Kind, das das freiwillige Gehorchen lernen soll, nicht nur etwas, sondern möglichst viel wissen.

Sie müssen vor allem wissen, dass jedes Kind gelegentlich mal ungehorsam oder bockig ist, uneinsichtig oder neunmalklug, schnippisch oder vorlaut. Gelegentlicher Ungehorsam ist kein Grund zur Panik, gelegentliche Bockigkeit kein Zeichen für einen schlechten Charakter. Sind Sie eigentlich immer vernünftig, nie ungehorsam? Sind Sie nie launisch?

Vieles kann dazu beitragen, dass Kinder mal nicht gehorchen wollen: Das Kind sieht z. B. nicht ein, warum es etwas tun oder unterlassen soll. Bei Malte (8), einem meiner Enkelkinder, hatte ich zuweilen schon den Eindruck, dass er manchmal einfach keine Lust hat, gehorsam zu sein. Darüber hinaus gehorcht er längst nicht jedem. Als ich ihn einmal ermahnt habe, weil er seine Hausaufgaben schludrig gemacht hatte, erklärte er mir: »Opi, was ich gemacht habe, ist schon o. k. – außerdem bist du nicht mein Bestimmer!« Ich habe ihm diese Zurechtweisung nicht verübelt, sondern nur geschmunzelt und gesagt: »Auch wenn ich nicht dein Bestimmer bin, ich finde es nicht o. k., dass du dir nicht mehr Mühe gegeben hast. Denn du kannst besser schreiben.« Darauf er: »Okay, ich versuch es noch mal.«

Malte gehört zu den Kindern, die genau wissen, was sie tun sollen, es aber manchmal trotzdem nicht tun, weil sie hoffen, nicht erwischt zu werden. Es gibt aber auch Kinder, die schlicht und einfach mal vergessen oder gar nicht verstanden haben, was sie befolgen sollen – dabei können auch Stimmungen eine Rolle spielen. Andere sind absichtlich ungehorsam, weil sie testen bzw. rauskriegen wollen, wie z. B. ihre Eltern darauf reagieren. Und wieder andere wollen ihre Mutter, den Vater oder einen Lehrer einfach mal etwas heimzahlen, weil sie sich über sie oder ihn geärgert haben.

Sind das nicht alles sehr menschliche Gründe für gelegentliches abweichendes Verhalten? Offen gestanden: Ich habe mir darüber nie ernsthaft Gedanken gemacht, denn jedes Kind will mal »Artigkeitsgesetze« (Jean Paul, 1763–1825) ignorieren, will mal ausbrechen oder wenigstens versuchen, Ge- und Verbote beiseitezuschieben.

Dagegen habe ich mir über die Kinder schon viele Gedanken gemacht, die prinzipiell das Gegenteil von dem tun, was sie tun sollen. Die, die partout nicht gehorchen wollen, waren und sind meine Sorgenkinder. Wie ist es eigentlich zu erklären, dass es Kinder gibt, die trotz vieler guter Worte nicht dazu zu bewegen sind, gehorsam zu sein?

Engel oder Teufel?

In einem Kurs der »Ingolstädter Elternschule« hat diese Frage einmal einen Vater regelrecht auf die Palme gebracht. Wütend sah er mich an und erklärte: »Ich kann das Gerede über Gehorsam und Disziplin nicht mehr hören. Für mich steht fest, dass jedes Kind von Natur aus ein kleines Teufelchen ist, das dann und wann einfach nicht gehorchen will. Und das darf man einfach nicht durchgehen lassen.« Diese Erklärung wollten einige Mütter nicht akzeptieren und hielten dagegen: »Kein Kind ist von Natur aus ein Teufel, sondern ein Engel. Es will durchaus gehorsam sein und ist es auch, wenn es nur versteht, warum es gehorchen soll.«

Die Theorie vom Engelchen und Teufelchen hilft letztlich nicht weiter, denn niemand kann beweisen, wie das mit dem Gehorsam »von Natur aus« eigentlich wirklich ist. Mit diesen Theorien ist es im Grunde so, wie mit einer anderen, die besagt, dass der Mensch von Natur aus faul ist. Auch das kann niemand beweisen. Wäre es zutreffend, dass alle Menschen von Natur aus faul sind, würden sich alle Fleißigen unnatürlich verhalten.

In seinem lesenswerten Buch »Eltern und Kinder – Freunde oder Feinde?« ist Rudolf Dreikurs auch der Frage nachgegangen, warum es Kinder gibt, die grundsätzlich ungehorsam sind. Seine Antwort: »Ungehorsam ist der häufigste und allgemeinste Ausdruck des Aufbegehrens eines Kindes.« Für Dreikurs ist Ungehorsam also »Ausdruck des Aufbegehrens« – ein Signal, dass ein Kind unzufrieden oder sogar unglücklich ist, enttäuscht oder gekränkt. Aber warum und womit ist es unzufrieden? Wer oder was hat es so enttäuscht, dass es partout nicht gehorchen will und sich widersetzt?

Ungerechtigkeit und das Gefühl, von Mutter oder Vater zu wenig Aufmerksamkeit zu bekommen, kann ein Kind unglücklich machen. Es ist enttäuscht, weil z. B. ein Versprechen nicht gehalten wurde oder Kritik in Gegenwart von anderen als übertrieben und ungerecht empfunden worden ist. Zum Aufbegehren kann es aber auch kommen, wenn ein Kind ständig bevormundet und dazu angehalten wird, folgsam zu sein. Auch gut gemeinte und berechtigte Aufforderungen können von Kindern als Gängelung missverstanden werden. Es ist sehr aufschlussreich, wenn man mal aufmerksam beobachtet, wie ein Kind z. B. auf folgende Bitten, Appelle und Ermahnungen reagiert:

Lass die Finger davon! Gehorche!
Das hab ich dir schon x-mal verboten! Gehorche!
Wenn ich was sage, musst du mir folgen!
Das kannst du noch nicht! Gehorche!
Das sollst du nicht! Gehorche!
Das darfst du auf keinen Fall machen! Gehorche!
Um Himmels willen, lass das sein! Gehorche!

Wenn ein Kind solche »Sprüche« immer wieder hören muss, wird es irgendwann trotzig oder ängstlich darauf reagieren. Entweder es wehrt sich dagegen oder es zieht sich zurück, weil es eingeschüchtert worden ist. Gerade »starke« Kinder reagieren auf überzogene Gehorsamsforderungen, die mit Zwang und Strafen durchgesetzt werden, beispielsweise mit Bosheiten oder Frechheiten. Bei schüchternen Kindern können zahllose Ge- und Verbote zur »Kinderlähmung« führen.

In zahllosen Gesprächen mit Eltern über ihre ungehorsamen, frechen, trotzigen usw. Kinder, habe ich die Erfahrung gemacht, dass es oft nur ein Lippenbekenntnis ist, wenn sie sagen, dass ihnen die Erziehung zur Selbständigkeit und zum eigenverantwortlichen Handeln sehr am Herzen liegt. Im Erziehungsalltag, wenn ihr Kind z. B. nicht gehorchen will, vergessen sie ihre guten Vorsätze oft schnell. Aber nicht nur das: Anstatt sich zu fragen, was sie vielleicht falsch gemacht haben, machen sie ihr Kind für Ungehorsam, Trotz, Bosheiten und Aggressionen verantwortlich. Es will ihnen nicht in den Kopf, dass sie selbst ein bestimmtes Fehlverhalten ihres Kindes verursacht haben.

Leicht fällt es mir nicht, das aufzuschreiben, aber ich sehe es so: Relativ viele Eltern sind auf eigenartige Weise uneinsichtig und geradezu verbohrt, wenn es um die wichtige Frage nach

Ursache und Wirkung geht. Gerade beim Thema Ungehorsam haben sie oft wenig Verständnis für die Eigenheiten ihres Kindes. Sie haben häufig auch wenig Geduld mit ihm, aber grenzenlose Nachsicht mit sich selbst. In den meisten Fällen ist nämlich nicht ihr Kind das Problem, sondern sie sind es. Für sie wäre eine Beratung oder sogar Therapie oft notwendiger als für ihr Kind. Aber das wollen sie nicht einsehen. Sie glauben, dass die Inanspruchnahme von Rat und Hilfe ein Beweis für ihr Versagen in der Erziehung ist. Ich frage Sie: Wer ist jeder Situation gewachsen? Wer braucht beim Erziehen eigentlich nie Hilfe, niemals Rat? Ich brauche – seit über fünf Jahrzehnten! – beides und bin dankbar, wenn ich guten Rat bekomme.

Ob Verbohrtheit oder Bequemlichkeit: Hin und wieder ist es mir schon gelungen, mit folgender Bitte uneinsichtige Eltern wenigstens zum Nachdenken zu bringen: »Bitte denken Sie einmal daran, dass Ihr Kind noch nie morgens mit dem Vorsatz aus seinem Bett gehüpft ist, Sie heute bis zur Weißglut zu ärgern, ungehorsam, trotzig und frech zu sein. Obwohl es sich das noch nie vorgenommen hat, ist es ungehorsam, trotzig usw. Könnte das nicht gelegentlich auch an Ihnen liegen?«

Erziehung zum Gehorsam und zur Verantwortung

Ja, Kinder müssen das Gehorchen lernen. Sie müssen lernen, geschriebene und ungeschriebene Gesetze zu befolgen. Sie müssen lernen, sich in bestimmte Normen, Ordnungen und Konventionen einzufügen, denn es sind Richtlinien, die das Zusammenleben der Menschen erträglicher machen.

Aber jedes Kind hat auch seine Bedürfnisse, Neigungen, Interessen, Vorlieben und Abneigungen. Und es drängt schon früh auf Selbständigkeit und Selbstbestimmung und will möglichst nie bevormundet werden. Dabei überschätzt es oft seine eigenen Möglichkeiten, und auch bestimmte Gefahren kennt es noch nicht.

Viele Mütter kennen folgende Situation: Die Zweijährige will sich am Morgen allein anziehen und sagt: »Kann selber«, oder: »Will alleine.« Da die Mutter keine Zeit hat, sagt sie ungeduldig: »Lass den Unsinn! Ich mag diese Spielchen nicht.« Das Kind soll gehorchen, aber es möchte wenigstens mal versuchen, sich allein anzuziehen; es will etwas selbständig tun, aber die Mutter besteht darauf, dass es gehorsam ist und sich von ihr anziehen lässt.

Natürlich ist das ein Mini-Konflikt, der normalerweise keine Folgen hat. Wenn ein Kind aber ständig von seinen Eltern mit der Aufforderung *Gehorche!* daran gehindert wird, mal auf eigene Faust etwas zu unternehmen, kann das zu ständigen Streitereien führen. Das Kind drängt darauf, unabhängig und selbständig zu sein, weil es sich im Laufe der Jahre immer mehr seiner körperlichen, seelischen und sozialen Stärken bewusst wird. Es reagiert aber auch auf Grenzen empfindlicher, die ihm gesetzt werden. Und wenn Eltern z. B. Verbote aussprechen, die ein Kind nicht akzeptieren will, kommt es zu Äußerungen wie: *Halt dich da raus!* Oder: *Ich weiß alleine, was ich zu tun habe.* Dann sind Eltern beunruhigt und fragen sich: Sollen wir Gehorsam mit Strafen erzwingen?

Kein Kind wehrt sich von vornherein dagegen, wenn es verständnisvoll und einfühlsam zum Gehorchen erzogen wird. Es will aber auch bestimmte Freiheiten haben, will losgelassen werden, will eigene Erfahrungen machen, will eigene Wege gehen und eigenverantwortlich handeln. Und das müssen Eltern nicht nur zulassen, sondern sie sollten ihr Kind dazu ermutigen, all das zu tun, was es schon allein bewältigen und entscheiden kann.

Fazit: Gehorchen heißt, auf einen anderen Menschen zu hören und ihm – möglichst freiwillig! – zu folgen. Und folgen bedeutet, dass das Kind den eigenen Willen den Anweisungen der Eltern unterordnet. Das muss jedes Kind aber erst lernen, denn natürlicherweise strebt es danach, selbständig und unabhängig zu sein. Wenn dieses natürliche Verlangen ignoriert wird und Kindern keine Freiheiten zugestanden werden, weil im Gehorsam das wichtigste Erziehungsziel gesehen wird, werden Eltern das Gegenteil des Beabsichtigten erreichen: Ihr Kind wird ihnen nicht gehorchen. Freiheit und Gehorsam sind kein Gegensatz. Ohne Freiheit kann die Erziehung zur Selbständigkeit und Eigenverantwortung nicht gelingen.

Apropos Gehorsam und Freiheit: Ich glaube nicht, dass es Eltern überhaupt möglich ist, ein Kind auf Dauer an sich zu binden. Aber ich weiß, dass es für kein Kind gut ist, wenn Eltern versuchen, es festzuhalten. »Was man liebt, muss man loslassen, kommt es zurück, war es nie fort, bleibt es weg, hat es dir nie gehört«, soll Franz von Assisi gesagt haben.

16 Wenn Kinder eifersüchtig sind

Wenn Sie beim Thema Eifersucht mal vor Ihren eigenen und fremden Türen kehren würden, käme bestimmt einiges zusammen. Auch ich könnte viel darüber erzählen, denn in meiner Familie, aber auch in der Schule habe ich damit unterschiedlichste Erfahrungen gemacht. Vor allem die, dass Eifersucht keine Rücksicht auf Verwandte, Freunde und Bekannte nimmt und – wie auch Neid und Gewalt – viele Gesichter hat. Sie kann z. B. hinter Streitereien und Schwindeleien stecken, aber auch dazu beitragen, dass sich Kinder und Jugendliche von anderen Kindern oder Mitschülern zurückziehen und allmählich zu Einzelgängern werden.

Das, aber auch noch anderes, sind sozusagen die dunklen Seiten der Eifersucht. Übersehen wird oft, dass sie aber auch positive Seiten haben kann. Wenn ein Kind beispielsweise auf seine ältere Schwester eifersüchtig ist, weil die von der Mutter für ihre Zuverlässigkeit oder Hilfsbereitschaft gelobt wird, kann es sich daran ein Beispiel nehmen und sich auch um Zuverlässigkeit und Hilfsbereitschaft bemühen. Die Eifersucht hat dann dieses Kind motiviert, seiner Schwester nachzueifern.

Von Eltern, die an Kursen der »Ingolstädter Elternschule« teilgenommen haben, bin ich häufig auf das Thema Eifersucht unter Geschwistern angesprochen worden – allerdings immer nur auf die unerfreulichen Seiten. Manches Gespräch hat mich an meine Mutter erinnert, die dazu immer nur einen Satz gesagt hat: *Eifersucht ist eine Leidenschaft, die mit Eifer sucht, was Leiden schafft.*

Diese Redensart enthält mehr als nur eine kleine Portion Wahrheit. Zwar ist Eifersucht keine Krankheit wie z. B. Mager- oder Drogensucht, aber auf die leichte Schulter dürfen Eltern sie keinesfalls nehmen. Denn immerhin steht fest, dass diese Leidenschaft erbärmliche Schmerzen verursachen kann. Schmerzen, unter denen am stärksten das eifersüchtige Kind selbst, aber auch alle, die zu einer Familie gehören, leiden können. Und das kann vermieden werden, wenn Eltern ihrem eifersüchtigen Kind verständnisvoll helfen, mit diesem Übel fertig zu werden.

An dieser verständnisvollen Hilfe hapert es oft deswegen, weil sie sich sagen: Es gibt für unser Herzallerliebstes keinen Grund, eifersüchtig zu sein, denn wir behandeln unsere Kinder alle gleich. Weil wir also keins einem anderen vorziehen, kann sich auch keins benachteiligt fühlen. Fertig!

Wenn Eltern so reden, schätzen sie die Situation falsch ein. Was sie denken und sich zur eigenen Beruhigung sagen, ist nämlich völlig unwichtig. Von Bedeutung ist allein, dass ihr Kind aus irgendwelchen Gründen das Gefühl hat, benachteiligt oder vernachlässigt zu werden. Außerdem sind sie auf dem Holzweg, wenn sie glauben, dass sie durch die gleiche Behandlung ihrer Kinder Eifersucht vermeiden können.

Meines Erachtens dürfen Eltern ständige Eifersüchteleien nicht als dummes Kindergerede abtun. Denn Eifersucht ist gewissermaßen ein Wink mit dem Zaunpfahl, den sie ernst nehmen sollten. Sie ist ein Signal, dass es ihrem Kind nicht gutgeht, weil es etwas vermisst oder sich nach etwas sehnt. Und dieses Signal dürfen sie nicht ignorieren.

Was Expertinnen und Experten sagen

Die Frage, was Eltern wissen und beachten sollten, wenn ihr Kind eifersüchtig ist und glaubt, dass es zu kurz kommt, habe ich Experten gestellt. Überrascht hat mich, dass ich von allen nahezu übereinstimmende Antworten bekommen habe, die sich weitgehend mit meinen Beobachtungen und Erfahrungen decken. Von Folgendem ist auszugehen:

1. Eifersucht ist unter Geschwistern nichts Ungewöhnliches, sondern Alltag. In seinem Buch »Geschwisterliebe – Geschwisterhass« schreibt der Kinderpsychologe Marcel Rufo: »Es ist völlig normal, auf jemand anderen eifersüchtig zu sein: auf seine Schönheit und seine Begabungen.« Demnach ist jedes Kind auf seine Geschwister mehr oder weniger eifersüchtig.

Aber nicht nur auf die Schönheit und Begabungen z. B. der älteren Schwester, sondern auch darauf, was die schon alles darf, weiß und kann. Es kann aber auch sein, dass die ältere Schwester auf ihren dreijährigen Bruder eifersüchtig ist, weil sich die Mutter mehr mit ihm als mit ihr abgibt. Auch wenn sie durchaus weiß, dass der mehr Aufmerksamkeit als sie braucht, kann sie sich benachteiligt fühlen.

Völlig normal ist auch, wenn Kinder mit Argusaugen darüber wachen, dass ihre Eltern die Tüte mit leckeren Chips oder die Tafel Schokolade gerecht verteilen. Meistens ist ihnen aber noch viel wichtiger, dass sie mindestens genauso viel Zuwendung und Sympathie bekommen wie ihre Geschwister. Das Gefühl, zu kurz zu kommen, kann, muss aber nicht automatisch zu Eifersüchteleien führen.

Oft habe ich nicht einmal geahnt, worauf Kinder eifersüchtig sein können. Es kann schon genügen, dass der große Bruder stärker ist, schneller laufen, höher springen und auf Bäume klettern kann. Wird er seltener erwischt, wenn er etwas ausgefressen hat, kann das ein Grund sein, auf ihn eifersüchtig zu sein. Und wenn dann noch dazukommt, dass er beim Spielen meistens gewinnt, immer die besseren Ausreden hat, von den

Eltern auffallend oft gelobt wird oder am Abend länger aufbleiben darf als man selbst, ist das Maß des Erträglichen schnell überschritten.

Wenn Kinder eifersüchtig sind, hängt das unter anderem damit zusammen, dass sie sich bewusst oder unbewusst ständig mit anderen Kindern vergleichen. Und zwar mit denen, von denen sie glauben, dass sie glücklicher, erfolgreicher, intelligenter, hübscher, sympathischer usw. sind als sie selbst. Dieses Vergleichen dürfen Eltern ihrem Kind nicht zum Vorwurf machen, denn auch das ist normal. Wie normal das ist, wissen sie selbst am besten, denn auch sie vergleichen ihr Kind ständig – aber nicht nur mit seinen Geschwistern.

2. Eifersucht ist nicht grundsätzlich etwas Schlechtes und sollte nicht von vornherein verteufelt werden. Der Psychologe Hartmut Kasten schreibt: »Eifersucht ist ein Gefühl, aus dem Rivalität entsteht, und das ist ausgesprochen konstruktiv.« Im Buch von Marcel Rufo hat ein Kapitel die Überschrift: »Ein Lob der Eifersucht«. Er ist der Ansicht, dass »Eifersucht der Ursprung jeglichen Wettbewerbs« ist.

Auf jedem Kinderspielplatz kann man beobachten, dass Eifersucht Kinder motivieren kann, beispielsweise einem anderen Kind zu beweisen, dass sie stark sind und sich nichts gefallen lassen. In ihrer Kindergartengruppe wollen sie sich vor allem gegenüber den Kindern behaupten, in denen sie Rivalen sehen. Sie setzen sich Ziele und eignen sich selbständig bestimmte Fähigkeiten an, wenn sie z. B. dem großen Bruder zeigen wollen, was sie sich schon alles zutrauen, wissen und können.

Interessant ist auch, wie sie sich bei sportlichen Wettbewerben verhalten. Natürlich wollen sie möglichst immer gewinnen und auf dem Siegerpodest stehen. Aber wenn sie das nicht schaffen, kann es für sie ein Ansporn sein, bei der nächsten Gelegenheit einen neuen Versuch zu unternehmen.

3. Eltern sollten nicht übersehen, dass der offen ausgetragene und auch der versteckte »Kampf« um ihre Aufmerksamkeit

und Zuwendung immer die Botschaft enthält: *Ich hab euch lieb, denn in meinen Augen seid ihr die besten Eltern, die es gibt. Daher will ich euch auch ganz allein für mich haben und auf keinen Fall mit jemandem teilen. Es ist schon genug, dass ich die Mama mit dem Papa teilen muss, leider auch den Papa noch mit der Mama. Aber noch mehr Teilen geht wirklich nicht!*

Obwohl alle Eltern auch einmal Kinder waren, können viele nicht verstehen, dass jedes Kind erst allmählich dahinterkommt, aus welchen Gründen die Mutter und auch der Vater nicht für sie allein da sind. Es gibt sogar Jugendliche, die das noch nicht kapiert haben und in ihren Geschwistern Konkurrenten oder Nebenbuhler sehen.

Ich habe folgende Erfahrung gemacht: Je mehr ein Kind seine Eltern liebt, vielleicht auch bewundert und verehrt, desto schwerer fällt es ihm, einzusehen, dass die besten Eltern ihre zwei Hände und Beine, die sie dummerweise nur haben, nicht nur für sie einsetzen können. Und leicht ist es auch nicht, sich damit abzufinden, dass im Kopf und Herzen der Eltern ausgerechnet auch diejenigen einen Platz haben, auf die man eifersüchtig ist.

Dass Geschwisterrivalität nervig sein kann, wissen alle Eltern eines auffallend eifersüchtigen Kindes. Daher sollten sie nicht zögern, ihrem Kind Grenzen zu setzen, wenn es z. B. zu Gehässigkeiten oder aggressivem Verhalten neigt, hinter dem im Grunde Eifersucht oder Neid stecken.

Aber was sie auch dagegen tun, an eins sollten sie immer denken: Nur wer liebt, ist eifersüchtig – das ist übrigens auch bei Erwachsenen so. Anders gesagt: Ein Kind, das Mama und/oder Papa nicht mehr liebt, weil sie ihm quasi gleichgültig sind, ist auch nicht eifersüchtig. Es wird sich zurückziehen und heilfroh sein, wenn es von der oder dem Ungeliebten in Ruhe gelassen wird.

4. Wenn Geschwister aufeinander eifersüchtig sind, heißt das nicht, dass sie nicht auch gut miteinander auskommen können. Sie können beispielsweise zusammen etwas aushecken oder

miteinander toben, dass einem angst und bange wird. Sie können stundenlang friedlich spielen und bei Mamas gereiztem *Kommt jetzt endlich zum Essen!* oder *Jetzt ist Schluss mit lustig!* gleichzeitig alle vier Ohren auf Durchzug stellen. Sie können sich gegenseitig Geheimnisse anvertrauen, die mit dem großen Ehrenwort besiegelt werden. Und sie können wie Pech und Schwefel zusammenhalten, wenn sie etwas ausgefressen oder Verbotenes gemacht haben. Auch wenn Kinder Rivalen um die Gunst ihrer Eltern sind, hindert sie das nicht, z. B. die kleine Schwester vor den Eltern zu verteidigen oder sich mit ihr gegen sie zu verbünden. Kurzum: Sie können sich liebhaben und im nächsten Augenblick streiten, dass die Fetzen fliegen; beste Freunde und gnadenlose Konkurrenten sein – alles zu seiner Zeit!

5. Eifersüchtige Kinder haben oft eine niedrige Frustrationsgrenze. Untersuchungen haben gezeigt, dass sie schon bei lächerlichen Anlässen aus der Haut fahren können. Sie rasten aus, weil sie es nicht schaffen, ihre Eifersucht unter Kontrolle zu bekommen. In Bruchteilen von Sekunden können sie sich gewissermaßen in einen anderen Menschen verwandeln, weil sie buchstäblich außer sich sind. Die Ursache ist in vielen Fällen, dass sie Minderwertigkeits- und auch Schuldgefühle haben.

Diese Gefühle, die Kindern oft gar nicht bewusst sind, verunsichern sie und machen sie unzufrieden mit sich selbst und ihrer Umgebung. Ihre Unzufriedenheit kann sich gegen die Rivalin oder den Rivalen richten, der sozusagen zum Blitzableiter wird. Dann wird das Kind z. B. aggressiv, gibt patzige Antworten, streitet sich oder lässt sich zu Bosheiten hinreißen.

Diese Unzufriedenheit kann sich aber auch gegen das Kind selbst richten. Dann quengelt es ständig herum, hat an nichts Interesse, hängt lustlos herum, weil es alles unendlich doof und langweilig findet. Diese Kinder klagen oft auch über körperliche Wehwehchen wie z. B. Kopf- und Bauchschmerzen, Schwindelgefühle oder Übelkeit.

6. Eifersucht kann auf ein erträgliches Maß eingeschränkt und schließlich auch überwunden werden, wenn Eltern alles vermeiden, was ihr Kind kränken könnte. Sie müssen also z. B. ironische Bemerkungen, das Vergleichen mit Geschwistern, herabsetzende Zurechtweisungen und Strafen unterlassen. Buchstäblich Gift ist es, weil dadurch alles noch schlimmer werden kann, wenn das Kind zum Sündenbock der Familie gemacht und ihm sein Verhalten ständig vorgehalten wird.

Untersuchungen belegen: Wenn es Eltern gelingt, auf Eifersüchteleien besonnen zu reagieren, kann sich schon im Laufe einiger Wochen oder Monate die Situation normalisieren. Gelingt es ihnen aber nicht, kann das zu ständigen Konflikten führen, die den Familienfrieden empfindlich stören. Zum Drama wird es, wenn Geschwister ein Leben lang aufeinander eifersüchtig sind, weil ihre Eltern nicht wussten, dass unbewältigte Eifersucht kein Verfallsdatum hat.

So, nun wissen Sie über dieses interessante Thema einigermaßen Bescheid. Jedenfalls genug, um sich gegenüber einem hin und wieder eifersüchtigen Kind vernünftig und umsichtig zu verhalten. Wenn Sie sich aber ausführlicher informieren möchten, empfehle ich Ihnen zwei Bücher, in denen auf die Ursachen von Eifersucht eingegangen wird und viele praktische Ratschläge gegeben werden. Übrigens: Wenn ich als junger Vater das schon gewusst hätte, was die Experten Rufo und Kasten festgestellt und aufgeschrieben haben, wäre unseren Kindern, aber auch meiner Frau und mir mancher Ärger erspart geblieben. Sie sind also besser dran, als wir es waren, und ich hoffe, dass Ihre Kinder das auch mitbekommen ...

■

1. Marcel Rufo, *Geschwisterliebe – Geschwisterhass*, 247 Seiten, Piper Verlag, 5. Auflage 2005.
2. Hartmut Kasten, *Geschwister, Vorbilder, Rivalen, Vertraute*, Reinhardt Verlag, 5. Auflage 2003. ■

17 Memorandum des Kindes an den Erzieher

Als ich dieses Memorandum (= Denkschrift) zum ersten Mal gelesen habe, war ich begeistert. Es wird nämlich kurz und bündig gesagt, was sich Kinder von ihren Eltern, Erzieherinnen und Lehrkräften wünschen. Mir gefällt das so gut, dass ich folgenden Vorschlag machen möchte: Ein Liedermacher sollte für die 26 »Strophen« dieser Denkschrift eine ebenso eingängige wie fetzige Melodie komponieren. Ich kann das leider nicht. Warum ein Lied? Dann könnten Kinder, wenn sie es für angebracht halten, ihren Eltern einzelne Strophen mit einem Augenzwinkern vorsingen. Natürlich würde ich auch eine CD brennen lassen und alle Rundfunksender bitten, dieses Lied täglich mindestens 24-mal zu spielen – jede Stunde einmal. Bitte lesen Sie, was Kinder all denen raten, die sie erziehen!

1. **Verwöhne mich nicht!** Ich weiß sehr gut, dass ich nicht alles, was ich verlange, haben muss. Ich teste dich ja nur.
2. **Hab keine Angst, bestimmt mit mir umzugehen!** Ich ziehe das vor, dann weiß ich nämlich, woran ich bin.
3. **Zwinge mich nicht!** Das lehrt mich, dass nur Macht zählt. Ich reagiere besser auf Anleitung.
4. **Sei nicht wechselhaft!** Das verwirrt mich, und ich versuche desto mehr, alles zu erreichen, was ich will.
5. **Mach mir keine Versprechungen!** Es könnte sein, dass du sie nicht einhalten kannst. Das erschüttert mein Vertrauen zu dir.
6. **Falle nicht auf meine Herausforderungen herein, wenn ich etwas sage oder tue, um dich aus der Fassung zu bringen!** Dann werde ich nämlich versuchen, noch mehr solche »Siege« zu erringen.
7. **Sorge dich nicht zu sehr, wenn ich sage: »Ich hasse dich!«** Ich meine es ja nicht so. Ich möchte nur, dass es dir leidtut, wenn du mir etwas angetan hast.
8. **Mach nicht, dass ich mich kleiner fühle, als ich bin!** Dann werde ich mich nämlich wie ein toller Kerl benehmen.

9. **Tu nichts für mich, was ich selber tun kann!** Dann fühle ich mich nämlich wie ein Baby und werde dich weiterhin in meinen Dienst stellen.

10. **Befasse dich nicht zu sehr mit meinen schlechten Gewohnheiten!** Das veranlasst mich nämlich, sie zu behalten.

11. **Versuche nicht, mein Benehmen während eines Streites zu besprechen!** Aus bestimmten Gründen kann ich zu dieser Zeit nicht gut zuhören, und meine Mitarbeit ist noch schlechter. Du kannst ja handeln, aber besprechen sollten wir es später.

12. **Versuche nicht zu predigen!** Du würdest dich wundern, wie gut ich weiß, was richtig oder falsch ist.

13. **Sag mir nicht, dass meine Fehler Sünden sind!** Ich muss lernen, dass ich mir Fehler erlauben kann, ohne deshalb zu glauben, dass ich schlecht bin.

14. **Nörgle nicht!** Um mich zu schützen, muss ich tun, als ob ich taub wäre.

15. **Verlange keine Erklärung für mein falsches Benehmen!** Ich weiß wirklich nicht, warum ich es getan habe.

16. **Stelle meine Ehrlichkeit nicht in Frage!** Ich bekomme leicht Angst und erzähle Lügen.

17. **Vergiss nicht, dass ich gerne etwas ausprobiere!** Ich lerne dadurch. Darum lass mich doch!

18. **Schütze mich nicht vor den Folgen meines Verhaltens!** Ich muss aus Erfahrung lernen.

19. **Schenke meinen kleinen Leiden nicht so viel Aufmerksamkeit!** Es könnte sonst sein, dass ich Leiden oder eine schwache Gesundheit schätzen lerne, wo sie mir doch so viel Aufmerksamkeit einträgt.

20. **Beantworte Fragen um der Fragen willen nicht!** Ich will mich nur mit dir beschäftigen.

21. **Entzieh dich nicht, wenn ich wirklich etwas wissen will!** Sonst wirst du merken, dass ich aufhöre zu fragen, und mir meine Antworten anderswo hole.

22. **Denk nicht, es sei unter deiner Würde, dich bei mir zu entschuldigen!** Eine ehrliche Entschuldigung erzeugt in mir warme Gefühle dir gegenüber.

23. **Deute nie an, dass du perfekt oder unfehlbar bist!** Du wärst ein zu großartiges Vorbild für mich.

24. **Sorg dich nicht, dass du zu wenig Zeit für mich hast!** Was zählt, ist, wie wir die Zeit miteinander verbringen.

25. **Werde nicht ängstlich, wenn ich mich fürchte!** Zeig mir lieber Mut!

26. **Vergiss nicht, dass ich mich ohne viel Ermutigung und Verständnis nicht entwickeln kann!** Behandle mich, wie du deine Freunde behandelst, dann werde ich auch dein Freund sein! Denke daran, dass ich mehr von einem Vorbild als von einem Kritiker lerne!

Dieses Memorandum habe ich von einer Mutter bekommen, die es im Internet entdeckt hat. Meines Wissens gibt es davon zwölf Versionen, die sich aber nur hinsichtlich des Umfangs und nicht inhaltlich unterscheiden. Leider habe ich nicht herausfinden können, wer die Verfasserin oder der Verfasser ist.

Waren es verständnisvolle Eltern, eine Erzieherin oder Lehrerin, ein Erziehungsberater oder Psychologe? Egal, wer es gewesen ist, es muss ein kenntnisreicher und im Umgang mit Kindern sehr erfahrener Mensch sein. Denn mit jedem einzelnen Wunsch, jeder Bitte und jedem Rat hat er den Nagel auf den Kopf getroffen. In Kurzform enthält es vieles von dem, was ich in verschiedenen Kapiteln meines Buches geschrieben habe. Es ist ein großartiges Beispiel dafür, dass in der Kürze die Würze liegt. Und deshalb bin ich dafür, dass daraus ein Lied komponiert wird, das Kinder ihren Eltern immer dann vorsingen sollten, wenn sie es für not-wendig halten – sozusagen als gesungene Notwehr.

Eltern: Wie sie sind
und was sie wissen müssen

18 Eltern können nicht der Kumpel ihres Kindes sein

Sind Sie für Ihr Kind die Mutter, der Vater oder ein Kumpel? Würde ich diese Frage in der Zeit gestellt haben, als Mütter und Väter von ihren Kindern noch mit Sie angesprochen werden mussten, hätte man mit dem Kopf geschüttelt. Der *Herr Vater* ein Kumpel seiner Kinder – eine verrückte Idee! Heute können sich viele kaum noch vorstellen, dass nicht nur Eltern, sondern Erwachsene überhaupt einmal *die* Autoritäten für Kinder und Jugendliche waren. Auch wenn sie nicht auf einem Thron gesessen haben, was sie gesagt haben, war immer richtig und musste widerspruchslos befolgt werden.

In den Familien war das, was der Vater gesagt hat, eine Art Gesetz, nach dem sich alle zu richten hatten – nicht selten auch die Mutter. Ähnliches galt auch für andere Autoritäten wie z. B. den Herrn Pfarrer, den Herrn Bürgermeister, den Herrn Doktor und selbstverständlich auch den Herrn Lehrer, der meistens so etwas wie der verlängerte Arm der Eltern war.

Wie sich die Zeiten ändern! Irgendwann wurde das *Sie* für Mutter und Vater entsorgt und durch das *Du* ersetzt. Die Änderung der Anrede bedeutete für Heranwachsende im Grunde aber wenig. Auch wenn sie zum Vater und zur Mutter nun *du* sagen durften, die Eltern blieben Autoritäten. Nach wie vor waren sie für ihre Kinder Respektspersonen.

Dann gab's vor etwa fünfzig Jahren wieder eine »Wende«. Autorität wurde mit Unterdrückung gleichgesetzt. Und weil viele Väter und Mütter – nicht selten auch Lehrerinnen und Lehrer – keine Unterdrücker sein wollten, verstanden sie sich als Partner, Freunde oder auch Kumpel der Kinder und Jugendlichen. Also war der Vater nicht mehr der Papa, sondern eben der Uli. Und die Mutter freute sich, wenn ihr hoffnungsvoller Sprössling am Morgen z. B. rief:»Martha, ruf den Josef, meinen Klassenlehrer an, und sag ihm, dass ich heute keine Lust habe, in die Schule zu kommen. Ich ratze noch ein bisschen. Du kannst aber schon mal das Frühstück machen.«

Ob Heranwachsende früher nun Herr Vater sagen mussten oder ihn heute mit seinem Vornamen anreden sollen oder dürfen, die Erziehungsaufgaben, die Eltern zu erfüllen haben, und ihre einzigartige Verantwortung sind geblieben. Und ich glaube nicht, dass die Erfüllung dieser Aufgaben bzw. die Erziehung besser gelingt, wenn sich Eltern als Partner, Spezi oder Kumpel ihres Kindes verstehen. Ich habe Eltern kennengelernt, die zwar Kumpel ihrer Kinder sein wollten und auch waren, aber sich ihrer Verantwortung nicht bewusst waren und ihre heißgeliebten kleinen Kumpel vernachlässigt haben. Wenn ich das so schreibe, denke ich an zwei überzeugte Kumpel-Mütter. Einer habe ich sogar einmal ins Ohr geflüstert: *Um nichts in der Welt möchte ich Ihr Kind sein!* – Das fand sie gar nicht lustig.

Klar ist, dass für Kinder und Jugendliche Kumpel wichtig sind, aber noch wichtiger sind Freunde. Doch weder Kumpel noch Freunde können gute Eltern ersetzen. Heranwachsende brauchen Eltern, die ihnen nicht vorgaukeln, dass sie ihre Kumpel sein können. Denn selbst wenn sie es wollen, sie können es beim besten Willen nicht sein, wenn sie ihre Erziehungsaufgaben ernst nehmen. Übrigens ist die ursprüngliche Bedeutung von Kumpel Arbeitsgenosse. Seit etwa 1900 und bis heute ist es die kameradschaftliche Anrede der Bergleute untereinander.

Was Eltern nicht können

Auch wenn sie die besten Absichten haben und es unendlich gut mit ihrem Kind meinen, früher oder später wird ihnen klar, dass es ihnen nicht möglich ist, mit ihm so wie mit einem Kumpel umzugehen. Schon im Kindergarten, spätestens aber wenn ihr Kind in die Schule kommt, werden sie sich damit abfinden müssen, dass ihr Kind andere Vorstellungen als sie von einem »echten« Kumpel hat. Und Jugendliche haben wieder andere. Die unterschiedlichen Vorstellungen hängen zum einen von den Interessen ab, die Kinder im Gegensatz zu Erwachsenen haben, zum anderen von dem, was Kinder von einem Kumpel erwarten.

Beispiele: Kinder wollen möglichst unabhängig sein, nach Herzenslust toben, durch jede Pfütze latschen, aus Leibeskräften schreien und übermütig ihre Kräfte mit anderen Kindern messen. – Mit Mama und Papa macht das nicht immer großen Spaß, weil die sowieso stärker sind. Besonders doof ist aber, dass sie beim Toben meistens nie so lange wie die Kumpels durchhalten. Außerdem haben sie oft keine Zeit für so was Kindisches. Und wenn sie sich mal Zeit nehmen, haben sie schnell keine Lust mehr an dem, was mich brennend interessiert.

Kinder wollen möglichst auf eigene Faust die Welt entdecken und Erfahrungen machen. Das geht allein nicht nur viel besser, sondern ist auch viel spannender als z. B. ein Museumsbesuch mit Papa oder eine alte Kirche mit Gemälden anzusehen, die er ohne Ende erklärt. Anderseits haben Mama und Papa an den Entdeckungsreisen ihres Kindes kein großes Interesse, denn sie kennen die Welt schon, sagen sie jedenfalls. Außerdem sind sie oft überängstlich und geben ständig ihren Senf dazu – und das nervt unheimlich.

Wenn man mit seinen Kumpels zusammen ist, darf man nicht nur einmal blöder Hund und doofe Zicke sagen. Das nimmt kein Kumpel krumm. Im Gegenteil, darüber kann man sich gemeinsam totlachen. Gemein und ungerecht ist, wenn Eltern wegen »böser Worte« sofort schimpfen, aber selbst auch welche sagen – manchmal sogar noch viel schlimmere.

Am liebsten essen und trinken Kinder das, was ihnen schmeckt; sitzen so lange vorm Fernseher oder PC, wie es ihnen gefällt. Sie wollen schlafen und aufstehen, wann sie wollen; sie wollen sich ihres Lebens freuen und möglichst vom Morgen bis zum Abend ihren Spaß haben. Ärgerlich ist, dass Mama und Papa das alles nicht unwidersprochen hinnehmen und immer wieder ermahnen, kritisieren und mit Strafen drohen. Kein Kumpel würde auf die Idee kommen, Spiel- und Spaßverderber zu sein und ständig vom Ernst des Lebens zu quatschen.

Vieles könnte ich noch aufzählen, um deutlich zu machen, dass Kinder andere Interessen haben und folglich anderes wollen als ihre Eltern. Und das ist so, weil sie ihre individuellen Bedürfnisse, Vorstellungen und vor allem ihre »Weltanschauung« haben, die sich von der ihrer Eltern unterscheidet. Sie schauen mit ihren Augen in die Welt und lernen erst allmählich, dass es in der Welt der Erwachsenen nicht nur zahllose Gesetze, Vorschriften und Konventionen gibt, sondern auch Gefahren lauern, die sie noch nicht kennen.

Weil sie gar nicht anders können, denken, fühlen und handeln sie kind- und eben nicht erwachsenengemäß. Das heißt beispielsweise, dass sie mehr als 100 000 Fragen stellen und erwarten, dass sie beantwortet werden; spontan zetermordio schreien, wenn sie beim Spielen verloren haben; wütend auf Enttäuschungen reagieren und unvernünftig handeln, weil sie die Folgen ihres Handelns noch nicht übersehen. Dabei kommt ihnen leider nicht zugute, dass auch Erwachsene längst nicht immer vernünftig handeln. Oft sogar unvernünftiger als Kinder und Jugendliche, aber das ist ein anderes Thema.

Außerdem ist Folgendes wichtig: Schon im Kindergarten macht jedes Kind die Erfahrung, dass es sich seine Kumpel oder Kumpelinnen selbst aussuchen kann – immerhin hat es etwa 25 Kinder zur Auswahl. Es stellt auch fest, dass sich aus zufälligen Bekanntschaften im Laufe der Zeit richtig gute Beziehungen entwickeln können. Allerdings können die auch schnell wieder auseinandergehen.

Das ist mit Mutter und Vater aber völlig anders. Die kann man sich nämlich nicht aussuchen, die sind einfach da. Und wenn sie nicht auf dumme Gedanken kommen und sich aus irgendwelchen Gründen trennen wollen, sind sie über ziemlich viele Jahre hinweg immer da. Egal, ob man sie gern hat oder nicht, wie man von ihnen behandelt wird und sich fühlt, wegschicken oder rausschmeißen oder auswechseln, wie man das mit einem hundsgemeinen Kumpel machen könnte, kann man sie nicht. Sie haben gewissermaßen Kündigungsschutz und ein Haltbarkeitsdatum, das sie selbst nicht einmal kennen.

Was Eltern tun sollten

Zuerst sollten sie sich darüber klar sein und auch akzeptieren, dass sie weitaus verantwortungsvollere Aufgaben als die eines Kumpels haben. Daher sollten sie auch nicht den Ehrgeiz haben, ein guter oder vielleicht sogar der beste Kumpel ihres Kindes zu sein. Denn das, was sie tun *müssen*, verträgt sich aus Sicht ihres Kindes oft nicht mit dem, was ein Kumpel machen *kann*, falls er gerade Lust dazu hat.

Gute Eltern bemühen sich darum, zu allem, was sie von ihrem Kind verlangen und fordern, möglichst seine Zustimmung zu bekommen. Aber sie wissen, dass es auch Situationen gibt, in denen es schwer ist, seine Zustimmung zu erhalten, denn jedes Kind hat auch seinen eigenen (Dick-)Kopf. Dann kommen sie nicht darum herum, beispielsweise Entscheidungen zu treffen, die ihr Kind nur widerwillig oder gar nicht akzeptiert.

Vor allem wenn ihm Gefahren drohen, die es noch nicht einschätzen kann, müssen sie z. B. Verbote aussprechen und auch dafür sorgen, dass sich ihr Kind daran hält. Es hat nichts mit Kindesmisshandlung zu tun, wenn einem Kind strikt verboten wird, bei Rot über die Straße zu gehen, mit einem Nagel in einer Steckdose zu popeln oder auf dem Markt Äpfel zu stehlen.

Auch wenn ein Kind dazu neigt, sich gegenüber anderen Kindern wie ein Rambo zu verhalten oder das Meerschweinchen zu quälen, das es unbedingt haben wollte, müssen Eltern nach dem Motto *Wehret den Anfängen!* eingreifen. Das Kind muss lernen, dass es nicht alles tun darf, was ihm gerade Spaß macht, sondern dass es Grenzen gibt, an die es sich halten muss. Es muss aber auch wissen, dass Konsequenzen gezogen werden, wenn es sich nicht daran hält.

Ohne verständnisvolle Führung geht's nicht

Das Erziehen ist u. a. auch deswegen oft kein Kinderspiel, weil jedes Kind erst allmählich Verständnis für all das entwickelt, was ihm seine Eltern erklären, zeigen, von ihm erwarten und auch verbieten. Es kann ein langer und beschwerlicher Weg bis zum Verstehen und Akzeptieren z. B. von Verboten sein. Wie schwer, kann man schon an Einjährigen beobachten, wenn sie bei unterschiedlichsten Gelegenheiten versuchen, ihren Willen durchzusetzen. Dabei geht es ihnen aber nicht darum, ihre Eltern wieder mal zu ärgern, sondern ihre Absichten durchzusetzen. Und da Kinder meistens immer ein bisschen mehr wollen, als sie können, haben sie auch längst nicht immer Verständnis für das, was die Eltern ihnen sagen. Wenn sie von ihren Eltern an der Hand genommen werden und ihnen immer wieder gesagt wird, was sie beachten oder unterlassen sollen, kann es z. B. zu Trotzreaktionen des Kindes kommen.

Dann wird die »Partnerschaft« auf eine harte Probe gestellt: Einerseits liegt guten Eltern viel daran, dass es nicht ständig zu Streitereien mit ihrem Kind kommt; andererseits plagt sie das schlechte Gewissen, wenn sie der Ansicht sind, dass ihr Kind z. B. fleißiger und ordentlicher sein muss, oder sie ihm etwas verbieten müssen. Dann fragen sie sich: Setze ich mit diesem Verbot vielleicht die mir so wichtige gute Beziehung zu meinem Kind aufs Spiel? Wird es nicht nur maulen oder wieder einen Tobsuchtsanfall kriegen, sondern mich nicht mehr achten und auch gernhaben?

Ist die Situation bei einem Kind, das von Mama und Papa oft zu hören bekommt: *Ich bin doch dein Kumpel, der nur dein Bestes will!*, grundlegend anders? Dieses Kind wird denken und vielleicht sogar aussprechen: »Meine Mama, die Claudia, sagt zwar immer, dass sie mich mag und mein Kumpel sein will. Das glaub ich ihr aber nicht mehr, denn schon bei der geringsten Kleinigkeit schimpft sie mich aus. Das würde keiner meiner Kumpel machen. Ein richtiger Kumpel würde mit mir durch dick und dünn gehen und mir keine Vorwürfe machen, wenn ich mal

Mist gebaut habe. Und was macht Claudia? Die macht nicht nur Theater, sondern erzählt auch noch anderen Leuten, dass ich in ihren Augen ein unverbesserlicher Dickkopf bin. Und das ist gemein! Wenn das ein Kumpel machen würde, wäre ich sehr enttäuscht. Ich würde ihn in die Wüste schicken und ihm sagen: Ich will mit dir nichts mehr zu tun haben. Ab heute bist du nicht mehr mein Kumpel. Basta!«

Mein Fazit: Eltern sollten sich nicht als Kumpel ihres Kindes verstehen, sondern als Mutter und Vater. Im Gegensatz zum Kumpel tragen sie, wie gesagt wird, für Leib und Leben ihres Kindes eine einzigartige Verantwortung, aus der sie niemand entlassen kann. Und weil das so ist, halte ich herzlich wenig davon, wenn Eltern so tun, als wären sie ebenbürtige Partner ihres Kindes. Sie sind es nicht, sie können es nicht sein. Und wenn sie sich selbst zum Kumpel ihres Kindes »degradieren«, machen sie sich irgendwann lächerlich.

Was Jugendliche sagen

Interessant ist, wie Jugendliche über kumpelhafte Eltern und auch Lehrer denken und sich ihnen gegenüber verhalten.

- Wenn sie auf jung machen, wird das als peinlich und Anbiederung empfunden.
- Wenn sie sich als Schleimer zeigen und best friends der Jugendlichen sein wollen, machen sie sich lächerlich.
- Wenn sie keine Distanz halten und z. B. ständig Fragen stellen, die sie nichts angehen, will man mit ihnen nichts zu tun haben, denn das ist nervig.
- Wenn sie so tun, als würden sie alles für gut halten, was Jugendliche so machen, sind sie unglaubwürdig.
- Wenn sie durch flotte Sprüche beweisen wollen, dass sie wie Jugendliche ticken, geraten sie sofort ins Abseits.
- Wenn sie plump vertraulich werden, wird das als abstoßend empfunden.

Kumpelhaftes Verhalten steht bei Jugendlichen also nicht hoch im Kurs. Wenn Eltern, aber auch Lehrkräfte das nicht glauben, sollten sie mal mit ihnen darüber sprechen. Ich habe das oft getan und viel dabei gelernt.

Übrigens wollte ich für »meine« Kinder nie der »Kumpel Peter« sein, sondern der Papa, dem sie blind vertrauen können. Auch »meine« Frau war für unsere sechs »Trabanten« nie die »Traudel«, sondern die Mama, die immer für sie da war und ist. Und ich glaube nicht nur, sondern weiß, dass wir ihnen durch unseren Verzicht auf Kumpanei keinen seelischen Schaden zugefügt haben.

19 Erziehung ist gelebtes Vorbild

An bestimmte Selbstverständlichkeiten muss man immer wieder erinnern. Immer wieder auf das aufmerksam machen, was eigentlich jeder weiß. Zwar haben diese Selbstverständlichkeiten oft den Beigeschmack der Banalität, denn es wurde schon tausendfach darauf hingewiesen, aber trotzdem haben sie nichts von ihrer Gültigkeit verloren. Und das gilt auch und gerade für das wichtige Erziehungsthema *Vorbild*.

Alle, die Kinder erziehen, stellen es irgendwann fest – je eher, desto besser: Kinder haben nicht nur Luchsaugen, sondern auch Ohren wie Elefanten. Wenn sie etwas interessiert, saugen sie alles, was sie sehen und hören, buchstäblich in sich auf. Und natürlich ist das, was Mama und Papa sagen und tun, für sie besonders interessant, denn ob die das wollen oder nicht, sie sind ihre Vorbilder. Aurelius Augustinus (354–430), der Heilige und Kirchenlehrer, soll dazu Folgendes gesagt haben: *Das Leben der Eltern ist das erste und wichtigste Buch, in dem ihre Kinder viele Seiten lesen.*

Vielen Eltern geht es auch so, wie es mir früher gegangen ist: Sie denken im Alltag zu wenig oder sogar gar nicht daran, dass sie vom Morgen bis zum Abend in dieses Buch Erfreuliches, aber auch Unangenehmes und Ärgerliches hineinschreiben. Und wenn sie das Woche für Woche, Monat für Monat über Jahre hinweg machen, entsteht allmählich ein dickes Buch mit vielen Familiengeschichten. Kinder »lesen« aber nicht nur das, was sie sehen und hören können, sondern im Laufe der Zeit verstehen sie auch, was beispielsweise Handbewegungen, ein Kopfnicken oder Augenzwinkern bedeuten. Jeden freundlichen und mürrischen Gesichtsausdruck nehmen sie auf und versuchen, sich aus Mamas und Papas Mimik und Gestik einen Reim zu machen. So ist jede Wahrnehmung ein kleiner Mosaikstein, aus dem ein Gesamteindruck entsteht. Gesamteindruck heißt, dass sich jedes Kind im Laufe der Jahre ein Bild von seinen Eltern macht. Kinder schlucken also das, was sie sehen, hören und fühlen, nicht wie ein Stück Brot runter und gehen zur Tagesordnung über, sondern mehr oder weniger bewusst verarbeiten sie ihre Wahrnehmungen.

Wissen Sie eigentlich, welches Bild sich Ihr Kind von Ihnen macht? Was haben Sie in den vergangenen Wochen alles in Ihr »Elternbuch« hineingeschrieben? Auch Ermutigendes, Wertvolles und Amüsantes? Etwas, worauf sie und auch Ihr Kind stolz sein können? Und was sagt Ihr Kind dazu? Möchten Sie manches streichen, weil es Ihnen leidtut und Sie sich schämen?

Eltern müssen wissen, dass an ihrem Kind nicht spurlos vorübergeht, was es über Jahre hinweg täglich sieht und hört, wie und worüber Mutter und Vater miteinander sprechen und streiten. Was sie gut und schlecht finden, für erstrebenswert halten oder ablehnen, ihnen wertvoll oder unwichtig ist. Das Denken und Handeln jedes Kindes wird aber auch davon beeinflusst, wie sich seine Eltern gegenüber anderen Menschen verhalten und über sie urteilen. Da gibt es z. B. Tante Rosalie, die Mama besonders gern hat, weil sie immer freundlich, lebenslustig und auch hilfsbereit ist – entsprechend begegnet ihr Mama. Bei Barbara, der Schwester von Papa, ist das ganz anders. Die bringt für Mama zwar immer Blumen und den Kindern Süßigkeiten mit, wenn sie zu Besuch kommt, aber Mama mag sie trotzdem nicht. »Die ist zickig und weiß alles besser«, sagt Mama oft so laut, dass es alle hören können. Am meisten ärgert sie sich, wenn ihr Barbara Ratschläge gibt, wie sie die Kinder erziehen soll, obwohl sie selbst keine Kinder hat.

Papa führt sich hin und wieder wie ein Zampano auf. Am liebsten würde er in die Tischkante beißen, wenn er auf der Autobahn überholt oder ihm ein Parkplatz weggeschnappt wird. Er meckert weniger als Mama, ist aber oft schnell zornig und sehr nachtragend. Zu den Nachbarn, die er partout nicht ausstehen kann, weil sie immer gleich motzen, wenn's zu Hause mal etwas lauter zugeht, ist er höflich, aber jeder sieht an seinem griesgrämigen Gesicht, wie viel Mühe ihm das macht.

Selbstverständlich versteht ein dreijähriges Kind noch nicht, was da so alles über Verwandte, Freunde, Nachbarn und Bekannte gesagt oder getuschelt wird. Aber jeden Tag versteht es das ein bisschen besser, denn am Reden und Verhalten seiner Eltern kann es gewissermaßen ablesen, wie sie denken und urteilen.

Interessant ist nun, dass Kinder schon früh die Fähigkeit haben, zwischen dem zu unterscheiden, was ihnen gesagt wird, und dem, was die, die etwas sagen, selbst tun. Beispiel: Die Mutter ermahnt ihren Sohn: »Hör endlich auf, dich mit deiner Schwester zu streiten!« Wenn das Kind, dem das gesagt wird, aber täglich erlebt, wie seine Eltern miteinander oder mit Nachbarn streiten, wird es für die Aufforderung seiner Mutter irgendwann kein Verständnis mehr haben und sich fragen: Warum soll ich mich eigentlich nicht mit meiner Schwester streiten? Mama und Papa machen mir ja vor, dass Streiten nichts Schlimmes, sondern etwas ganz Normales ist.

Längst nicht immer denken Eltern daran, dass sie in den Augen ihres Kindes nicht mehr glaubwürdig sind, wenn sie das, was sie ihm sagen oder von ihm fordern, selbst nicht tun. Vor vielen Jahren hat mir einmal eine Schülerin eine Lektion zum Thema Glaubwürdigkeit erteilt. Kurz vor Schluss einer Deutschstunde habe ich schnell noch die Hausaufgabe an die Tafel geschrieben: Sprachbuch, Seite … die Aufgaben …! Sofort meldete sich Hildegard (12) und sagte: »Uns sagen Sie immer, dass wir sauber und ordentlich schreiben sollen. Was Sie gerade an die Tafel geschrieben haben, kann ich nicht lesen.« Das hat gesessen! Hildegard hatte den Nagel auf den Kopf getroffen.

Oft ist uns nicht bewusst, dass wir keine guten Vorbilder sind.

Auch denken wir nicht daran, dass Kinder durch Ermahnungen, Vorwürfe und Drohungen verunsichert werden. Irgendwann fragt sich nämlich jedes Kind, was eigentlich gilt: das, was mir ständig gepredigt wird, oder das, was ich täglich mitbekomme? Warum hält sich Papa selbst nicht an das, was er von mir verlangt? Wenn ich zu meinem Bruder mal Kotzbrocken gesagt habe, macht Mama sofort ein Riesentheater. Aber wenn sie auf 180 ist, herumschreit und mir *Du unverbesserlicher Depp!* an den Kopf wirft, soll ich dafür Verständnis haben.

Vor einiger Zeit bat mich eine Nachbarin:»Sprich doch bitte einmal mit unserem David! Der lügt seit einiger Zeit. Und wir können uns nicht erklären, woran das liegt.« Ich suchte die Familie auf, um mit David (8) und seinen Eltern zu sprechen. Wir saßen in der Küche, und ich hatte mir vorgenommen, behutsam zu versuchen, hinter die Ursachen der Davidschen Schwindeleien zu kommen. Als ich gerade loslegen wollte, klingelte das Telefon. Spontane Reaktion der Mutter:»David, geh eben hin und sage, dass ich zum Einkaufen gefahren bin.« Nun sprach ich nicht mehr mit David, sondern – nachdem der Junge die Küche verlassen hatte – mit seiner Mutter. Lustig war dieses Gespräch zunächst nicht! Aber schließlich konnte ich sie davon überzeugen, dass sie ein herrliches Eigentor geschossen hatte.

Dieses Beispiel zeigt, worauf es vor allem ankommt. Im Grunde geht es immer um Glaubwürdigkeit. Sie ist für das Erziehen deswegen überaus wichtig, weil sie die Voraussetzung für Vertrauen ist. Vertrauen Sie Menschen, die in Ihren Augen unglaubwürdig sind? Beispielsweise Politikern, die sich nach der Wahl nicht mehr an das halten, was sie vor der Wahl versprochen haben? Wer es auch ist: Ich will mit Menschen, denen ich nicht vertrauen kann, weil sie unglaubwürdig sind, möglichst nichts zu tun haben.

Bei Kindern ist das nicht anders. Auch sie machen um Menschen, die quasi mit zwei Zungen sprechen, möglichst einen großen Bogen, weil sie ihnen misstrauen. Und wenn das ihre Eltern sind, die für ihr Kind gewissermaßen die geborenen Vorbilder sind, wird es mit dem Erziehen zwangsläufig Probleme geben.

Wenn Sie für Ihr Kind ein Vorbild sein wollen, sollten Sie sich immer wieder einmal fragen: Bin ich für mein Kind mit dem, was ich sage und tue, ein gutes Vorbild? Kann es Vertrauen zu mir haben? Bin ich glaubwürdig? Woran kann ich erkennen, dass es mir vertraut und mich mag? Es ist wichtig, sich diese Fragen zu stellen und ehrlich zu beantworten, weil es letztlich unmöglich ist, ein Kind zu erziehen, wenn es seine Eltern nicht mehr achtet, weil es ihnen misstraut.

Vorbilder, die ich hatte

Ob sich meine Eltern diese Fragen gestellt haben, kann ich nicht sagen. Aber sicher ist, dass sie für mich die wichtigsten Vorbilder waren, die ich hatte. Und weil es meines Erachtens aufschlussreich ist, wie es dazu gekommen ist, dass ich sie nicht nur respektiert, sondern geachtet und geliebt habe, möchte ich ein bisschen aus meinem (Familien-)Nähkästchen plaudern.

Meine Mutter

Neben meinem Vater, der aus besonderen Gründen für mich der wichtigste »Wegweiser« geworden ist, war und ist meine Mutter bis heute mein größtes Vorbild. Schon sehr früh habe ich mich an ihrem Verhalten und ihren Ansichten über Gott und Welt orientiert. Vieles, wenn auch nicht alles, was sie mir gesagt hat, war so etwas wie das Evangelium für mich.

Warum sie so großen Einfluss auf mich hatte, ist mir aber erst im Laufe der Jahre klargeworden: Sie hat durch das, was sie gesagt und getan hat, Glaubwürdigkeit gesät und Vertrauen geerntet. Daher habe ich sie auch immer zuerst um Rat gefragt, wenn ich z. B. wieder einmal einen kapitalen Bock geschossen hatte. Auch Geheimnisse habe ich ihr anvertraut, weil ich absolut sicher war, dass sie wie ein Grab schweigen kann. Hoch angerechnet habe ich ihr auch, dass sie sich immer an die Versprechen gehalten hat, die sie mir oder meinem älteren Bruder gegeben hat.

Bitte glauben Sie aber nicht, dass sie mit der Friede-Freude-Eierkuchen-Erziehung geliebäugelt oder sie sogar praktiziert hätte. Nein, sie hat uns nicht in Watte gepackt! Und das war gut so. Sie war auf milde Weise streng, aber durchaus auch kompromissbereit, wenn sie es für richtig hielt; nachsichtig und gütig, aber auch konsequent. Nie hielt sie mit ihren Ansichten hinter dem Berg, sondern sagte immer klipp und klar ihre Meinung. Und wenn mein Bruder oder ich etwas ausgefressen hatten, redete sie nicht um den heißen Brei herum, sondern stellte zuerst immer folgende Frage: Warum hast du das gemacht?

Nur wenn die Warum-Frage befriedigend beantwortet war, folgte der zweite Akt bzw. die Aufforderung: *Sag mir bis morgen, wie und wann du das, was du angestellt hast, wieder in Ordnung bringen willst! Mach aber bitte einen vernünftigen Vorschlag! Wenn du das nicht tust, sage ich dir, was du zu tun hast.*

Einer ihrer Erziehungsgrundsätze war: Jedes Kind muss möglichst früh lernen, für sich selbst, aber auch andere Menschen Verantwortung zu übernehmen. Als ich viele Jahre später das Buch von Hans Jonas *Das Prinzip Verantwortung* gelesen habe, habe ich manchmal gedacht: Mensch, Jonas! Das hat meine Mutter auch schon gesagt. Warum hat sie es eigentlich nicht aufgeschrieben?

Gut getan hat uns Kindern vor allem dreierlei:

Erstens, dass sie sich nie als die Immer-alles-besser-Wisserin aufgespielt und uns von oben herab wie kleine Würstchen behandelt hat. Was wir ohne ihre Hilfe, also selbständig tun konnten, mussten wir erledigen. Sie bestand darauf, dass wir außer dem, was wir für die Schule zu tun hatten, ihr auch bei der Haus- und Küchenarbeit sowie beim Einkaufen halfen. Ich war übrigens Weltmeister im Staubsaugen, aber beim Geschirrspülen und Abtrocknen absichtlich eine Niete. Trotzdem – oder gerade deswegen? – hat sie mich auch zu diesen Arbeiten eingeteilt.

Klappte etwas nicht so, wie sie sich das vorgestellt hatte, ließ sie nicht locker, bis sie mit uns einigermaßen zufrieden war. Dass das Zeit gekostet hat, war ihr vielleicht nicht egal, aber sie hat sie sich genommen. Zwar nicht immer, aber meistens hat sie uns mit Engelsgeduld das erklärt, worauf es ihr ankam. Es ist aber auch vorgekommen, dass sie uns ausgeschimpft hat, wenn wir dabei nicht aufgepasst haben und unaufmerksam waren.

Zweitens, dass sie aus ihren Gefühlen kein Hehl gemacht hat. Wenn sie sich z. B. über mich geärgert hatte, hat sie nie mit Vorwürfen gewürzte Klagelieder gesungen oder mit Strafen gedroht, sondern erklärt, warum sie traurig oder wütend ist, ratlos oder mit ihrer Geduld am Ende. Nichts hat sie um des lieben Friedens willen unter den Teppich gekehrt. Diese Aufrichtigkeit, die geradezu eins ihrer Markenzeichen war und mir manchmal auch weh getan hat, habe ich ihr zwar gelegentlich verübelt, aber lange habe ich mein Maulen nie durchhalten können, weil ich sie sehr gerngehabt habe.

Drittens, und das war für uns Kinder besonders wichtig: Sie hatte Humor und eine erstaunliche Gelassenheit. Mit ihrem Humor hat sie dafür gesorgt, dass in unserer Familie immer mehr gelacht als geheult wurde. Auch wenn gelegentlich eine Situation ausweglos erschien, ist ihr das Lachen nicht vergangen. Ihr Motto war: Die Lage ist zwar hoffnungslos, aber keineswegs ernst. Von ihr habe ich auch gelernt, was Mutterwitz ist. Warum gibt es in unserer Sprache eigentlich nicht das Wort »Vaterwitz«?

Zu ihrer Gelassenheit hat beigetragen, dass sie nicht die Neigung hatte, aus Mücken Elefanten zu machen oder durch Schönreden oder Verkleistern von Problemen aus Elefanten Mücken. Obwohl wir – unbewusst? – ihre Geduld oft strapaziert haben, hat sie kaum die Fassung verloren. Das lag daran, dass sie bei Problemen, die sie nicht lösen konnte, erst einmal tief durchgeatmet und nicht spontan reagiert hat. Ich kann mich noch gut daran erinnern, dass sie in schwierigen Situationen z. B. erklärt hat:»Jetzt brauch ich ein bisschen Zeit! Bevor ich euch sage, wie wir das Problem vielleicht lösen können, muss ich mir alles erst noch mal durch den Kopf gehen lassen.«

Besonders beeindruckt hat mich, wie sie mit uns, aber auch mit Freunden, Nachbarn und fremden Menschen gesprochen und sich ihnen gegenüber verhalten hat: Freundlich und immer darauf bedacht, Brücken zu bauen, zu helfen und nicht jedes Wort auf die Goldwaage zu legen. Hoch angerechnet habe ich ihr, dass sie ihre schlechte Laune, die sie natürlich gelegentlich auch hatte, nie an mir oder meinem Bruder ausgelassen hat. Unvergesslich sind mir ihre vielen guten Ratschläge, die ich noch heute nicht nur beherzige, sondern an unsere Enkelkinder weitergebe. Auch ihr gutes Zureden, um mich davon zu überzeugen, dass Fleiß besser als Faulheit, Ordnung besser als Unordnung ist, werde ich nie vergessen.

All das und noch vieles andere waren im Grunde vertrauensbildende Maßnahmen, die bei mir tiefe Spuren hinterlassen haben. Was sie mir vorgelebt hat, hat entscheidend dazu beigetragen, dass ich irgendwann die absolute Gewissheit hatte: Mama meint es wirklich gut mit mir. Ich kann mich auf sie verlassen und ihr alles sagen, ohne befürchten zu müssen, dass sie mich mit Worten steinigt oder mir eine Tracht Prügel verabreicht.

Das Vertrauen, das sie in mich und ich in sie gesetzt habe, war sozusagen das Fundament dafür, dass wir immer – also auch in meiner Sturm-und-Drang-Zeit, die bekanntlich als Pubertät bezeichnet wird – gut miteinander ausgekommen sind. Aber nicht nur das: Mehr oder weniger bewusst habe ich vieles von ihr übernommen. Auch ihre religiösen, politischen und pädagogischen Überzeugungen und Werte, für die sie eingetreten ist, waren für mich wichtigste Orientierungen. Kurzum: Ich identifizierte mich mit ihr, weil sie für mich ein lebendes Vorbild war.

Mein Vater

Wenn ich an Prominente unserer Zeit denke, war mein Vater eine einzigartige Mixtur aus Helmut Schmidt und Franz Josef Strauß, Papst Benedikt, Franz Beckenbauer und Thomas Gottschalk. Wie Schmidt drückte er sich nicht um Entscheidungen herum, sondern handelte dann entschlossen, wenn es die Situation erforderte. Wenn er lautstark und aggressiv für seine Überzeugungen eintrat, habe ich damals oft gedacht: Der kann ja auch so poltern wie der Strauß! Das hat großen Eindruck auf mich gemacht, obwohl ich längst nicht alles, was er gesagt hat, verstanden habe. Bei ihm nicht – aber bei Strauß auch nicht.

Zwar wollte er nicht Papst werden, jedenfalls hat er das nie gesagt, aber eine Portion von »Benedetto« steckte in ihm. In einer Zeit, als die Nazi-Verbrecher in Deutschland das Sagen hatten und es nicht ungefährlich war, sich öffentlich zum Glauben zu bekennen, ist er mit uns jeden Sonntag zur Messe gegangen. Das war für ihn ebenso selbstverständlich wie der gute Kontakt zu den beiden Geistlichen »unserer« Pfarrei St. Norbert: Pfarrer Tomberge und Kaplan Dirkes. In dieser Zeit Kontakt zu Geistlichen zu haben und zu halten war eine Art Glaubensbekenntnis. Das ist mir allerdings erst später klargeworden.

Beckenbauer erwähne ich deswegen, weil seine Begeisterung für Fußball der von »Kaiser Franz« sehr ähnlich war. In Öls (Schlesien) hatte er schon 1924 einen Fußballverein gegründet und bis zu unserem Umzug nach Berlin in diesem Verein auch gespielt – allerdings nur mit mäßigem Erfolg. Außer am Fußball hatte er auch großes Interesse an der Leichtathletik. Daher ist er auch – zu damaliger Zeit eine Weltreise! – 1936 mit zwei Freunden zur Olympiade nach Berlin gefahren. An die Geschichten, die er mir darüber immer wieder erzählt hat, kann ich mich noch gut erinnern.

Seine »Verwandtschaft« zu Thomas Gottschalk war eindeutig. Nicht nur seine Schlagfertigkeit, sondern auch seine spontanen Ideen haben mich oft sprachlos gemacht. Wenn er gut in Form war und die richtigen Zuhörer hatte, konnte er stundenlang Witze erzählen. Hinzu kam seine erfrischende Unbefangenheit, wenn es z. B. darum ging, auf Menschen zuzugehen oder sie in ein Gespräch einzubeziehen.

War er mein Vorbild? In den ersten Lebensjahren bestimmt nicht. Ich habe ihn respektiert, weil mir nichts anderes übriggeblieben ist. Achten und gernhaben konnte ich ihn jedoch nicht.

Aber da er lernbereit und Einfühlungsvermögen eine seiner Stärken war, hat sich unsere Beziehung allmählich grundlegend verändert. Mit dem Ergebnis, dass ich als Jugendlicher gesagt habe: Vater ist *mein* Vorbild!

Das Kardinalproblem war seine Überzeugung, von Erziehung nicht nur viel, sondern alles zu wissen, denn immerhin war er ja selbst erzogen worden. Er glaubte felsenfest daran, dass ihm seine überaus strenge Erziehung letztlich gutgetan hatte. Jedenfalls hat sie dazu beigetragen, dass aus ihm, wie er oft gesagt hat, ein lebenstüchtiger und im Beruf erfolgreicher Mensch geworden ist. Für ihn gab es also keinen Grund, über das Für und Wider seiner Erziehungsmethoden nachzudenken – vorerst nicht.

Meinen Bruder und mich erzog er nach einem Motto, das schon im Alten Testament steht: *Wer nicht hören will, muss fühlen.* Dieses WENN-DANN war für ihn eine Art Grundgesetz, weil er danach erzogen worden war. Folglich wandte er es auch bei uns an. Ob er auch die oft zitierte Stelle aus Goethes Ballade vom »Erlkönig«: *Und bist du nicht willig, so brauch ich Gewalt,* kannte, weiß ich nicht. Aber unbewusst hat er sich daran orientiert.

Mein Pech war, dass mein Bruder im Vergleich zu mir ungewöhnlich pflegeleicht war. Woran das lag, wusste niemand. Aber für meinen Vater war dieses stets brave und gehorsame Kerlchen der Beweis für seine erfolgreichen Erziehungsmethoden. Immerhin hatte er die schon fünf Jahre ausprobiert, als ich das Licht dieser schönen neuen Welt erblickte. Er hatte also mit der Erziehung bereits Erfahrungen gesammelt und nicht den geringsten Zweifel, dass das, was beim Großsohn wunderbar geklappt hatte, auch beim Kleinsohn funktionieren muss bzw. wird. Gegen diese Überzeugung musste ich also antreten.

Schon in den ersten zwei bis drei Jahren stellte sich heraus, dass ich längst nicht so leicht zu erziehen war wie sein Großsohn. Er konnte sich nicht erklären, warum ich mich anders als mein Bruder verhielt, wenn er mich z. B. ermahnte oder ihm wieder einmal die Hand ausgerutscht war. Meine Trotzreaktionen und vor allem mein Ungehorsam verunsicherten ihn. Später hat er mir einmal erzählt, dass aus seiner Verunsicherung Ratlosigkeit und schließlich Wut geworden ist.

Natürlich wollte er auch mir all das beibringen, was er schon meinem Bruder beigebracht hatte. Bestimmt hatte er beste Absichten, aber leider wusste er nicht, wie er mich dazu bringen kann, dass ich ihm z. B. gehorche, höflich und rücksichtsvoll bin, manierlich esse oder ordentlich mit meinen Sachen umgehe. Im Grunde verhielt er sich mir gegenüber wie ein Diktator, der in mir einen aufmüpfigen Untertanen sah: Er gab mir Befehle und erwartete, dass ich sie ausführte.

Mit seinen Erziehungsmaßnahmen hat er zwar immer ins Schwarze gezielt, aber oft haarscharf danebengeschossen bzw. ins Blaue getroffen, weil er – im Gegensatz zu meiner Mutter! – meistens nicht den richtigen Ton gefunden hat. Ein großes Problem war auch, dass er mich mit seinen Erwartungen und Forderungen oft schlicht und einfach überfordert hat. Dann war er enttäuscht oder wütend, und ich zog mich weinend oder laut lamentierend von ihm zurück.

Rückzug bedeutete aber auch, dass ich für seine gutgemeinten Ratschläge, die nicht selten weniger Rat als verbale Schläge waren, zunehmend weniger Verständnis hatte. Auch für seine Ungeduld nicht, die wie ein Gewitter über mich hereinbrechen konnte, wenn er mir vorwarf, dass ich wieder mal alles falsch gemacht hatte. Die Folge war, dass ich ihn nur noch dann um Rat fragte oder um eine Erklärung bat, wenn es nicht zu umgehen war.

Bevor ich in die Grundschule kam, hat mich vor allem Folgendes genervt: dass er mir mit lästiger Unermüdlichkeit immer wieder erklärt hat, warum ich in der Schule fleißig lernen muss, gut aufpassen, brav und ordentlich sein muss. Wenn er nur das Wort Schule hörte, ging's gebetsmühlenhaft sofort los. Unvergesslich ist mir, wie er seine Empfehlungen oft begründet hat: *Ich sag dir das alles, weil ich es doch gut mit dir meine. Später wirst du mich verstehen.*

Kurz, aber leider nicht gut: In den ersten Lebensjahren war mein Vater kein Vorbild für mich. Ich hatte das Gefühl, dass er in mir einen Lümmel sah, ein Kind nur, erst in Zukunft einen Menschen, jetzt noch nicht. Und dieses Gefühl beeinflusste natürlich mein Verhalten ihm gegenüber. So kam es immer häufiger zu Konflikten, für die er selbstverständlich mich, den dickköpfigen und unbelehrbaren Lümmel, verantwortlich machte.

Diese Konflikte, unter denen meine Mutter oft gelitten hat, hatten aber letztlich auch etwas Gutes: Er fing an, über seine Erziehungsmethoden nachzudenken, weil ihn unser Katz-und-Maus-Verhältnis, das sich immer mehr verschlechtert hatte, buchstäblich mürbe gemacht hat. Die Einsicht, dass er mich anders als meinen Bruder erziehen muss, ist ihm nicht leicht gefallen – so hat er mir später einmal erzählt.

Zu dieser Einsicht hat aber auch meine Mutter beigetragen. Sie hat sozusagen nachgeholfen und ihm gut zugeredet, doch wenigstens einmal zu versuchen, mit meinen Augen zu sehen, mit meinem Kopf zu fühlen und meinem Herzen zu denken; mich auch mal zu loben, wenn es etwas zu loben gab; mir durch mehr als nur ein aufmunterndes Wort zu zeigen, dass er mich gernhat, und – obwohl sie das gar nicht haben konnte! – mit mir z. B. gelegentlich eine Kissenschlacht zu machen.

Das war viel verlangt. Aber so gut es ging, hat er ihre Ratschläge befolgt. Allmählich wurde aus einem Saulus ein Paulus und unser Verhältnis entspannte sich. Wenn nur wir beide z. B. eine Radtour machten, zum Schwimmen gegangen sind oder für meine Mutter etwas gebastelt haben, lernte ich einen »neuen« Vater kennen, den ich ganz toll fand.

Auf einem Gebiet wurde er für mich ein großes Vorbild: Nach seiner »Wende« hat mich seine Begeisterung für den Sport angesteckt. Oft ist er mit mir ins Berliner Olympiastadion zu Fußball-Länderspielen oder anderen Sportveranstaltungen gegangen. Da war er besonders locker und redselig, immer für irgendeinen Unsinn zu haben und spendabel. Zusammen haben wir Würstchen gefuttert und Eis geschleckt, aber gleichzeitig wie Wahnsinnige mit 99 998 anderen Fans Tooooor gebrüllt. Überglücklich haben wir uns in den Armen gelegen, wenn »unsere« Mannschaft, Herta BSC, in der letzten Spielminute noch das ungeduldig erwartete 1:1 geschossen hatte. Ja, der Sport hatte für mich etwas Verbindendes!

Als ich dann in den Sportverein OSC-Schöneberg eingetreten bin, lernte ich meinen Vater noch von einer anderen Seite kennen. Ich habe Handball gespielt, und in der Leichtathletik waren Hochsprung und der 100-Meter-Sprint meine Paradedisziplinen. Nach jedem Training fragte er mich, wie es gewesen war. Und selbstverständlich war er bei jedem Spiel und jedem Wettkampf im Stadion, um mich anzufeuern. Als ich 1951 »Berliner Jugendmeister« im Hochsprung geworden war, hat er sich mehr als ich gefreut. Ja, der Sport hatte etwas Verbindendes!

Interessant war, wie er sich verhielt, wenn ich wegen einer Niederlage den Kopf hängen ließ. Dann hat er mich getröstet und z.B. mit folgenden Worten aufzubauen versucht: *Diesen Reinfall musst du verkraften, denn diesmal war die andere Mannschaft wirklich besser als ihr. Es hätte noch viel schlimmer kommen können. Beim Rückspiel werdet ihr die Reinickendorfer Füchse bestimmt schlagen.* Leider hat das aber nie geklappt.

Unfairness machte ihn zur Furie! Wenn ich oder ein Mitspieler von einem Gegenspieler gefoult worden war, konnte er so ausrasten, dass ich ihn beruhigen musste. Und wenn wir unentschieden gespielt hatten, war er meistens mit folgender Aufforderung zur Stelle: *Mensch, freu dich doch wenigstens ein bisschen! Ein Punkt ist doch auch schon was, oder?*

Was auch geschah, wichtig war für mich vor allem, dass er an meinen sportlichen Hochs und Tiefs Anteil nahm. Wenn er es irgendwie einrichten konnte, schaute er beim wöchentlichen Training zu und sprach gelegentlich auch mit unserem Trainer Horst Kässler, einem Nationalspieler. Der war für mich nämlich auch ein Vorbild. Aber das ist wieder eine andere Geschichte.

So war das also mit meinem Vater. Vieles hat im Laufe der Jahre dazu beigetragen, dass sich das Bild, das ich einmal von ihm gehabt hatte, grundlegend verändert hat. Er war nicht – wie meine Mutter – von vornherein mein Vorbild, sondern hat sich dazu entwickelt, weil er nicht stur an seinen Ansichten über Erziehung festgehalten hat. Dass er einfühlsam und lernbereit auf meine Interessen, Eigenheiten, Bedürfnisse, Stärken und Schwächen eingegangen ist, rechne ich ihm hoch an.

Für mich, aber auch für ihn, war das ein Glück. Für mich, weil ich ein Vorbild hatte, an dem ich mich orientieren konnte. Für ihn, weil es mir nun viel leichter fiel, ihn trotz seiner Macken, die er natürlich auch hatte, nicht nur ernst zu nehmen, sondern ohne Wenn und Aber zu achten. Das Vorbildliche, das er mir für mein Leben mitgegeben hat, wog nämlich seine Schwächen zigtausendmal auf. Und vorbildlich waren seine Gewissenhaftigkeit und Zuverlässigkeit, sein Pflichtbewusstsein und sein Einfühlungsvermögen.

Mit Schwächen meine ich, dass er z. B. die Neigung hatte, in der köstlichsten Suppe immer nach mindestens einem Haar zu suchen – und oft hat er das auch gefunden. Oder: Wenn wir alle zusammen über eine Wiese mit vielen schönen Blumen wanderten, sah er die überhaupt nicht, sondern nur die Kuhfladen. Auch die weghoppelnden Kaninchen, bunten Schmetterlinge oder zwitschernden Vögel sah und hörte er nicht, weil er damit beschäftigt war, Wespen in die Flucht zu schlagen oder nach Wölfen und angriffslustigen Aasgeiern Ausschau zu halten. Wenn ich mit meiner Mutter über diese und andere Eigenarten sprach, sagte sie immer nur: »Papa ist halt so. Ich finde das auch nicht immer lustig, aber er hat auch viele gute Seiten.«

Das Glück, das ich mit meinem Vater hatte, hat Franz Kafka (1883–1924), der berühmte Schriftsteller, leider nicht gehabt. Mit 36 Jahren, fünf Jahre vor seinem Tod, hat er 1919 einen *Brief an den Vater* geschrieben. Auf 74 Seiten beschreibt Kafka die »Qualen seiner Kindheit« und macht seinem Vater einen »schrecklichen Prozess«.

Dieser lange Brief, mit dem sich die psychoanalytische Forschung intensiv befasst hat, zeigt eindrucksvoll, was geschehen kann, wenn ein Vater, »bei Lebzeiten ein Toter« ist, wie Kafka schreibt. Dieser Brief ist eine einzige Anklage, und ich empfehle Ihnen, ihn einmal zu lesen. Kafka deckt nämlich Zusammenhänge auf und beschreibt Situationen, die ich nur andeuten konnte. Zusammenhänge, die für die Themen Erziehung und

Vorbild von großer Bedeutung sind. Und sollten Sie einen unbelehrbaren Vater kennen, einen, der mit seinem Kind auf Kriegsfuß steht, dann sollten Sie überlegen, ob sie nicht 5,95 Euro lockermachen können und – als Wink mit dem Zaunpfahl – ihm Kafkas Brief schenken.

20 Eine gute Eltern-Kind-Beziehung ist das A und O der Erziehung

Zu Weihnachten 2008 haben mir meine Kinder ein GPS-Navigationsgerät geschenkt. Nun wirst du dich nicht mehr verfahren und kommst schneller ans Ziel, habe ich mir gedacht. Und so war es auch. Eine freundliche Frauenstimme hat mir immer gesagt, wo es langgeht. Weil ich aber wissen wollte, was sie sagt, wenn ich die Anweisungen nicht befolge, bin ich absichtlich »falsch« gefahren. Prompt kam die Aufforderung: *Wenn möglich, bitte wenden!* Oder: *Nehmen Sie bitte die nächste Ausfahrt!*

Diese Navi-Geräte sind eine tolle Erfindung, finde ich. Obwohl ich schon wiederholt versucht habe, meine aufmerksame Navi-Reiseführerin aufs Glatteis zu führen, hat sie noch nie zu mir gesagt: *Du Esel, wann kapierst du endlich, dass du nie dort ankommen wirst, wo du hin willst, wenn du nicht auf mich hörst.* Zwar weiß ich nicht, *wie* Navis funktionieren, aber das weiß ich von unserem Fernseher und meinem PC auch nicht. Letztlich ist mir das auch egal, Hauptsache, *dass* sie funktionieren.

Seitdem ich dieses Gerät habe, wünsche ich mir so ein Wunderding für alle Eltern, das ihnen immer unmissverständlich sagt, ob sie auf dem richtigen oder falschen Wege sind, wenn sie sich z. B. darum bemühen, eine vertrauensvolle Mutter-Kind- bzw. Vater-Kind-Beziehung zu entwickeln. Das wäre doch ein Traum, oder? Gäbe es das, müsste allerdings noch dafür gesorgt werden, dass es die Eltern nicht nur ständig eingeschaltet lassen, sondern – und das ist noch wichtiger! – sich auch danach richten.

Paulig, das ist doch eine verrückte Idee, sagen Sie jetzt vielleicht. Dem halte ich entgegen: *Wer nicht an Utopien glaubt, ist kein Realist* (Bill Gates). Aber ich möchte mich mit Ihnen nicht darüber streiten, ob dieser Gedanke hirnrissig ist oder nicht. Wünschenswert wäre die Erfindung von einem Erziehungs-Navi für Eltern allemal, denn viele suchen nach Orientierungen bzw. »Wegbeschreibungen«.

Da es so ein Wunderding aber noch nicht gibt, informieren sich insbesondere die Eltern, die sich um Erziehungskompetenz bemühen, auf andere Weise. Manche besuchen Kurse oder hören sich Vorträge an. Aber die meisten wählen aus einer unübersehbaren Fülle von Büchern und Zeitschriften, die sich mit speziellen und allgemeinen Fragen der Erziehung befassen, das aus, was sie interessiert.

Ich finde es sehr erfreulich, dass es heute viele Möglichkeiten gibt, sich Rat zu holen. Aber dabei gibt es ein grundsätzliches Problem: Nicht in jedem Fall ist der gute Rat, den man bekommt, auch der beste. Es kann bekanntlich durchaus passieren, dass der Vorschlag, dieses oder jenes mal zu versuchen, bei einem bestimmten Kind nicht zum Erfolg führt. Auch vielfach bewährte Ratschläge können nämlich völlig falsch sein. Und dann stellen sich Eltern Fragen, weil sie verunsichert sind und Zweifel haben: Lag es am Kind oder war die Empfehlung für mein Kind unpassend? Oder habe ich als Mutter bzw. Vater etwas falsch gemacht? Aber was?

Ein Beispiel: Eine Mutter hatte in einem Vortrag gehört, wie man mit aggressiven Kindern umgehen soll. Sie hielt das, was ihr empfohlen worden war, für sinnvoll und wendete bestimmte Vorschläge in der Hoffnung an, dass sich ihr Kind nicht mehr aggressiv verhält. Aber sie wurde enttäuscht. Obwohl sie sich genau an die Empfehlungen gehalten hat, änderte sich nichts. Ihr kleiner Wüterich reagierte auf Mamas neue Erziehungsmaßnahmen nicht wie erhofft. Darüber war sie nicht nur traurig, sondern sie glaubte, versagt zu haben. Nun fragte sie sich, wie dieser Misserfolg zu erklären sei.

Haben Sie auch schon die Erfahrung gemacht, dass es Ratschläge gibt, die bei dem einem Kind Gutes bewirken, bei einem anderen dagegen überhaupt nicht? Woran liegt das eigentlich?

Ist es mit solchen Empfehlungen etwa auch so wie mit Medikamenten: Bei einem schlagen sie an, bei einem anderen nicht? Und wenn sie nicht anschlagen, muss dann eine Medizin nach der anderen ausprobiert werden, bis man die richtige gefunden hat? Immerhin bekommt man bei Arzneien oft die Empfehlung: *Bei Risiken und Nebenwirkungen fragen sie ihren Arzt oder Apotheker!* An wen kann man sich wenden, wenn sich ein »Erziehungsrezept« als untauglich erweist?

Mit diesen Fragen möchte ich auf einen Zusammenhang aufmerksam machen, der Eltern, aber auch anderen, die Kinder erziehen, nicht immer bewusst ist. Sie haben zwar gute Vorsätze und auch großartige Erziehungsziele, aber oft ahnen sie nicht einmal, dass eine gute, also in erster Linie vertrauensvolle Beziehung zu einem Kind die entscheidende Voraussetzung für das Gelingen von Erziehung ist – sie ist sozusagen das Fundament aller Erziehung.

Auf die Beziehung kommt es vor allem an und nicht zuerst auf irgendwelche Absichten und Ideale. Aber die Beziehung hängt immer von der inneren Einstellung ab, die Eltern zu ihrem Kind haben. Wenn sie es lieben, werden sie sich entsprechend verhalten und es wird ihnen auch nicht schwerfallen, eine vertrauensvolle Beziehung zu ihm herzustellen. Lehnen sie ihr Kind aber aus irgendwelchen Gründen ab, werden sie mit der Erziehung Schwierigkeiten bekommen, weil sie zu ihm keine gute Beziehung entwickeln konnten. Ich könnte auch sagen: Wie Eltern sich gegenüber ihrem Kind verhalten bzw. mit ihm umgehen, wird von vielem beeinflusst, aber die entscheidende Rolle spielt immer ihre Gesinnung.

Im Grunde ist das nichts Neues. Schon Jean-Jacques Rousseau (1712–1778) war davon überzeugt, dass eine positive Eltern-Kind-Bindung das A und O der Erziehung ist. In seinem Erziehungsroman *Émile* hat er den Eltern seiner Zeit empfohlen:

1. Nehmt euch Zeit für eure Kinder!
2. Denkt daran, dass Kinder Zärtlichkeit brauchen!
3. Vergesst nie, für Kinder ist Zuwendung so wichtig wie Brot!

Wegen dieser und anderer Empfehlungen hat man Rousseau für einen weltfremden Träumer gehalten. Aber mit folgender Behauptung hat er viele gegen sich aufgebracht: *Alles ist gut, wie es aus den Händen des Schöpfers hervorgeht, alles entartet unter den Händen des Menschen.* Ist das wirklich so? Aber lassen wir Rousseau beiseite! Interessant ist, dass sich seit Jahren auch Neurobiologen mit der Bedeutung menschlicher Beziehungen befassen. Nach den vorliegenden Untersuchungsergebnissen steht Folgendes fest:

1. Die vertrauensvolle Eltern-Kind-Beziehung ist die wichtigste Voraussetzung für den Erziehungsprozess.
2. Gute Eltern-Kind-Beziehungen entwickeln sich, wenn einem Kind Beachtung, Anerkennung und Wertschätzung entgegengebracht werden.
3. Konstruktive Beziehungserfahrungen haben Rückwirkungen auf das Verhalten eines Kindes und auch Langzeitwirkungen.
4. »Der Mensch ist – und das gilt für das Kind in ganz besonderer Weise – ein ›Beziehungstier‹«, schreibt der Mediziner, Neurobiologe und Psychotherapeut Joachim Bauer. Und weiter: »Alles, was Menschen in Beziehungen erleben, wird vom Gehirn in biologische Signale verwandelt, wirkt sich auf die Leistungsfähigkeit unseres Körpers aus und beeinflusst unser Verhalten.«

Außerdem wurde festgestellt, dass die Eltern-Kind-Beziehung gleichsam eine sehr empfindliche und auch anspruchsvolle Pflanze ist, die gehegt und gepflegt werden muss. Wenn das nicht geschieht, weil z. B. Ängste, Misstrauen und bittere Enttäuschungen des Kindes diese einzigartige Beziehung mehr oder weniger trüben und belasten, verlieren Eltern allmählich ihren Einfluss.

Das kann so weit gehen, dass ein Kind auch mit gutem Zureden nicht mehr erreichbar bzw. nicht mehr ansprechbar ist. Ob es das dann offen ausspricht oder nicht, ist letztlich egal. Sein gesamtes Verhalten seinen Eltern gegenüber macht deutlich, was es noch von der Beziehung zu ihnen hält. Nämlich gar nichts mehr!

Ein heute Fünfzehnjähriger, der wieder Frieden mit seinen Eltern geschlossen hat, hat es mir einmal so gesagt: »Irgendwann hatte ich von meinen Eltern die Schnauze gestrichen voll. Es war mir scheißegal, was sie über mich gedacht und zu mir gesagt haben, denn ich hatte mich innerlich von ihnen verabschiedet.« Das Entscheidende zur »Heilung« dieser massiv gestörten Eltern-Kind-Beziehung hat übrigens eine äußerst kompetente Kinder- und Jugendpsychologin und Erziehungsberaterin beigetragen. Sie hat den Eltern dieses Jungen aber nicht nur die enorme Bedeutung der Beziehung erklärt, sondern mit ihnen eine Therapie entwickelt, die geholfen hat.

Schon oft hatte ich bei Gesprächen mit Eltern den Eindruck, dass sie durchaus spüren und intuitiv wissen, wie wichtig es ist, für ein vertrauensvolles und entspanntes Verhältnis zu ihrem Kind zu sorgen. Dieses Wissen hält sie aber längst nicht immer davon ab, ihrem Kind bei Konflikten und den sogenannten Machtkämpfen z. B. Vorwürfe zu machen, ihm Gemeinheiten an den Kopf zu werfen, es zu verurteilen und zu strafen. Und das tun sie in der Hoffnung, dass ihr Kind ihnen das nicht übelnimmt und ihnen auch verzeiht, wenn sie in einer Stresssituation mal wieder durchgeknallt sind.

Es kann durchaus sein, dass sich ihre Hoffnung erfüllt, denn normalerweise sind Kinder nachsichtiger als Erwachsene, das ist jedenfalls meine Erfahrung. Aber man darf ihnen auch nicht zu viel zumuten. Daher sollten Eltern gerade dann, wenn ihre Galle überzulaufen droht, immer an eins denken: Kein Vorwurf, keine Verurteilung und keine als ungerecht empfundene Strafe geht spurlos an ihrem Kind vorüber und wirkt sich positiv auf die Beziehung aus.

Zweierlei kann ich beim besten Willen nicht verstehen. Zum einen, wenn Eltern die Wohnungs-, Haus-, Garten-, Hobby- oder Autopflege für wichtiger als die Beziehungspflege halten. Zum anderen fehlt mir jedes Verständnis, wenn Eltern z. B. durch hemmungsloses Herumschreien und verletzende Anklagen die Beziehung zu ihrem Kind aufs Spiel setzen. Im Grunde sind Eltern, die sich so verhalten, nicht nur inkompetent, sondern auch borniert (= beschränkt). Nicht selten sind sie ratlos, weil es schon bei lächerlichen Anlässen zu Streitereien mit ihrem Kind kommt. Anstatt sich aber zu fragen, ob die ständig gereizte Stimmung damit zusammenhängen könnte, dass sie nicht genug für ein harmonisches Familienleben und die Beziehungspflege getan haben, versuchen sie, ihrem – aus ihrer Sicht! – uneinsichtigen, störrischen oder ungehorsamen Kind die Schuld in die Schuhe zu schieben.

Eigenartig ist, dass die meisten Eltern in den ersten Lebensjahren ihres Kindes noch unendlich viel für die liebevolle Beziehung tun. Beim Baby jubeln sie über jedes Lächeln. Und wenn das Herzallerliebste kuscheln möchte oder weint, weil es sich weh getan hat, ist selbstverständlich immer jemand da, der Zeit für Zärtlichkeiten und zum Trösten hat. Selbstverständlich wird der richtigen Ernährung ebenso wie der Körperpflege größte Aufmerksamkeit geschenkt. Die ersten Schritte sind Familien-Ereignisse, die auf Video festgehalten werden. Und wenn das Sonnenscheinchen das erste Mal »Mama« oder »Papa« nuschelt, o mein Gott, das ist doch etwas Wunderbares!

Warum nimmt das Interesse der Eltern – aber nie das ihres Kindes! – an einer guten Beziehung im Laufe der Jahre eigentlich oft ab? Liegt das etwa daran, dass das Erziehen schwieriger wird, weil das Kind nicht mehr alles widerspruchslos an- und hinnimmt, was ihm seine Eltern sagen? Aber warum tut es das? Vieles kann dahinterstecken, aber eine Ursache kann eben sein, dass es sich zu Hause nicht mehr wohl fühlt. Und es wird sich dann nicht wohl fühlen, wenn die Beziehung zu seinen Eltern alles andere als gut ist.

Das, wovon ich Sie überzeugen möchte, ist im Grunde ganz einfach, wenn Sie nur einmal an die Menschen denken, zu denen Sie eine vertrauensvolle Beziehung haben. Vielleicht sind das nicht sehr viele, aber bestimmt gehört Ihre beste Freundin bzw. Ihr bester Freund dazu. Sie oder er wird ein Mensch sein, dem Sie z. B. alles anvertrauen können, was Sie bewegt, weil

Sie sich absolut sicher sein können, dass Sie sich auf seine Verschwiegenheit verlassen können. Auch wenn Sie seinen Rat und seine Hilfe brauchen, werden Sie sich an ihn wenden. All das und noch vieles andere werden Sie ohne Angst und Vorbehalte tun, weil Sie die Gewissheit haben, dass Ihre freundschaftliche Beziehung gleichsam wie ein Fels in der Brandung durch nichts und niemanden zu erschüttern ist.

Die dreizehnjährige Sylvia hat das, was meiner langen »Rede« kurzer Sinn ist, einmal so gesagt: »Meine Eltern sind klasse. Ich möchte keine anderen haben. Auch wenn sie manchmal gestresst sind und spinnen: Ich mag sie einfach und weiß, dass sie mich auch mögen. Immer, auch wenn's mal eng ist, nehmen sie sich Zeit für mich. Und deswegen hör ich auch auf ihren Rat und richte mich danach, meistens jedenfalls. Noch nie haben sie mich ungerecht behandelt und in die Pfanne gehauen, wenn ich mal Mist gebaut habe. Voll cool ist, dass sie ihre Versprechen immer halten. Besonders mag ich sie aber deswegen, weil ich ihnen blind vertrauen kann.« Wenn Ihr Kind auch so über Sie spricht bzw. Ihnen so ein Führungszeugnis ausstellt, haben Sie alles richtig gemacht. Und dazu gratuliere ich Ihnen.

Das »Experiment« in der Antarktis

Im Januar 2009 habe ich im Fernsehen zufällig einen Bericht über den Aufenthalt von neun Menschen in der Antarktis gesehen. Dieser Bericht, der für das Thema Beziehung sehr aufschlussreich war, hat mich aus mehreren Gründen beeindruckt:

1. Sechs deutsche Wissenschaftlerinnen und Wissenschaftler, zwei Techniker und eine Köchin hatten sich freiwillig gemeldet, um in der deutschen Forschungsstation »neumayer 2« vierzehn Monate an bestimmten Aufgaben zu arbeiten.
2. Die zum Teil äußerst schwierigen Wetterverhältnisse mit Schneestürmen und nicht selten unter dreißig Grad minus erschwerten die Arbeit erheblich.

3. Die äußeren Bedingungen wurden gemeistert, aber nicht die Konflikte, die sich ausgerechnet wegen der Esserei entwickelten. Mehrere Mitglieder des Teams hielten sich nicht an die Vereinbarungen, auf die man sich ursprünglich geeinigt hatte. Sie fingen an, in den Vorräten nach Fressalien zu suchen, die sie lieber aßen als das, was die Köchin gekocht hatte.

4. Sie kochten sich aber nicht nur ihr eigenes Süppchen, sondern sie futterten auch allein. Die Folge war, dass die Spannungen zunahmen. Schließlich gab es zwei Gruppen: Eine war pro Köchin und ihre Speisekarte, die andere contra Köchin.

5. Das für mich Entscheidende war aber nicht der »Kleinkrieg« ums Essen, sondern wie sich die Beziehungen untereinander zunehmend verschlechterten und bei allen Beteiligten erheblich auf die Stimmung drückten. – Ein Navigationsgerät mit einer Funktionstaste »Beziehungen« hätte das bestimmt verhindern können.

Die Lehre daraus: Gute Beziehungen können sich nur dann entwickeln, wenn alle Beteiligten über soziale Kompetenz verfügen und sich an Regeln halten. Schlechte Beziehungen gehen an keinem spurlos vorüber, sondern alle Beteiligten leiden mehr oder weniger darunter. Egoisten, Rechthaber und Querulanten sind meistens weder in der Lage noch bereit, Beziehungen einzugehen.

21 Wenn sich Eltern einig sind, ist Erziehung leichter

Schon oft haben mir Mütter die folgende Frage gestellt: »Wie kann ich die ständigen Streitereien mit meinem Mann über die Erziehung unserer Kinder vermeiden?« Ausgesprochen haben sie es zwar nie, aber manchmal hatte ich den Eindruck, dass sie unter der Uneinigkeit sehr gelitten haben. Damit wollten sie sich vor allem deswegen nicht abfinden, weil ihre Kinder die hausgemachten Mutter-Vater-Konflikte mitbekommen haben.

Aber nicht nur das: Da Kinder clever sind, haben sie die Uneinigkeit ihrer Eltern ausgenutzt und sie gegeneinander ausgespielt: *Mama, wenn du mir das nicht erlaubst, gehe ich zu Papa.* Dazu eine Mutter: »Mich macht es verrückt, wenn mein Mann immer wieder auf die Tricksereien unserer Kinder reinfällt und mich im Regen stehenlässt.«

Wie können Eltern den ständigen Streit über Erziehungsfragen vermeiden? Um es gleich zu sagen: Ich habe kein Patentrezept. Aber ich kann Ihnen sagen, was meine Frau und ich getan haben, um Einigkeit zu erreichen. Das hat zwar ziemlich lange gedauert, weil es nicht einfach war. Aber wir haben es mehr oder weniger geschafft, weil wir beide guten Willens waren und auch bei erfahreneren Eltern Rat gesucht und bekommen haben. So ist das, was ich hier für Sie aufgeschrieben habe, ein Teil meiner Familien-Erziehungs-Geschichte – ein sehr wichtiger.

Ich bin der Ansicht, beim Erziehen kommt es nicht nur auf das *vertrauensvolle Miteinander* an, sondern auch darauf, dass sich daraus allmählich ein verständnisvolles *Füreinander* entwickelt. Am Anfang eines relativ langen Prozesses, an dessen Ende die Einigung in bestimmten Fragen stehen sollte, muss das Bemühen um Verständigung stehen. Oder anders gesagt: Da Einigkeit von vornherein oft nicht vorhanden ist und, auch wenn man sich liebt, keinem in den Schoß fällt, muss man sich in Gesprächen, gemeinsamen Überlegungen und auch Auseinandersetzungen darum bemühen – und das immer und immer wieder.

Füreinander da zu sein heißt vor allem, sich für den Partner bzw. die Partnerin verantwortlich zu fühlen und ihn bzw. sie nie im Stich zu lassen, wenn's drauf ankommt. Ihr bzw. ihm also beizustehen, wenn er oder sie mal Rat, Unterstützung oder Trost braucht. Eltern, die füreinander da sind, wissen, dass sie sich aufeinander verlassen können. Und weil sie ihre Stärken und Schwächen kennen, wissen sie auch, was sie sich gegenseitig zutrauen und zumuten können. Der Göttergatte sollte z. B. für die Sorgen und Unsicherheiten der Mutter seiner Kinder möglichst immer ein offenes Ohr haben – umgekehrt aber auch.

Und wenn er aufgefordert wird:»Jetzt sag du mal, wie wir das Problem mit Michael lösen können!«, sollte er Farbe bekennen und sich nicht in Schweigen hüllen.

Ich kenne Eltern, für die das Mit- und Füreinander gewissermaßen über allem steht. Sie verstehen die Erziehung ihrer Kinder als gemeinsame Aufgabe, sozusagen als Teamarbeit und tun alles, um das Nebeneinander und versteckte oder sogar offene Gegeneinander zu vermeiden. Das ist ihnen – so wie meiner Frau und mir – zwar nicht auf Anhieb gelungen, aber im Laufe der Jahre immer besser. Die Folge war, dass sie weniger Probleme mit ihren Kindern hatten. Und wenn es welche gab, waren sie meistens leichter zu lösen. Wie haben sie das geschafft und was haben sie für das Füreinander getan?

Verständnis ist wichtig

Einigkeit macht stark. Dieses »Wort zum Sonntag« kennen Sie bestimmt auch. Und Sie werden hoffentlich auch der Meinung sein, dass es sehr wichtig ist, wenn sich Eltern in entscheidenden Fragen der Erziehung einig sind. Aber wie sind Verständigung und schließlich auch Einigung erreichbar?

Es gibt zwar Kurse für Schwangerschaftsgymnastik, aber so gut wie keine, die sich mit der Vorbereitung auf die Elternschaft befassen – warum eigentlich nicht? Folglich sind Eltern weitgehend auf sich allein gestellt. Sie haben zueinander gefunden und müssen nicht nur lernen, miteinander auszukommen, sondern auch füreinander und ihr Kind da zu sein. Sie stehen also vor neuen Aufgaben, die sie gemeinsam bewältigen müssen. Und das sind hinsichtlich ihres Kindes Aufgaben, die ihnen einerseits viel Freude bereiten, aber andererseits auch viel Zeit und Kraft abverlangen.

Im Alltag zeigt sich meistens schnell, was das konkret bedeutet: Zwei Menschen, die sich lieben und nun Eltern sind, stellen bald fest, dass sie nicht nur in Erziehungsfragen unterschiedliche, bisweilen sogar gegensätzliche Meinungen haben.

Die Frage ist, wie sie damit umgehen. Zunächst sollten sie sich einmal über Folgendes klar werden: Es ist völlig normal, wenn man unterschiedliche Auffassungen vertritt, denn jeder Mensch ist gewissermaßen eine Welt für sich und hat seine eigene Geschichte.

Eine Fülle von Erfahrungen, die jeder Mensch in seiner Kindheit und Jugendzeit gemacht hat, drückt ihm quasi einen Stempel auf. Und aus den guten und schlechten Erfahrungen haben sich im Laufe der Jahre Einsichten und schließlich Überzeugungen entwickelt, an denen jeder Mensch mehr oder weniger bewusst festhält. Auch Gewohnheiten und spezielle Eigenheiten haben großen Einfluss auf sein Denken, Fühlen und Verhalten.

Davon kann sich kein Mensch quasi verabschieden, wenn er heiratet beziehungsweise eine Partnerschaft eingeht. Sein Wissen, Können und Wollen hat nämlich tiefe und starke Wurzeln, die er nicht einfach abschneiden kann. Der Titel eines Buches bringt das zum Ausdruck, wovon beim Bemühen um Verständnis immer auszugehen ist: »In jedem von uns lebt das Kind weiter, das wir einmal waren.«

Die entscheidende Frage ist demnach, ob und vor allem wie man in einer Partnerschaft oder Ehe auf die »Erfahrungen der Gegenseite« (Martin Buber) eingeht und wie ernst man sie nimmt. Darauf eingehen kann man aber nur, wenn man die Lebensgeschichte der »Gegenseite« kennt und wenigstens teilweise weiß, was hinter bestimmten Ansichten und Überzeugungen steckt. Das findet man aber nur dann allmählich heraus, wenn man immer wieder offen und ehrlich über die gegenseitigen Vorstellungen von Erziehung spricht.

Solche Gespräche halte ich für überaus wichtig, denn sie können dazu beitragen, sich noch besser kennenzulernen und zu verstehen. Verstehen heißt aber nicht, dass man bestimmte Überzeugungen der »anderen Seite« sofort akzeptiert, weil man jetzt Bescheid weiß. Es heißt nur, dass man sich erklären kann, warum der andere in der Erziehung beispielsweise der Ansicht ist, dass Strenge besser ist als um Verständnis bemühte Nachsicht.

Schwierig wird es dann, wenn man einen bestimmten Standpunkt für absolut falsch, abwegig, unzeitgemäß usw. hält. Stellen Sie sich bitte folgende Situation vor: Sie wissen zwar, aus welchen Gründen Ihr Göttergatte von Ihrem Kind mehr Fleiß oder Disziplin fordert, aber Sie sind mit seinen »harten« Erziehungsmaßnahmen überhaupt nicht einverstanden. Was können Sie tun? Um des lieben Friedens willen schweigen? Oder ihm sagen, dass Sie von seiner autoritären Erziehung nichts halten?

Im Grunde stehen Sie vor einem Dilemma, denn Sie haben die Wahl zwischen Pest und Cholera: Wenn Sie zu dem schweigen, was Sie für falsch halten, werden Sie sich nicht gut fühlen – und davon wird natürlich auch die Beziehung zu Ihrem Partner negativ beeinflusst. Andererseits wissen Sie, was passieren wird, wenn Sie den Mund aufmachen: Sie werden sich eine Belehrung anhören müssen, die Sie schon x-mal schlucken mussten: *Du hast doch von Erziehung keine Ahnung!*

Derartige Situationen sind schwierig. Was Sie auch machen, es ist immer falsch: Entweder in den Augen Ihres Partners oder in Ihren eigenen. Und das ist der entscheidende Punkt, über den Sie mit dem Partner offen und ehrlich sprechen sollten. Dabei geht es darum, dass Sie aus Ihrem Herzen keine Mördergrube machen und aussprechen, dass Sie sich in einem Dilemma befinden und aus zwei Gründen schlecht fühlen: Erstens, weil Sie nicht mehr wissen, wie Sie sich in Konfliktsituationen verhalten sollen; zweitens, weil Sie das elende Gefühl haben, dass es wegen der Streitereien zunehmend schwieriger wird, die angestrebte Einigung in wichtigen Fragen der Erziehung zu erreichen.

Der Erfolg solcher Gespräche hängt allerdings immer davon ab, ob Ihr Partner bzw. Ihre Partnerin überhaupt bereit ist, sich auf das einzulassen, was Ihnen wichtig ist und Sie bewegt. Wenn die Bereitschaft zum Zuhören und gemeinsamen Überlegen vorhanden ist, gelingt es normalerweise oft relativ schnell, sich zu verständigen oder wenigstens einen Kompromiss zu schließen. Aber wenn diese Bereitschaft fehlt, weil Uneinsichtigkeit, Rechthaberei oder Besserwisserei im Spiel sind, ist es im

Grunde zwecklos, aber nicht sinnlos, überhaupt ein Gespräch zu führen.

Deswegen nicht sinnlos, weil Sie z. B. Folgendes zur Sprache bringen könnten: »Ich habe den Eindruck, dass dir weniger als mir daran liegt, dass wir uns verständigen – liege ich da schief? Bitte sage mir, was ich in deinen Augen falsch gemacht habe! Nur darüber möchte ich mit dir sprechen. Mir geht es nämlich nicht gut, wenn ich nicht weiß, was du denkst und fühlst.« Das ist eine Art Offenbarungseid und eine Bitte, die auch die uneinsichtigsten Machos zum Nachdenken bringt – das ist jedenfalls meine Erfahrung. Wenn auch das nichts fruchtet, hilft nur noch der Gang zu einem Familientherapeuten ...

Einigkeit lohnt sich

Hoffentlich täusche ich mich, aber ich habe schon oft den Eindruck gehabt, dass viele Eltern zu wenig miteinander im Gespräch sind – nach Befragungen, die 2009 durchgeführt wurden, spricht man täglich fünfzehn Minuten miteinander. Vieles, manchmal sogar ein Hobby, der regelmäßige Stammtisch oder der Hausputz, ist wichtiger als das vertrauensvolle Miteinandersprechen, -überlegen und -abwägen, was in einer schwierigen Situation zu tun ist. Und weil man zu wenig miteinander spricht, werden nicht selten Erziehungsprobleme verharmlost oder sogar verheimlicht. Erst wenn man nicht mehr weiterweiß und das Kind sozusagen in den Brunnen gefallen ist, macht man den Mund auf und sucht Rat. Gut, wenn es dann noch nicht zu spät ist. Auf jeden Fall muss man sich dann Zeit nehmen, um das Kind wieder aus dem Brunnen zu holen.

Ich kenne Mütter, die es rundweg ablehnen, mit ihrem Mann über bestimmte Erziehungsprobleme offen und ehrlich zu sprechen. Sie befürchten, dass ihnen sofort Vorwürfe gemacht werden, wenn es irgendwelche Schwierigkeiten mit dem Kind gegeben hat. Für diese Väter ist die Erziehung keine gemeinsame Aufgabe, sondern allein Sache der Mutter. Im Beruf sind sie vielleicht ein Ass, aber in der Familie Versager. Ich könnte auch sagen: eine Null – bekanntlich verzehnfacht jede Null nicht nur bestimmte Probleme, sondern verursacht neue.

Aber lassen wir diese borniertbornierten Väter beiseite, von denen es heute Gott sei Dank weitaus weniger als früher gibt! Aber denjenigen, die es nach wie vor leider noch gibt, mache ich zum Vorwurf, dass sie der Mutter ihrer Kinder die Rolle der Einzelkämpferin zumuten. Das halte ich für unverantwortlich.

Wenn ich an meine Kinder und Enkelkinder denke, aber auch an meine eigene »Erziehungsgeschichte«, kann ich sagen: Einigkeit lohnt sich für alle Beteiligten. Im Interesse ihres Kindes bzw. ihrer Kinder, aber auch in ihrem eigenen, sollten sich daher alle Eltern darum bemühen. Erziehen ist nämlich leichter, wenn man sich als Team versteht und in wichtigen Fragen einig ist. Wenn ein Kind z. B. weiß, dass Mamas *Nein* gilt und von Papa nicht mit einem *Ja* sabotiert wird, wird es auch einsehen, dass es mit Protesten und Tricksereien weder bei Mama noch bei Papa etwas erreicht.

Das Bemühen um einvernehmliches Erziehen ist mir auch aus folgendem Grund überaus wichtig: Wenn ein Kind genau weiß, aus welchen Gründen seine Eltern etwas gut oder schlecht finden bzw. ein bestimmtes Verhalten für richtig oder falsch halten, hat es klare Orientierungen, die ihm Halt geben. So sind begründete Standpunkte der Eltern, die jedes Kind braucht, so etwas wie ein Geländer, an dem es sich festhalten kann.

Was tun Eltern, die das Füreinander über alles stellen und an einem Strang ziehen?
- Sie haben sich über die Regeln, die sie ihrem Kind gegeben haben, verständigt; auch über die Konsequenzen, die gezogen werden, wenn sich das Kind nicht daran hält.
- Sie haben Zuständigkeiten bzw. bestimmte Aufgabenbereiche miteinander abgesprochen und halten sich an gemeinsame Grundsätze.
- Niemals tragen sie Konflikte in Gegenwart ihres Kindes aus und kritisieren den Partner bzw. die Partnerin nicht in Gegen-

wart des Kindes – und unter keinen Umständen hinter ihrem bzw. seinem Rücken, um sich »beliebt« zu machen.

- Für schwierige Entscheidungen lassen sie sich Zeit; sie treffen diese Entscheidungen immer gemeinsam und vertreten sie auch gemeinsam vor ihrem Kind.
- Bei falschen Entscheidungen gibt keine Schuldzuweisungen und auch keinen beleidigten Rückzug in die Schmollecke, weil jeder davon ausgeht, dass die Partnerin bzw. der Partner nach bestem Wissen gehandelt hat.
- Man verständigt sich auf eine Art »Lastenausgleich«: Wer eine bestimmte Situation nicht meistern kann und sich überfordert fühlt, kann sich darauf verlassen, dass die oder der andere einspringt.
- In Gegenwart der Kinder werden keine Diskussionen über Erziehungsfragen geführt.

Eine Ergänzung

Nachdem ich in einem Vortrag lang und breit über das Mit- und Füreinander gesprochen hatte, meldete sich in der Diskussion ein älterer Mann zu Wort: »Eigentlich haben Sie gesagt, dass Eltern immer wie Pech und Schwefel zusammenhalten sollen. Habe ich Sie da richtig verstanden?« Weil ich gar nicht von Pech und Schwefel gesprochen hatte, überlegte ich einen Augenblick, konnte aber nicht antworten, weil der Fragesteller Folgendes ergänzte: »Ich habe Sie deswegen gefragt, weil ich mit Ihren Ausführungen ein Problem habe: Einigkeit ist gut und schön. Aber wenn daraus Kumpanei wird, lehne ich sie ab. Vielleicht irre ich mich, aber ich hatte den Eindruck, dass Sie Eltern raten, ohne Rücksicht auf ihre Kinder ihre Vorstellungen von Erziehung durchzuziehen, sozusagen auf Biegen und Brechen.«

Rückfrage: »Was meinen Sie mit Kumpanei?«

Antwort: »Ich könnte auch von einem Komplott sprechen, wenn sich Eltern darauf verständigen, immer mit allem einverstanden zu sein, was ein Elternteil macht.«

Frage: »Haben Sie nicht ein Beispiel, damit wir verstehen, worauf Sie hinauswollen?«

Antwort: »Ich bin Erziehungsberater und habe oft erlebt, dass Eltern versuchen, beispielsweise die Vernachlässigung und Misshandlung ihrer Kinder zu vertuschen. Selbst dann, wenn ich oder Kinderärzte ihnen ihre Vergehen nachweisen können, reagieren sie empört. Ihr Verhalten ist reine Kumpanei, geradezu eine Verschwörung gegen ihre Kinder, die unter der Einigkeit ihrer Eltern leiden.«

Jetzt war mir klar, was diesen Mann beschäftigt hat und was ich in meinem Vortrag dummerweise nicht erwähnt hatte: dass Einigkeit unter keinen Umständen bedeuten darf, einem Kind gemeinsam z. B. Leid anzutun, Böses nicht mehr beim Namen zu nennen oder demütigende Strafen nicht nur zu dulden, sondern gutzuheißen.

Ich war und bin dem Fragesteller für seine Ergänzung dankbar, die eine wichtige Klarstellung war – man lernt eben nie aus.

Eine Bitte zum Schluss

Es kann durchaus sein, dass auch viele Gespräche nicht ausreichen, um in bestimmten Fragen Einigkeit zu erzielen. Wenn das so ist, sollten Eltern keinesfalls verzagen oder die Partnerin bzw. den Partner für das Scheitern verantwortlich machen. Es gibt Probleme, deren Lösungen außerordentlich viel Zeit brauchen. Und diese Zeit muss man sich nehmen und auch seinem Gegenüber geben. Es gibt aber auch Probleme, die man trotz intensivster Bemühungen nie befriedigend lösen kann. Anstatt den Kopf hängen und sich davon entmutigen zu lassen, sollten Eltern sich immer wieder einmal an die schon erfolgreich überwundenen Schwierigkeiten erinnern – Erinnerungen können nämlich auch Trost spenden …

Hilfreich ist auch, wenn – das kann man von Politikern lernen – eine unlösbar erscheinende Frage einfach mal ausgeklammert und die Lösung vertagt wird. Also bitte nichts übers Knie brechen, sondern sich auch mal über die Krisen freuen, die man schon gemeinsam gemeistert hat. Die Freude über das schon Erreichte kann nämlich viel dazu beitragen, immer wieder zu versuchen, ungeklärte Probleme doch noch einvernehmlich zu lösen.

Falls Sie mit der Einigkeit gelegentlich Schwierigkeiten haben, wünsche ich Ihnen, dass Sie die Kraft aufbringen, immer wieder einen neuen Anlauf zu nehmen. So hat es der Schriftsteller Heinrich Böll (1917–1985) gesagt: »Niemals aufgeben! Sondern vorwärts! Von Fall zu Fall!« Und denken Sie bitte immer daran: Rom ist auch nicht an einem Tag erbaut worden.

22 Humor ist Medizin, Ironie dagegen Gift

Für den Therapeuten Rudolf Dreikurs ist die Erziehung eines Kindes *eine heroische Aufgabe, beinahe eine Kunst*. In seinem Buch *Eltern und Kinder – Freunde oder Feinde?* gibt er viele praktische Ratschläge, wie man diese »Kunst« erlernen kann. Und im Kapitel *Vermeidung von Streit* kommt er auch auf den Humor zu sprechen, der nach seiner Ansicht geeignet ist, eine Situation zu entgiften.

So ist es tatsächlich. Humor kann viel dazu beitragen, eine ausweglos erscheinende Situation zu entschärfen. Bedauerlich ist allerdings, dass Eltern ihren Sinn für Humor oft vernachlässigen. Sie glauben, bei ihrem Kind mit ernsten Worten und einem möglichst verdrießlichen Gesicht mehr als mit einer Prise Humor erreichen zu können. Ihre Leidensmiene soll sozusagen ein zusätzliches Argument sein. Selbst wenn ihnen gelegentlich danach zumute ist, passt dazu natürlich kein Lachen. Nicht selten verkneifen sie sich sogar ein Schmunzeln, weil sie meinen, dadurch an Autorität zu verlieren.

Wer viel mit Kindern und Jugendlichen zu tun hat, macht immer wieder die Erfahrung, dass mit Humor vieles leichter geht. Man kann damit nämlich nicht nur die Spannung anderer, sondern auch die eigene lösen. »Wenn wir jemanden zum Lachen bringen, kann er uns nicht wirklich böse sein. Wir dürfen Humor aber nicht mit Hanswursterei verwechseln. Der Humor liegt oft in der Art des Sprechens und nicht so sehr im Inhalt als im Ton. Humor sollte auch nie hart und schneidend sein, sonst verliert er seine versöhnende Wirkung und erhöht nur noch die Feindseligkeit. Das Ziel ist, das Kind mit uns zum Lachen zu bringen. Wir sollten aber nie das Kind lächerlich machen«, schreibt Dreikurs.

Mit dem harten, schneidenden Humor meint er die Ironie oder den Zynismus, der als großer Bruder der Ironie noch aggressiver ist. Bestimmt hat er nicht an die so genannte sokratische oder romantische Ironie gedacht, sondern an die, die jeder von uns aus dem Alltag kennt. Und die hat überhaupt nichts Versöhnendes. Im Gegenteil! Sie ist nicht nur für Kinder und Jugendliche Gift, denn sie kränkt und verletzt, verdammt und verachtet; im Grunde ist sie anmaßend, denn in ihren Augen ist alles lächerlich und erbärmlich.

Was Ironie bei jungen Menschen bewirken kann

Ich weiß, dass allen Eltern, Erzieherinnen und auch Lehrkräften beim Erziehen gelegentlich das Lachen vergeht. Das war und ist bei mir nicht anders. Kinder können uns herausfordern und bis aufs Blut reizen. Und wie! Mit gnadenloser Unermüdlichkeit können sie unsere Geduld auf härteste Proben stellen. In diesen »kritischen Situationen« (Dreikurs), wenn ein klares *Ja* oder *Nein* gesagt und auch durchgehalten werden muss, kann mit einer Portion Humor mehr erreicht werden als mit ironischen oder sogar zynischen Drohungen und Anklagen.

Vermutlich weiß das auch jede Mutter beziehungsweise jeder Vater. Aber da bekanntlich »der Geist willig, aber das Fleisch schwach ist«, neigen sie – nur dann und wann? – dazu, die Ironie quasi als Waffe einzusetzen. Sie verstellen sich und sagen genau das Gegenteil von dem, was sie eigentlich meinen. Damit verspotten oder verhöhnen sie das Kind bzw. den Jugendlichen.

Nachdem ich in einem Vortrag lang und breit erklärt hatte, aus welchen Gründen ich in der Erziehung von Ironie absolut nichts halte, hat mir einmal eine Mutter Folgendes gestanden: »Es wäre ja höchst erfreulich, wenn ich wenigstens noch schmunzeln könnte, wenn's absolut nichts mehr zu lachen gibt. Aber gerade das kann ich eben nicht. Und daher, quasi als Notwehr, flüchte ich mich manchmal in Ironie und kränkende Beschimpfungen meines Fünfjährigen. Schon nach wenigen Minuten tut mir dann der Schmarren leid, den ich gesagt habe. Aber wenn ich mit meiner Geduld am Ende bin, kann's passieren, dass ich giftig werde.«

Diese Mutter hat sich vom Gift-und-Galle-Spucken mehr Wirkung versprochen als von einer humorvollen Bemerkung. Ihre Ungeduld verführt sie immer wieder dazu, in Ironie ein heilsames Erziehungsmittel zu sehen. Und genau das halte ich für falsch. Selbstverständlich habe ich für das gelegentliche »Aus-dem-Häuschen-Sein« von Müttern und Vätern viel Verständnis. Aber nicht dafür, wenn in kritischen Situationen Ironie als Peitsche eingesetzt wird, um das Kind oder den Jugendlichen zu kränken oder ihm etwas heimzuzahlen.

Neben der Ungeduld gibt es noch andere Gründe, die Eltern dazu verleiten können, in der Ironie ein nützliches Erziehungsmittel zu sehen. Welcher Grund auch immer genannt wird, letztlich kann aber kein einziger Ironie in der Erziehung rechtfertigen. Und zwar deswegen nicht, weil jedes Kind größte Schwierigkeiten hat, solche Giftpfeile der Ironie »einzuordnen«. Schlimmer noch: Das kleine Kind, nicht selten aber auch noch das Schulkind, versteht ironische Bemerkungen überhaupt nicht. Eigenartigerweise hat allerdings jedes Kind für Humor eine Antenne.

Erst im Laufe der Jahre entwickelt sich das Verständnis für die doppelten Botschaften ironischer Kritik, zynischer Vorwürfe und Verurteilungen. Daher gilt, wenn Sie zu den »Ironikern« und leider nicht zu den »Humoristen« gehören sollten: Bitte verschonen Sie Ihr Kind mit ätzender Ironie und auch höhnisch-boshaftem Lachen! Denn, sollte es diesen Unsinn überhaupt verstehen, bewirkt er in keinem Fall etwas Gutes.

In Gesprächen hatte ich schon oft den Eindruck, dass sich Eltern über die Auswirkungen giftiger Kommentare und Beurteilungen wenig Gedanken machen. Es entgeht ihnen zwar nicht, dass sich ihr Kind z. B. beleidigt zurückzieht, wenn es wieder einmal mit – aus ihrer Sicht – witzigen Worten »verhauen« worden ist, aber oft ahnen sie nicht, welche Folgen das langfristig haben kann. Und genau darum geht es mir.

Bestimmt werden Sie mir zustimmen, wenn ich sage: Ein wichtiges Erziehungsziel ist es, Kinder so stark zu machen, dass sie beispielsweise nicht an Ungerechtigkeiten, inneren Verletzungen, Bosheiten oder Trennungsschmerz zerbrechen. Dieses Starkmachen ist mir überaus wichtig. Und ich weiß, dass Kinder und Jugendliche, die ausgelacht, mit Worten verdammt, gekränkt und misshandelt werden, keinesfalls gestärkt, sondern geschwächt und verunsichert werden. Sie können kein Selbstwertgefühl entwickeln und haben daher größte Probleme, voller Selbstvertrauen das zu tun, was sie tun sollen und wollen.

Kinder brauchen Lebensmut und innere Stärke, denn keinem Menschen bleiben im Laufe seines Lebens Enttäuschungen und Krisen erspart. Wir alle scheitern nicht nur einmal. Dann sind wir entmutigt und vielleicht sogar verzweifelt, denn Ängste und Selbstzweifel quälen uns. Eigentlich wird uns jeden Tag noch ein bisschen klarer, dass wir nicht den Himmel auf Erden haben.

Um die Prüfungen zu bestehen, die Misserfolge, Versagensängste usw. letztlich bedeuten, müssen wir stark sein. Wir müssen uns immer wieder entscheiden, ob wir lachen oder weinen, das Handtuch werfen und resignieren oder uns sagen: »Egal, was noch passiert: Ich lasse mich nicht unterkriegen! Ich gehe meinen Weg weiter und werde auf keinen Fall aufgeben!« Vor solchen Entscheidungen stehen wir häufiger, als uns lieb ist. Und wir werden uns dann gegen das Aufgeben entscheiden, wenn wir uns etwas zutrauen, also die innere Stärke und auch die Zuversicht haben, mit den Herausforderungen fertig zu werden.

Es ist eine riesige Aufgabe, Kindern zu dieser Zuversicht und positiven Grundhaltung zu verhelfen. Ich frage Sie: Können ironische Menschen und Zyniker Heranwachsenden helfen, eine zustimmende Grundhaltung zu entwickeln, wenn aus dem, was sie sagen und tun, meistens der Geist der Ablehnung und Verneinung spricht? Ich bin der Überzeugung, dass sie das weder können noch wollen. Mit ihrem oft ebenso dummen wie anmaßenden Gerede tragen sie nichts dazu bei, dass junge Menschen lernen, zu sich selbst, zu anderen Menschen und der Welt, in der sie leben, ein unbekümmertes *Ja* zu sagen.

Um Sie davon zu überzeugen, dass Ironie in der Erziehung Gift ist, reicht das bisher Gesagte vielleicht noch nicht aus. Daher möchte ich Ihnen folgende Frage stellen: Welche Menschen mögen Sie eigentlich lieber: Die humorvollen oder die ironischen? Auch wenn Sie für die Ironischen eine besondere Vorliebe haben sollten, kann das bei Ihrem Kind völlig anders sein. Fragen Sie es doch einmal, was es empfindet und denkt, wenn es von jemandem mit Hohn und Spott ermahnt oder bestraft wird! Was es fühlt, wenn Sie ihm »Sachen« an den Kopf werfen, die Sie einem guten Freund oder einer Freundin nie sagen würden. Sind Ihre mit Ironie gewürzten Attacken nicht immer auch Zeichen von Rat- und Hilflosigkeit?

Schon oft habe ich beobachtet, dass ironisch-zynische Menschen sehr von sich eingenommen sind. Sie sind auf eine unangenehme Weise nicht nur selbstgerecht, sondern auch rechthaberisch. Ihr Glaube an sich selbst ist so unerschütterlich, dass sie eher an Gott zweifeln als an sich. Eins ihrer Markenzeichen ist, dass sie einen Heidenspaß daran haben, andere Menschen für dumm zu verkaufen; ein anderes ist, dass sie überaus streng und oft auch aggressiv urteilen, wenn es z. B. um »die Jugend von heute« oder darum geht, für »Recht und Ordnung« einzutreten. Und außerdem haben sie die im Grunde menschenverachtende Neigung, die Menschen, mit denen sie zu tun haben, in Heilige und Helden oder Teufel und Feiglinge einzuteilen.

Und selbstverständlich kann es gar nicht anders sein: Sie rechnen sich zu den Heiligen und Helden.

Für junge Menschen ist es weder eine Bereicherung noch ein Honigschlecken, von derart selbstgefälligen und unfehlbaren Menschen erzogen zu werden. Wenn eben möglich, gehen sie den leidenschaftlichen »Ironikern« und Zynikern aus dem Wege und geben ihnen aufschlussreiche Spitznamen wie z. B. »Irsch« (= ironischer Arsch) oder »Blögi« (= blöder Giftzahn). Das ist ihre »Rache« an denen, für die Nachsicht und Toleranz, Mäßigung und vor allem Humor keine erstrebenswerten Eigenschaften sind, sondern erbärmliche Schwächen, die bestraft werden müssen.

Es ist wahrhaftig kein Vergnügen, wenn man versucht, »Ironiker« davon zu überzeugen, dass Ironie bei jungen Menschen nie etwas Gutes bewirkt – das ist jedenfalls meine Erfahrung. Sie wollen partout nicht einsehen, dass boshafte Bemerkungen, Drohungen und vor allem Verurteilungen Kinder und auch Jugendliche buchstäblich verwirren können. Folglich haben sie auch kein Verständnis dafür, wenn man ihnen sagt, dass junge Menschen keine mehrdeutigen, sondern klare und möglichst gut begründete Aussagen brauchen. Denn Eindeutigkeit ist immer besser als Vieldeutigkeit. Und weil das immer so war und ist, kann ich es drehen und wenden, wie ich will: Ironie ist in der Erziehung ein schlechtes Mittel, sie ist ein hochwirksames Gift, weil sie verunsichern, verletzen und Selbstvertrauen zerstören kann.

Das Positive sehen

Vor allem von Kindern und Jugendlichen, aber auch von einsichtsvollen Erwachsenen habe ich Folgendes gelernt: Humor hat immer eine heilsame Wirkung. Schon ein freundliches Wort, nur ein Lächeln oder ein zustimmender Blick können Zorn und Rachegedanken gleichsam zum Schmelzen bringen. Traurigkeit und Betroffenheit können sich in Heiterkeit verwandeln und eine als bedrückend empfundene Situation im Handumdrehen so entkrampfen, dass keiner mehr die Zähne aufeinanderbeißt und mit klatschnassen Händen auf das wartet, was gleich passieren wird. Kurzum: Humor ist überhaupt, insbesondere aber für Kinder und Jugendliche, *die* Medizin, die keine negativen Nebenwirkungen hat. Alles erscheint schlagartig in einem milderen Licht, weil jede übertriebene Ernsthaftigkeit, die oft zur Bitterkeit geworden ist, gewissermaßen aufgebrochen wird.

Wesentliches Kennzeichen humorvoller Menschen ist ihre heitere Gelassenheit. Weil sie oft in den Spiegel schauen und ihre Schwächen genau kennen, fällt es ihnen auch nicht schwer, über sich selbst zu schmunzeln und anderen Menschen mit Nachsicht zu begegnen. Sie leben nach dem Motto: Die Lage ist zwar hoffnungslos, aber keineswegs ernst. Oder wie es Kurt Tucholsky gesagt hat: »Hoffentlich wird es nicht so schlimm, wie es schon ist.« Was auch geschieht, immer versuchen sie, das Positive zu sehen und dafür zu sorgen, dass der letzte Funken Hoffnung nicht ausgeht.

Ich glaube, dass für gläubige Menschen, seien es Christen, Juden oder Mohammedaner, Gottvertrauen die Quelle ihrer positiven Lebenseinstellung bzw. ihres heiteren Gemüts ist. Obwohl sie unter dem Anteil des Bösen in der Welt leiden, bejahen sie ihr Leben und auch das Leben anderer Menschen, denn sie glauben an einen Schöpfer, der sie liebt. So ist ihre Grundhaltung Ausdruck ihrer Grundüberzeugungen, die aus dem Glauben kommen. Diese Grundüberzeugungen, die sie gleichsam tragen, werden im Psalm 30,2 so ausgedrückt: »Auf dich, o Herr, habe ich vertraut, ich werde nicht zuschanden werden in Ewigkeit«.

Als der Philosoph Baruch Spinoza (1632–1677) einmal gefragt wurde, worauf es in der Erziehung vor allem ankommt, hat er spontan geantwortet: »Nicht verlachen, nicht beklagen und auch nicht verdammen, sondern begreifen«. Vieles spricht dafür, dass für positiv denkende Menschen nichts wichtiger als das Begreifen ist. Sie wollen verstehen, was in der Vergangenheit geschehen ist und in der Gegenwart passiert. Und daher nehmen sie zuerst sich selbst unter die Lupe, denken über das nach, was um sie herum geschieht und machen sich ein Bild, bei dem die hellen Farben überwiegen. Es ist schon viel dran, wenn der Volksmund sagt:»Humor ist, wenn man trotzdem lacht.«

Was Humor ist, hat der Psychoanalytiker Sigmund Freud an zwei Beispielen deutlich gemacht:»Humor hat der Delinquent, der am Montag zum Galgen geführt wird und die Äußerung tut: Na, die Woche fängt ja gut an.« Und:»Wozu leben, wenn man sich für zehn Dollar beerdigen lassen kann?« Auch Woody Allen hat sich geäußert:»Obwohl ich keine Angst vor dem Tod habe, bin ich lieber woanders, wenn er eintritt.« –»Die Ewigkeit ist lang, vor allem gegen Ende.« –»Ich trage immer ein Schwert zu meiner Verteidigung bei mir. Wenn ich angegriffen werde, drücke ich auf den Knauf, das Schwert verwandelt sich in einen Blindenstock, und dann eilt man mir zu Hilfe.« –»Das Einzige, was ich bedauere, ist, dass ich nicht jemand anders bin.«

Für mich ist Humor so etwas wie ein Sonnenstrahl, der oft ausreicht, um viel Dunkelheit zu erhellen. Daher mag ich Menschen mit Humor. Weil sie viel über sich selbst, Gott und die Welt nachgedacht haben, sind sie auf eine eigentümliche Weise vernünftig und klug. Vor allem fasziniert mich an ihnen, dass sie nie fanatische Weltverbesserer sind. Fanatiker, die auch in der Erziehung viel Unheil anrichten können, erkennt man übrigens daran, dass sie über Leichen gehen und immer das sagen und tun, was der liebe Gott sagen und tun würde, wenn der nur richtig Bescheid wüsste. Wie es auch ist: Ich bin davon überzeugt, dass Humor ein besonders wirksames Mittel ist, um kritische Erziehungssituationen zu entschärfen, vielleicht sogar zu vermeiden. Das gilt für die Ironie und den Zynismus nicht, weil sie Kindern und Jugendlichen nie guttut.

Dieser Überzeugung bin ich, aber ich kann nicht erklären, warum es überhaupt humorvolle und ironische Menschen gibt. Ich weiß auch nicht, ob es daran liegt, dass dem einen Menschlein eine Portion Ironie in die Wiege gelegt worden ist, einem anderen Humor. Und wenn Sie mir folgende Fragen stellen, sage ich gleich, dass ich sie nicht beantworten kann: Tragen bestimmte

Erfahrungen, die Menschen im Laufe ihres Lebens gemacht haben, dazu bei, dass sie zu Zynikern geworden sind? Oder hängt alles mit dem Temperament zusammen, wie die »alten« Griechen vermutet haben? Beruht die Gemütsverfassung eines Menschen auf der Mischung von Säften (= humores), wie das der griechische Arzt Hippokrates (460–375 v. Chr.) geglaubt hat?

Fragen nach dem *Warum* und *Woher* mögen zwar für Erwachsene interessant sein, aber ich wette mit Ihnen, dass sie für Ihr Kind völlig unwichtig sind. Kinder interessiert nämlich nur eins: Haben meine Mama und mein Papa Humor? Können sie mit mir lachen und fröhlich sein?

23 Über Wiederkäuer, Spießer und Miesmacher

Vielleicht haben Sie mit Wiederkäuern, Spießern und Miesmachern ähnliche Probleme wie ich – die habe ich aber nicht nur manchmal, sondern immer. Genauer: Den Wiederkäuern kreide ich an, dass sie Kindern und Jugendlichen das Leben unnötig schwer machen. Und wenn mir (Erziehungs-)Spießer erklären, wie die Heranwachsenden von heute mit Methoden von gestern zu Staatsbürgern zu erziehen sind, die Recht und Ordnung achten, packt mich jedes Mal die Wut. Keinen Funken Verständnis habe ich für die Miesmacher, weil ihre Schwarzmalerei Heranwachsende nicht nur verunsichern, sondern auch entmutigen kann.

Das mag so sein, aber was hat das mit Erziehung zu tun?, fragen Sie sich jetzt vielleicht. Antwort: Das hat deswegen mit Erziehung zu tun, weil ich festgestellt habe, dass auch Eltern sehr kompetente Wiederkäuer, Spießer und Miesmacher sein können – und zwar oft aus Gedankenlosigkeit. Darauf möchte ich in diesem Kapitel eingehen.

Wiederkäuer sind für Heranwachsende ein Alptraum

Thomas (9) kam freudestrahlend nach Hause. Er hatte beim Schulsportfest eine Ehrenurkunde bekommen, die er stolz seinen Eltern zeigte. Sein Vater warf einen kurzen Blick drauf und sagte:»Richtig freuen kann ich mich darüber nicht. Und ich sag dir auch warum: Weil du mich letzte Woche belogen hast.« Thomas:»Aber ich habe mich doch entschuldigt und dir versprochen, dass ich dich nie mehr beschwindeln werde.« Darauf der Vater:»Ja, das weiß ich. Aber wer einmal lügt, dem glaubt man nicht.« Wie ein begossener Pudel schlich Thomas in sein Zimmer und ließ die Ehrenurkunde, auf die er so stolz gewesen war, liegen.
Was hat der Vater von Thomas erreicht?

1. Dass Thomas traurig ist, weil sein Vater seine Entschuldigung nicht nur nicht angenommen hat, sondern ihm nie mehr glauben wird, denn: *Wer einmal lügt …*
2. Dass sich Thomas über die Ehrenurkunde nicht mehr freuen kann.
3. Dass er ab sofort lügen kann, dass sich die Balken biegen, denn was er auch sagt, sein Vater wird ihm sowieso nicht mehr glauben.
4. Thomas wird damit rechnen, dass ihm sein Vater bei nächster Gelegenheit irgendetwas anderes zum Vorwurf machen wird.
5. Dass Thomas zu seinem Vater innerlich auf Distanz geht.

Dieses Beispiel zeigt das typische Verhalten eines Wiederkäuers: Vergeben und vergessen können und wollen sie nicht. Sie sind nachtragend und kauen ständig auf den »Fehlern« ihres Kindes herum, meistens mit einer Leidensmiene. Spricht man sie auf ihre Sorgen an, sagen sie, dass sie das, was geschehen ist, beim besten Willen nicht vergessen und schon gar nicht verdauen können. Und wenn ihnen danach zumute ist, spucken sie urplötzlich das wieder einmal aus, was ihnen quer »im Magen liegt«. Dann werden alte Rechnungen aufgemacht, und in längst Vergangenem wird so lange herumgestochert, bis allen direkt und indirekt Beteiligten zum Heulen ist.

Das Verhalten der Wiederkäuer kann für Kinder zum einen wegen der Unberechenbarkeit zum Alptraum werden. Zum anderen ist es für sie sehr schwer zu verstehen, aus welchen Gründen alte »Sünden«, für die sie schon »gebüßt« haben, so wichtig sein können, dass sie immer wieder auf die Tagesordnung kommen. Sie hoffen, dass über eine unangenehme Sache möglichst schnell Gras wächst und keiner kommt, der daran erinnert, was gestern oder vor ewigen Zeiten mal passiert ist.

Zum kindlichen Hoffen und Bangen kommt aber noch etwas hinzu, an das Eltern oft nicht denken: Ich habe die Erfahrung gemacht, dass Kinder z. B. einen Streit oder Eifersüchteleien, die üblichen Zankereien und Konflikte, vor allem aber eigenes Versagen meistens anders als ihre Eltern beurteilen. Was den Eltern unter die Haut geht oder sie auf die Palme bringt, kann für ihr Kind schon nach zehn Minuten Schnee von gestern sein. Und wenn dann ein Wiederkäuer kommt und alles wieder ausgraben möchte, haben sie dafür kein Verständnis.

Beispiel: Meine zwei ältesten Töchter Gaby und Sabine, damals zwölf und dreizehn Jahre alt, haben mir einmal folgende Lektion erteilt: Als ich am Abend nach Hause kam, bat mich meine Frau, den beiden mal gehörig den Kopf zu waschen. Folgendes war passiert: Nach der Schule waren sie sich wegen einer Lappalie heftig in die Haare geraten. So heftig, dass es meiner Frau nur mit viel Mühe gelungen war, die beiden Streithühnchen wieder zu beruhigen. Ich sollte nun durch gutes Zureden versuchen, die beiden davon zu überzeugen, dass sie sich künftig nur noch vernünftig, am besten aber gar nicht mehr streiten sollen. Ein toller Auftrag, oder?

Nachdem ich den beiden meine Vorstellungen von einem »vernünftigen Streit« erklärt hatte, sahen sie mich zunächst verständnislos an. Dann fragte Gaby: »Papa, weißt du eigentlich, wie spät es ist?« Ich: »Kurz vor acht. Aber was hat das mit eurem Knatsch heute Mittag zu tun, mit dem ihr Mama so genervt habt?«Gaby: »Seitdem sind mehr als sechs Stunden vergangen. Und du brühst das jetzt wieder alles auf. In der Zwischenzeit haben wir uns mindestens schon dreimal wieder gefetzt und schnell wieder vertragen. So machen wir das immer. Wo ist das Problem?«

Jetzt hatte ich die Wahl: Schmunzelnd die Angelegenheit ad acta legen oder aus dem Stegreif eine Moralpredigt halten. Beleidigt abziehen und über meine uneinsichtigen Kinder ein paar Tränen verdrücken oder eine Diskussion über das Thema »Die Bedeutung der Streitkultur in Familie und Gesellschaft« anfangen. Ich weiß heute nicht mehr, was ich schließlich gemacht habe. Aber eins weiß ich noch genau: Ich habe diesen »Fall« nie wieder zur Sprache gebracht, weil ich gelernt hatte, dass man sich als Wiederkäuer auch blamieren kann.

Und noch etwas habe ich gelernt: Dass Eltern allgemein, vor allem aber die, die zum Wiederkäuen neigen, immer daran denken sollten, dass es bei Heranwachsenden – so wie auch bei Erwachsenen! – unterschiedliche Wahrnehmungen und Betroffenheiten gibt. In meinem Fall war meine Frau in dem Sinne von dem Streit betroffen, dass sie sich zweimal geärgert hat: Erstens, weil sich Gaby und Sabine gestritten hatten. Und zweitens, weil es ihr nur mit Mühe gelungen war, die beiden Streithühnchen wieder zu beruhigen. Die andere Seite der Medaille war aber, dass für die beiden Mädchen ihr Streit überhaupt kein Grund zur Beunruhigung gewesen ist.

Aufmerksame Eltern, Erzieherinnen und auch Lehrkräfte können über die unterschiedlichen Betroffenheiten von Kindern viele Geschichten erzählen. So kann ein sensibles Kind z. B. schon auf eine Ermahnung gekränkt reagieren, während ein anderes eine Ermahnung überhört. Das eine Kind empfindet die Aufforderung *Halt bitte mal den Mund!* als unangemessene Zurechtweisung und plappert munter weiter. Für ein anderes reicht diese Bitte schon, um für eine Weile nichts mehr zu sagen. Besonders heikel sind bei empfindsamen Kindern Vorwürfe, in denen sie eine Herabsetzung sehen, während die unempfindlicheren mit einem Achselzucken darüber hinweggehen.

Ob ein Kind besonders sensibel ist oder nicht, fest steht, dass es kein Verständnis dafür hat, wenn seine Eltern immer wieder »alte Rechnungen« rauskramen. Würden Sie Verständnis dafür haben, wenn Ihnen z. B. Ihre Nachbarin vorhält, was Sie vor Monaten einmal gesagt haben sollen?

Kein Pardon für Spießer!

Wer die fatale Neigung hat, bei seinem Kind nur die negativen Eigenschaften zu sehen und die positiven zu übersehen, ist in meinen Augen ein Spießer. Im »Brockhaus« steht: »Spießbürger sind kleinliche, engstirnige Menschen.« Sie sehen bei ihrem Kind aber nicht nur das Negative, sondern sie spießen es gewissermaßen auf und hacken auf dem, was ihrer Ansicht nach nicht in Ordnung ist, immer wieder herum. Anstatt sich mal zu fragen, warum ihr Kind z. B. ungehorsam und faul ist, drangsalieren sie es mit immer wieder denselben Ermahnungen, Vorwürfen und auch Strafen.

Dass durch das ständige Herumhacken auf irgendwelchen »Fehlern« ihr Kind allmählich abstumpft, interessiert sie meistens nicht. Sie haben nur eins im Kopf: Ich muss meinem Kind bestimmte Schwächen austreiben. Es wäre doch gelacht, wenn ich das nicht irgendwie hinkriege! Egal, was das auch kostet, ich muss das schaffen!

Mit einer eigenartigen Verbissenheit machen sich diese Spießer dann ans Werk und geben erst Ruhe, wenn sie glauben, dass ihr Kind so spurt, wie sie sich das vorstellen. Ich halte von dieser Verbissenheit, die typisch für Spießer ist, absolut nichts. Daher plädiere ich dafür: Kein Pardon für die Engstirnigen!

Dieses Plädoyer wird Heinz Stengel nicht überraschen. Er war einer meiner Schüler, als ich noch ein blutjunger Lehrer an einer einklassigen Landschule war. Ich war aber nicht nur Lehrer, sondern – ich muss es zugeben! – auch ein halbstarker Spießer. Aber Bernhard, der Zwillingsbruder von Heinz, hat mich buchstäblich von einer Sekunde zur anderen dazu gebracht, nie

mehr auf einem bestimmten »Fehler« eines Kindes herumzu-
hacken – also kein Spießer mehr zu sein.

Folgendes ist passiert: Heinz war ein recht guter Schüler. Nur
eins ärgerte mich maßlos: Wenn er z. B. ein Diktat oder einen
Aufsatz geschrieben hatte, konnte ich seine Schrift kaum ent-
ziffern. Er hatte eine Sauklaue, die ich ihm immer wieder zum
Vorwurf gemacht habe. Was ich ihm auch an den Kopf geworfen oder wütend angedroht habe: Heinz schwieg zu allem. So
ging das einige Wochen. Wenn ich ihn nur sah, dachte ich: Verlass dich drauf, ich werd's dir schon noch beibringen, leserlich
zu schreiben!

Als ich ihn wieder einmal vor der ganzen Klasse wegen seiner Schmiererei ausschimpfte, wurde es seinem Zwillingsbruder Bernhard zu bunt. Er meldete sich und fragte: »Wissen Sie
eigentlich, warum Heinz so schlecht schreibt?« Bevor ich antworten konnte, gab er selbst die Antwort: »Seit zwei Monaten
liegt unser Vater im Krankenhaus. Er hat Krebs. Daher müssen Heinz und ich meiner Mutter im Stall helfen und jeden Tag
noch vor dem Unterricht unsere 34 Kühe mit der Hand melken.
Wir haben nämlich noch keine Melkmaschine. Am Nachmittag müssen sie dann wieder gemolken werden und zwischendurch müssen wir noch viele andere Arbeiten erledigen. Haben
Sie sich eigentlich schon mal die Hände von Heinz angesehen?
Selbst wenn er wollte, er kann beim besten Willen nicht besser
schreiben!«

Ich war sprachlos und schämte mich. Aber nicht nur vor
Heinz und Bernhard, die gerade mal 12 waren, sondern vor allen Kindern der Klasse. Am Nachmittag habe ich Frau Stengel
aufgesucht, um mich bei den beiden Jungen und auch bei ihr
für mein gnadenloses Spießerverhalten zu entschuldigen.

Dieses Erlebnis war für mich eine Lehre. Mir ist klargeworden, dass Spießer viel Unheil anrichten können, weil sie im
Grunde ungerecht sind. Die entscheidenden Fragen lauten: Was
steckt eigentlich hinter ihrem Verhalten? Welche Motive haben
sie? Ich glaube, dass ich diese Fragen beantworten kann.

Es beginnt damit, dass Eltern gewissermaßen die Vollkommenheit ihres Kindes anstreben. Sie wollen durch Erziehung das perfekte Kind »machen«. Ehrlich und fleißig soll es sein, brav und ordentlich, zuverlässig und dankbar. Also ein Engel in Menschengestalt. Und Engel sind nun mal fehlerfrei, und pflegeleicht sind sie auch.

Die Ampel schaltet aber dann sofort auf Rot, wenn sie glauben, bei ihrem Kind Fehler entdeckt zu haben. Wenn sich der Engel gelegentlich als Bengel zeigt und z. B. ungehorsam ist, wird der Hobel angesetzt. Das Kind wird immer wieder auf einen bestimmten Fehler oder ein Versagen hingewiesen. Zunächst wird es ermahnt, wenn Ermahnungen aber nicht helfen, versucht man es mit mehr oder weniger provokativen Vorhaltungen. Und wenn die auch nichts bringen, wird das Kind bestraft. Zur Rechtfertigung bestimmter Erziehungsmaßnahmen und damit zur eigenen Beruhigung sagt man sich den bekannten Satz: »Ich will doch nur dein Bestes.«

Ich will jetzt nicht auf das Für und Wider dieser »Erziehungsmethode« eingehen, die ich aus verschiedenen Gründen ablehne, sondern auf das, was ich bei den Spießern vor allem kritisiere. Aus eigener Erfahrung weiß ich nämlich, dass Kinder und Jugendliche, die ihnen ausgeliefert sind, nichts zu lachen haben.

Insbesondere kritisiere ich, dass sie ständig nach dem suchen, was bei ihrem Kind nicht in Ordnung ist. Da man das aber immer finden kann, sind die Spießer bei ihrer Suche auch stets erfolgreich. Sie werden immer fündig. Und das befriedigt sie nicht nur, sondern sie haben regelrecht Spaß daran. Aber diejenigen, die irgendwelche »Fehler« gemacht haben, sind traurig. Kurzum: Für die Engstirnigen sind Fehler nicht etwa nur Schwächen oder möglichst zu überwindende Unzulänglichkeiten, sondern sie benutzen sie, um die »Fehlerhaften« klein- und fertigzumachen.

Wer die »Fehler« und Schwächen eines Kindes oder Jugendlichen kennt und nicht zögert, sie ihm immer wieder mit dem Ziel vorzuhalten, ihn zu verurteilen, der spielt sich zum Richter auf. Diese selbsternannten Richter, die sich selbst alles, einem Heranwachsenden aber kaum etwas verzeihen, kann ich nicht ausstehen.

Kennen Sie solche Menschen auch? Menschen, deren stumpf gewordener Spießersinn es nicht zulässt, sich gegenüber Kindern und Jugendlichen wenigstens gerecht, wenn schon nicht einfühlsam-rücksichtsvoll zu verhalten? Das grundsätzliche Problem der Spießer war und ist immer, dass sie aus einem unvollkommenen Einzelwesen einen vollkommenen Menschen »machen« wollen.

Die Frage, die mich lange beschäftigt hat, lautet: Wie ist dieses permanente Starren auf bestimmte Unzulänglichkeiten zu erklären? Ich glaube, dass ich diese wichtige Frage beantworten kann.

Wünsche und die Wirklichkeit

Alle Eltern haben bestimmte Vorstellungen davon, wie ihr Kind sein bzw. sich verhalten und entwickeln soll. Sie haben Erziehungsziele, Ideale, Wunschvorstellungen und auch Vorbilder. Sie machen sich also ein Bild von ihrem Kind. All das ist verständlich und zu akzeptieren. Es ist menschlich, zu träumen und sich Bilder zu machen. Niemand sollte aufhören zu träumen! Wenn aber ein bestimmtes Idealbild der einzige Maßstab für das Erziehen ist, sind Erziehungsprobleme vorprogrammiert. Warum?

Wer Wünsche, Hoffnungen und Ideale hat, strebt danach, dass sie sich erfüllen. Wer sich beim Erziehen aber nur an seinen Idealen orientiert, muss alles, was diesen Idealen nicht entspricht oder ihre Erfüllung gefährdet, ablehnen und sogar bekämpfen. Man verteidigt seine Ideale, geht gegen »Fehler«, die das Kind oder der Jugendliche macht bzw. hat, rigoros vor und versucht, den Heranwachsenden wieder auf den richtigen Weg zu bringen, den man allein zu kennen glaubt.

Diese »Erziehungsidealisten« verstehen sich als Bildhauerinnen oder Schnitzer, Töpferinnen oder Schmiede. Das Kind ist für sie – wenn auch unbewusst! – ein Material wie Stein, Holz, Ton oder Eisen. Und dieses Material muss, da man ein Idealbild vor Augen hat, gründlich bearbeitet werden. Es muss so lange behauen, gehobelt, geschliffen, zurechtgebogen und poliert werden, bis die gewünschte Form erreicht ist. Erziehung ist demnach ein Bearbeitungsprozess, an dessen Ende ein fertiges Produkt steht. Die Bearbeiterin bzw. der Bearbeiter ist das Subjekt, das Kind das Objekt.

Gerade die »Erziehungsidealisten«, die steif und fest von sich behaupten, dass sie es nur gut mit ihrem Kind meinen, übersehen, dass ein Kind kein Material, sondern ein Geschöpf ist. Es ist eine Person, die auf dem Wege ist, mit Hilfe seiner Eltern, Erzieherinnen und anderen Menschen sich selbst zu einer Persönlichkeit zu entwickeln. Und wenn ein Kind auch noch nie so gefragt hat, will es doch immer nur eins von seinen Eltern wissen: *Was willst du eigentlich aus mir machen? Willst du mir dabei helfen, dass ich das werde, was ich mit deiner Hilfe sein und werden könnte, oder willst du mich allein nach deinen Idealvorstellungen formen? Warum zählen nur deine und nicht auch meine Wünsche, Hoffnungen und Bedürfnisse?*

Person-Sein heißt, dass jeder Mensch eine Individualität ist, einmalig, ein Original und nur in Grenzen »formbar«. Aber niemand kennt diese Grenzen. Daraus folgt: Wer das Formen durch Biegen und Brechen übertreibt, wird zerbrechen. Zerbrochenes kann man zwar wieder kleben und kitten, aber es bleiben immer Narben. Manche ein Leben lang!

Wenn die Eigenheiten, mit denen jedes Kind auf die Welt kommt, übersehen werden, wenn z. B. seine Begabungen, Stärken und auch Schwächen nicht zur Kenntnis und vor allem ernst genommen werden, weil man den Traum vom Ideal weiterträumen und Realitäten nicht zur Kenntnis nehmen will, dann sind Enttäuschungen und auch Konflikte unausweichlich.

Mit anderen Worten: Die »Fehler« eines Kindes sind nach meinen Erfahrungen für Eltern, Erzieherinnen, Lehrkräfte usw. oft deswegen ein Ärgernis, weil sie das Idealbild stören, das sie sich machen. »Fehler«, nicht die eigenen, aber die der anderen, sind Makel, die man auszumerzen versucht.

Wer ist eigentlich ohne »Fehler«? Oft sind die »Fehler«, die

Kinder haben oder machen, im Vergleich zu den Erziehungsfehlern ihrer Eltern Bagatellen. Der Pädagoge Heinrich Pestalozzi (1746–1827) hat das, worauf es ankommt, in einem Satz auf den Punkt gebracht: »Ein weiser Erzieher sucht nicht nach dem, was dem Kind noch fehlt, sondern freut sich über das, was es schon erreicht hat.«

Unterschiedliche Ideale

Ein besonderes Problem ist, dass jedes Kind in den verschiedenen Lebensräumen – Familie, Kindergarten und vor allem Schule – unterschiedlichsten Idealbildern und auch Erwartungen gerecht werden soll. Hinsichtlich der Ideale sind sich aber oft nicht einmal Mutter und Vater einig. Und wenn auch die Großeltern noch ihren Senf dazugeben, kann es sein, dass das Kind nicht nur unterschiedlichen, sondern gegensätzlichen Idealen gerecht werden soll.

In der Schule ist es nicht anders. Es gibt Lehrkräfte, für die sind stets gehorsame, ordentliche und fleißige Kinder und Jugendliche die idealen Schüler. Andere wünschen sich zwar auch solche idealen Schüler, wissen aber, dass z. B. auch die Erziehung zu Selbständigkeit, Verantwortungsbewusstsein und Durchsetzungsfähigkeit überaus wichtig ist. Auf diese unterschiedlichen Ideale müssen sich Kinder und Jugendliche im 45-Minuten-Takt einstellen. Heranwachsende, die das schaffen, vollbringen Leistungen, für die sie leider keine Noten bekommen. Der Zehnkampf ist die Königsdisziplin der Leichtathletik, wird gesagt. Und das stimmt auch. Im Vergleich dazu ist aber der tägliche, Jahre dauernde schulische Zehnkampf, ein Kinderspiel. Aber das ist ein anderes Thema.

Vorsicht vor den Miesmachern!

Wenn Sie sich in Ihrer Familie und in Ihrem Freundes- und Bekanntenkreis umsehen, wird es Ihnen vielleicht auch so wie mir gehen: Da gibt es den einen oder anderen Miesmacher, der dazu neigt, nur die Schattenseiten des Daseins zu sehen. Diese Miesepeter, die auch als Pessimisten (lateinisch: pessimum = das Schlechteste) bezeichnet werden, halten bei allem, was passiert, einen schlechten Ausgang für wahrscheinlicher als einen guten. Für sie ist das Glas bekanntlich immer halb leer, während es für die Optimisten halb voll ist.

Die ersten Miesmacher sind mir, Gott sei Dank, erst im Gymnasium über den Weg gelaufen. Es waren zwar nur zwei Lehrkräfte, die sich unermüdlich darum bemüht haben, nicht nur mich davon zu überzeugen, dass es – abgesehen von ihnen – auf der Welt nur schlechte und dumme Menschen gibt, aber die haben mir gereicht.

Ich konnte sie allein schon deswegen nicht ausstehen, weil sie sich bei jeder Gelegenheit über die verdorbene Jugend ausgelassen und uns Schüler immer mit einer Leidensmiene angeschaut haben. Jede Nachlässigkeit war ein Vergehen übelster Art, wurde im Klassenbuch unter der Rubrik »Vorkommnisse« eingetragen und hart bestraft. Schließlich blieb uns gegen Ende des Schuljahres nichts anderes übrig, als unser »Sündenbuch« fein säuberlich zu zerreißen und der Schülertoilette anzuvertrauen. Aber die konnte oder wollte dieses Buch nicht wegspülen und reagierte mit Verstopfung, die sofort dem Hausmeister gemeldet wurde. Das führte zu einem mittleren Erdbeben und einer kollektiven Strafe der Klasse, weil die Suche nach den Übeltätern ergebnislos verlaufen war.

Nach dem »Verbrechen«, das wir begangen hatten, verfinsterten sich die Mienen unserer verhassten Miesmacher noch mehr. Wenn sie uns nach der Korrektur von Schulaufgaben die Arbeiten zurückgaben und die Noten mitteilten, konnten sie sich bei jeder Fünf oder Sechs ein süffisantes Grinsen und einen hämischen Kommentar nicht verkneifen. Ein bisschen gelächelt, wenn auch gequält, haben sie nur dann, wenn wir ihnen zu ihrem Geburtstag ein Liedchen gesungen haben, wie das damals üblich war.

Die Miesmacherei von Frau Fromm, unserer Deutschlehrerin, erklärten wir uns so: »Frau Fromm guckt deswegen immer so grimmig aus der Wäsche, weil sie keinen Mann abbekommen hat.« Als wir erfuhren, dass sie verheiratet war, haben wir uns gefragt: »Wie kann ein Mann auf so eine Frau reinfallen? Das kann eigentlich nur einem Taubstummen passieren, der auch noch blind ist.«

Über die Ursachen der Miesmacherei von Herrn Kutowski, der für uns ein typischer seelenblinder Pauker war, hat sich keiner von uns Gedanken gemacht, denn der war in unseren Augen ein hoffnungsloser Fall. Mir kam zugute, dass meine Mutter mir einen guten Rat gegeben hatte: »Finde dich damit ab, dass der Kutowski so ist, wie er ist! Im nächsten Schuljahr bekommst du bestimmt einen besseren Lehrer. Das verspreche ich dir, denn es gibt keinen schlechteren.«

Weil uns nichts anderes übriggeblieben ist, haben wir diese beiden Lehrkräfte respektiert, aber nicht geachtet. Ihre ständige Schwarzmalerei, vor allem aber ihre ironischen Bemerkungen über *die Jugend von heute* waren uns derart zuwider, dass wir nicht mehr hingehört haben, wenn wir eine neue Tirade über uns ergehen lassen mussten.

Aber wie das oft so ist: Auch schlechte Erfahrungen sind immerhin Erfahrungen, die zu neuen Einsichten führen können. Das heißt: Von Frau Fromm und Herrn Kutowski habe ich gelernt, dass es Menschen gibt, die kein gutes Haar an jungen Menschen lassen und nur auf das Negative starren. Sie sind weder bereit noch in der Lage, auch positive Entwicklungen zur Kenntnis zu nehmen. Sie sehen nur das, was sie sehen wollen und was ihre Überzeugungen bestätigt. Eins ihrer Probleme ist, dass sie mit unerfreulicher Ausdauer die schrecklichen Zustände in der Welt beklagen, aber die Welt sich Gott sei Dank nicht darum kümmert.

Wenn in Ihrer Gegenwart einmal ein Miesmacher anfängt,

Klagelieder über die Jugend von heute zu singen, hören Sie bitte nicht zu, denn diese Lieder sind endlos und helfen keinem. Sie können ihm aber auch die folgenden Zitate zeigen, um ihn vielleicht davon zu überzeugen, dass er nichts Neues sagt.

1. Vor 3000 Jahren stand auf einer babylonischen Tontafel: »Die Jugend ist von Grund auf verdorben, sie ist böse, gottlos und faul. Sie wird niemals so sein wie die Jugend vorher, und es wird ihr niemals gelingen, unsere Kultur zu erhalten.«

2. Der 700 Jahre v. Chr. in Askra geborene griechische Dichter Hesiod schrieb: »Ich habe keine Hoffnung mehr für die Zukunft unseres Volkes, wenn diese Zukunft von der leichtfertigen Jugend abhängt. Denn diese Jugend ist von einer unerträglichen Unverschämtheit und will alles besser wissen, immer recht haben und ist voller Widerrede.«

3. Auch dem griechischen Philosophen Sokrates (470–399 v. Chr.) hat die Jugend seiner Zeit Kummer bereitet: »Die Jugend liebt heute den Luxus, sie hat schlechte Manieren, verachtet die Autorität, hat keinen Respekt vor älteren Leuten und plaudert, wo sie arbeiten sollte. Sie verschlingt bei Tisch die Speise, legt die Beine übereinander und tyrannisiert ihre Eltern.«

4. Der englische Philosoph John Locke (1632–1704) hat bereits vor 400 Jahren den Erziehungsnotstand ausgerufen: »Ich bin in letzter Zeit von so viel Eltern um Rat gefragt worden, die bekennen, dass sie nicht mehr wissen, wie sie ihre Kinder erziehen sollen; und die frühe Verderbnis der Jugend ist jetzt eine so allgemeine Klage geworden, dass es angebracht erscheint, diese Frage öffentlich zur Diskussion zu stellen und Vorschläge zur Besserung zu machen.« (Ob er auch Vorschläge zur Besserung gemacht und z. B. »Elternschulen« gegründet hat, weiß ich leider nicht.)

5. Der Psychoanalytiker Erich Fromm schrieb 1964: »Die heutige Jugend ist völlig bindungslos, amoralisch und ohne Glauben. Ungerührt und bar jeglicher Motive ist sie den Verlockungen der Hysterie und Absurdität ausgesetzt. Sie empfindet keinerlei Loyalität, weder gegenüber sich selbst noch gegenüber der

Gesellschaft, sie ist wahrhaft nihilistisch. Wir werden einst von ihr hören und es werden keine guten Nachrichten sein.«

Ob Fromm ein Verwandter meiner miesmachenden Lehrerin gewesen ist, hat mich nie interessiert. Aber Verwandte im Geiste waren die beiden auf jeden Fall. Ohne die Verfasser dieser Stellungnahmen anzugeben, habe ich diese Zitate gelegentlich Studenten gegeben und sie um ihre Meinung dazu gebeten. Fast übereinstimmend war immer die Antwort: Man sollte solche Pauschalurteile nicht ernst nehmen. Offenbar gab es zu allen Zeiten Menschen, die regelrecht Spaß daran haben, auf die Jugend einzudreschen.

Noch ein aktuelles Beispiel: Der Fernsehmoderator Peter Hahne hat 2004 ein Buch mit dem Titel *Schluss mit lustig – Das Ende der Spaßgesellschaft* veröffentlicht. Er befasst sich nicht speziell mit der Jugend, sondern legt eine »packende Zeitanalyse ... unserer labilen Gesellschaft« vor. Wenn das eine Analyse unserer Gesellschaft ist, kann *Der Untergang des Abendlandes* von Oswald Spengler nur eine Mischung aus Kinderbuch, Kriminal- und Liebesroman sein. Aber egal, das Fazit von Hahne lautet: »Mir scheint die erschütterndste Diagnose unserer Zeit die abgrundtiefe Hoffnungslosigkeit zu sein.«

Nachdem ich die 143 Seiten gelesen hatte, wollte ich zuerst meine Frau, dann mich erschießen. Der Grund: Hahnes Büchlein ist bis auf den letzten Satz entmutigend. Und der ist nicht von ihm, sondern er zitiert den Jesuiten Teilhard de Chardin: »Die Zukunft gehört denen, die der nachfolgenden Generation Hoffnung geben.«

Genau das ist es, was ich den Miesmachern vorwerfe: Ohne dass ihnen das vielleicht bewusst ist, richten sie Unheil an, weil sie »der nachfolgenden Generation« keine Hoffnung geben. Beispielsweise können ein Vater oder eine Mutter mit einer pessimistischen Lebenseinstellung ihrem Kind keine Vision von einer besseren Welt geben. Auch nicht die Zuversicht, dass sie überhaupt möglich ist, wenn alle *yes we can* sagen. Oder: Wenn ein Kind von seinen Eltern immer wieder zu hören bekommt, wie schlecht und böse die Menschen sind, auch wie ungerecht und kaputt unsere Gesellschaft ist, wird ihm bald die Lust am Leben vergehen. Wie soll sich bei einem Kind bzw. Jugendlichen beispielsweise die Bereitschaft entwickeln, in der Gemeinschaft und für sie Verantwortung zu übernehmen, wenn es keine Hoffnung mehr gibt?

Damit kein Missverständnis entsteht: Seit Jahrzehnten kritisiere ich lediglich die Dauer-Miesmacher, aber nicht diejenigen, die gelegentlich mal die Flügel hängen lassen, weil sie z. B. enttäuscht wurden oder mit einem Misserfolg nicht fertig geworden sind. Dass es im Leben jedes Menschen nicht nur Hoch-, sondern auch Tief-Zeiten und Krisen gibt, weiß jeder, der gelernt hat, das Leben zu buchstabieren. Und es ist auch menschlich, wenn einem z. B. in Phasen der Resignation mal das Lachen vergeht. Aber gebetsmühlenhafte Miesmacherei ist meines Erachtens ein Indiz dafür, dass ein Mensch Hilfe braucht, weil er krank ist.

Hilfe ist ein gutes Stichwort. Für mich war die folgende Geschichte eine große Hilfe, weil mir klar geworden ist, wie ich mit Miesmachern umgehen kann. Allerdings hätte sie mir als Schüler auch nicht geholfen. Aber bestimmt kann sie Ihnen helfen, denn diese Geschichte ist ein eindrucksvolles Beispiel dafür, wie man sich diese Typen vom Hals halten kann:

Zu einem weisen Mann kam einmal einer seiner Schüler und sagte: »Ich muss dir berichten, was ich von einem deiner Freunde gehört habe.«

»Halt ein!«, sagte der Weise. »Hast du das, was du mir berichten willst, zuerst durch die drei Siebe durchgelassen?«

»Was für drei Siebe meinst du?«

»Höre gut zu!«, sagte der Weise. »Das erste Sieb ist das des Wahren. Ist das, was du mir von einem meiner Freunde mitteilen willst, auch wahr?«

»Ich habe es nicht geprüft«, gestand der Schüler.

»Dann hast du es bestimmt durch das zweite Sieb geläutert? Es ist das Sieb des Guten. Überlege, ob es gut für dich ist, dass du mir deine Geschichte erzählst? Ist es gut für den, um den es sich dabei handelt? Und schließlich, ist es gut für mich, dass ich diese Geschichte erfahre?«

Als der Schüler beschämt war und kein Wort herausbrachte, wollte der Weise von ihm wissen, ob er wenigstens an das dritte Sieb gedacht habe, nämlich an das Sieb der Notwendigkeit. So erkundigte er sich:»Ist es notwendig für dich, dass du mir erzählst, was du von meinem Freund erfahren hast? Ist es notwendig für ihn, dass du es mir erzählst? Und ist es notwendig für mich, dass ich davon weiß?«

»Notwendig? Nein, eigentlich nicht!«, gestand der Schüler.

»Nun gut«, sagte der Weise,»wenn das, was du mir über meinen Freund erzählen willst, weder wahr noch gut, noch notwendig ist, dann behalte die Geschichte für dich, ich will sie nicht wissen.«

Ob Sie es glauben oder nicht: Mir ist es tatsächlich hin und wieder schon gelungen, Miesmacher davon abzuhalten, mir irgendwelche Geschichten zu erzählen, die ich gar nicht hören wollte. Manchmal durch die Blume, aber immer freundlich und unmissverständlich habe ich sie gefragt: *Ist das wahr, was du mir erzählen willst? Ist es für dich und auch mich gut, wenn du es mir erzählst? Ist es für dich und auch mich notwendig, dass ich das weiß, was du mir erzählen willst?*

Ein einziges Mal hat mich ausgerechnet eine Miesmacherin gefragt:»Worauf wollen Sie mit Ihrer Fragerei eigentlich hinaus?« Ein bisschen verlegen habe ich geantwortet:»Meine Fragerei hängt mit der ›Geschichte von den drei Sieben‹ zusammen, die ich einfach toll finde. Soll ich sie Ihnen erzählen? Leider ist sie nicht von mir, sondern von Sokrates, dem seine leidenschaftliche Fragerei allerdings das Leben gekostet hat.« Der Name Sokrates wirkte:»Erzählen Sie!«, forderte mich die Miesmacherin auf. Also habe ich ihr das erzählt, was Sie gerade gelesen haben. Und auch das hat gewirkt: Sie hielt nämlich die Klappe, und ich hatte dank Sokrates meine Ruhe.»Es ist ein Segen, wenn diejenigen, die nichts zu sagen haben, trotzdem den Mund halten«, hat Karl Valentin gesagt.

Was Eltern tun und unterlassen sollten

1. Spießen Sie nicht irgendwelche »Fehler« Ihres Kindes auf und hacken Sie nicht darauf herum! Es könnte nämlich sein, da Kinder auch durch Nachahmung lernen, dass Sie dazu beitragen, dass aus Ihrem Kind allmählich auch ein Spießer wird und Ihre »Fehler« aufspießt.

2. Messen Sie das, was Ihr Kind kann und will, nicht nur an Ihren Idealen und Vorstellungen! Das Mögliche ist wichtiger als das Wünschenswerte. Beides müssen Eltern sehen und möglichst realistisch einschätzen. Wenn nur das Wünschenswerte zählt, werden sich Probleme ergeben. Irgendwann durchschaut nämlich jedes Kind, dass seine Eltern versuchen, es nur nach ihren Vorstellungen zu formen und »passend« zu machen. Nie sollte ein Kind das Gefühl haben, dass die Eltern mit seinem Wesen im Grunde unzufrieden sind. Die Einsicht, für seine Eltern ein »falsches Kind« zu sein, ist für ein Kind – wenn überhaupt – nur schwer zu verkraften und kann die Eltern-Kind-Beziehung ein Leben lang belasten.

3. Vergleichen Sie Ihr Kind nie mit einem anderen! Vergleichen Sie bitte nur das, was mit Ihrer und der Hilfe anderer Erzieher im zurückliegenden Jahr aus Ihrem Kind geworden ist. Auch das Vergleichen mit Geschwistern sollte unterbleiben, denn letztlich stiftet es nur Unfrieden, Eifersüchteleien und im schlimmsten Fall sogar Hassgefühle. Was würden Sie eigentlich empfinden, wenn Ihr Kind Sie mit anderen Müttern oder Vätern vergleicht?

4. Versuchen Sie nie, aus Ihrem schüchternen, ängstlichen Kind z. B. eine Draufgängerin bzw. einen Draufgänger zu »machen«! Durch Erziehung kann keine Macht der Welt aus ihm einen zweiten Einstein oder Mozart »machen«, keine »neue« Angela Merkel und keinen »neuen« Papst Benedikt. Und das ist auch gut so.

5. Fragen Sie einmal Verwandte, Freunde, Erzieherinnen und Lehrkräfte, wie die Ihr Kind sehen! Wenn es um die eigenen Kinder geht, sind Eltern oft mehr oder weniger »betriebs-

blind«. Sie sehen nur das, was sie sehen wollen. Die Sicht anderer kann Ihnen aber die Augen für das öffnen, was Sie bisher vielleicht noch nicht wahrgenommen haben. In jedem Fall erweitert sich Ihr Horizont. Und das ist immer gut, denn wer sich beim Erziehen Scheuklappen anlegt, der sieht sein Kind nur ausschnittartig. Das »Ganze« müssen Eltern zu erfassen versuchen und nicht nur bestimmte Eigenheiten.

6. Suchen Sie die vielen guten Seiten und Stärken, die Ihr Kind hat, und befassen Sie sich damit! Und bei den »Fehlern«, die es auch hat, machen Sie bitte niemals aus letztlich Unwichtigem etwas überaus Wichtiges! Kein Kind kann verstehen, dass schon ein einziges Versagen zur Ablehnung der ganzen Person – »Du taugst zu nichts!« – führen kann. Pauschalurteile verursachen immer innere Verletzungen. Und Verletzungen hinterlassen auf der Seele zumindest blaue Flecken.

7. Schreiben Sie einmal alle guten Eigenschaften Ihres Kindes auf! Das sollten Mutter und Vater aber bitte getrennt voneinander tun. Dann werden nämlich unterschiedliche Sichtweisen und Beurteilungen ans Tageslicht kommen. Freuen Sie sich gemeinsam über die »Liste des Guten«, die bestimmt ziemlich lang sein wird!

24 Gefühle sind nicht immer die besten Ratgeber

Nach einem Vortrag über aggressive Kinder nahm mich eine Mutter beiseite und fragte mich: »Sind Sie eigentlich ein Gefühls- oder ein Verstandesmensch?« Solche Entweder-oder-Fragen, die man möglichst noch mit einem Wort beantworten soll, finde ich ziemlich doof. Die mag ich gar nicht. Da ich aber – jedenfalls meistens – ein höflicher Mensch bin, habe ich brav geantwortet: »Ich bin beides! Meine Gefühle gehören zu mir wie das Amen in der Kirche, aber ich traue ihnen nicht über den Weg. Sie haben mich nämlich nicht nur einmal dazu verführt, folgenreichen Blödsinn zu machen.« Das hätte ich besser nicht sagen sollen, denn nun wollte die Fragestellerin wissen: »Welchen Blödsinn haben Sie denn gemacht?«–»Jetzt reicht es aber«, habe ich im Stillen gedacht und kurz angebunden nur noch gesagt: »Das habe ich nicht mal meiner Frau verraten.«

Wie ist das eigentlich bei Ihnen? Haben Ihre Gefühle auf Ihr Denken und Handeln einen größeren Einfluss als Ihr Verstand? Ich frage Sie deshalb, weil der Hirnforscher Gerhard Roth behauptet: »Gefühle beherrschen den Verstand eher als der Verstand die Gefühle.« Ist das wirklich so?

Vieles spricht dafür, dass Roth recht hat. Eltern, aber auch Erzieherinnen und Lehrkräften fällt es oft schwer, nicht die Fassung zu verlieren, wenn sie sich z. B. über ein Kind oder Jugendlichen ärgern. Weil sie empört oder wütend sind, schimpfen sie wie die Rohrspatzen – gut, wenn es nur dabei bleibt. Es gelingt ihnen nicht, sich mehr vom Verstand als von ihren Gefühlen leiten zu lassen. Und das kann man ihnen nicht einmal zum Vorwurf machen, denn normalerweise, so sagt Roth, beherrschen unsere Gefühle den Verstand.

Wenn das so ist, müssen sich Kinder und Jugendliche damit abfinden, dass Eltern und andere, die sie erziehen und unterrichten, nicht berechenbar sind. Alles ist möglich, wenn das Fass, in dem die Gefühle gelagert werden, überläuft. Eigenartig ist allerdings, dass es Menschen gibt, die es nur sehr selten oder sogar nie zum Überlaufen kommen lassen. Da stellt sich die Frage, wie sie es schaffen, sich nicht von ihren Gefühlen beherrschen zu lassen.

Meines Erachtens spielt dreierlei eine entscheidende Rolle. Erstens hängt es immer davon ab, ob man sich der Situation gewachsen fühlt, wenn man von einem Kind oder Jugendlichen z. B. provoziert, hintergangen oder belogen wird. Zweitens davon, in welcher körperlich-seelischen Verfassung man sich gerade befindet. Drittens – ich glaube, das ist das Wichtigste – ist die innere Einstellung ausschlaggebend, die man zu einem »Sünder« hat.

Aber auch wenn man sich durchaus bewusst ist, worauf es ankommt, ist es nicht einfach, seine Gefühle immer unter die Kontrolle von Verstand und Vernunft zu bringen. In schwierigen Situationen ist man immer in Gefahr, sich von seinen Gefühlen verführen zu lassen und aus der Haut zu fahren. Es ist ein Kunststück, sich immer vernünftig zu verhalten und das Richtige zu tun – vermutlich beherrschen das nur Engel. Ich jedenfalls nicht. Aber so schwierig es auch sein mag, möglich ist es. Denn *jeder* kann lernen, mit seinen Emotionen vernünftig umzugehen.

Emotionale Intelligenz

Darunter ist die menschliche Fähigkeit zu verstehen, nicht nur mit den eigenen Gefühlen, sondern auch mit denen anderer Menschen intelligent und sensibel umzugehen. Jeder Mensch hat diese wunderbare Fähigkeit, sich besonnen und einfühlsam zu verhalten: er ist nicht Sklave seiner Gefühle. Kein Mensch muss sich von seinen Gefühlen beherrschen und zu Worten und Taten hinreißen lassen, die er vielleicht schon kurze Zeit später bereut.

Anders gesagt: Kein Mensch ist seinen Emotionen hilflos ausgeliefert und muss sich von ihnen (ver-)führen lassen. Das ist so, weil jeder Mensch nicht nur seine Gefühle und sein Gefühlsleben hat, sondern der liebe Gott ihm auch seinen Verstand und ein Gewissen gegeben hat. Folglich kommt es *nur* darauf an, dass er lernt, das im Grunde rätselhafte Zusammenspiel von Emotionen und Verstand zu durchschauen und sich entsprechend zu verhalten.

Interessant ist, dass sich die Hirnforscher in einem Punkt einig sind: Menschliche Gefühle sind Reaktionen auf bestimmte Reize. Die Gefühle entstehen bzw. entwickeln sich aber nicht im Herzen oder im Bauch, sondern im Gehirn. Sie sind so etwas wie Signale, denen man folgen oder sich hingeben kann, oder auch nicht. Wer sich nun weitgehend oder sogar ausschließlich von seinen Gefühlen leiten lässt, sollte wissen, was die Hirnforscher dazu sagen: *Gefühle können und sollten kein Ersatz für vernünftiges Denken sein.*

Festgestellt wurde auch Folgendes: Ein Gefühlsausbruch kann zwar schnell vorübergehen, aber es können auch Stimmungen entstehen, die lange nachwirken. Und diese Stimmungen können auch dazu führen, dass sich Einstellungen zu anderen Menschen ändern. Schlägt auch bei Ihnen die gute Stimmung schnell in eine miese um, wenn Ihnen jemand über den Weg läuft, der Sie schon einmal dumm angeredet oder beleidigt hat?

Ein Beispiel: Papa hat wieder einmal einen seiner bekannten Tobsuchtsanfälle gehabt, den der arme Stefan (8) über sich ergehen lassen musste. Mama, die diesen Familienzirkus schon kennt, hat dann, wenn der von Gefühlen getriebene Papa außer sich ist, keine Chance, ihn zur Vernunft zu bringen. Vaters Zorn ist meistens zwar schnell verraucht, aber im Untergrund bleibt eine angespannte, gereizte Stimmung. Stefan misstraut nämlich seinem Papa, der – nicht nur wenn er wieder mal tobt, sondern auch zwischendurch – oft das Lied vom ungeratenen Sohn anstimmt.

Diese trübe Stimmung kann in immer kürzeren Abständen neue Wutanfälle auslösen, wenn Stefans Vater nicht endlich lernt, intelligenter mit seinen Gefühlen umzugehen. Wenn er aber sagt:»Ich sehe nicht ein, dass ich an mich halten soll, wenn mich die Wut packt, denn ich bin nun mal ein Gefühlsmensch«, bleibt nur noch die Hoffnung. Worauf? Dass ihm jemand ins Ohr flüstert: *Fang endlich mal an, über dein Verhalten nachzudenken! Das ist dringend notwendig, wenn du nicht als lernunfähige und daher ungeliebte Furie in die Familiengeschichte eingehen willst, der alle möglichst aus dem Wege gehen!*

Eigentlich wissen alle Eltern, dass Gefühle nicht immer gute Ratgeber sind. Aber sie halten sich im Erziehungsalltag oft nicht daran. Schon oft haben mir Mütter gesagt:»Ich verlasse mich beim Erziehen meistens auf mein Bauchgefühl.« Damit wollen sie sagen, dass sie sich z. B. beim Loben, Ermutigen, insbesondere aber Ermahnen und Schimpfen weitgehend oder sogar ausschließlich von ihren Emotionen leiten lassen. Warum machen sie es sich soooo einfach? Warum bemühen sie sich nicht intensiv darum, mit ihren Gefühlen und denen ihres Kindes so intelligent und einfühlsam umzugehen, dass sich ihr Kind vor ihnen nie fürchten muss?

Um es offen zu sagen: Immer dann, wenn eine Mutter dieses »Bauch-Bekenntnis« ablegt, zucke ich innerlich zusammen, und ein Gemisch unterschiedlichster, aber nie erfreulicher Gefühle steigt in mir hoch. Dennoch nehme ich mich zusammen und lasse nicht zu, dass meine Sicherungen durchbrennen. Das fällt mir deswegen oft schwer, weil ich aus Erfahrung weiß, welche Folgen es haben kann, wenn beim Erziehen dem Bauch ein größeres Mitspracherecht als dem Kopf eingeräumt wird. Überspitzt gesagt: Durch kopfloses (= ohne Verstand) Erziehen kann unendlich viel Unheil angerichtet werden; allerdings noch mehr durch herzloses (= ohne Gefühl).

In seinem Buch *Emotionale Intelligenz* bringt es Daniel Goleman auf den Punkt: »Wir wissen aus Hunderten von Untersuchungen, dass die Art, wie Eltern ihre Kinder behandeln – ob mit strenger Disziplin oder empathischem Verständnis, mit Gleichgültigkeit oder Wärme usw. –, für das Gefühlsleben des Kindes tiefgreifende und bleibende Folgen hat. Dennoch ist erst seit kurzem unumstößlich bewiesen, dass allein schon die Tatsache, emotional intelligente Eltern zu haben, für ein Kind ein enormer Vorteil ist. Die Art und Weise, wie Ehepartner mit den Gefühlen füreinander umgehen, vermittelt, zusätzlich zu ihrem direkten Umgang mit dem Kind, eindrückliche Lektionen, und die Kinder sind gelehrige Schüler, die noch die subtilsten emotionalen Vorgänge in der Familie auffangen.«

Besser kann man kaum sagen, worauf es ankommt. Bleibt nur noch die Frage: Sind Sie eine emotional intelligente Mutter – ein emotional intelligenter Vater? Sind Sie ein Verstandes- oder eher ein Gefühlsmensch? Wenn Ihr Kind auf diese Frage Folgendes antworten würde, haben Sie hinsichtlich ihrer emotionalen Intelligenz noch Defizite: »Intelligent ist mein Papa, aber menschlich eine Pfeife, ein Kühlschrank auf Beinen. Meine Mama ist mir lieber. Die hört zwar viel auf ihren Bauch. Aber intelligent ist sie auch, denn oft hört sie auch auf mich.«

»Erkenne dich selbst!«

Diesen Rat hat schon der griechische Philosoph Sokrates (470–399 v. Chr.) gegeben. Damit wollte er sagen, dass Menschen sich ihrer Gefühle nicht erst in dem Augenblick bewusst werden sollten, wenn sie in ihnen zu rumoren beginnen. Sondern sie sollten vorsorgen und sich um »Früherkennung« bemühen. Eigentlich ist das nicht allzu schwierig, denn jeder Mensch kennt doch seine Schwächen und weiß, warum und in welchen Situationen es ihm Schwierigkeiten bereitet, nicht aus der Rolle zu fallen.

Im Grunde geht es beim *Erkenne dich selbst!* um Selbstkontrolle mit dem Ziel, Selbstdisziplin zu entwickeln. Wenn man sich z. B. sagt: *Ja, ich bin wütend, aber das ist kein Grund, dass ich mich schäme*, ist das schon ein wichtiger Schritt. Nun sollte ein weiterer folgen. Nämlich der Vorsatz: *Ich will versuchen, meine Wut in den Griff zu bekommen.* Dieses Eingeständnis wie auch der Vorsatz sind Zeichen von innerer Stärke und nicht von Schwäche. Sie können jeden Menschen davor bewahren, vielleicht nie wiedergutzumachenden Unsinn anzustellen.

Menschen, die intelligent mit ihren Emotionen umgehen, verdrängen ihre Gefühle nicht, denn sie wissen, dass ihnen das nicht guttut – nicht nur Magengeschwüre können die Folge sein. Vielmehr versuchen sie, sie zu kontrollieren und – wie ein Boot auf hoher See – zu steuern. In ihrem eigenen, aber auch im Interesse anderer Menschen legen sie sich sozusagen selbst Zügel an.

Durch das Anlegen von Zügeln kann zwar eine gewisse Beruhigung erreicht werden, aber die Wut brodelt weiter und sucht nach »Opfern«. Wer sich einigermaßen im Griff hat, wird zunächst einmal innehalten und tief durchatmen. Dabei geht es nicht darum, auf andere Gedanken zu kommen, denn das ist oft nicht möglich, weil uns die Gefühle fest im Griff haben. Aber nach einer längeren Atempause ist es vielleicht doch möglich, seinen Verstand zu fragen, was in der schwierigen Situation vernünftigerweise getan werden könnte.

Genau das fällt aber den Menschen schwer, die sich weitgehend oder sogar ausschließlich von ihren Gefühlen leiten lassen. Psychologen empfehlen: *Reagiert euch ab!* Befreiend und beruhigend kann z. B. wirken, wenn man zusammengerollte Badetücher oder sogenannte Wutsäckchen auf den Boden knallt, zu flotten Rhythmen tanzt oder mit den Füßen stampft, sich an einem Boxsack austobt, Zeitungen oder ein altes Buch zerfetzt, eine Kissenschlacht oder einen Spaziergang macht – möglichst mit einem Rudel Drei- bis Fünfjähriger. Damit habe ich die besten Erfahrungen gemacht. Es muss nicht gleich ein Rudel sein, schon zwei kleine Trabanten reichen. In jedem Fall sollte man an jeder Hand ein Kind haben. Meistens sieht man dann die Welt und seine Sorgen schnell mit anderen Augen. Lebensfrohe, wissbegierige und unbekümmerte Kinder können großartige »Therapeuten« sein.

Eigentlich ist es doch gar nicht so schwierig, sich selbst gewissermaßen in die Pflicht zu nehmen, um zu vermeiden, dass man von irgendwelchen Gefühlen übertölpelt wird. Man sollte es versuchen, denn möglich ist es. Wenn Sie mehr über die emotionale Intelligenz wissen möchten, werden Sie in den angegebenen Büchern viele gute und vor allem praktische Ratschläge finden:

■

1. Daniel Goleman, *Emotionale Intelligenz*, Carl Hanser Verlag – für mich der »Klassiker« zum Thema.
2. Antonio Damasio, *Der Spinoza-Effekt*, List Verlag
3. Joseph LeDoux: *Das Netz der Gefühle*, erschienen bei dtv. ■

25 Hört auf, die Kinder zu verwöhnen!

»Verwöhnung ist ein Erziehungsfehler. Das Kind vermag ... Spannungen zwischen Wunsch und Erfüllung kaum zu ertragen und stellt unrealistisch hohe Ansprüche an seine Mitwelt ... Ursache für Verwöhnung sind auf der Seite des Erziehers oft eigene seelische Schwierigkeiten und Unausgeglichenheit, häufig auch der Wunsch nach Sozialprestige und Selbstdarstellung im eigenen Kinde.« So wird in der *Brockhaus Enzyklopädie* das Verwöhnen erklärt.

Für alle Erzieherinnen, Erziehungsberater und Lehrkräfte, mit denen ich in den vergangenen Jahren gesprochen habe, steht fest, dass das Verwöhnen einer der schlimmsten Erziehungsfehler ist. Übereinstimmend sind sie der Auffassung, dass viele Eltern vor allem folgende Fehler machen:

1. Sie verhalten sich inkonsequent und setzen ihren Kindern nur halbherzig oder gar keine Grenzen.
2. Viele geben ihren Kindern keine »Spielregeln« für das Miteinander. Und wenn sie ihnen doch einmal welche geben, aber ihre Kinder sich nicht daran halten, ziehen sie keine Konsequenzen.
3. Wenn eben möglich, entschuldigen sie bei ihrem Kind alles und versuchen, die »Schuld« z. B. für einen Konflikt anderen anzulasten.
4. Sie nehmen ihr Kind auch dann noch in Schutz oder bagatellisieren und reden bestimmte Vorkommnisse schön, wenn eindeutig erwiesen ist, dass sich ihr Kind falsch verhalten hat.
5. Es ist sozusagen Ehrensache für sie, ihrem Kind möglichst jeden Wunsch sofort zu erfüllen.

Solche Auflistungen verschiedener »Erziehungssünden« eignen sich zwar gut für Stammtischgespräche über das immer aktuelle Thema *Die Jugend von heute*, aber zur Klärung bestimmter Probleme tragen sie nichts bei. Klärung heißt, dass man sich bemüht, hinter die Ursachen des Verwöhnens zu kommen. Das will ich versuchen.

1. Wie verwöhnen Eltern ihr Kind bzw. ihre Kinder?

Hinsichtlich dieser Frage ist zunächst die materielle von der sozialen Verwöhnung zu unterscheiden, die auch als »emotionale Verwöhnung« bezeichnet wird. Über das materielle Verwöhnen ist schon viel geschrieben worden. Dabei ist man sich einig, dass ein Kind immer dann verwöhnt wird, wenn ein Kind das Doppelte und Dreifache von dem bekommt, was es haben will. Viele Eltern fragen sich gar nicht, ob ihr Kind das braucht, was es haben möchte, sondern erfüllen ihm möglichst jeden Wunsch. Folglich ist alles in Hülle und Fülle vorhanden: Essen, Trinken und Süßigkeiten, Kleidung, Spielsachen, technisches Spielzeug Taschengeld und viele andere Sachen.

Ich halte dieses Überfüttern für eins der größten Übel. Das schönste Kinderzimmer – auch bei meinen Enkelkindern haben mich manche schon an Rumpelkammern erinnert – macht kein Kind automatisch zufriedener oder gar glücklicher. Im Gegenteil! Kompanien von Kuscheltieren, Puppen oder Autos in jeder Größe, Kisten und Kästchen voll Spielzeug bedeuten fast immer heillose Unordnung. Viele Kinder wissen oft gar nicht mehr, was sie alles haben. Das Entscheidende ist aber, dass dieses Überfüttern bei vielen Kindern, die ich kenne, zu einer eigentümlichen Unzufriedenheit geführt hat.

Ich werde noch darauf eingehen, aber eine Frage muss ich schon jetzt stellen, weil ich den Verdacht habe, dass Eltern ihr Kind oft deswegen verwöhnen, weil sie ihm beweisen wollen, wie gut sie es mit ihm meinen. Meine Frage: Warum ist es eigentlich so schwer, einzusehen, dass sich niemand mit »Sachen« die Zuneigung oder gar die Liebe seines Kindes erkaufen kann? Das klappt nicht, denn auf rätselhafte, aber sehr sympathische Weise sind Kinder unbestechlich. Was bei berechnenden Erwachsenen mit kleinen und großen Aufmerksamkeiten in vielen Fällen möglich ist, funktioniert bei Kindern nicht.

Wie unwichtig ihnen im Grunde all die »Sachen« oft sind, die sie haben, kann man auch daran erkennen, wie sie damit umgehen. So liegt z. B. das Spielzeug, das sie unbedingt sofort haben wollten und auch bekommen haben, weil die Mama das ständige Quengeln oder Maulen nicht mehr ertragen konnte, schon wenige Tage nach dem Kauf in der Ecke. Das kann auch mit Klamotten, Schuhen, Taschen, Büchern, Schreibutensilien und was sie sonst noch alles haben, passieren.

Verwöhnte Kinder erkennt man unter anderem daran, dass sie schonungslos mit ihren Sachen umgehen. Für sie ist es eine Selbstverständlichkeit, dass sofort für Ersatz gesorgt wird, wenn etwas kaputtgegangen oder abhandengekommen ist. Sie glauben, dass ihre Eltern deswegen so großzügig sind, weil sie nicht nur *einen* Goldesel haben. Verwöhnten Kindern ist auch nicht klar, dass es so etwas wie Sparsamkeit gibt und sie sich darum bemühen sollten, behutsam mit dem umzugehen, was sie zwar längst nicht immer brauchen, aber haben. Etwas Gutes hat das materielle Verwöhnen aber doch: Es kurbelt die Produktion von Artikeln an, auf die in unserer sogenannten Wegwerfgesellschaft viele nicht verzichten wollen, obwohl sie die gar nicht brauchen.

Nach einem unserer elf (!) Umzüge habe ich einmal eine interessante Erfahrung gemacht. Da das Auspacken von zahllosen Umzugskisten meistens Wochen in Anspruch genommen hat, haben unsere Kinder oft warten müssen, bis sie alle ihre Anzieh- und Spielsachen wieder beisammenhatten. Aber einmal haben wir zwei Kartons mit Spielsachen übersehen, weil ich sie in meiner Heimwerker-Werkstatt hinter einem Vorhang verstaut hatte. Erst nach Monaten habe ich das bemerkt, aber unseren Kindern nichts von meiner »Entdeckung« gesagt. Nur meine Frau habe ich eingeweiht. Wir warteten ab, ob jemand eine Vermisstenmeldung machen würde. Ehrlich: Keiner unserer hoffnungsvollen Sprösslinge hat sich gemeldet. Nach über einem Jahr haben wir zu Weihnachten unser Geheimnis gelüftet und im Beisein der Kinder die Kartons ausgepackt – das war unser Weihnachtsgeschenk. Immer wieder kam der Kommentar: *Mensch Mama, ich hab gar nicht mehr gewusst, dass ich das noch habe.* Das war uns eine heilsame Lehre!

Nun sagen Sie natürlich: Paulig, diese Episode zeigt mir, dass du deine Kinder auch verwöhnt hast! Und das stimmt. Bis uns unsere Kinder diese Lehre erteilt haben, hatten wir uns kaum Gedanken über das materielle Verwöhnen gemacht. Dabei hätten wir allen Grund dazu gehabt, denn unsere Eltern haben unsere Kinder nach Strich und Faden verwöhnt. Und darüber haben wir uns wie die Kinder gefreut.

Zur sozialen Verwöhnung: Wenn einem Kind alles erlaubt wird, was ihm gefällt, wenn ihm nicht rechtzeitig Grenzen gesetzt und ihm keine Spielregeln für das Miteinander beigebracht werden, beginnt der folgenreiche Prozess des Verwöhnens. Jedes sozial verwöhnte Kind glaubt, dass es der Mittelpunkt des Universums ist, um den sich alles drehen muss. Und entsprechend verhält es sich: Es wird sich beispielsweise mit seinen Wünschen, Reden, Fragen usw. nicht zurückhalten, wenn seine Eltern mal etwas zu besprechen haben. Ohne Rücksicht auf Verluste macht es ohrenbetäubenden Lärm, wenn Mama oder Papa gerade telefoniert oder nur ein wenig Ruhe haben möchte. Verwöhnte Kinder empfinden es auch als Zumutung, lehnen es ab oder schreien sofort um Hilfe, wenn sie einmal bestimmte Aufgaben eigenverantwortlich übernehmen sollen.

Wenn in der Erziehung auf soziale Kompetenzen zu wenig oder überhaupt kein Wert gelegt wird, werden Kinder verwöhnt. Es ist überaus wichtig, bestimmte Grundhaltungen und Werteinstellungen einzuüben, die dem Alter der Kinder angemessen sind. Verantwortungsbereitschaft, Höflichkeit, Rücksichtnahme und Hilfsbereitschaft, auch Maßhalten, Dankbarkeit und andere soziale Tugenden sind nämlich keine alten Hüte.

Apropos alte Hüte: Nicht nur Eltern, sondern Erwachsene überhaupt verhalten sich oft widersprüchlich und messen mit zweierlei Maßen. Einerseits sind ihnen alte Hüte dann sehr wichtig, wenn ihnen Kinder oder Jugendliche mal unhöflich oder rücksichtslos begegnen. Andererseits sind sie aber für Heranwachsende oft keine guten Vorbilder für Hilfsbereitschaft, Maßhalten und andere soziale Kompetenzen.

2. Warum verwöhnen Eltern ihr Kind bzw. ihre Kinder?

Die Frage nach den Ursachen ist die schwierigste, weil Faktoren eine Rolle spielen können, die Eltern oft nicht bewusst sind. Ich glaube, man kommt den Ursachen dann auf die Spur, wenn man sich einmal überlegt, wie alles anfängt.

Wenn das Baby weint, ist das für die meisten Mütter ein Alarmzeichen: Was ist jetzt schon wieder passiert? Hat das Herzallerliebste etwa Hunger? Durst? Gar Schmerzen? Ist ihm kalt? Wurde es im Schlaf gestört? Wer weint, hat doch Kummer, oder? Mit höchster Aufmerksamkeit werden alle Regungen des Neugeborenen beobachtet. Nichts soll es entbehren, immer soll es froh und munter sein, und daher müssen ihm unangenehme Erfahrungen erspart werden. Es ist doch soooo niedlich, zart und hilfsbedürftig! Ein Engel, nicht nur wenn es schläft, und jedes Lächeln schöner als tausend Sonnenblumen.

Dass Eltern ihr Baby beschützen, vor Entbehrungen jeder Art bewahren wollen und es von früh bis spät umsorgen, ist etwas überaus Schönes. Aber sie können es auch übertreiben. Überängstliche Eltern neigen nämlich dazu, zu viel des Guten zu tun und ihr Kind zu verwöhnen. Das gilt in der sogenannten Hätschelperiode insbesondere für das jüngste oder das einzige Kind.

Konkreter: Das Bemuttern rund um die Uhr, dieses Lauschen auf jeden Piepser und In-Panik-Geraten, wenn das Kind z. B. einmal rätselhafte Laute von sich gibt, muss Grenzen haben. Kinder haben nämlich neben vielen anderen Fähigkeiten auch die Gabe, Mutter und Vater ständig in die Pflicht zu nehmen und durch Quengeln, Jammern usw. zu irgendwelchen Diensten zu »überreden«. Wenn Eltern auf diese Überredungsversuche immer reinfallen, fangen sie mit dem Verwöhnen an, das vermieden werden sollte. Und es kann dann vermieden werden, wenn das Engelchen schon früh an Regeln und Ordnungen gewöhnt wird: Beim Stillen, Füttern, Schmusen, Spielen, Pflegen, Schlafen usw.

Rudolf Dreikurs schreibt in seinem Buch *Eltern und Kinder – Freunde oder Feinde?*: »Das Kind ... wird sich nicht gegen irgendeinen vernünftigen Stundenplan auflehnen. Glück beruht nicht darauf, vage emotionale Bedürfnisse zu befriedigen, sondern Ordnung ohne Widerstand anzunehmen« (Seite 298).

Ich sehe das auch so, denn längst nicht jedes Schreien bedeutet: *Hilfe, mir geht es nicht gut, weil ich schon wieder die Windeln voll habe!*

Füttere mich, denn ich habe erbärmlichen Hunger! Rette mich vor dem Verdursten! Nicht jedes Schreien ist ein SOS-Ruf, der eine Katastrophe signalisiert, sondern sehr oft ist es nur der Wunsch nach noch mehr Aufmerksamkeit. Unersättlich und auch raffiniert können Kinder sein, wenn es darum geht, immer noch ein bisschen mehr Zuwendung zu bekommen. Diese Unersättlichkeit ist zwar natürlich, dennoch *müssen* Eltern ihr Grenzen setzen, indem sie das Rufen nach Zuwendung auch einmal ignorieren, wenn es dem Kind an nichts fehlt. Alles zu seiner Zeit!

Im Grunde läuft beim kleinen Kind der Prozess des Verwöhnens immer nach dem gleichen Muster ab: Irgendetwas behagt ihm nicht, und es macht seinen Gefühlen durch Lamentieren, Schreien usw. Luft. Die Mutter, die möglichst immer auf dem Sprung ist, um zu helfen oder zu trösten, nimmt es auf den Arm. Damit hat das Kind sein Ziel erreicht. Nun weiß es: Ich muss nur lange und laut genug schreien, dann werde ich erhört.

Allzu große Besorgtheit der Eltern räumt dem Kind alles Unangenehme und später dann auch Pflichten aus dem Weg: Das Baby ist nur dann zufrieden, wenn die Mama ständig zur Verfügung steht und ihm jeder Wunsch sofort erfüllt wird. Am Abend schläft es beispielsweise nur dann ein, wenn sich auch die Mama mit ins Bett legt, ihm noch eine Gute-Nacht-Geschichte vorgelesen wird, es in den Schlaf gesungen wird usw.

Wenn das Kind älter wird, werden ihm wichtige Aufgaben, die es schon allein erledigen könnte, abgenommen: Beim An- und Ausziehen, Waschen, Aufräumen der Spielsachen und den Hausaufgaben für die Schule. Es ist ja so wunderbar bequem, wenn man für alles seine Diener hat. Immer kann man mit der Hilfe von Mama und Papa rechnen. Auch wenn es Streit mit anderen Kindern gibt, rückt – wie die freiwillige Feuerwehr – selbstverständlich sofort einer von beiden an, um den verwöhnten Rambo zu verteidigen und möglichst »die anderen« für den Knatsch verantwortlich zu machen.

Wenn Sie einmal genau hinschauen, werden Sie feststellen, dass verwöhnte Kinder oft unerzogene Kinder sind. Aber die Eltern der Unerzogenen geben das meistens nicht zu, denn wer gesteht schon gern Versäumnisse oder Versagen ein. Dieses Eingeständnis ist vor allem dann nicht zu erwarten, wenn Eltern nicht einmal ahnen, dass sie ihr Kind verwöhnen. Dass ihnen das nicht klar ist, hängt auch damit zusammen, dass sie sich nicht vorstellen können, dass Kinder kleine Egozentriker sein können.

Sehr oft sehen Eltern erst nach einigen Jahren ein, dass sie mit ihren Erziehungsmethoden einen falschen Weg eingeschlagen haben. Erst wenn der Leidensdruck unerträglich geworden ist und sie mit ihrer Geduld und auch Kraft am Ende sind, platzt ihnen irgendwann der Kragen. Sie wollen oder können nicht mehr die »Sklaven« ihres Kindes sein, und mit dem Ruf »Jetzt reicht es mir!« soll nun plötzlich alles anders werden. Das Problem ist nur, dass verwöhnte Kinder wenig Verständnis haben, wenn von einem Tag auf den anderen aus einem Saulus ein Paulus geworden ist. »Warum soll auf einmal alles anders werden?«, fragen sie sich nicht zu Unrecht.

Hinsichtlich der Ursachen des Verwöhnens spielt also immer die Einstellung zum Kind eine entscheidende Rolle, aber auch Gewohnheiten und bestimmte Erfahrungen, die Eltern im Laufe der Jahre mit ihrem Kind gemacht haben. Aber es gibt noch andere Ursachen, über die Eltern aus verständlichen Gründen zwar nicht gern sprechen, die aber ebenso wichtig sein können.

Schuldgefühle

Eltern verwöhnen ihr Kind, weil sie z. B. zu wenig Zeit für es haben. Insbesondere Väter und vor allem auch Alleinerziehende, die sich nur nach Feierabend und an den Wochenenden ihrem Kind ausgiebig widmen können, haben häufig ein schlechtes Gewissen. Oder man hat Schuldgefühle und denkt über Wiedergutmachung nach, wenn wieder einmal der Geduldsfaden gerissen ist, man sich im Ton vergriffen oder das Kind ungerecht behandelt hat. Nicht selten sollen dann großzügige Geschenke blaue Flecken heilen. Oder man versucht, mit allzu großer Nachsicht das traurige oder enttäuschte Kind davon zu überzeugen, dass man es doch nur gut mit ihm meint, aber leider wieder einmal ausgerastet ist.

Vergangenheitsbewältigung

Wenn gesagt wird:»Du sollst es besser haben, als ich es als Kind gehabt habe«, kann das der Anfang des Verwöhnens sein. Dann heißt es beispielsweise:»Schon als Kind musste ich zu Hause viel mitarbeiten. Nie hatte ich mal Zeit für mich. Und das war schrecklich. Das mache ich anders: Mein Kind soll Kind sein und darf nach Herzenslust spielen und toben.« Oder:»Bei uns wurde früher an allem gespart. Damit ist bei meinem Kind Schluss! Ich kann mir erlauben, ihm jeden Wunsch zu erfüllen, weil ich nicht jeden Euro umdrehen muss.«

Uneinigkeit

Wenn sich Eltern in wichtigen Fragen der Erziehung nicht verständigen können, kann es zum sogenannten »einseitigen« Verwöhnen kommen: Großzügig erlaubt Papa das, was die Mama strikt verboten hat – selbstverständlich gibt es das umgekehrt auch. Fatal ist es, wenn sich Eltern in Gegenwart ihres Kindes gegenseitig schlechtmachen und um seine Sympathie buhlen. Dass Kinder die Uneinigkeit ihrer Eltern ausnutzen, sollte man ihnen nicht zum Vorwurf machen. Es kann aber auch die Uneinigkeit zwischen Eltern einerseits, und den Großeltern andererseits geben. Eltern sollten meines Erachtens nicht unwidersprochen hinnehmen, wenn sich die Oma nicht nur einmischt, sondern beispielsweise bestimmte Verbote der Eltern einfach ignoriert und ihr Enkelkind mit Süßigkeiten vollstopft, obwohl sie weiß, dass sie das nicht tun soll.

Resignation

Ich kenne Eltern, die durchaus wissen, dass es ein Fehler ist, aber trotzdem ihr Kind verwöhnen. Sie fühlen sich überfordert und haben nicht mehr die physische und auch psychische Kraft, konsequent zu sein. Oft werden sie auch von Selbstzweifeln geplagt und sind in schwierigen Situationen rat- und hilflos. Sie können einfach nicht mehr, weil sie mit ihrem (Erziehungs-)Latein am Ende sind. Also sagen sie zu ihrem Kind: »Mach doch, was du willst!« Das ist die passive Form des Verwöhnens, die vielleicht sogar noch schädlicher als die aktive ist.

Unzureichende Erziehungskompetenz

Auch Bequemlichkeit, kein Interesse an wichtigen Fragen der Erziehung, Egoismus und vor allem unzureichende Erziehungskompetenz können Ursachen für das Verwöhnen sein. Von Launen, Stimmungen und bestimmten Meinungen hängt es ab, wie das Kind erzogen wird. Dabei spielt die entscheidende Frage, welche Bedürfnisse und Eigenheiten mein Kind eigentlich hat, was ich ihm geben muss, damit es sich an Leib und Seele gesund entwickeln kann, nur eine untergeordnete Rolle.

Die Bequemen sind meistens auch die, die endlos nachgiebig sind und so lange alles entschuldigen, bis ihnen das Kind auf dem Kopf herumtanzt. Dann ist guter Rat teuer. Sie selbst, vor allem aber auch ihr Kind, müssen für ihre Nachgiebigkeit aus Bequemlichkeit, die im Grunde nichts anderes als Verwöhnung ist, oft einen hohen Preis zahlen. Wer nämlich allzu schnell nachgibt, macht es sich meistens nur im Augenblick leichter, löst aber keine Probleme. Jedes ungelöste Problem kommt irgendwann wieder auf die Tagesordnung.

3. Die Folgen des Verwöhnens

Zweierlei ist wichtig:
1. Das verwöhnte Kind, dem immer möglichst alle Wünsche erfüllt werden und alles Unangenehme, Lästige, Schwere usw. aus dem Wege geräumt wird, bekommt ein falsches Bild von den Menschen und Dingen, mit denen es zu tun hat.
2. Es bekommt aber auch ein falsches Bild von sich selbst, denn es weiß nicht, was es alles bewältigen, also aus eigener Kraft schaffen könnte und zu leisten imstande ist, wenn es sich anstrengt.

Mit anderen Worten: Geistige, seelische und soziale Fähigkeiten, die in jedem Kind schlummern, können sich nur dann entwickeln, wenn sie herausgefordert und buchstäblich trainiert werden. Demnach bedeutet das dem Alter des Kindes angemessene Fordern, dass die im Kind liegenden Begabungen und Kräfte gefördert werden.

Wie jeder Muskel verkümmert, der nicht beansprucht wird, so verkümmern auch die Fähigkeiten und Kräfte, deren Entfaltung durch das Verwöhnen be- oder sogar verhindert wird. Verwöhnen kann dazu führen, dass sich ein Kind nur wenig oder nichts zutraut.

Aber auch das Gegenteil kann eintreten: Das Kind überschätzt sich, ist beängstigend waghalsig, herausfordernd übermütig, zutiefst enttäuscht und zornig, wenn irgendwelche Menschen oder Sachen nicht so funktionieren, wie es das erwartet bzw. sich vorstellt.

Klinische Untersuchungen haben gezeigt, dass verwöhnte Kinder vor den Anforderungen des Alltags in Kindergarten und Schule auffallend größere Ängste entwickeln als nicht verwöhnte. Auf Misserfolge reagieren sie mit Trotz, Widerstand oder Aggressionen. In vielen Fällen nehmen sie eine Verweigerungshaltung ein, die sehr oft auch Auswirkungen auf die Leistungsfähigkeit und -bereitschaft hat.

Durch Angeberei, Unhöflichkeit oder kesses Imponiergehabe versuchen verwöhnte Kinder, die inneren Unsicherheiten zu überspielen. Das können Sie übrigens auch bei Erwachsenen beobachten, für die es eine Ersatzbefriedigung ist, wenn sie die Rolle des Machos oder Rechthabers spielen.

Wie es auch sein mag: Die Mini-Machos haben es – wie auch ihre verhaltensauffälligen Brüder und Schwestern, die schon erwachsen sind! – meistens sehr schwer, sich in eine Gruppe einzufügen, Freunde zu finden und geachtet zu werden. Wegen ihrer unzureichend entwickelten sozialen Kompetenzen haben sie große Schwierigkeiten, mit anderen Kindern einigermaßen gut auszukommen.

Eine erfahrene Erzieherin hat mir einmal erzählt, dass verwöhnte Kinder auffallend oft schlechte Laune haben, nur selten herzhaft lachen und mürrisch abweisend reagieren, wenn man sie um etwas bittet. Und weil sie stets im Zentrum des Interesses stehen wollen und es ihnen oft auch schwerfällt, höflich und freundlich zu sein, werden sie schnell zu Außenseitern. Auf berechtigte Kritik reagieren sie oft höchst empfindlich, sind aber überhaupt nicht zimperlich, andere zu kritisieren oder zu verurteilen. Ein typisches Merkmal der Verwöhnten ist schließlich, dass sie meistens zur Selbstkritik weder bereit noch fähig sind.

Im Grunde sind verwöhnte Kinder arme Kinder. Sie müssen die Suppe auslöffeln, die ihnen ihre Eltern mit dem Verwöhnen eingebrockt haben.

Ein Geständnis

»Ich habe meine Juliana (8) sehr lieb. Daher habe ich ihr auch bisher möglichst jeden Wunsch erfüllt. Damit ist jetzt aber Schluss! Sie ist nicht nur manchmal so ekelhaft zu mir, dass ich sie an die Wand klatschen könnte!« Das gestand mir eine Mutter, die an einem Kurs der »Ingolstädter Elternschule« teilgenommen hatte. Bei diesem Geständnis habe ich nicht jedes Wort auf die Goldwaage gelegt, aber erschrocken war ich doch. Die Aussage dieser Mutter macht auf Folgen aufmerksam, die ich bisher nur angedeutet habe: Dass die Auswirkungen des Verwöhnens auch die Eltern-Kind-Beziehung verändern können.

Konkret: Durch das Verwöhnen kann sich das Engelchen zum schwererziehbaren Bengelchen entwickeln. Ständig muss man auf der Hut sein und mit allem rechnen; sich mit irgendwelchen Beschwerden auseinandersetzen. Dann ist man heilfroh, wenn wieder ein Tag ohne großen Ärger überstanden ist. Wie schön, wenn am Abend endlich Ruhe einkehrt! Aber morgen geht's mit dem Kämpfen wieder los.

Ich kann mir nicht vorstellen, dass es Mütter oder Väter gibt, die diese Machtkämpfe auf die Dauer einfach wegstecken. Ohne dass ihnen das sofort bewusst wird, verändert sich die Beziehung zu ihrem Bengelchen. Zwar haben sie, so wie die Mutter von Juliana, ihr Kind noch lieb, aber beim Ermahnen, Schimpfen und Strafen sinkt ihre Hemmschwelle. Was das heißt, wissen alle, die Kinder erziehen: In keinem Fall etwas Gutes! Jetzt hoffe ich nur, dass Sie Verständnis für meine Aufforderung haben: Hört auf, die Kinder zu verwöhnen! Was immer Sie einwenden, ich bleibe dabei: Wenn Sie Ihrem Kind Gutes tun wollen, verwöhnen Sie es bitte nicht!

■ *Das Elterntelefon:* Falls Sie ein Erziehungsproblem haben, ist in ganz Deutschland das Elterntelefon unter der kostenlosen Rufnummer 08 00 / 111 05 50 zu erreichen. Die Beratungszeiten sind: Montag und Mittwoch von 9 bis 11 Uhr. Dienstag und Donnerstag von 17 bis 19 Uhr. ■

26 »So geht es mit dir nicht weiter! Ändere dich!«

Wie ist es zu erklären, dass Eltern zeitweise bestens mit ihrem Kind auskommen, manchmal aber überhaupt nicht? »Dumme Frage!«, werden Sie jetzt vielleicht denken und mir Folgendes erklären:»Ob man mit seinem Kind gut auskommt, hängt allein von ihm ab. Der Haussegen hängt nur dann schief, wenn es z. B. Grenzen überschritten hat oder wieder einmal bockig gewesen ist. Auch wenn es mit seinen Geschwistern ständig zankt oder ein Versprechen nicht gehalten hat, muss man etwas dagegen tun, denn das darf man nicht durchgehen lassen. Leider bleibt dann oft nichts anderes übrig, als zu ermahnen, zu schimpfen, zu drohen oder sogar zu strafen. Das tut man zwar nicht gern, aber hin und wieder geht's eben nicht anders.«

Viele Eltern, mit denen ich schon gesprochen habe, sehen das auch so. Sie sind der Ansicht, dass gutes Auskommen allein vom Verhalten ihres Kindes abhängt. Aber das ist ein Irrtum, denn auch ihr Verhalten trägt zum harmonischen Miteinander bei. Es hängt z. B. davon ab, wie sie darauf reagieren, wenn ihr Kind wieder einmal über die Stränge geschlagen oder sie geärgert hat. In solchen Situationen nicht ungeduldig zu werden und gleich aus der Haut zu fahren, sondern sich so zu verhalten, dass es nicht zu einem Familienkrach kommt, ist nicht leicht und gelingt längst nicht immer – selbst wenn man will. Aber man kann sich darum bemühen.

Mir geht es aber nicht um die Ungeduld, die menschlich ist und von der alle Eltern gelegentlich geschüttelt werden. Vielmehr darum, dass nie *allein* das Kind dafür verantwortlich gemacht werden sollte, wenn es mal wieder blitzt und donnert. Wer aber seinem Kind immer die Schuld dafür in die Schuhe schiebt, der macht es sich mit der Erziehung zu einfach.

Zu Schuldzuweisungen neigen vor allem die Eltern, die felsenfest davon überzeugt sind, dass sie ihr Kind richtig erziehen. Ihr unerschütterlicher Glaube, immer alles richtig zu machen, führt automatisch dazu, bei Erziehungsproblemen immer in ihrem Kind den Verursacher und damit Übeltäter zu sehen. Wenn das Kind z. B. ungehorsam, trotzig oder unordentlich ist, kann das nur am Kind liegen, aber keinesfalls an ihnen. Folglich wird ihm vorgehalten: *Du bist schuld, wenn es Ärger gibt! Ändere dich!*

Das ist für mich des Pudels Kern! Selbstverständlich müssen Kinder, die sich z. B. nicht an Verbote und Gebote halten, die unehrlich oder aggressiv sind, dazu angehalten werden, ihr Verhalten zu ändern. Sie müssen davon überzeugt werden, dass man das nicht dulden kann. Bei dieser nicht immer einfachen

Überzeugungsarbeit können Eltern oft mit gutem Zureden, mit Ermahnungen, zur Not auch mit Schimpfen und sinnvollen Konsequenzen eine Verhaltensänderung erreichen. Wenn das aber nicht klappt, sollten sie sich überlegen, ob sie nicht ihr Verhalten gegenüber ihrem Kind ändern müssen.

Mir ist das Nachdenken über das eigene Verhalten sehr wichtig. Ich habe nämlich die Erfahrung gemacht habe, dass Mütter bzw. Väter an alles Mögliche denken, wenn sie Probleme mit ihrem Kind haben, nur nicht daran, dass sie auch selbst dafür verantwortlich sein könnten. *Schuld* ist immer nur ihr Kind, sie selbst fühlen sich unschuldig, denn sie machen so gut wie nie etwas falsch. Wenn aber doch einmal was danebengeht, können sie immerhin noch sagen: *Ich hab's bestimmt gut gemeint.*

Wenn ein Kind Schuldgefühle hat, geht es ihm schlecht. Vieles ist ihm gleichgültig, »aber auf keinen Fall, wenn es um die Frage der Schuld geht«, schreibt Anna Wahlgren in ihrem Buch *Das KinderBuch* (S. 643). Ich stimme ihr zu, wenn sie behauptet: »Hat man damit angefangen, die Vermittlung von Schuldgefühlen als Erziehungsmittel zu nutzen, ist der Weg zu den wirklichen Grausamkeiten nicht mehr weit: Du wirst doch verstehen können, dass Papa nicht mehr bei uns wohnen möchte – so wie du dich benimmst.«

Wahlgren stellt auch eine »Liste« von den Sachverhalten auf, die allerstrengstens verboten sind:

1. Das Kind zu verlassen.
2. Das Kind mit Schuld zu beladen.
3. Das Kind zu schlagen.
4. Dem Kind eine Antwort zu verweigern.
5. Sich am Kind abzureagieren.
6. Das Kind zu erniedrigen.
7. Das Kind lächerlich zu machen, es verachtend zu behandeln.
8. Fehler beim Kind zu suchen.
9. Kein Verständnis für das Kind aufzubringen.
10. Das Kind im Stich zu lassen (S. 645).

Vermutlich wird Ihnen jeder Erziehungsberater oder Familientherapeut diese Erziehungsfehlerliste bestätigen. Jetzt hoffe ich nur, dass Sie sich an das halten, was nach Wahlgren, Mutter von neun (!) Kindern, »allerstrengstens verboten« ist.

Janusz Korczak über »die Schuld des Kindes«

In seinem 1928 veröffentlichten Buch *Das Recht des Kindes auf Achtung* hat sich Janusz Korczak auch mit der »Schuldfrage« befasst. Was er dazu zu sagen hat, hat mich zutiefst beeindruckt, weil er genau das beschreibt, was auch heute noch oft zu beobachten ist. Korczak ist meines Erachtens auch nach achtzig Jahren noch höchst aktuell, daher zitiere ich ihn etwas ausführlicher:

»Als Schuld wird einem Kind alles angerechnet, was unsere Ruhe, unseren Ehrgeiz und unsere Bequemlichkeit stört, was uns bloßstellt und ärgert, was gegen Gewohnheiten verstößt, Zeit und Überlegung in Anspruch nimmt. Wir sehen in jeder Verfehlung bösen Willen.

Das Kind weiß etwas nicht, hat etwas nicht verstanden, nicht begriffen, falsch gehört, sich geirrt, es ist ihm etwas nicht geglückt, es kann nicht – alles wird ihm als Schuld angerechnet. Ein Misserfolg des Kindes oder ein Unbehagen, jeder schwierige Augenblick – das ist seine Schuld und sein böser Wille.

Ist es nicht flink genug oder allzu hastig, hat es eine Arbeit ungeschickt ausgeführt – gilt das als Nachlässigkeit, Faulheit, Zerstreutheit, Widerwille. Erfüllt es einen demütigenden, unausführbaren Auftrag nicht, so ist es schuldig. Dieser stümperhafte, böswillige Verdacht – das ist auch Schuld. Unsere Befürchtungen, unser Argwohn, sogar das Bemühen des Kindes, sich zu bessern, werden zu seiner Schuld. ›Siehst du, du kannst, wenn du nur willst.‹

Immer haben wir etwas auszusetzen, und unersättlich fordern wir immer mehr. Geben wir taktvoll nach, vermeiden wir unnötige Reibereien, erleichtern wir das Zusammenleben? Sind nicht gerade wir eigensinnig, launisch, angriffslustig und unberechenbar?« (S. 29 f.)

Fühlen Sie sich angesprochen? Hat Ihnen Korczak einen Spiegel vorgehalten? Hat er Sie ertappt? Mir hat er jedenfalls aus der Seele gesprochen. Und wenn ich könnte, würde ich allen Eltern, die immer nur in ihrem Kind den Schuldigen sehen, wenn etwas nicht so klappt, wie sie sich das vorstellen, diesen Text schön eingerahmt schenken und sie bitten, ihn oft zu lesen – immer wieder, bis sie ihn auswendig können.

Mir liegt das Thema Schuld deswegen so am Herzen, weil ich nicht nur einmal erlebt habe, was geschehen kann, wenn sich Eltern wenig oder überhaupt keine Gedanken über ihr Verhalten machen. Besonders unter die Haut gegangen ist mir aber Stephans Geschichte, die mir sein Vater vor einiger Zeit erzählt hat. Weil sie sehr aufschlussreich und letzten Endes auch gut ausgegangen ist, möchte ich sie kurz wiedergeben.

Stephans Geschichte

Stephan, heute dreizehn, war etwa bis zum fünften Lebensjahr ein lebensfrohes und auch pflegeleichtes Kind. Er fühlte sich pudelwohl, denn seine Eltern kümmerten sich liebevoll um ihn. Mama war immer für ihn da. Am Abend und an den Wochenenden auch Papa. Blind vertraute er ihnen, denn sie wussten auf jede Frage eine Antwort und vor allem waren sie immer sooo lieb zu ihm. Wenn man ihn gefragt hätte, was er von seinen Eltern hält, wäre seine Antwort gewesen: *Meine Mama und mein Papa sind die besten Eltern, die es auf der Welt gibt.*

Im Laufe der Jahre änderte sich das aber. Stephan hatte nämlich die Erfahrung machen müssen, dass Mama und auch Papa mit ihren Händen beispielsweise nicht nur streicheln, kraulen, tätscheln, beten und winken können, sondern ihn auch packen, schütteln und ihm Ohrfeigen geben – und das hat ihm oft sehr weh getan. Außerdem wusste er, dass seine Eltern ihn auch anschreien und bestrafen konnten, wenn sie sich über ihn geärgert hatten oder wenn sie versuchten, ihm etwas beizubringen, das er aber nicht gleich verstanden hat. In solchen Situationen, in denen es oft Vorwürfe hagelte, kam es auch häufig vor, dass die Eltern zu ihm sagten:»So geht das nicht weiter mit dir! Du musst dich ändern!«

Bis Stephan etwa neun Jahre war, verschlechterte sich sein Verhältnis zu den Eltern immer mehr. Er wurde zunehmend trotziger und schließlich vor allem der Mutter gegenüber sogar aggressiv – beim Vater traute er sich das nicht. Seine Eltern waren ratlos, denn sie konnten sich nicht erklären, aus welchen Gründen aus ihrem Engelchen ein Bengelchen geworden war.

Interessant war, aber das führte zu noch mehr Ratlosigkeit und Verunsicherung der Eltern, dass Stephan zunächst im Kindergarten und dann später auch in der Schule mit den Erzieherinnen bzw. Lehrkräften keinerlei Probleme hatte. Alle erklärten den Eltern: *Ob es um das Sozialverhalten oder die Arbeitshaltung geht, wir haben an Stephan nichts auszusetzen!*

Das machte die Eltern aber nicht stutzig. Anstatt sich zu fragen, warum sich Stephan in der Schule völlig anders als zu Hause verhielt, dachten sie nur über sein unerfreuliches Verhalten ihnen gegenüber nach. Mit seinem Klassenlehrer, der viel von Stephan hielt, haben sie über ihre Sorgen auch nicht gesprochen, weil sie sich vor ihm geniert haben.

Es war nicht zu übersehen, dass er sich zu Hause nicht mehr wohl fühlte. Mit gemischten Gefühlen, insbesondere aber misstrauisch und ängstlich begegnete er seinen Eltern. Zwar fehlte es ihm an nichts, denn an Essen, Trinken, Spiel- und Anziehsachen hatte er mehr als genug. Aber darüber konnte er sich weder freuen noch dafür dankbar sein, denn es gab allzu oft üble Auseinandersetzungen mit seinen Eltern. Dann kamen Wut, Ängste und sogar Rachegedanken in ihm hoch. Vor allem das Gefühl, ein hoffnungsloser Versager und immer der Schuldige zu sein, quälte ihn. Das Schlimmste war für ihn aber die Aufforderung seiner Eltern, die er immer wieder zu hören bekam: »Du musst dich ändern, denn so kann es mit dir auf keinen Fall weitergehen!«

Stephans Fragen

So schwierig das Verhältnis von Stephan zu seinen Eltern auch gewesen ist, heute kommen sie bestens miteinander aus. Wie ist es dazu gekommen? Was ist passiert? Hat sich Stephan, wie es sich seine Eltern gewünscht haben, geändert? Ist er quasi ein anderer Mensch geworden? Diese Fragen sind schnell beantwortet: Entscheidend für die »Kursänderung« von Stephans Erziehung waren Fragen, die er seinen Eltern gestellt hat. Und das kam so: Einmal war er nach der Schule nicht nach Hause gegangen, sondern zu einem Freund, bei dem er übernachten wollte. Am Morgen hatte es nämlich mit seiner Mutter wieder einmal großen Ärger gegeben, weil er seine Turnsachen vergessen hatte.

Aus dem Übernachten wurde nichts, weil die Eltern seines Freundes das nicht wollten. Stephan war enttäuscht, aber die Mutter seines Freundes redete ihm gut zu und brachte ihn zu seinen Eltern. Zwar hatten sie sich Sorgen gemacht, aber das hielt sie nicht von heftigen Vorwürfen und Anklagen ab, als er nach Hause kam. Und dann kam wieder das verhasste »Du musst dich ändern! So geht es mit dir nicht weiter«.

»Diese Aufforderung machte Stephan buchstäblich rasend«, erzählte mir der Vater. »Er war außer sich und sprach schneller, als er denken konnte. Dieses *Du musst dich ändern!* war für ihn sozusagen das Signal zum Angriff. Alles, was ihn bisher gequält hatte, sprudelte förmlich aus ihm heraus. Immer aufgeregter, ja verzweifelter redete er schluchzend auf uns ein. Wir waren sprachlos, als er uns – bitter weinend – schließlich drei Fragen stellte:»Warum bin ich immer der Schuldige? Warum soll ich mich ändern? Warum ändert ihr euch nicht?«

Diese Fragen schlugen wie ein Blitz ein. Stephans Eltern waren schockiert, die Fragen machten sie aber auch verlegen. Aber weder der Vater noch die Mutter machten Stephan Vorwürfe. Sie schwiegen und versuchten, ihn zu beruhigen. Erst am Abend, Stephan schlief längst, sprachen sie lange miteinander und fragten sich: Ist an dem, was uns Stephan zum Vorwurf gemacht hat, etwas Wahres dran? Bald gestanden sie sich ein, dass es nicht richtig gewesen war, bei jedem Krach allein in Stephan den Sündenbock zu sehen. Über diese wichtige Einsicht sprachen sie am nächsten Tag auch mit ihm – und zwar ohne etwas zu beschönigen. »Wir haben uns bei ihm auch entschuldigt und versprochen, dass wir uns in Zukunft darum bemühen werden, Konflikte ohne Schuldzuweisungen gemeinsam zu lösen. Bis heute hat das ganz toll geklappt«, so der Vater.

Einmal davon abgesehen, dass diese »Geschichte« – Gott sei Dank – gut ausgegangen ist, ist sie geradezu typisch dafür, wie sich solche Miseren entwickeln. Es beginnt meistens damit, dass das Kind den Glauben daran verliert, dass es seine Eltern gut mit ihm meinen. Dann kann von einem harmonischen Auskommen miteinander nicht mehr die Rede sein. Das Kind kann seine Eltern vielleicht noch respektieren, aber nicht mehr achten. Es ist ein sogenanntes schwererziehbares Kind geworden. All das kann geschehen, wenn Eltern nie bereit sind, auch über *ihr* Verhalten intensiv nachzudenken.

■ *Janusz Korczak*, am 22. 7. 1878 in Warschau geboren, war Kinderarzt und Sozialpädagoge. Seit 1910 widmete er sein Leben benachteiligten Kindern. 1911 übernahm er in Warschau die Leitung eines Waisenhauses für jüdische Kinder. Für verwaiste und verwahrloste Arbeiterkinder wurde 1919 ein weiteres Heim eröffnet, das er auch geleitet hat. Während der deutschen Besatzung sorgte er unter größten persönlichen Opfern für diese Kinder. Bis 1941 hat er zahlreiche Vorträge gehalten und auch in Rundfunksendungen über Kindererziehung gesprochen. Im Warschauer Ghetto lebte er bis zum 5. 8. 1942 mit 200 jüdischen Waisenkindern zusammen. An diesem Tag wurden alle Kinder in das Konzentrationslager Treblinka abtransportiert. Freiwillig begleitete er diese Kinder und wurde mit ihnen von den Nazis ermordet. 1972 wurde Korczak posthum mit dem Friedenspreis des Deutschen Buchhandels ausgezeichnet. ■

27 Lieblingskinder sind nicht immer glückliche Kinder

Ist eines Ihrer Kinder Ihr Lieblingskind? Auf diese Frage reagieren Eltern oft wie ein Dieb, der auf frischer Tat ertappt worden ist. Sie sind verlegen und drucksen herum, weil ihnen diese Frage peinlich ist. Vielleicht haben sie ein schlechtes Gewissen, weil sie glauben, dass es den anderen Kindern gegenüber ungerecht ist, wenn sie eins ihrer Kinder besonders liebhaben.

Eltern, die bei dieser Frage Gewissensbisse haben, möchte ich beruhigen: Es ist völlig normal, ein Lieblingskind zu haben. Kinderpsychologinnen und -psychologen sehen das jedenfalls so. Für sie steht fest, dass es in jeder Familie einen Liebling gibt: Den der Mutter oder den des Vaters. Interessanterweise kommt es nur selten vor, dass Mama und Papa dasselbe Lieblingskind haben.

Wie ein Kind zum Liebling wird

Wenn ein Kind auf der Sonnenseite elterlicher Aufmerksamkeit steht, hat das vor allem vier Gründe:

1. Äußere Merkmale wie z.B. die schönen blauen Augen, reizende Grübchen und die putzige Stupsnase können Eltern in Verzückung versetzen. Es kann aber auch sein, dass sie sich über tatsächliche und auch eingebildete Ähnlichkeiten freuen, weil sie sich in einem ihrer Kinder wiedererkennen. Dann sagt Papa beispielsweise:»Es ist kaum zu glauben, aber Hanna ist ganz die Mama.«

2. Aber nicht nur Äußerlichkeiten können ein Kind zum Liebling werden lassen. Wenn ein Vater z.B. seinen Sohn etwas lieber mag als seine Tochter, können bestimmte Eigenschaften oder Interessen eine Rolle spielen. Er glaubt, eine innere oder geistige Nähe zu erkennen und freut sich über diese Seelenverwandtschaft. Und wenn dann die Mutter, Tante Anne oder Freunde noch übereinstimmend feststellen:»Unglaublich,

dass dir dein Maximilian so ähnlich ist«, freut er sich über diese Bestätigung.

3. Auch Schulleistungen in bestimmten Unterrichtsfächern und das von Lehrkräften gelobte Sozialverhalten können wichtig sein. Nicht nur ehrgeizige Eltern lieben ein bestimmtes Kind dann ein bisschen mehr als ein anderes, wenn es von seinen Lehrern gute Beurteilungen erhält. Und wenn ihnen gesagt wird, dass sie nicht nur ein intelligentes, sondern auch gut erzogenes Kind haben, sind sie natürlich stolz. Das schmeichelt nämlich ihrem Ego. Sie glauben, dass sie die Schulerfolge ihres Kindes mindestens teilweise auch sich selbst zuschreiben können, denn »der Apfel fällt nun mal nicht weit vom Stamm«.

4. Das freundliche, immer gutgelaunte, aufgeweckte und gehorsame Kind, also das rundum pflegeleichte, hat bessere Chancen als das ungehorsame, kratzbürstige und trotzige, zum Lieblingskind zu werden. Und das ist auch zu verstehen, denn keine Mutter bzw. kein Vater wünscht sich ein verhaltensauffälliges Kind. Beim schwierigen Kind kommt aber noch hinzu, dass Eltern nicht selten Schuldgefühle haben, weil es ihnen schwerfällt, ihm wegen seiner »Unarten« die Liebe zu geben, die ihr Lieblingskind bekommt.

Auch wenn es aus diesen und anderen Gründen normal ist, ein Lieblingskind zu haben, sollten sich Eltern vor einer Sonderbehandlung hüten. Sie tun ihrem Liebling nämlich nichts Gutes, wenn sie sich ihm gegenüber z. B. besonders nachsichtig verhalten.

Probleme der Lieblingskinder

Wenn ein Kind nicht nur glaubt, sondern davon überzeugt ist, dass die kleine Schwester oder der große Bruder von der Mutter oder dem Vater bevorzugt wird, kann es schnell zu Eifersüchteleien und auch Konflikten kommen. Das Kind macht seinen Eltern Vorwürfe, weil es sich benachteiligt, vielleicht sogar ungerecht behandelt fühlt. Es ist eifersüchtig auf das Lieblingskind und fordert Gleichbehandlung.

Diese Situation sollten Eltern nicht auf die leichte Schulter nehmen, denn sie belastet nicht nur die Beziehungen der Kinder untereinander, sondern auch das Verhältnis zu ihrem unzufriedenen Kind. Auch wenn Eltern glauben und immer wieder sagen, dass es keinen Grund für Eifersucht gibt, ist das für ein Kind, das sich benachteiligt fühlt, kein Trost.

Das Problem ist, dass es immer schwierig ist, einem eifersüchtigen Kind zu erklären, aus welchen Gründen die Gleichbehandlung, die es sich erhofft und fordert, weder wünschenswert noch möglich ist. Es wird erst im Laufe der Zeit verstehen können, was es bedeutet, wenn seine Eltern ihm sagen: *Es geht uns nicht darum, dass jeder das Gleiche bekommt, sondern jeder das Seine.*

Jeder das Seine heißt: Jedes Kind muss das bekommen, was es z. B. an Zuwendung, Ermutigungen, individuellen Hilfen, aber auch an Ge- und Verboten braucht. Dass verständnisvolle Eltern dabei auf die Eigenheiten jedes Kindes Rücksicht nehmen müssen, auch auf seine Bedürfnisse, Stärken und Schwächen, ist einem eifersüchtigen Kind schwer zu vermitteln. Vor allem deswegen nicht, weil alle Kinder mehr oder weniger zur Schwarzweißmalerei neigen. Für viele gibt es oft nur: Bevorzugen oder Benachteiligen, Lieblingskind oder kein Lieblingskind.

Wenn Eltern ihre Kinder aufmerksam beobachten, werden sie feststellen, dass für ein eifersüchtiges Kind schon Kleinigkeiten große Bedeutung haben können: Naschkatzen protestieren, weil sie glauben, wieder einmal nur das kleinste Stück vom Schokoladenkuchen abbekommen zu haben. Und wenn der sechsjährige Tobias am Abend etwas länger als die vierjährige Claudia aufbleiben darf, ist das in den Augen von Claudia der Beweis dafür, dass sie ungerecht behandelt wird.

Längst nicht jedes Lieblingskind steckt die alltäglichen Rangeleien um die Gunst der Eltern einfach weg. Es gibt welche, die darunter buchstäblich leiden. Ihr »Unglück« kann aber noch einen anderen Grund haben – einen, den Eltern oft übersehen, weil Liebe bekanntlich blind macht.

Ein Kind, das einen Platz an der Sonne hat, freut sich über seine bevorzugte Stellung, die es natürlich nicht verlieren möchte. Also tut es alles, damit das (Ideal-)Bild, das seine Mutter oder sein Vater von ihm hat, keine Kratzer bekommt. Da es den Erwartungen und Vorstellungen der Eltern unbedingt gerecht werden möchte, bemüht es sich, alles zu unterlassen, was Mama oder Papa enttäuschen könnte.

Dieses Bemühen kann dazu führen, dass sich das Kind selbst unter Druck setzt. Und das kann sehr belastend sein. Im Extremfall kann es zu einer schweren Bürde werden. Glücklich ist das Lieblingskind dann nicht mehr, sondern verunsichert und ängstlich, weil es nur noch darauf bedacht ist, sich so verhalten, wie es von ihm erwartet wird.

Ergebnisse einer Untersuchung

Kanadische Wissenschaftler haben 11 500 Kinder zwischen drei und sechzehn Jahren untersucht, weil sie herausfinden wollten, wie sich die »gerechte und ungerechte« Verteilung der Elternliebe auf die Entwicklung eines Kindes auswirkt. Dabei sind sie zu sehr aufschlussreichen Erkenntnissen gelangt:

1. Wenn ein Kind *von seiner Mutter* bevorzugt oder benachteiligt wird, prägt das die psychisch-soziale Entwicklung des Kindes nachhaltig. Wenn aber der Vater seine Kinder ungleich behandelt, richtet er damit weniger »Schaden« an. Aus welchen Gründen sich die Bevorzugung oder Benachteiligung des Kindes durch den Vater weniger »schädlich« auswirkt, geht aus dem Untersuchungsbericht leider nicht hervor.
2. Kinder, die sich von ihren Eltern wenig oder gar nicht geliebt fühlen, leiden häufiger als die geliebten unter Verhaltensauffälligkeiten und auch emotionalen Störungen.
3. Die sogenannten Lieblingskinder, also die eindeutig bevorzugten, sind auffallend oft verunsichert und verängstigt. Der Grund: Sie haben Angst, ihre bevorzugte Stellung wieder zu

verlieren. Außerdem kommen die meisten dieser Kinder mit der Eifersucht ihrer Geschwister nicht zurecht. Sie leiden darunter.

Meine Erfahrungen

In meiner Familie, aber auch in der Schule habe ich mich immer darum bemüht, allen Kindern das zu geben, was sie an Aufmerksamkeit, Zuspruch, Beistand usw. gebraucht haben. Das war nicht immer einfach, weil ich erst herausfinden musste, was jedes Kind unbedingt braucht oder was es ablehnt, was es haben möchte oder was es partout nicht vertragen kann und wie viel Nähe oder Distanz ihm guttut.

Ich bin also auf die Eigenheiten jedes Kindes und Jugendlichen eingegangen. Dabei habe ich festgestellt, dass es durchaus möglich ist, Eifersüchteleien und auch Konflikte zu vermeiden. Das Wichtigste ist, dass es gerecht zugeht und das Messen mit zweierlei Maß unterlassen wird. Jedes Kind empfindet es als ungerecht, wenn es mitbekommt, dass sich Mamas Liebling immer mehr erlauben darf als man selbst.

Außerdem ist es wichtig, dass Heranwachsende nicht nur das Gefühl haben, sondern dass sie absolut sicher sein können, dass man sie auch dann gern hat, achtet und sie nicht kränken oder gar verletzten will, wenn man sie ermahnt, zurechtweist oder auffordert, sich vernünftig zu verhalten. Der englische Erziehungswissenschaftler Rutter hat es einmal auf folgende Formel gebracht: *Wenn man Kinder vernünftig behandelt, verhalten sie sich auch so.*

Was zu beachten ist

Wenn Sie ein Lieblingskind haben, sollte das nicht dazu führen, dass Sie Augen und Ohren zumachen, wenn es z. B. unordentlich, frech oder faul ist. Sie tun ihm keinen Gefallen, wenn Sie ihm vieles oder gar alles durchgehen lassen und es in Schutz nehmen, wenn es z. B. Grenzen überschreitet oder Versprechen nicht einhält. Mit unendlicher Nachsichtigkeit tun sie sich aber auch selbst keinen Gefallen, weil auch Lieblingskinder zunächst einmal Kinder sind und versuchen werden, ihre Sonderstellung auszunutzen. Manche sind äußerst raffiniert, wenn es um ihren Vorteil geht. Lesen Sie dazu auch das Kapitel *Wenn Kinder eifersüchtig sind*, S. 173.

28 Lassen Sie sich von Angeber-Eltern nicht verunsichern!

Angeber-Eltern kommen mir immer so vor wie Angler, die steif und fest behaupten, in der Donau einen riesigen Fisch gefangen zu haben. Das ist Angler-Latein. Und darüber muss ich immer genauso schmunzeln wie über Eltern, die damit prahlen, was ihr Kind im Vergleich zu Gleichaltrigen schon alles viel besser kann.

Lange habe ich nicht gewusst, dass es Eltern gibt, die mit Angeber-Eltern nicht klarkommen. Die sich ärgern, wenn sie sich Berichte über ein »unvergleichlich« intelligentes Kind anhören müssen, oder die Lobpreisungen zwar äußerlich gelassen zur Kenntnis nehmen, aber doch verunsichert sind. Sie fragen sich nämlich, warum ihr Kind nicht so intelligent, begabt, wissbegierig usw. ist.

Auf Kinderspielplätzen, in Kindergärten und Schulen habe ich hin und wieder mitbekommen, wie Eltern ihr Herzallerliebsten zum Wunderkind stilisieren. Geht es um die Entwicklung des Kindes, wird beispielsweise aufgezählt: »Unser Jonas konnte schon sehr früh, um genau zu sein, weitaus früher als andere Kinder, Mama und Papa sagen. Auch seine Krabbelphase war unglaublich kurz. Mit dem Laufen und später Radfahren gab es überhaupt keine Probleme. Jetzt ist der kleine Kerl noch nicht mal vier Jahre und kann schon bis zehn zählen. Wir kommen aus dem Staunen gar nicht mehr heraus.«

Auf solche Aufzählungen folgt dann meistens erwartungsvolles Schweigen – schließlich müssen die Erfolgsmeldungen erst mal verdaut werden. Natürlich wird erwartet, dass die sprachlosen Zuhörerinnen oder Zuhörer nun Fragen beantworten, die quasi in der Luft liegen, aber nicht gestellt wurden:»Na, was sagen Sie zu unserem Jonas? Ist das nicht ein Prachtkerlchen? Wie ist das eigentlich bei Ihrem Kind mit dem Sprechen und Laufen gewesen? Kann es auch schon bis zehn oder etwa nur bis drei zählen?«

Dass jedes gesunde Kind irgendwann nicht nur Mama und Papa sagen kann, sondern in kurzer Zeit noch sehr viel mehr lernt, kümmert Angeber-Eltern wenig. Für sie ist nämlich nur eins wichtig: Darauf aufmerksam zu machen, dass ihr Kind schon viel früher als Gleichaltrige Unglaubliches konnte und wusste. Ihr Mini-Genie ist der Maßstab. Sie vergleichen andere Kinder mit ihm, obwohl sie gerade beim ersten Kind noch keine Anhaltspunkte dafür haben, was z. B. bei Vierjährigen entwicklungsgemäß ist und was nicht.

Die etwas Raffinierteren und die, die sich vielleicht genieren, allzu dick aufzutragen, verpacken ihre Angeberei oft auch in Klagen. Das geht dann etwa so:»Sei bloß froh, dass deine Jule noch nicht in die Schule geht! Du kannst dir nicht vorstellen, was die Kinder heute schon in der Grundschule alles lernen müssen. Ich bin heilfroh, dass unser Bernhard, der Gott sei Dank überdurchschnittlich intelligent ist, noch nie Probleme mit dem Lernen hatte.« Der Gipfel ist, wenn anderen Eltern Sorgen vorgegaukelt werden:»Ist es eigentlich normal, dass Vierjährige noch am Daumen lutschen? Eure Susanne ist doch schon fast fünf, oder? Glaubst du wirklich, dass mit ihr alles in Ordnung ist? Ich würde mir da schon Sorgen machen, denn ich kenne kein Kind in diesem Alter, das noch nuckelt.«

Ich bewundere Eltern, die nicht aus der Haut fahren, wenn sie sich solchen Kokolores anhören müssen. Aber müssen sie sich das überhaupt anhören? Nein! Und glauben müssen sie solche Geschichten, über die ich mich immer nur amüsieren kann, auch nicht. Denken Sie an die alte Volksweisheit: *Wer angibt, hat's nötig.*

Trotz dieser Volksweisheit kann man verunsichert sein und sich nicht gut fühlen, wenn einem durch die Blume zu verstehen gegeben wird:»Im Vergleich zu meinem Jonas, der immerhin ein halbes Jahr jünger als deine Kerstin ist, hat sie doch allerhand Probleme mit dem Lesen und Schreiben. Stimmt mit ihr etwas nicht?«

Wenn Eltern so etwas gesagt oder nur angedeutet wird, machen sie sich natürlich Sorgen und fragen sich:»Warum ist Jonas ein Überflieger, dem – wenn das stimmt, was seine Mutter erzählt – unsere Kerstin nicht das Wasser reichen kann? Was haben wir nur falsch gemacht?« Über diese Fragen sollten sich Eltern nur dann Gedanken machen, wenn sie oder Erzieherinnen sowie Lehrkräfte bei ihrem Kind eindeutige Entwicklungsverzögerungen festgestellt haben. Egal, ob es sich z. B. um motorische oder sprachliche Verzögerungen handelt: Im Interesse ihres Kindes sollten sie sich dann sofort an eine Expertin oder einen Experten wenden und gemeinsam überlegen, welche Fördermaßnahmen sinnvoll erscheinen.

Hinsichtlich der Angeber-Eltern ist interessant, einmal folgender Frage nachzugehen: Warum neigen insbesondere Mütter dazu, in ihrem Kind ein Wunderkind zu sehen? Die Kinderärztin und Psychotherapeutin Dr. Barbara von Kalckreuth hat für diese Neigung folgende Erklärung:»Frauen leben nach der Geburt ihres Kindes in einem besonderen Glückszustand, der sogenannten ›primären Mütterlichkeit‹. Das ist fast eine Form des Entrücktseins: Die Mutter reagiert mit höchster Sensibilität auch auf die kleinsten Signale ihres Kindes, staunt über alles, was sie mit ihm erlebt; auch kleinste Entwicklungsfortschritte haben eine gigantische Bedeutung.«

Natürlich will jede Mutter diesen Glückszustand erhalten. Folglich tut sie alles, damit es ihrem Kind an Leib und Seele gutgeht. Mit höchster Sensibilität beobachtet sie jede Regung und freut sich über jedes Lächeln. Über die ersten Worte und Schritte ihres Kindes würde sie am liebsten die ganze Welt in der »Tagesschau« informieren. Und selbstverständlich wird Großeltern, Freunden und Bekannten stolz über das berichtet, was ihr Kind schon wieder alles gelernt hat. Solche Erfolgsberichte tun dem Ego gut und stärken das Selbstwertgefühl. Sie sind, so glaubt man, eine Bestätigung dafür, dass man alles richtig gemacht hat.

Dieser Glückszustand kann aber eben auch dazu verführen, mit den Leistungen seines Kindes anzugeben und seine Fähigkeiten ständig mit denen anderer Kinder zu vergleichen. Dieser Versuchung sollten Eltern aber widerstehen und »auf dem Teppich bleiben«. Bei einem gesunden Kind sollte kleinsten Lernfortschritten keine so gigantische Bedeutung beimessen werden. Die Frage ist auch, ob es immer sinnvoll ist, in einem Rundruf die ganze Verwandtschaft darüber zu informieren, dass das Kind schon wieder etwas Neues gelernt hat.

Wenn Sie wieder einmal einer »Mein Kind kann das schon längst«-Mutter begegnen, gehen Sie innerlich auf Distanz. Seien Sie nachsichtig mit ihr, denn vielleicht befindet sie sich noch in der Phase der »primären Mütterlichkeit«! Es könnte aber auch sein, dass sie mit ihren Erzählungen nur einen Beitrag zum Thema »Verstehen Sie Spaß?« leisten will. Was Ihnen auch erzählt wird: Bleiben Sie nüchtern und lassen Sie sich weder verunsichern noch verrückt machen! Sie sind die Mutter Ihres Kindes und wissen am besten, was ihm guttut. Wenn Sie ihm das geben, wird Ihr Kind glücklich sein. Glück ist übrigens, sich das zu wünschen, was man hat.

29 Der Vier-Stufen-Plan der Erziehung

Was würden Sie einer Mutter sagen, die Ihnen Folgendes anvertraut: »Ich liebe unsere Sophia über alles, aber manchmal, wenn's gar nicht mehr anders geht, muss ich trotzdem hart durchgreifen und sie bestrafen«? Das Dilemma, das da in einem Satz beschrieben wird, können Sie vielleicht nachvollziehen. Und wenn Sie Ihr – gelegentliches oder sogar häufiges – »hartes Durchgreifen und Strafen« auch so wie diese Mutter rechtfertigen, werden Sie vermutlich auch großes Verständnis für sie haben.

Auf den ersten Blick scheint dies auch plausibel zu sein: Zuerst versucht man's im Guten und hofft, dass es klappt. Wenn aber nicht, müssen eben auch mal andere Saiten aufgezogen werden. Und »wenn's gar nicht mehr anders geht«, versucht man mit Strafen sein Glück.

Ist das nicht eine ziemlich verrückte Situation? Man will für sein Kind das Beste. Weil man es liebt, will man es nicht bestrafen, aber trotzdem tut man es. Dabei haben aber Eltern oft nicht einmal ein schlechtes Gewissen, denn sie sagen: *Mein Kind hat regelrecht nach einer Strafe gerufen! Es ist ganz allein daran schuld.*

In Elterngesprächen habe ich festgestellt, dass sich viele beim Erziehen an dem von mir sogenannten »Vier-Stufen-Plan« orientieren. Er scheint so etwas wie ein Naturgesetz zu sein, denn mehr oder weniger bewusst halten sie sich daran. Vermutlich ist er ihnen in Fleisch und Blut übergegangen, weil sie selbst danach erzogen worden sind.

Dass dieses Naturgesetz in der Vergangenheit nicht nur für meine, sondern wahrscheinlich für die meisten Eltern, Erzieherinnen und auch Lehrkräfte maßgebend war, wusste ich. Aber ich habe nicht gewusst, dass sich beim Erziehen auch heute noch viele Eltern nach dem »Vier-Stufen-Plan« richten, das ist jedenfalls mein Eindruck.

Wenn es so ist, wäre das mehr als bedauerlich, denn dieser Plan taugt für die Erziehung nichts. Bevor ich aber darauf eingehe, möchte ich zunächst beschreiben, was es damit überhaupt auf sich hat.

1. Die Stufe der »Gesetzgebung«

Noch nie hat jemand aufgeschrieben, was ein Kind im Laufe seiner ersten zehn Lebensjahre alles lernen muss. Es ist auf jeden Fall unendlich viel. Mit Bitten, Anweisungen, Erklärungen, Ratschlägen und Aufforderungen bemühen sich Eltern darum, ihrem Kind z. B. beizubringen, wie es sich ihnen und anderen gegenüber zu verhalten hat. Sie sagen ihm, was sie gut finden und von ihm erwarten. Was sie nicht akzeptieren und schlecht finden, verbieten sie. Beispielsweise werden sie nicht zulassen, dass es Butterbrote in den Mülleimer wirft, im Supermarkt Überraschungseier stibitzt oder sich mit schmutzigen Schuhen ins Bett legt.

Ihre Bitten, Anweisungen usw. machen deutlich, was ihnen wichtig ist. Und selbstverständlich hoffen sie, dass sich ihr Kind nach den Regeln und Normen richtet, die sie ihm geben. Sie sollen nämlich für ihr Kind so etwas wie Gebote oder »Gesetze« sein, die es möglichst widerspruchslos befolgen soll.

Beispiele: *Hör zu und sieh mich an, wenn ich mit dir spreche! Sitz gerade! Sei nicht vorlaut! Sag danke! Bitte sei höflich und benimm dich! Mach mir keinen Ärger! Pass in der Schule gut auf und sei fleißig! Wasch dir die Hände!*

Hat das Wirkung und klappt das im Laufe der Zeit einigermaßen, ist alles in Ordnung und der Familienfrieden bleibt gewahrt. Wenn aber nicht, geht man zur zweiten Stufe über, auf der es schon zu Auseinandersetzungen mit dem Kind kommen kann.

2. Die Stufe der Ermahnungen

Jetzt wird mit gutem Zureden, Ermahnungen oder auch Vorwürfen versucht, das Kind zum Einhalten der Ge- und Verbote zu bewegen. Die Mutter oder der Vater will sich durchsetzen und zeigen, wer Herr bzw. Frau im Hause ist.

Beispiele: *Kannst du nicht hören? Wie oft soll ich dir das noch sagen? Ich sag dir das jetzt zum letzten Mal! Musst du immer das letzte Wort haben? Hört endlich auf zu streiten! Ich hab die Nase voll von dir! Jetzt ist aber Schluss!*

Auf dieser Stufe ist die Stimmung schon gereizter, weil sich das Kind nicht so verhält, wie es seine Eltern von ihm erwarten. Spannungen liegen in der Luft, die aber schnell abgebaut werden können. Und zwar dann, wenn sich das Kind einsichtig zeigt und wegen der vielleicht als ungerecht empfundenen

Ermahnungen z. B. nicht protestiert. Verhält es sich aber uneinsichtig, folgt der nächste Schritt.

3. Die Stufe der Drohungen

Mit Drohungen und auch Schimpfen wird der Druck auf das Kind erhöht. Früher hat man Kindern mit dem schwarzen Mann, Einsperren im Keller oder mit der Hölle gedroht. Heute werden sie angebrüllt und nach dem Motto verurteilt: »Du bist und bleibst ein hoffnungsloser Chaot!« Mit solchen pauschalen Verurteilungen wird die ohnehin schon gespannte Stimmung weiter angeheizt.

Beispiele: *Wenn das noch mal passiert, kriegst du Computerverbot! Glaub nur nicht, dass ich das hinnehme. Ich kann auch anders! Gleich gibt's ein Donnerwetter, dass dir Hören und Sehen vergeht! Wenn du das nicht sofort lässt, bekommst du was auf die Finger!*

Nun ergibt sich eine ähnliche Situation wie auf der zweiten Stufe. Entweder nimmt das Kind die Drohungen unwidersprochen hin, weil es eingeschüchtert worden ist, oder es wehrt sich gegen die Drohungen und Anklagen seiner Eltern mit Frechheiten, aggressiven Reden oder Schwindeleien. Wenn das passiert, fühlen sich Eltern herausgefordert. Nun bleibt nur noch die vierte Stufe übrig.

4. Die Stufe der Strafen

Das Strafen ist das letzte Mittel. Was nun geschieht, können Eltern vor sich selbst, aber auch vor ihrem Kind leicht rechtfertigen. Sie können sich darauf berufen, dass sie es gut gemeint und es zunächst mit Ermahnungen und Drohungen versucht haben. Aber leider hat das alles nichts genutzt bzw. nicht die erhoffte Wirkung gezeigt. Daher muss das Kind nun bestraft werden. Zur eigenen Beruhigung sagen Eltern dann beispielsweise: *Unser unbelehrbarer und auch verstockter, widerspenstiger Christoph hat sich die verdiente Strafe selbst eingebrockt. Wir wollten eigentlich gar nicht strafen, aber es ging beim besten Willen nicht mehr anders. Wer nicht hören will, muss eben fühlen!*

Variationen

Dieser »Plan« hat natürlich viele Variationen. Je nachdem, welche innere Einstellung Eltern zu ihrem Kind haben, wie sie es sehen und was sie mit ihm schon alles erlebt haben, können auch einzelne Stufen übersprungen werden. Also wird dem Kind nicht gut zugeredet und es wird auch nicht mehr ermahnt – »weil das sowieso nichts bringt« –, sondern man sucht sofort im Strafen das Heil. Es wird sozusagen »kurzer Prozess« gemacht. Dabei spielen vor allem Stimmungen, Launen und Mamas bzw. Papas Nervenkostüm eine Rolle, aber oft auch Vorurteile und die Vorgeschichte, die jede Auseinandersetzung hat.

Diese »Schnellverfahren«, bei denen es nur den Richter und den Angeklagten gibt, der aber keinen Verteidiger hat, können dazu beitragen, dass die Situation für alle Beteiligten immer unerträglicher wird. Weil sich das Kind unverstanden fühlt und vor Strafen fürchtet, geht es dem Vater oder der Mutter möglichst aus dem Wege. Und wenn sich die Eltern eingestehen müssen, dass ihre Strafen nichts genutzt haben, sind sie ratlos.

Wie ich es sehe

Aus zwei Gründen halte von diesem »Plan« absolut nichts.

Erstens: Wer ihn mehr oder weniger bewusst anwendet, löst nicht nur kein Erziehungsproblem, sondern verursacht neue. So ist es z. B. mit Thomas (7) passiert. Seine Mutter hatte sich ständig über seine Unpünktlichkeit geärgert und es mit Vorwürfen, Drohungen und Strafen schließlich auch geschafft, ihm Pünktlichkeit beizubringen. Dieses Problem hatte sie gelöst, aber nun bereitete ihr ein anderes Sorgen: Thomas verhielt sich ihr gegenüber unzugänglich, nicht selten auch unnahbar und gab nur widerwillig Antwort, wenn sie ihn etwas gefragt hat. Pünktlich war er nun, aber auch verschlossen.

Zweitens: Im Grunde ist es ein Vergehen, wenn ein Kind mit Drohungen und Strafen absichtlich in Angst und Schrecken versetzt wird. Dabei ist es völlig egal, was Eltern als Erklärung oder Entschuldigung geltend machen. Für Kindesmisshandlung gibt es meines Erachtens keine »mildernden Umstände«. Der Arzt und Psychotherapeut Joachim Bauer schreibt: »Wir sollten nicht übersehen, dass manche Kinder auch heute noch in Familienhäusern einer ›Pädagogik‹ ausgesetzt sind, die sich der blanken Einschüchterung und Gewalt bedient.«

Ich sehe das auch so. Allerdings sind nicht nur »manche Kinder Einschüchterung und Gewalt« ausgesetzt, sondern viele. Sie finden dazu mehr im Kapitel *Niemals Gewalt!*, S. 142.

Mich beunruhigt in diesem Zusammenhang eine Beobachtung, die ich bei Gesprächen mit Eltern schon oft gemacht habe: Man hält Einschüchterung durchaus für ein geeignetes und auch bewährtes Erziehungsmittel. Folglich hat man auch keine Hemmungen, Kindern zu drohen und Angst einzujagen. Dabei geht man davon aus, dass das keine nennenswerten Auswirkungen hat.

Man ignoriert die fatalen Folgen von Einschüchterung und Gewaltanwendung, obwohl in zahlreichen Veröffentlichungen und auch Fernsehsendungen, die sich mit Erziehungsfragen befassen, schon darauf hingewiesen worden ist. Zahlreiche Untersuchungen belegen, dass kein Kind das häufige Drohen und Schimpfen einfach wegstecken kann. Schon das ständige Ermahnen und Kritisieren hat negative Auswirkungen. Und das Strafen kann es überhaupt nicht verkraften. Es fühlt sich minderwertig und miserabel, wenn ihm immer wieder vorgehalten wird, was es wieder falsch gemacht hat, nicht kann oder will. Folglich duckt es sich gewissermaßen, wenn Mama oder Papa wieder mal anfangen, ihm z. B. zu drohen und Vorwürfe zu machen.

Aber es bleibt nicht beim Ducken: Um ständig drohendes Unheil zu vermeiden, wird sich das eingeschüchterte Kind überlegen, wie es seine Eltern hinters Licht führen kann. Unglaublich, welche Konfliktvermeidungs-Strategien sich schon Kinder, noch raffiniertere aber Jugendliche ausdenken. Lügen, Verschweigen von bestimmten »Missetaten« und auch Schönreden können z. B. helfen, dass man sich Mamas oder Papas Zorn nicht zuzieht. Man kann aber auch einfach weghören oder das brave Kind spielen, indem man gute Miene zum bösen Spiel macht.

Wenn nun aber Vater oder Mutter dieses »Spiel« durchschauen, sind sie oft gekränkt und denken darüber nach, wie sie die Daumenschrauben noch etwas mehr anziehen können. Anstatt sich zu fragen, warum ihr Kind lügt oder nicht gehorcht, wird neuer folgenreicher Unsinn ausgeheckt. Man muss dem Kind ja schließlich zeigen, wer das Sagen hat, so glaubt man. Und wenn's gar nicht anders geht, muss eben Gewalt angewandt werden.

Von Bausteinen und guten Eltern

Jede Erziehungsmaßnahme hinterlässt Spuren, sie hat Haupt- und Nebenwirkungen, die Kindern oft nicht bewusst sind. Gefühle und Einstellungen entwickeln sich, die das Verhältnis zu den Eltern positiv oder negativ beeinflussen. Man kann auch sagen: Jede Erziehungsmaßnahme ist quasi ein Baustein für die Mutter-Kind- und Vater-Kind-Beziehung. Und wenn Eltern – wovon ich ausgehe – wollen, dass sich ein gutes Verhältnis entwickelt, müssen sie sich um vertrauensbildende Erziehungsmaßnahmen bemühen und alles unterlassen, was Vertrauen zerstören könnte. Sie müssen sich überlegen, wie sie ihr Kind davon überzeugen können, dass es sinnvoll und gut ist, bestimmte »Gebote« einzuhalten.

Mit Drohungen oder einer Tracht Prügel erreicht man diese Einsicht aber nicht. Wer immer noch glaubt, dass man in der Erziehung das Gute mit Bösem, also äußeren und inneren Verletzungen, erreichen kann, hat nichts verstanden. Kein Kind hat

Verständnis dafür, wenn Eltern mit vielen Worten versuchen, kränkende Drohungen und Strafen zu rechtfertigen. Aber nicht nur das: Das Kind wendet sich innerlich von seinen Eltern ab. Es glaubt ihnen nämlich nicht mehr, dass sie es wirklich gut mit ihm meinen, und misstraut ihnen, weil es zu oft enttäuscht worden ist.

Das ist das Entscheidende: So wie Vertrauen quasi der Schlüssel für eine erfolgreiche Erziehung ist, so sind Ängste und Misstrauen die Ursachen für zahllose Erziehungsprobleme. Gute Eltern vertrauen ihrem Kind und sorgen dafür, dass ihr Kind auch ihnen vertrauen kann – gleichgültig, was geschehen ist. Sie bemühen sich darum, dass ihr Kind aus Einsicht z. B. gehorsam und ehrlich ist, aber nicht aus Angst vor demütigenden Schimpftiraden und Strafen.

Das ist nicht immer einfach, denn auch verständnisvolle Eltern stoßen an Grenzen, wenn es z. B. darum geht, sich in schwierigen Situationen so zu verhalten, dass nicht neue Probleme entstehen. Gute Eltern sind keine Übermenschen, sondern Menschen, die mit Herz und Verstand erziehen. Meistens wissen sie genau, was sie ihrem Kind und sich selbst zumuten können. Und wenn sie das gelegentlich nicht wissen, machen sie mit dem Erziehen einfach mal Pause. Noch nie hat ein Kind seine Eltern darum gebeten: *Fangt endlich wieder an, mich zu erziehen! Ich sehne mich nach Ohrfeigen.*

Bezeichnend für gute Eltern ist, dass sie um die dritte und vierte Stufe der Erziehung gewissermaßen einen großen Bogen machen. Das heißt aber nicht, dass sie hin und wieder nicht auch mal schimpfen, aber sie überziehen nicht – jedenfalls bemühen sie sich darum. Wenn's ausnahmsweise aber doch passiert, gestehen sie das freimütig ein und entschuldigen sich bei ihrem Kind. So lernt ihr Kind, dass seine Eltern nicht unfehlbar und keine Götter sind.

Strafen lehnen gute Eltern ohne Wenn und Aber ab, aber sie ziehen Konsequenzen, die sie mit ihrem Kind abgesprochen haben – und das ist schon mit Vierjährigen möglich. Ihr Kind weiß genau, was auf es zukommt bzw. geschehen wird, wenn es sich

z. B. nicht an das hält, was man gemeinsam vereinbart hat. Das ist ein Unterschied zum Strafen, das meistens etwas Beliebiges hat und bei dem Kinder nie genau wissen, was geschehen wird. Beliebig deswegen, weil immer auch Stimmungen und Launen eine Rolle spielen, wenn es darum geht, was und wie etwas bestraft wird. Ist die Situation von vornherein schwierig, weil beispielsweise die Waschmaschine schon wieder kaputt und Mama daher auf 180 ist, wird die »verdiente« Strafe entsprechend ausfallen.

Albert Schweitzer (1875–1965) ist einmal von Eltern gefragt worden: »Was halten Sie eigentlich vom Strafen?« Ohne lange zu überlegen, hat er geantwortet: »Erzieht eure Kinder, wie ihr wollt, aber haltet euch immer an das wichtigste Gebot!« Darauf die Eltern: »Welches Gebot?« Schweitzer: »Das wichtigste Gebot ist die Ehrfurcht vor dem Leben!«

30 Lob beflügelt – allerdings nicht immer

In manchen Erziehungsratgebern wird Eltern empfohlen: »Loben Sie Ihr Kind, denn Lob ist Bestätigung, Ermutigung und auch Ansporn!« Das stimmt auch, aber eben nicht immer, denn längst nicht jedes Lob ist Ermutigung und spornt ein Kind zu neuen Taten an. Eltern, Erzieherinnen und auch Lehrkräfte können – ohne dass sie das wollen! – ein Kind durch unangemessenes Lob auch entmutigen, kränken oder ihm sehr weh tun.

Eltern täuschen sich, wenn sie glauben, dass sich ihr Kind über jedes Lob freut oder sogar glücklich ist. Lob beflügelt ein Kind nämlich nur dann, wenn es angemessen und glaubwürdig gelobt wird. Dagegen kann ihm übertriebenes und unangebrachtes Lob peinlich sein. Von Verhaltenspsychologen durchgeführte Studien belegen, dass es dem Selbstwertgefühl eines Kindes sogar schaden kann, wenn es schon bei Kleinigkeiten über den grünen Klee gelobt wird.

Es geht aber nicht nur um angemessenes und glaubwürdiges Lob, sondern auch darum, *was* gelobt wird. Außerdem ist mindestens ebenso wichtig, *wer* auf welche Weise in einer bestimmten Situation ein Kind lobt. Beispielsweise kann Mamas Lob einem Kind wichtiger sein als das von Papa; über das seiner Erzieherin kann es sich mehr freuen als über das von seinem Opa. Aber egal, wer lobt, auch das *Wie* ist immer wichtig.

Eltern sollten also beim Loben nicht nur an das Was denken, sondern auch an das Wer und Wie, denn auch wenn sie es gut meinen und ihrem Kind etwas Erfreuliches sagen möchten, kann der Schuss nach hinten losgehen. Wenn ihr Kind z. B. zu erkennen gibt, dass ihm an ihrem Lob wenig liegt, sind sie enttäuscht, vielleicht sogar verärgert, weil sie doch die besten Absichten gehabt haben. Aber auch ihrem Kind geht es nicht gut. Gelegentlich ist eben das Beste nicht gut genug. Wie ist das also mit dem Loben?

In Gesprächen habe ich folgende Erfahrung gemacht: Viele Eltern wissen zwar, dass durch Lob ein Kind ermutigt werden kann, aber obwohl sie das wissen, gehen sie sparsam damit um. Einer meiner Schwiegersöhne, ein Pfundskerl, aber natürlich mit Macken, wie sie jeder von uns hat, ist in dieser Hinsicht ein richtiger Geizkragen. Wenn ihm überhaupt einmal ein Lob über die Lippen kommt, sind seine drei Kinder überrascht und fragen sich: *Was ist mit Papa los? Warum hat der heute eine so mordsmäßig gute Laune?*

Ich vermute, dass mein Schwiegersohn keine Ausnahme ist. Damit will ich nicht sagen, dass die meisten Eltern in Sachen emotionaler Zuwendung Geizkragen sind, aber ich habe den Eindruck, dass viele vom Kritisieren, Schimpfen und Strafen mehr halten als vom Loben.

Warum sind das in ihren Augen eigentlich wirksamere Erziehungsmittel? Meines Erachtens hängt das mit einer gewissen Scheuklappensicht zusammen. Das heißt: Anstatt sich über die guten Eigenschaften ihres Kindes zu freuen, auch darüber, welche Fähigkeiten es sich im Laufe der Jahre schon angeeignet hat, hacken sie ständig nur auf dem herum, was es noch nicht kann. Und wenn ich sie dann frage, warum sie auf einem Auge blind sind, bekomme ich meistens die Antwort, die mir einmal eine

Mutter gegeben hat: »Weil es bei meinem Kind leider immer mehr zu kritisieren als zu loben gibt.«

Wenn so ein Unsinn behauptet wird, muss ich mir immer auf die Zunge beißen, um nicht aus der Haut zu fahren. Unsinn ist das deswegen, weil jedes Kind mehr gute als schlechte Eigenschaften hat. Wer genau hinsieht, wird bei seinem Kind viel Lobenswertes entdecken. Und jedem Kind tut es gut, wenn das auch anerkannt und darüber gesprochen wird. Diese Anerkennung ist quasi der Lohn für eine Anstrengung, Gesinnung, Haltung oder Leistung. Wenn die Eltern ihm allerdings ständig nur das vorhalten, womit sie unzufrieden sind, wird es sich bald wie ein Taugenichts oder Nichtsnutz fühlen.

Vielleicht sagen Sie jetzt: »Aber man muss doch gegen Ungehorsam oder Bosheiten etwas tun und kann nicht alles hinnehmen, nur weil Kinder auch gute Eigenschaften haben. Wenn man sich über sein Kind ärgert, muss man doch – in der Hoffnung auf Besserung – wenigstens durch Ermahnungen, Schimpfen und notfalls auch Strafen versuchen, dass sich das Kind ändert.«

Selbstverständlich kommen Eltern gelegentlich nicht ohne Ermahnungen und auch Kritik aus. Und manchmal hilft es sogar. Wenn sie aber glauben, dass das Anschnauzen, Tadeln und Strafen quasi die Allheilmittel der Erziehung sind, werden sie schlimme Überraschungen erleben. Das ist so sicher wie das Amen in der Kirche, weil sich jedes Kind irgendwann gegen Eltern mit Scheuklappen und demütigende Erziehungspraktiken wehrt.

Christians Problem

Christian (11) war einer meiner Schüler. Abgesehen vom Sport, den er gar nicht mochte, war er erfreulicherweise ein sehr guter Schüler. Auffallend war, dass er zwar immer fleißig und auch höflich war, aber oft auch sehr verträumt und verschlossen. Als er wieder einmal die beste Klassenarbeit geschrieben hatte, habe ich ihn am nächsten Tag gefragt: »Nun, haben sich deine Eltern über deine Eins gefreut?«Darauf Christian mit einem traurigen Blick:»Die freuen sich eigentlich nur, wenn ich spure.«Und weil ich wissen wollte, wie er das mit dem Spuren gemeint hatte, kam es zu einem sehr interessanten Gespräch. Dabei stellte sich schnell heraus, dass Christian auf seine Eltern aus einem einzigen Grund richtig sauer war: Weil sie ständig an ihm herummeckerten, wenn er in jeder freien Minute an seinen Hubschrauber-Modellen tüftelte.

Fünf Stück hatte er schon gebaut, die alle in seinem Zimmer hingen. Und als er anfangen wollte, nicht mehr mit vorgefertigten Teilen aus Baukästen die Nummer sechs zu bauen, sondern eine Eigenkonstruktion zu wagen, kam es zum Krach mit seinem Vater. Der hatte nämlich kein Verständnis dafür, dass Christian ausgerechnet am Bau von Hubschraubern einen Narren gefressen hatte.

»Können Sie nicht mal mit meinen Eltern sprechen? Ständig meckert mein Vater an mir herum. Und meine Mutter bläst mittlerweile schon ins gleiche Horn wie er«, bat mich Christian. Ich konnte und wollte ihm diese Bitte nicht abschlagen, weil ich neugierig auf seine Eltern war. So machte ich mich zu seinem Fürsprecher und erklärte seinen Eltern unter anderem Folgendes:»Wenn Ihr Christian einen Hubschrauber nach seinen Vorstellungen bauen möchte, sollten Sie ihn ermutigen, aber nicht davon abhalten. Allein, dass er sich das vorgenommen hat, finde ich großartig. Um das zu schaffen, wird er nämlich nicht nur viel Gehirnschmalz brauchen, sondern auch Konzentration, Geschicklichkeit, Ausdauer, Phantasie, und wenn er mit seiner Konstruktion Schwierigkeiten bekommt, wird er immer wieder seinen inneren Schweinehund besiegen müssen. All das sind Fähigkeiten, die unendlich wichtig für ihn sind. Das Wichtigste ist aber, dass er diese Fähigkeiten gewissermaßen selbst entwickelt, weil ihn sein Vorhaben indirekt dazu zwingt. Lassen Sie sich doch einmal genau erklären, wie er den Hubschrauber bauen will! Zeigen Sie ihm, dass Sie an seinen Plänen interessiert sind! Ansonsten sollten Sie sich zurückhalten und ihm nur dann helfen, wenn er Sie darum bittet!«

Es war gar nicht so schwierig, wie ich zunächst gedacht hatte, die Eltern davon zu überzeugen, dass ihrem Christian durch seine selbstgestellte Aufgabe vielleicht Flügel wachsen werden. Bis sein Hubschrauber Marke Eigenbau fertig war, hat es dann fast ein Jahr gedauert. Aber als er dann endlich fertig war, waren alle, also nicht nur Christian, sondern auch seine Eltern, stolz. Was für Christian der Bau eines Hubschraubers war, kann bei einem Dreijährigen z. B. der Bau eines Turms mit Legosteinen sein. Aber auch das Zusammensetzen eines Puzzles, das Memory-Spiel oder die Beschäftigung mit einem Baukasten kann vieles in Gang setzen. Das Kind muss für den Bau des Turms beispielsweise die passenden Steine suchen. Bei einem Puzzle muss es sich Formen und Bilder merken. In jedem Fall muss es sich konzentrieren, vergleichen, aufpassen, sammeln und noch vieles andere tun. Unterschiedlichste Fähigkeiten werden beim Basteln, Bauen und Spielen entwickelt, die mindestens ebenso wichtig wie ein bestimmtes Verhalten sind.

Und darum geht es mir: Wenn Eltern genau hinschauen, werden sie feststellen, dass es bei ihrem Kind jeden Tag nicht nur *einmal* etwas zu loben gibt. Sie sollten nicht nur das stets artige Kind im Kopf haben und nur dann loben, wenn es gehorsam ist, sondern auch dann, wenn es sich anstrengt und versucht, eine bestimmte Arbeit selbständig zu Ende zu bringen. Ob ihr Lob bei ihrem Kind allerdings ankommt und es dadurch zu neuen Taten ermutigt wird, hängt auch davon ab, wie sie es loben und von wem es gelobt wird.

Lob tut nicht immer gut

Ob Lob für ein Kind etwas Erfreuliches ist, zeigt sich immer an seinem Verhalten. Wenn Eltern ihrer Tochter beispielsweise sagen, dass sie sich darüber freuen, wenn sie fleißig, hilfsbereit und ordentlich ist, wird ihr diese Anerkennung guttun. Von Eltern gelobt zu werden, die normalerweise jede kleine Schlamperei sofort aufs Korn nehmen, ist etwas ganz Besonderes. Kurzum: Das Verhalten eines Kindes, das seine Eltern für erstrebenswert halten, kann dadurch verstärkt werden, dass sie diesem Verhalten besondere Aufmerksamkeit schenken und ihr Kind loben.

Mit dem Loben ist es aber wie mit dem Kritisieren: Wenn Positives oder Negatives zur Sprache gebracht wird, weiß man nie, was das bewirkt und wie ein Kind darauf reagieren wird. Auch wenn sich Eltern darum bemühen, angemessen, also nicht übertrieben, zu loben, können sie das nicht wissen, weil es immer auch davon abhängt, wer eine Anerkennung ausgesprochen hat. Wenn es beispielsweise Tante Frieda ist, die bei jeder Gelegenheit mit Lob wie mit Konfetti um sich wirft, wird sich die Freude des Kindes in Grenzen halten. Ist es aber der Vater, der mit Lob sehr sparsam umgeht, sieht es völlig anders aus. Sein Lob ist für das Kind eine Auszeichnung.

Nicht bei Erwachsenen, aber bei Jugendlichen und vor allem bei Kindern habe ich schon oft beobachtet, dass ihnen Lob immer dann viel bedeutet, wenn sie den Menschen, der sie lobt, sympathisch finden und gernhaben. Ist er ihnen aber unsympathisch oder lehnen sie ihn sogar total ab, weil er sie z. B. schon oft ungerecht behandelt hat oder sie ihn für einen Schleimer halten, schätzen sie sein Lob nicht.

Dass das so ist, habe ich sozusagen am eigenen Leibe erlebt. Als Kind hatte ich zu meinem Vater eine Zeitlang kein gutes Verhältnis. Meine Mutter war für mich, wie man sagt, mein Ein und Alles. Aber meinen Vater konnte ich nur respektieren, jedoch beim besten Willen nicht gernhaben. Ich muss allerdings zugeben, dass es mit meinem besten Willen auch nicht weit her war. Abgelehnt habe ich ihn, weil er sehr streng war. So gut wie nichts konnte ich ihm recht machen. Was ich auch gesagt oder getan habe, immer hatte er etwas zu beanstanden. Die Folge war, dass ich ihm möglichst aus dem Wege gegangen bin. Und als er das schließlich bemerkt hat, bemühte er sich ausgerechnet mit übertriebenem Lob um unser alles andere als gutes Verhältnis. Das ist zunächst auch prompt schiefgegangen, denn ich war misstrauisch, wenn er mich mal gelobt hat. Aber im Laufe der Zeit änderte sich das, denn im Stillen habe ich mich dann doch darüber gefreut, wenn er gesagt hat: »Gut gemacht, kleiner Mann!«

Er hatte gelernt, was heute alle guten Eltern wissen: dass Kinder und Jugendliche Anerkennung und Ermutigung brauchen. Aber es ist eben nicht egal, wer beispielsweise eine bemerkenswerte Leistung würdigt. Bei Erwachsenen ist das im Allgemeinen anders: Einem Olympiasieger wird es vermutlich ziemlich gleichgültig sein, wer ihm die Goldmedaille um den Hals hängt und gratuliert. Hauptsache ist, dass er sie bekommen hat. Auch wenn einem Lebensretter, Schriftsteller oder Erfinder ein Preis verliehen wird, kommt es weniger auf den an, der als Belohnung ein Geschenk oder einen Scheck überreicht.

Häufig hatte ich schon den Eindruck, dass für Zwei- bis etwa Achtjährige das *Wie* ebenso wichtig ist wie das *Wer*. Dabei kommt es nicht auf viele und inhaltsschwere Worte an. Schon ein aufmunterndes Schulterklopfen oder zustimmendes Kopfnicken kann Berge versetzen. Ein Kind mal in den Arm nehmen und an sich drücken, ihm über den Kopf streicheln oder nur freundlich zublinzeln ermutigt manchmal mehr als tausend lobende Worte.

Wenn ein Kind z. B. für Mamas Geburtstag etwas ganz Tolles gebastelt oder von seinem Taschengeld ein super cooles Geschenk gekauft hat, wird es gespannt darauf warten, ob sie sich darüber freuen wird. Kann sie sich aber nur zu einem *Schön, was du dir da ausgedacht hast* durchringen, ist das zwar ein Lob, aber für das Kind kann es zugleich auch eine Enttäuschung sein.

Ein anderes Beispiel: Johannes, alles andere als ein Rechenkünstler, hat wie noch nie für die Mathe-Schulaufgabe gepaukt. Ergebnis: Befriedigend. Darüber freut er sich, aber der als Lob gedachte Kommentar seiner Lehrerin kränkt ihn maßlos: »Diesmal hast dir wirklich eine Drei verdient. Ich habe allerdings den Verdacht, dass du von Lukas abgeschrieben hast.«

Eine andere Situation: Claudia (10) hatte den Tisch gedeckt und zur Feier des Tages eine Kerze aufgestellt. Als alle am Tisch saßen, erklärte ihre Mutter: »Heute hat Claudia ganz allein den Tisch gedeckt, und ich finde, dass sie das gut gemacht hat.« Darauf der Vater: »Das finde ich auch. Aber mit zehn Jahren ist das eigentlich nichts Besonderes, oder? Warum steht eigentlich eine Kerze auf dem Tisch, heute hat doch keiner Geburtstag.«

Egal, wer aus welchem Grund welches Loblied anstimmt: Wenn Wasser in den Wein geschüttet wird, bekommt jedes Lob einen schalen Beigeschmack und ist ungenießbar. Eine Enttäuschung! Ich könnte es auch so sagen: Wer sich nicht verkneifen kann, seinem Lob ein paar Spritzer Gift beizumischen, sollte besser gar nicht loben. Das Erstaunliche ist nämlich, dass schon Dreijährige ein Gefühl dafür haben, ob ein Lob ernst gemeint ist, angemessen und glaubwürdig.

Wenn Eltern übertrieben loben, kann das dazu führen, dass ihr Kind seine Fähigkeiten überschätzt und – so wie es eifersüchtig auf seine Geschwister ist – allmählich lobsüchtig wird. Es strengt sich dann nicht aus Interesse daran an, eine bestimmte Aufgabe oder ein Problem zu lösen, sondern weil es sich Anerkennung erhofft, vielleicht sogar eine Belohnung in barer Münze.

Beim Loben kommt es also immer auf das richtige Maß an. So wie Übertreibungen nicht gut sind, ist es auch schlecht, wenn ein Kind unter seinem Niveau gelobt wird. Eine Siebenjährige, die schon zwei Jahre zur Schule geht, wird sich nicht darüber freuen, wenn ihr von ihrem Opa beispielsweise gesagt wird: »Ich finde es ganz toll, dass du schon 1+1 zusammenzählen und lesen kannst.« Der Opa will zwar loben, aber er unterschätzt seine Enkeltochter, die sich vielleicht sagen wird: »Schade, dass mein Opa keine Ahnung hat, was ich schon alles weiß und kann.« Ermutigt oder angespornt wird die Siebenjährige durch Opas Lob jedenfalls nicht.

Es gibt Kinder und auch Jugendliche, die es partout nicht vertragen können, wenn sie in Gegenwart von anderen gelobt werden. Es ist ihnen höchst peinlich und sie fühlen sich bloßgestellt, wenn ihnen öffentlich Anerkennung für eine Haltung oder Leistung ausgesprochen wird. Diese Abneigung sollten Eltern und auch Lehrkräfte respektieren und keinesfalls Druck nach dem Motto machen: *Da musst du jetzt durch! Stell dich nicht so an!*

Was lobenswert ist

Weil ich das, was es dazu zu sagen gibt, bereits im Zusammenhang mit »Christians Problem« zur Sprache gebracht habe, möchte ich nur noch auf ein aufschlussreiches Beispiel eingehen, das meines Erachtens auch zeigt, worauf es Eltern immer ankommen sollte: Stefanie (8) hatte mit Window-Color-Farben ein farbenfrohes Bild mit einem bunten Schmetterling gemalt. Fast zwei Stunden hat sie konzentriert daran gearbeitet. Zuerst hatte sie die Konturen gezeichnet, dann die Farben ausgewählt, gemischt und auf eine Folie aufgetragen, immer wieder korrigiert, gegen das Licht gehalten und schließlich zufrieden ihr Gemälde angeschaut. Sie war nicht nur zufrieden, sondern glücklich über das kleine Kunstwerk, das sie geschaffen hatte.

Nachdem alles fertig war, hat sie ihr Werk an die Fensterscheibe im Wohnzimmer geklebt und gewartet, ob ihre Mutter ihr Bild entdecken wird. Und tatsächlich hat sie es sofort gesehen und spontan gesagt:»Stefanie! Das ist aber ein toller Schmetterling, den du gemalt hast. Den müssen wir gleich dem Papa zeigen, wenn der von der Arbeit nach Hause kommt.«

Natürlich hat sich Stefanie darüber gefreut, dass ihr die Überraschung gelungen war. Aber noch viel wichtiger war für sie, was danach passiert ist. Ihre Eltern waren nämlich neugierig und haben sich von ihr alles genau erklären lassen. Beispielsweise wollten sie wissen, wie sie auf die Idee gekommen ist, ausgerechnet einen Schmetterling mit überlangen Fühlern und großen lila Augen zu malen. Sie fragten sie, ob sie eine Vorlage gehabt hat, wie sie die Farben gemischt und so auf die Folie gemalt hat, dass sie nicht verlaufen sind, und wie lange sie daran gearbeitet hat. Zu guter Letzt hat der Vater auch noch den Vorschlag gemacht, dem Schmetterling den Namen Finy zu geben.

Stefanies Eltern haben sich also das Bild nicht nur kurz angeschaut und gesagt:»Was für ein schönes Bild!«, sondern sie haben großes Interesse an Stefanies Arbeit gezeigt. Dieses Anteilnehmen der Eltern war für Stefanie Anerkennung, Ermutigung und Ansporn. Und ein zusätzliches Lob war, als die Mutter gesagt hat: »Ich hab eine Idee! Nächste Woche hat die Oma Geburtstag. Bitte, mal doch für sie auch so ein tolles Bild! Bestimmt würde sie sich auch so freuen, wie sich Papa und ich darüber gefreut haben.«

31 »Der Apfel fällt nicht weit vom Stamm« – richtig?

Diese Redensart hat offenbar kein Verfallsdatum, denn von meinen Eltern habe ich sie auch schon gehört. Im DUDEN (Nr. 11), in dem etwa 10 000 Redewendungen und sprichwörtliche Redensarten erklärt werden, heißt es: »Mit dieser Redensart wird gesagt, dass jemand in den negativen Anlagen den Eltern sehr ähnlich ist«. Leider wird nichts darüber gesagt, wer sich diese »Lebensweisheit« ausgedacht hat. Ist aber auch egal, denn da sie vermutlich jeder kennt, erübrigen sich weitere Erklärungen. Die Frage ist nur, ob das, was damit gesagt werden soll, auch stimmt.

Um es gleich zu sagen: Ich halte von dieser Redensart absolut nichts. Und zwar deswegen, weil folgender Zusammenhang hergestellt wird: Da der Stamm (= die Eltern) negative Anlagen hat, muss auch der Apfel (= das Kind) schlechte Anlagen haben, mindestens solche, die denen seiner Eltern sehr ähnlich sind. Also: Schlechte Eltern haben schlechte Kinder.

Nun könnte man sagen: Was für die schlechten Äpfel gilt, muss auch für die guten gelten. Dann heißt die Gleichung: Gute Eltern haben gute Kinder. Aber auch andere Schlussfolgerungen sind möglich: Intelligente Eltern haben intelligente Kinder. Oder: Begriffsstutzige Eltern haben begriffsstutzige Kinder. Oder mal umgekehrt: Kinder haben eine sprachliche oder mathematische Begabung, weil ihre Eltern auch diese Anlagen haben. Aus zwei Gründen sind diese Schlussfolgerungen falsch:

Erstens, weil davon ausgegangen wird, dass jedes Kind lediglich so etwas wie eine Kopie seiner Eltern ist. Es ist ihnen sehr ähnlich, weil es ihre Anlagen geerbt hat. Jedes Kind ist aber nicht nur eine Kopie seiner Eltern, sondern ein unverwechselbares Original, das es nur einmal gibt.

Zweitens: Wenn die geistige, seelische und soziale Entwicklung eines Kindes allein von den Erbanlagen abhängen würde, die ein Kind von seinen Eltern mitbekommen hat, wäre die Erziehung ein Kinderspiel. Dann könnten nämlich die Eltern die Hände in den Schoß legen und sagen: Da unser Kind sowieso unsere Anlagen hat, müssen wir nicht viel machen. Eigentlich gar nichts, denn es wird zwangsläufig unseren Spuren folgen und uns sehr ähnlich werden.

Im Kapitel *Über das Zusammenspiel von Erbanlagen und Umwelteinflüssen*, S. 133, bin ich etwas ausführlicher auf die Frage eingegangen, welche Bedeutung die Erbanlagen für die Erziehung eines Kindes haben. Aber im Hinblick auf die Redensart vom Apfel möchte ich auf eins noch mal hinweisen: Die Wahrscheinlichkeit mag relativ groß sein, dass ein Kind wegen des schlechten Vorbildes seiner Eltern auf die schiefe Bahn gerät, aber es *muss nicht* so sein. Und zwar deswegen nicht, weil für Menschen andere Entwicklungsgesetze als für Apfelbäume, Pflanzen und Tiere gelten. Aber lassen wir die beiseite!

Schon lange beschäftigt mich etwas anderes, und ich kann mir vorstellen, dass Sie ähnliche Erfahrungen wie ich gemacht haben: dass die Redensart vom Apfel oft ein Urteil ist, das über bestimmte Eltern und Kinder gesprochen wird. In vielen Fällen sogar eine Verurteilung, die ich hinsichtlich der Kinder für ungerecht, ja sogar für eine Gemeinheit halte. Jeder weiß, dass sich kein Kind seine Eltern aussuchen kann. Es muss sich auch dann mit ihnen abfinden, wenn es von ihnen z. B. vernachlässigt wird und es ihm bei ihnen nicht gutgeht.

Das ist schon schlimm genug. Eine zusätzliche Belastung ist aber, wenn einem Kind direkt oder indirekt vorgehalten wird, dass es keine guten Eltern hat. Oft werden diese Kinder und Jugendlichen gewissermaßen abgestempelt und in irgendwelche Schubladen mit Aufschriften wie »Deppen«, »Faule und Unzuverlässige«, »Asoziale«, »Hoffnungslose Fälle« oder »Hartz-IV-Kinder« gesteckt.

Wer sein »Kastendenken« mit der Redensart vom Apfel begründet, beweist damit, dass die Dummheit eine großmäulige

Schwester hat: die Borniertheit. Es ist nämlich nicht nur ungerecht, sondern niederträchtig, wenn ein Kind für das Tun und Lassen seiner Eltern verantwortlich gemacht wird und die Suppe auslöffeln muss, die sie ihm eingebrockt haben.

Die folgenden Beispiele zeigen, was es konkret heißt, wenn ein Kind quasi für das büßen muss, was sein Vater oder seine Mutter angerichtet haben. Sie zeigen aber auch, dass die Behauptung *Schlechte Eltern haben schlechte Kinder* falsch ist. Es gibt nämlich keinen Automatismus: Menschen haben durchaus Möglichkeiten, mit schlechten Erfahrungen fertig zu werden. Das kann allerdings sehr schwer sein.

Beispiel 1: Der Vater von Thomas war kein Quartals-, sondern ein Dauersäufer. Über Jahre hinweg musste Thomas erleben, dass »König Alkohol« (Jack London) ein Fluch ist. Niemals wagte er, Freunde mit nach Hause zu bringen, denn sein Vater war im Suff unberechenbar. Thomas schämte sich seines Vaters. Aber er hasste ihn auch, denn oft wurde er von ihm geschlagen. Das Schlimmste war für ihn aber, dass seine Lehrer hin und wieder abfällige Bemerkungen über seinen Vater machten und Freunde und Bekannte ihn wie einen Aussätzigen behandelten. Er konnte nicht verschmerzen, dass er nie zu einem Geburtstag oder einer Party eingeladen wurde.

Thomas ist an seinen leidvollen Erfahrungen als Kind und Jugendlicher nicht zerbrochen, weil ihn seine Mutter nie im Stich gelassen hat. Er ist jetzt 25 Jahre und Sozialarbeiter geworden. Als Berater arbeitet er seit Jahren in einer »Selbsthilfegruppe für anonyme Alkoholiker« mit. In einem Heim für erziehungsschwierige und sozial verwahrloste Jugendliche kümmert er sich mit großem Engagement um hoffnungslose Fälle, von denen er mir einmal gesagt hat: »In die kann ich mich besonders gut hineinversetzen, weil mich auch mal alle abgeschrieben haben – außer meine Mutter.«

Beispiel 2: Karin, jetzt Mutter von zwei Kindern im Alter von 8 und 12 Jahren, stammt aus einer Familie, mit der niemand etwas zu tun haben wollte, weil ihr Vater zweimal einige Jahre wegen Diebstahls im Gefängnis gesessen hat. Sie, ihre drei Geschwister und ihre Mutter wurden in dem Dorf, in dem sie lebten, verachtet und gemieden. Nur der Pfarrer hielt zu ihnen und machte die kränkende Ablehnung durch die Dorfgemeinschaft, die die Familie wegen des Vaters ertragen musste, nicht mit. Michael, Karins Mann, ist als Schlüsselkind bei Pflegeeltern groß geworden, die sich so gut wie gar nicht um ihn gekümmert haben. Offen gestanden: Aus verschiedenen Gründen, die ich aber für mich behalten möchte, bewundere ich Karin und Michael, die seit vierzehn Jahren verheiratet sind und ein glückliches Leben mit ihren Kindern führen. Sie sind für mich das beste Beispiel dafür, dass der »Spruch vom Apfel« völlig falsch sein kann. Zwei angefaulte Äpfel, die von einem faulen Baum gefallen sind, können nicht aneinander gesunden. Aber Menschen können das. Nicht immer. Oft nicht. Aber manchmal eben doch.

Beispiel 3: Annemarie und Alois sind seit 19 Jahren verheiratet. Zufrieden und glücklich leben sie mit ihren drei Kindern in Ingolstadt. Alois:»Für unsere Zufriedenheit und unser Glück gibt es eine ganz einfache Erklärung. Wir haben beide eine schreckliche Kindheit hinter uns. In der Familie von Annemarie gab es nur ein Thema: Arbeiten und Geldverdienen. Eigentlich waren Annemarie und ihre Schwester Susanne Waisenkinder. Nur auf dem Papier hatten sie Eltern. Alles drehte sich ums Geschäft, und die zwei Kinder waren das fünfte und sechste Rad am Wagen. – Bei mir war es anders: Mich haben bei uns zu Hause die ständigen Streitereien meiner Eltern fertiggemacht. Die haben mich so geschockt, dass ich nur ein Ziel hatte: möglichst schnell raus aus dieser Familie, die für mich die Hölle war.« Diese bitteren Erfahrungen haben die Lebensplanung von Annemarie und Alois bestimmt. Sie haben – und das kann kein Apfel! – aus dem, was sie erlebt haben, Konsequenzen gezogen.

Beispiel 4: Folgendes habe ich in einer Lehrerkonferenz erlebt, die ich bis heute nicht vergessen habe. Nach Aufnahme der Schülerinnen und Schüler für den ersten Jahrgang mussten die etwa neunzig Erstklässler auf drei Klassen verteilt werden. Die drei Lehrerinnen, die als Klassenlehrerinnen vorgesehen waren, bekamen die Listen mit den Namen der Kinder ausgehändigt.

Noch Fragen? Da meldete sich Frau Graf:»Die Zwillinge der Familie Hinke nehme ich auf keinen Fall. Von dieser Familie habe ich die Nase voll.« Frage einer Kollegin, die neu an der Schule war:»Was ist denn mit dieser Familie los?« Graf:»Von Hinkes habe ich schon zwei Kinder gehabt. Das reicht mir, denn mit beiden hatte nicht nur ich Probleme. Das ist bei diesen Eltern auch kein Wunder, denn der Apfel fällt bekanntlich nicht weit vom Stamm.« Bestimmt gibt es solche Vorverurteilungen heute nicht mehr. Oder täusche ich mich?

Beispiel 5: Einer meiner Schwiegersöhne ist ein sehr begabter, unglaublich guter Mathematiker. Aber leider hat sein Sohn diese Begabung nicht von ihm geerbt. Das will ihm aber partout nicht in seine (Mathematiker-)Birne. Felsenfest glaubt er daran, dass jeder Apfel nicht weit vom Stamm fällt. Jeder Fünfer, den sein »Äpfelchen« aus der Schule mit nach Hause bringt, ist eine mittlere Familienkatastrophe. Das war die Situation vor etwa zwei Jahren. Heute denkt mein Schwiegersohn anders. In einem Gespräch über seinen vermeintlich unbegabten Sohn habe ich ihm einmal folgende Frage gestellt: Sind eigentlich deine vier Geschwister in Mathe auch so begabt wie du? Das müsste doch eigentlich so sein, wenn der Apfel nie weit vom Stamm fällt, oder?

Die ersten drei Beispiele machen eins deutlich: Leidvolle Erfahrungen in der Kindheit und Jugendzeit können verarbeitet und irgendwann vielleicht auch bewältigt werden. Das ist möglich, weil innere Verletzungen ebenso wie äußere heilen können. Sie sind also nicht zwangsläufig der Nährboden für weitere schlechte oder sogar böse Entwicklungen.

Grundsätzlich gilt: Niemand kann mit absoluter Sicherheit vorhersagen, wie sich ein Kind entwickeln wird. Die Erziehung eines Kindes ist gleichsam ein Weg, der mit den Erbanlagen, aber auch mit anderen Ungewissheiten gepflastert ist. Daher kann auch niemand sagen, aus welchen Gründen ein Kind z. B. den aufrechten Gang verlernt und sich zum Faulpelz, Duckmäuser, Querulanten oder Lügner entwickelt hat. Auch Eltern, die ihr Kind über alles lieben und es verständnisvoll erziehen, haben keine Garantie dafür, dass ihre Erziehung gelingt.

Abschließend möchte ich Sie hinsichtlich der Redensart vom Apfel noch um eins bitten: Bitte sehen Sie sich doch einmal in Ihrer Verwandtschaft, bei Freunden, Bekannten und Arbeitskollegen um, ob es da »Äpfel« gibt, die ganz nahe oder sehr weit von ihrem Stamm gefallen sind! Das kann nicht nur spannend sein, sondern auch dazu beitragen, dass Sie in dieser im Grunde ziemlich dummen Redensart kein »Naturgesetz« sehen. Und das wäre eine überaus wichtige Erkenntnis, die Sie bestimmt davon abhalten wird, irgendwelche Vorverurteilungen auszusprechen.

32 Lügen sind oft Quittungen für Ängste.
Oder: Wer Angst sät, wird Lügen ernten

Vor einigen Jahren wurden in der Zeitschrift *Eltern* die Ergebnisse einer interessanten Befragung veröffentlicht. 1831 Schülerinnen und Schülern hatte man folgende Frage gestellt: »Muss man immer ehrlich sein?«

14,8 Prozent der Befragten sagten: »Ja, man muss immer ehrlich sein«,

11,3 Prozent: »Man muss versuchen, immer ehrlich zu sein«,

68,6 Prozent meinten: »Nein, man kann nicht immer ehrlich sein«,

5,3 Prozent wollten sich nicht festlegen.

Bemerkenswert ist meines Erachtens, dass über zwei Drittel der Befragten der Auffassung waren, dass man nicht immer ehrlich sein kann, wenn man Nachteile, Vorwürfe und Strafen vermeiden will. Ist das wirklich so?

Schon oft haben mir Eltern gesagt, dass Ehrlichkeit für sie eins der wichtigsten Erziehungsziele ist. Daher sind sie auch beunruhigt, wenn sie ihr Kind beim Schwindeln ertappen. Dann vermuten sie nicht selten einen Charakterfehler, der Schlimmes befürchten lässt. Entsprechend reagieren sie und werfen in ihrer Erregung ihrem Kind die bekannte Volksweisheit an den Kopf: *Wer einmal lügt, dem glaubt man nicht, und wenn er auch die Wahrheit spricht.*

Ich kann gut verstehen, wenn Eltern wegen der Schwindeleien ihres Kindes beunruhigt sind. Aber kein Verständnis habe ich, wenn sie ihm das Lügner-Sprichwort an den Kopf werfen, weil es eine endgültige Verurteilung ausdrückt. Niemals sollten sich Eltern dazu hinreißen lassen, so einen Unsinn zu sagen. Die ertappte Lügnerin bzw. der ertappte Lügner muss nämlich glauben, etwas Unverzeihliches getan zu haben – etwas so Böses, dass es dafür keine Wiedergutmachung gibt. Er wird gleichsam in ein tiefes Loch gestoßen, aus dem man nie mehr rauskommen kann. Nein, auch wenn Eltern mit diesem Sprichwort ihrem Kind nur drohen wollen, ist es ein völlig untaugliches Mittel für die so wichtige Erziehung zur Ehrlichkeit.

Wie ich es sehe

Nicht nur wer angibt, hat's nötig, sondern auch wer lügt. Wenn Ihr Kind also lügt, hat es das nötig. Dann ist es in Not. Und wenn es in Not ist, braucht es Ihre Hilfe. Für die Erziehung zur Ehrlichkeit sind aber Schimpfen und Drohen, Verurteilungen und Strafen auf keinen Fall Hilfen. Im Gegenteil! Es sind völlig untaugliche Erziehungsmaßnahmen, die alles noch viel schlimmer machen können.

Lügen sind aber nicht nur SOS-Signale. Sie haben auch nicht immer kurze Beine, wie ein Sprichwort sagt, sondern oft ziemlich viele und auch lange. Jede Lüge ist nämlich die Mutter neuer Lügen. Wenn Ihr Kind Sie belogen und ein schlechtes Gewissen hat, findet es keine innere Ruhe mehr. Es liegt ständig auf der Lauer, denn es hat Angst, dass Sie seine Schwindeleien aufdecken und ein Strafgericht abhalten. Und das will es unter allen Umständen vermeiden. Daher wird es sich immer neue Unwahrheiten ausdenken und ein dichtes Lügennetz spinnen. Auf Teufel komm raus wird es lügen, denn es fürchtet sich davor, überführt, angeklagt und verurteilt zu werden.

Wenn Sie sich überlegen, wie Sie Ihr Kind zur Ehrlichkeit erziehen können, sollte zunächst Folgendes klar sein: Ein Mensch lügt nur dann, wenn er absichtlich etwas sagt, von dem er genau weiß, dass es unwahr ist. Daran gemessen ist nicht jede unwahre Aussage eines Kindes auch eine Lüge. Kinder können durchaus Unwahrheiten sagen, aber Lügen sind das trotzdem nicht, weil vor allem dem Kleinkind oft gar nicht bewusst ist, dass es die Unwahrheit sagt. Was heißt das konkret?

»Lügen«, die keine sind

Je jünger ein Kind ist, desto weniger kann es zwischen Traum und Wirklichkeit unterscheiden. Zwei- bis Vierjährige etwa sind in der sogenannten mythisch-magischen Phase, die zum Teil noch beim Schulkind zu beobachten ist, und für die sind Märchen noch Wirklichkeit. Sie haben aber nicht nur Nacht-Träume, sondern auch Tag-Träume. Kinder können etwas für wirklich halten, was sie nur erfunden haben. Sie können sehr kreativ sein und erfinden z. B. Ereignisse und denken sich unglaubliche Geschichten aus, um Eltern, Geschwister usw. mit ihren »Neuigkeiten« zu überraschen. Dabei gehen Wirklichkeit und Phantasie oft ineinander über.

Bei Übertreibungen und Angebereien spielt der Wille, auch schon »groß« zu sein, eine wichtige Rolle. Mal hinter dem Steuerrad von Papas Auto zu sitzen, seinen Hut aufzusetzen, in Mamas Stöckelschuhen herumzustolzieren und mit allerlei ausgedachten Erlebnissen zu prahlen: all das kann die Bewunderung von Erwachsenen einbringen. Glaubt man einem Prahlhans, fühlt er sich wie der Stärkste, Schnellste, Klügste und Mutigste. Vieles wird aufgebauscht, und vor allem Jungen neigen dazu, sich damit zu brüsten, dass sie sich in bestimmten Situationen wie Helden verhalten haben.

Derartige Übertreibungen und Aufschneidereien sind keine Lügen, sondern Versuche, auf sich aufmerksam zu machen, Zuwendung zu bekommen und möglichst auch Anerkennung zu finden. Im Grunde hat das nichts mit Unehrlichkeit zu tun. Kommentarlos hinnehmen sollten Eltern dieses Fabulieren aber auch nicht, sondern z. B. durch Aufforderungen und Rückfragen deutlich machen, dass ihnen die Wahrheit wichtig ist. Etwa so: »Zeig mir bitte, was, wo, wann usw. passiert ist!« Oder: »Bitte erklär mir, wie du es geschafft hast, fünf Stücke Torte zu essen! Das schafft nicht mal Papa. Hast du keine Bauchschmerzen?«

Ein anderes Beispiel: Ein Kind ist überzeugt davon und behauptet daher steif und fest, dass es im Badezimmer das Licht ausgemacht hat. Das hatte es aber vergessen. In einer solchen Situation, wenn das Kind nicht in vollem Bewusstsein die Unwahrheit sagt, ihm vorzuwerfen: »Du lügst!«, ist falsch. Das Kind hat sich geirrt. Und irren ist menschlich.

Wann lügen Kinder bewusst?

Alle Expert(innen)en werden Ihnen vor allem folgende Gründe nennen: Kinder lügen, wenn sie

- vor jemandem oder etwas Angst haben
- ihre Eltern nicht enttäuschen wollen
- sich überfordert fühlen
- von ihnen Offenheit gefordert wird.

Außerdem kann Geltungssucht eine Rolle spielen, auch Ratlosigkeit und Verzweiflung, wenn es z. B. ständig mit Geschwistern und Mitschülern Streit gibt oder Mama und Papa miteinander streiten. Wenn ein Kind hofft, mit Hilfe von Schwindeleien einen Ausweg aus einem bestimmten Dilemma zu finden, können oft mehrere Gründe eine Rolle spielen. Welche Lügen können im Leben eines Kindes eine besondere Bedeutung haben?

Das Lügen aus Angst

Angst ist die Hauptursache für kindliches Lügen, haben Untersuchungen ergeben. Wenn Sie also wollen, dass Ihr Kind nicht lügt, müssen Sie zuerst dafür sorgen, dass es vor Ihnen keine

Angst hat, wenn es mal etwas verbockt hat oder ein Malheur passiert ist. Das ist nicht einfach, denn Kinder sind keine Engel. Also hecken sie manches aus, obwohl sie genau wissen, dass ihre Eltern ihnen das schon oft verboten haben. Trotzdem tun sie es. Sie haben zwar Bammel, wenn's rauskommt, aber sie nehmen Ermahnungen, Schimpfen, Drohen und Strafen in Kauf. Sind sie unbelehrbar, etwa Teufel?

Dieses In-Kauf-Nehmen wird von Eltern oft als Missachtung ihrer Autorität verstanden. Sie fragen sich beispielsweise: Warum müssen wir unserem Andreas vieles x-mal sagen, weil einmal meistens nicht genügt? Was steckt hinter seiner Bockigkeit? Wie sollen wir auf seinen Ungehorsam reagieren? Wie auf seine Frechheiten und Bosheiten?

Und wenn sie – sollten sie sich das überhaupt fragen – auf diese Fragen keine befriedigenden Antworten finden, sind sie irgendwann mit ihrer Geduld am Ende. Dann reagieren sie fuchsteufelswild in der stillen Hoffnung, dass ihr Kind doch endlich kapiert, was es tun und unterlassen soll.

Wenn ich »fuchsteufelswild« sage, denke ich an das unbeherrschte und damit unvernünftige Verhalten in schwierigen Situationen. Unglaublich, was da alles passieren und angerichtet werden kann! Wer seinem Kind z. B. droht und versucht, ihm Angst einzujagen, versündigt sich an ihm. Eltern sollten immer daran denken, dass ihr zügelloses Verhalten ihr Kind nicht nur traurig macht und abstößt, sondern es vor allem ängstigt.

Natürlich weiß ich, dass Kinder uns bis aufs Blut reizen können. Es kann sogar sein, wenn z. B. Papas Durchknallen die absolute Ausnahme ist und daher einen Überraschungseffekt hat, dass er damit kurzfristig einen gewissen Erfolg hat. Wenn aber sein Außersichsein jede Woche einige Male auf der Tagesordnung steht, wird sich sein Kind ängstigen – und damit verändert sich die Vater-Kind-Beziehung.

Es ist eine Art Selbstschutz, wenn ein Kind allmählich nicht nur abstumpft, sondern nach Mitteln und Wegen sucht, um Auseinandersetzungen mit den Eltern aus dem Wege zu gehen. Und weil Angst ebenso erfinderisch macht wie Not, wird es Unangenehmes schönreden, verheimlichen, vertuschen und auch lügen. So sind Lügen also Quittungen für Ängste.

Kinder werden nicht als Lügner geboren, sondern dazu erzogen. Sie sind weder Engel noch Teufel. Und Helden des Alltags, die furchtlos alles wegstecken und mühelos verkraften, sind sie auch nicht. Daher haben sie auch Angst vor ihren Eltern, wenn die zur Raserei neigen. Sie haben Angst, weil sie genau wissen, womit sie rechnen müssen, wenn sie wieder einmal etwas ausgefressen oder versagt haben. Wundert es Sie, wenn ein Kind – quasi aus Notwehr – dann versucht, mit Hilfe von Lügen einen Familienkrach zu vermeiden?

Dazu äußerte sich ein Junge (11) in der Zeitschrift *Eltern:* »Ich hatte meinen Hausschlüssel verloren, aber gesagt habe ich, dass ich ihn zu Hause verlegt habe. Da haben wir alle die ganze Wohnung durchsucht. Und auch zum heiligen Antonius gebetet. Aber ich wusste, dass wir den Schlüssel nie finden werden. Wenn ich die Wahrheit gesagt hätte, hätte ich ein paar Tage Hausarrest aufgebrummt bekommen. Und davor hatte ich Angst.«

Nun werden Sie vielleicht fragen: Sollen Eltern Lügen unwidersprochen hinnehmen? Nein, das sollen sie keinesfalls tun. Es geht nur darum, dass sie zunächst einmal tief durchatmen und sich fragen: *Warum lügt mein Kind?* Dieses Innehalten, anstatt nicht unvernünftig und unkontrolliert zu reagieren, ist ein Zeichen von innerer Stärke. Diese Stärke haben alle Unbeherrschten im Grunde nicht. Am liebsten würde ich denen ins Familien-Führungszeugnis schreiben: *Selbstbeherrschung ungenügend.*

Bitte sagen Sie mir jetzt nicht, dass Sie ein cholerisches Temperament haben und Ihnen daher Selbstbeherrschung beim besten Willen nicht immer möglich ist. Das ist eine billige Ausrede, die ich aus zwei Gründen nicht akzeptiere. Erstens: Ich wette mit Ihnen, dass Sie durchaus in der Lage sind, sich trotz Ihres Temperaments zu zügeln und in einer schwierigen Situation wenigstens einigermaßen vernünftig zu reagieren – beispielsweise Freunden und Ihrer Chefin oder Ihrem Chef gegenüber. Zweitens: Dass Selbstbeherrschung auch unter schwierigsten

Verhältnissen möglich ist, beweisen die Erzieherinnen in den Kindergärten und die Lehrkräfte in den Schulen Tag für Tag. Immerhin haben sie es nicht nur mit einem oder zwei Kindern zu tun, sondern mit zwanzig und mehr – hinzu kommen noch die Eltern. Mit Sicherheit packt auch sie gelegentlich die Wut und es fällt ihnen schwer, die Kontrolle über sich nicht zu verlieren. Aber die meisten schaffen es, müssen es irgendwie schaffen. Warum sollten Eltern das nicht auch hinkriegen?

Lügen, um nicht zu enttäuschen

Eltern, die ideale Vorstellungen von ihrem Kind haben, nur das Beste wollen und ihm nichts Schlechtes zutrauen, verteidigen ihr Kind z. B. gegen berechtigte Kritik nach dem Motto: »*Mein Kind tut so etwas nicht!*« Aus verschiedenen Gründen wollen sie oft nicht wahrhaben und können sich nicht damit abfinden, dass auch ihr Kind Schwächen hat und Fehler macht. Und wenn die nicht mehr zu leugnen sind, neigen sie dazu, andere Menschen für das Versagen ihres Kindes verantwortlich zu machen.

Diese Uneinsichtigkeit, die übrigens oft bei besonders ehrgeizigen Eltern zu beobachten ist, kann für ein Kind folgenreich sein. Da Kindern nicht entgeht, wenn über sie gesprochen wird, wissen sie auch, welches Bild sich ihre Eltern von ihnen machen. Und dieses Bild soll möglichst keine Kratzer bekommen. Also verhalten sie sich zu Hause so, wie es die Eltern von ihnen erwarten. Sie passen sich an und spielen ihre Rollen als Unschuldslämmer und Engel, weil sie ihre Eltern nicht enttäuschen wollen. Und wenn es gar nicht anders geht, heucheln und lügen sie, um den schönen Schein zu wahren, der ihnen auch Schutz bietet.

Aber im Kindergarten oder in der Schule zeigen sie sich von ganz anderen Seiten. Beispielsweise gar nicht pflegeleicht, sondern trotzig, schnell aggressiv und alles andere als liebenswert. Werden Eltern auf dieses Verhalten dann angesprochen, reagieren sie oft verständnislos. Weil sie nicht nur völlig andere Vorstellungen von ihrem Kind haben, sondern weil sie es zu Hause auch ganz anders erleben, halten sie z. B. Kritik für völlig abwegig oder sogar als Angriff auf ihre Erziehungskompetenz.

Nichts ist dagegen zu sagen, wenn Eltern für ihr Kind immer das Beste wollen, an das Gute in ihm glauben und viel Vertrauen zu ihm haben – aber bitte kein absolutes! Auch und gerade Kinder können in Versuchung geraten und schwach werden, denn es sind Menschen, die sich in der Entwicklung befinden. Werden sie aber zu Engeln gemacht, also zu unfehlbaren Wesen in Menschengestalt, muss es zu Enttäuschungen kommen. Blaise Pascal (1623–1662) hat das »Problem« in einem Satz beschrieben: »Wer den Menschen zum Engel machen will, hat am Ende einen Teufel.«

Lügen wegen Überforderung

Es gibt Eltern, deren Selbstwertgefühl davon abhängt, wie Verwandte, Freunde, Nachbarn, Erzieherinnen, Lehrkräfte usw. über ihre Erziehungsmethoden und auch -erfolge denken. Entsprechend wird das Kind erzogen: Es soll immer brav und höflich sein, den Mund halten, wenn Erwachsene miteinander sprechen, niemals »du blödes Arschloch!« sagen, nur gute Bücher lesen und Musik hören, gute Noten nach Hause bringen und Freundinnen bzw. Freunde haben, die »aus gutem Hause« sind. Diese grenzenlos eitlen Eltern, für die ihr Kind eine Art Statussymbol ist, können für ein Kind zur Bürde werden.

Gegen diese vielfältigen, unterschiedlich begründeten Anforderungen ist grundsätzlich nichts einzuwenden. Aber Vorsicht, denn sie können zur Überforderung des Kindes führen! Wenn ein Kind mehr soll, als es will und kann, wenn mit dressurähnlichen Erziehungsmaßnahmen versucht wird, das Wünschenswerte durchzusetzen, kann das Gegenteil des Beabsichtigten eintreten: Das Kind fühlt sich überfordert und wehrt sich auf seine Weise gegen all das, was Mama und Papa mit lästiger Ausdauer von ihm erwarten und fordern. Es verheimlicht z. B.

schlechte Schulnoten, stellt sich stur und verweigert Leistungen, schwänzt den Unterricht, fälscht Unterschriften, lässt Hefte und Noten verschwinden, unterschlägt Verweise und lügt wie gedruckt, weil es Angst vor der Reaktion seiner Eltern hat, die doch so viel, nein, zu viel Unerreichbares von ihm erwarten.

Lügen aus Protest

Im Leben des kleinen Kindes kennen sich Eltern aus. Sie wissen, was es gerade macht, wo es sich aufhält und wie es sich fühlt. Und das beruhigt sie. Aber mit dem Eintritt in den Kindergarten und später in die Schule ändert sich das. Immer mehr nabeln sich die lieben »Kleinen« ab und haben Gedanken und Wünsche, die sie ihren Eltern nicht anvertrauen. Bestimmte Erlebnisse erzählen sie nur ungern ihren Eltern, sondern nur denen, die sie zu ihren Vertrauten auserkoren haben.

Es gibt Eltern, die sich nur schwer damit abfinden können, wenn sie nicht mehr alles von ihrem Kind wissen. Sie erwarten von ihm Offenheit und glauben, ein uneingeschränktes Anrecht darauf zu haben, über alles informiert zu sein. Und wenn sie dann feststellen, dass ihnen ihr Kind manches verheimlicht oder sie belügt, sind sie beunruhigt und versuchen mit Ermahnungen, Vorwürfen oder großem Lamento die verlorengegangene Offenheit zu erzwingen.

Kinder, das gilt aber noch mehr für Jugendliche, wollen ihre Geheimnisse haben. Sie hüten sie wie Schätze und entscheiden allein, wer in sie eingeweiht wird. Dem verschließbaren Tagebuch wird z. B. das anvertraut, was mit Freunden besprochen worden ist. Briefe, die sie bekommen haben, oder das Tagebuch dürfen nur Auserwählte lesen. Und wenn das nicht die Eltern sind, hat das meistens nichts mit Misstrauen ihnen gegenüber zu tun.

Wörtlich und im übertragenen Sinne haben Heranwachsende ihre »dunklen Verstecke.« Wörtlich: Um der Kontrolle der Eltern zu entgehen, treffen sie sich an »geheimen Orten«. Wenn es die Möglichkeit gibt, bauen sie sich Buden, von denen die Eltern nichts wissen sollen; und wenn sie davon erfahren haben, ist ihnen das Betreten verboten. Gemein ist nur, wenn die sich nicht darum kümmern. Im übertragenen Sinn: Sie verbergen ihr Inneres vor ihren Eltern und lehnen es ab, mit ihnen über alles offen zu sprechen. Das verunsichert viele Eltern, weil sie das Tun und Lassen ihres Kindes nicht mehr durchschauen können.

Eine Sechzehnjährige, die mit ihrer neugierigen Mutter große Probleme hatte, erzählte mir vor einiger Zeit folgende Geschichte, die deutlich macht, was es konkret heißt, wenn – zu Recht! – gesagt wird: Wer die Geheimnisse seines Kindes nicht respektiert und zu viel Offenheit fordert, der riskiert, belogen zu werden.»Ich habe es aufgegeben, ein Tagebuch zu schreiben. Vorne steht extra drin, dass ich jeden bitte, seine Neugierde zu bezähmen, weil ich meine innersten Gedanken und Wünsche darin aufgeschrieben habe. Aber meine Mutter kümmert sich nicht darum. Ich habe mein Tagebuch schon einige Male versteckt, aber sie hat es immer gefunden und auch darin gelesen. Beim ersten Mal war ich sehr traurig darüber und habe protestiert. Ich habe jetzt kein Vertrauen mehr zu ihr. Nun wundert sie sich und macht mir Vorwürfe, dass ich mein Zimmer abschließe, wenn ich etwas aufschreibe.«

Wenn Eltern lügen

Nicht nur im Hinblick auf das Lügen, sondern überhaupt sollten Eltern immer daran denken, dass ihr Kind ein äußerst aufmerksamer Beobachter ist und sich an ihrem Verhalten orientiert. Heute spricht man vom Modellverhalten der Eltern, das mehr oder weniger das Tun und Lassen des Kindes prägt. Das bedeutet, dass Mama und Papa, ob sie das wollen oder nicht, für ihr Kind die wichtigsten Vorbilder sind.

Schon oft hatte in Gesprächen den Eindruck, dass Eltern zu wenig an ihre natürliche Vorbild-Rolle denken und bedenkenlos etwas tun, was sie bei ihrem Kind verurteilen. Sie kritisieren und verdammen z. B. Bekannte, Nachbarn usw. und sind empört, wenn ihr Kind mit den gleichen Worten andere Kinder verurteilt. Ein unbekannter Verfasser hat das folgenreiche Wenn-dann einmal so ausgedrückt:

– Ein Kind, das ständig kritisiert wird, lernt zu verdammen.
– Ein Kind, das geschlagen wird, lernt, selbst zu schlagen.
– Ein Kind, das verhöhnt wird, lernt Schüchternheit.
– Ein Kind, das der Ironie ausgesetzt ist, bekommt ein schlechtes Gewissen.

– Aber ein Kind, das ermuntert wird, lernt Selbstvertrauen.
– Ein Kind, dem mit Toleranz begegnet wird, lernt Geduld.
– Ein Kind, das gelobt wird, lernt Bewertung.
– Ein Kind, das Ehrlichkeit erlebt, lernt Ehrlichkeit.
– Ein Kind, das Freundlichkeit erfährt, lernt Freundschaft.
– Ein Kind, das Geborgenheit erfährt, lernt Vertrauen.
– Ein Kind, das geliebt und umarmt wird, lernt, Liebe in dieser Welt zu empfinden.

Demnach haben Eltern kein moralisches Recht mehr, von ihrem Kind Ehrlichkeit zu fordern, wenn sie selbst nicht ehrlich sind.

Ein Beispiel, das ich nie vergessen werde: Ein Freund meiner Eltern hatte meine Mutter, meinen Vater und uns Kinder zu sich nach Hause eingeladen. Wie üblich wurden wir Kinder auf den Besuch mit Ermahnungen eingestimmt: »Benehmt euch und blamiert uns nicht! Esst manierlich!« Pünktlich wollten wir uns auf den Weg machen, aber mein Vater war aus irgendeinem Grund nicht fertig. Mit etwa einer Viertelstunde Verspätung kamen wir schließlich doch noch an. Zur Begrüßung erklärte mein Vater: »Bitte entschuldigt, dass wir uns verspätet haben, aber die Jungen sind wieder mal nicht in die Gänge gekommen.« Mein Bruder und ich waren wütend auf unseren Vater, denn er hatte uns die Schuld für die Verspätung in die Schuhe geschoben. Das bemerkte der Freund meiner Eltern, nahm uns beiseite und fragte: »Was ist los mit euch beiden?« Unsere Antwort:

»Wir sind sauer, denn was Ihnen unser Vater vorhin erzählt hat, hat nicht gestimmt. Er war nicht rechtzeitig fertig, wir schon.« Irgendwie muss unser Vater von unserer Richtigstellung erfahren haben, denn schon auf dem Weg nach Hause hat er sich »gerächt« und uns ein paar kräftige Ohrfeigen gegeben. Begründung: »Ihr habt mich blamiert!«

Wenn Eltern in bestimmten Situationen lügen und, was noch schlimmer ist, ihr Kind quasi für etwas benutzen, macht es die Erfahrung, dass die Lüge quasi ein Werkzeug ist, das helfen kann, heikle Situationen zu meistern. Dieses Verhalten der Eltern kann dazu beitragen, dass sich ein Kind schnell ans Lügen gewöhnt, »denn Mama und Papa lügen ja auch. Das ist doch ganz normal.«

Dazu fand ich drei Meinungen in der Zeitschrift *Eltern*: Ein Mädchen (12): »Lügen lernen Kinder von ihren Eltern. Bei jeder Gelegenheit sagen die nämlich etwas, was nicht stimmt. Meine Mutter hatte mal einen Freund, und uns hat sie gesagt, sie müsse regelmäßig in die Volkshochschule.«

Ein Junge (10): »Manchmal wollen meine Eltern belogen werden. Sie fragen so lange, bis ich eine coole Ausrede habe. Dann sind sie zufrieden, obwohl ich gelogen habe.«

Ein Mädchen (13): »Wenn man ein Kind ist, glaubt man immer, alles ist wahr, was die Eltern sagen. Nach und nach stellt man aber fest, dass vieles nicht wahr ist. Ich glaube sogar, dass die Großen am meisten lügen.«

Wenn ein Kind gelernt hat, Unehrlichkeit für normal zu halten, wird es irgendwann auf die Idee kommen, dass es Unangenehmes und Probleme mit Hilfe von Lügen besser als mit Aufrichtigkeit aus der Welt schaffen kann. Und wenn das einige Male geklappt hat, ist bald auch die Einsicht da: Lügen lohnt sich. Man darf sich nur nicht erwischen lassen. Ehrlich sind nur die Dummen.

Das schlechte Vorbild der Eltern hat aber noch aus einem anderen Grund große Bedeutung: Sie verlieren ihre Autorität. Wenn sie z. B. ihr Kind bei einer Schwindelei ertappen und entrüstet darauf reagieren, wird das Kind wenig Verständnis dafür haben. Und wenn es das auch nicht offen ausspricht, wird es sich fragen: *Warum regt sich die Mama eigentlich so auf? Ist denn das, was ich getan habe, wirklich so schlimm? Mama lügt doch auch, wenn's ihr in den Kram passt!*

Das Kardinalproblem ist meines Erachtens in folgendem Zusammenhang zu sehen: Eltern, für die Ehrlichkeit keine Tugend ist und sie daher immer wieder bewusst die Unwahrheit sagen, übersehen, dass durch ihre Unehrlichkeit das Vertrauen ihres Kindes ihnen gegenüber allmählich zerstört wird. Kinder entwickeln nämlich schon erstaunlich früh ein feines Gespür für »leichte« oder lässliche, »schwere« oder unerlässliche Lügen. Irgendwann gehen sie davon aus, dass Unehrlichkeit nichts Unanständiges oder Abscheuliches ist, sondern ein Kavaliersdelikt. Diese schlechte Erkenntnis stellt sich dann besonders schnell ein, wenn Mama bzw. Papa jegliches Unrechtsbewusstsein abgeht, wenn sie um des lieben Vorteils willen skrupellos lügen.

Es ist übrigens sehr interessant, was Christen zum Thema Ehrlichkeit zu sagen haben: »Wahrhaftigkeit im Reden und Handeln ist Voraussetzung, wenn Menschen einander vertrauen sollen, und nur wenn sie einander vertrauen, können sie in Frieden leben. So findet sich denn auch das Verbot, die Unwahrheit zu sagen, nicht nur in den Zehn Geboten des Alten Testaments, sondern z. B. auch unter den fünf Hauptgeboten, unter denen im Buddhismus die Ethik zusammengefasst ist« (Neues Glaubensbuch. Der gemeinsame christliche Glaube, Herder Verlag, 1973, 6. Auflage, Seite 493).

Kurz gesagt: Wer Lügen sät, wird Misstrauen ernten. Misstrauen entsteht, wenn ein Kind sich nicht mehr sicher ist, ob das, was Mama und Papa sagen, wirklich ehrlich gemeint ist; ob es sie beim Wort nehmen und sich darauf verlassen kann, dass das, was sie sagen, wahr ist. Wenn aber das so überaus wichtige Urvertrauen eines Kindes zu seinen Eltern durch ihren Widerspruch von Reden und Tun allmählich ausgelöscht wird und Urmisstrauen an seine Stelle tritt, sind massive Erziehungsprobleme vorprogrammiert.

Dazu in *Eltern* ein Mädchen (14): »Wohin ich auch gucke,

überall wird geschwindelt und hintergangen. Besonders bei
Managern und Politikern ist das üblich. Die brechen Wahlver-
sprechen, zahlen Bestechungsgelder und bescheißen das Fi-
nanzamt. Da braucht man sich nicht zu wundern, dass auch die
Bundesbürger versuchen, den Staat auszunehmen.«

Mein Fazit: Die Glaubwürdigkeit bzw. das Vertrauen des Kindes in seine Eltern ist die wichtigste Voraussetzung, dass Erziehung gelingt. Vieles verzeihen Kinder ihren Eltern – beispielsweise Lügen aus Nächstenliebe und Schamgefühl, auch
sogenannte konventionelle Lügen (z. B. der Gebrauch von Höf-
lichkeitsformeln) und Dienstlügen (z. B. dienstliche Geheimnisse). Aber sie verzeihen ihnen nie, wenn die Wahrheit ständig
mit Füßen getreten wird, um beispielweise für sich Vorteile her-
auszuschlagen oder um andere Menschen schlechtzumachen.

Schließlich möchte ich aber noch etwas anderes zu bedenken
geben: Kinder und Jugendliche werden meistens oder sogar immer dann die Wahrheit sagen, wenn sie wissen, dass ihre Eltern
die Wahrheit auch ertragen können. Das ist für sie wahrhaftig
nicht immer einfach. Ich habe es ziemlich oft erlebt, dass die
Wahrheit auch sehr weh tun kann. Aber es ist meines Erachtens leichter, sich mit der Wahrheit abzufinden, als ständig damit rechnen zu müssen, belogen zu werden.

33 Die drei großen R der Erziehung:
Regeln, Reviere, Rituale

Christoph, einen guten Freund von mir, halte ich für einen be-
gnadeten Erzieher. Er leitet schon seit drei Jahrzehnten ein Kin-
derheim. In diesem Heim werden von ihm und acht Erzieherinnen, Lehrerinnen und Lehrern etwa 180 Waisenkinder unterschiedlichen Alters erzogen und unterrichtet. Dabei halten sich
Christoph und seine Mitarbeiter an die Devise des heiligen Don
Bosco: *Gutes tun, fröhlich sein und die Spatzen pfeifen lassen.* Und
unter Gutes tun verstehen sie auch, Kindern beizubringen, sich
an Regeln zu halten.

Vor vielen Jahren habe ich ihn einmal gefragt:»Was ist für dich bei der Erziehung ›deiner‹ Kinder eigentlich das Wichtigste?« Christoph:»Die drei großen R der Erziehung: Regeln, Reviere und Rituale.« Meine nächste Frage:»Und warum hältst du das für das Wichtigste?« Er:»Weil ich täglich die Erfahrung mache, dass Kinder Regeln brauchen, um sich bei uns, aber auch in der komplizierten Welt draußen zurechtfinden zu können. Sie brauchen aber auch Reviere für selbständiges Handeln, denn sie sollen lernen, für sich selbst und andere Verantwortung zu übernehmen. Und Rituale brauchen sie, weil sie ihnen das Gefühl geben, einer Gemeinschaft anzugehören.« Nach einer kurzen Pause sagte er noch:»Ich bin davon überzeugt, dass es heute deswegen so viele Erziehungsprobleme gibt, weil sich Eltern zu wenig Gedanken über den Sinn von Regeln, Revieren und Ritualen machen.«

Diese Erfahrung habe ich auch schon oft gemacht: Vielen Eltern ist weder die Bedeutung sinnvoller Regeln klar, noch wissen sie, aus welchen Gründen Reviere und Rituale für jedes Kind überaus wichtig sind. Insbesondere wenn es um bestimmte Ordnungen geht, sind sie verunsichert, weil sie Regeln oft mit Zwang oder sogar Unterdrückung gleichsetzen. Bei den Revieren und Ritualen haben sie diese Bedenken zwar nicht, aber sie können sich nicht vorstellen, dass insbesondere Rituale für die geistige, seelische und soziale Entwicklung ihres Kindes eminent wichtig sind. Und mit den Revieren können sie meistens wenig anfangen. Das ist auch verständlich, denn bei diesem Wort denkt man z. B. an ein Polizei-, Jagd- oder Segelrevier, aber nicht an Erziehung. Es gibt also Erklärungsbedarf. Was ist zu den drei großen R der Erziehung zu sagen?

Regeln geben Kindern Orientierungen

Eltern irren sich, wenn sie glauben, in der Erziehung auf Regeln teilweise oder ganz verzichten zu können. Kinder brauchen nämlich Regeln, die für sie so etwas wie Wegweiser sind. Je eher sie lernen, auf diese Wegweiser zu achten, desto besser. Allmählich werden sie dann auch verstehen, dass Regeln das Zusammenleben der Menschen erträglicher machen. Manchmal kann es allerdings lange dauern, bis Erwachsene zu dieser wichtigen Einsicht kommen, bei Heranwachsenden natürlich noch länger. Aber auch späte Einsichten sind immerhin Einsichten.

Zunächst sollten es wenige, dem Alter angemessene Regeln sein. Eltern machen oft den Fehler, zu viel auf einmal regeln zu wollen. Das kann Kinder schnell verwirren, denn die Zwei- bis Vierjährigen können leicht den Überblick verlieren. In meiner Familie fing es immer mit dem *Bitte* und *Danke* an: Gib mir bitte …! Danke, dass du mir das … geholt hast! Zeig mir doch bitte mal …! Bitte wasch dir die Hände!

Sehr wichtig waren Spiele und die entsprechenden Spielregeln z. B. beim Memory, Fangen, Verstecken oder beim Spielen mit dem Kaufmannsladen. Schon anspruchsvoller waren Rollenspiele, »Mensch ärger dich nicht«, UNO und viele andere. Gerade bei den Spielen ist es uns neben den Spielregeln noch auf folgende Regeln angekommen: 1. Mogeln ist verboten! 2. Keiner kann immer gewinnen!

In jedem Fall muss das Kind in eine Regel, die es beachten soll, behutsam eingeführt werden. Dafür muss man sich aber Zeit nehmen und, wenn das Kind danach fragt, auch erklären, aus welchen Gründen etwas geregelt werden muss. Auch sollten Eltern nicht in jedem »Regelverstoß« sofort Ungehorsam, Bockigkeit oder eine Majestätsbeleidigung sehen. Kinder brauchen meistens einige Zeit, um sich an bestimmte Ordnungen zu gewöhnen. Bewährt sich eine Regel nicht, dann muss eine bessere gefunden werden. An der Suche nach einer sinnvollen Regel sollten Eltern ihr Kind möglichst immer beteiligen. Wenn man sein Kind sozusagen mit ins Boot nimmt und ihm nicht irgendeine Regel diktiert, hält es sich eher daran.

Regeln helfen auch beim sinnvollen Umgang mit der Zeit und mit Sachen. Sie ordnen aber auch das Miteinander in der Familie, im Kindergarten und in der Schule. Immer sind es bestimmte Situationen oder Bedürfnisse, die geregelt werden müssen.

Regeln werden also nicht aufgezwungen, weil die Mutter, die Erzieherin oder der Lehrer etwas für richtig halten. Es sind vielmehr die jeweiligen Umstände, die nach von allen akzeptierten Regelungen quasi rufen, wenn man ein ständiges Chaos vermeiden will. Und Chaos, das in vielen Gewändern auftreten kann, ist die Wurzel vieler Übel – auch in der Erziehung!

Ein unvergessliches Erlebnis hat mich zur Einsicht gebracht, dass in bestimmten Situationen auf Regeln nicht verzichtet werden kann. Es war mein erster Schultag als Lehrer. Große Pause. Die Kinder sagten mir, der Kakao, den die Molkerei täglich lieferte, müsse in die Klasse geholt und an sie verteilt werden. Ich gehorchte. Die Katastrophe nahm ihren Lauf, denn ich sagte zu meinen 54 (!) Schulkindern: »Holt euch bitte euren Kakao!« Alle stürzten sich auf die Pappbecher. Exakt 42 Kinder hatten Erfolg, zwölf waren traurig und verärgert, weil sie keinen erwischt hatten. Ein Kakao-See war das Ergebnis ihrer Drängelei. Die Situation, für die ich verantwortlich war, schrie buchstäblich nach einer Regel, die die Kinder schnell gefunden hatten. Für die Kakao-Geschädigten habe ich übrigens zwölf Becher nachbestellt. Das war aber nicht das einzige Lehrgeld, das ich für meine Unüberlegtheiten bezahlt habe …

Für wichtig halte ich, dass zuerst über die Umstände, die unbefriedigend sind und daher geregelt werden müssen, gemeinsam gesprochen wird. In der Familie bedeutet das z. B.: Wie regeln wir die Zeiten für die gemeinsamen Mahlzeiten, das Spielen, die Hausaufgaben usw.? Wer räumt wann und wie die Spiel- und Schulsachen auf, auch Hosen, Strümpfe, Pullis und Schuhe? Die Mutter ist nämlich weder die Putz- noch die Aufräumfrau der Familie. Wer hilft wann und bei welchen Arbeiten der Mutter? Welche Hilfen wünscht sie sich im Haushalt? Zu welchen Zeiten will sie einmal völlig ungestört sein? Können wir uns auf eine Regel verständigen, wie wir einen Streit vermeiden, und wenn es doch zu Streitereien gekommen ist, wie können wir die Schlichtung erreichen? Und was ist zu tun, wenn sich jemand nicht an die getroffenen Vereinbarungen gehalten oder eine von allen beschlossene Regel sich nicht bewährt hat?

Um es noch einmal zu betonen: Wenige, möglichst selbst gefundene und klare Regelungen sollten Eltern für das Mit- und Füreinander finden. Dabei ist das gemeinsame Suchen nach einer sinnvollen Ordnung, das In-Ruhe-darüber-Sprechen und Abwägen ebenso wichtig wie das Einhalten.

Wenn ein Kind schon in der Familie gelernt hat, bestimmte Regeln einzuhalten, fällt es ihm im Kindergarten leichter, andere Ordnungen zu akzeptieren, die einfach da sind und über die nicht mehr diskutiert werden muss. In der Schule und z. B. auch in einem Sportverein oder wenn es einer Interessengruppe (Musik, Kinderchor, Theater usw.) angehört, wird es die Erfahrung machen, dass Regeln ihm Sicherheit geben und nur auf den ersten Blick Fesseln sind. Sinnvolle Regeln schützen vor chaotischen Zuständen. Sie sind eine Art Kompass, den jedes Kind braucht, um sich in verschiedenen Lebenssituationen zurechtfinden zu können.

Reviere für Selbsttätigkeit

In Erziehungsratgebern, die vor 150 Jahren geschrieben worden sind, werden Sie sehr viel über Gehorsam, Gebote und Regeln finden, aber kein Wort über Reviere und die Bedeutung der Selbsttätigkeit. Seit einigen Jahrzehnten hat sich das geändert, weil sich hinsichtlich der Erziehung ein Umdenken vollzogen hat. Nach Eltern-Umfragen sind die Erziehung zur Selbständigkeit, zum Selbstvertrauen und zu Verantwortungsbewusstsein die wichtigsten Erziehungsziele.

Immer wenn ich die Gelegenheit hatte, habe mit Eltern über diese, aber auch andere Erziehungsziele diskutiert. Dabei hat sich gezeigt, dass sie zwar sagen: *Ich will mein Kind zur Selbständigkeit erziehen*, aber oft ist ihnen nicht klar, was sie tun können, um dieses überaus wichtige Erziehungsziel zu erreichen. Sie wissen nicht, dass Selbsttätigkeit die Voraussetzung für Selbständigkeit ist.

Alle Pädagogen, Lernpsychologen und Neurobiologen sind

sich heute einig, dass ohne die Selbsttätigkeit des Kindes seine Selbständigkeit nicht erreicht werden kann. Folglich müssen Kinder dazu ermutigt werden, selbst aktiv zu werden beziehungsweise Eigeninitiative zu entwickeln.

Im Grunde ist es nicht richtig, davon zu sprechen, dass Kinder zur Selbsttätigkeit ermutigt werden müssen. Man muss sie nämlich gar nicht dazu ermutigen, denn sie sind sozusagen von Natur aus wissbegierig und neugierig. Sie wollen selbst etwas ausprobieren, untersuchen und entdecken, ihre Kräfte messen und ihren Kopf durchsetzen. Wie wichtig die Selbsttätigkeit des Kindes ist, hat schon Goethe (1749–1832) erkannt: »Hauptsache ist, dass man das Kind auf eigenen Beinen stehen, mit eigenen Augen sehen lasse, auf dass es selbständig bleibe.«

Aber es muss nicht immer Goethe sein! Auf jedem Kinderspielplatz kann man es beobachten: Jede Erzieherin, auch jede Lehrerin und jeder Lehrer weiß es, dass Kinder erstaunlich erfindungsreich, phantasievoll und originell sein können. Stundenlang können sie sich mit dem befassen, was sie interessiert. Und dabei sollten sie möglichst von niemandem und durch nichts gestört werden, denn sie arbeiten konzentriert an einer bestimmten Aufgabe, die sie sich selbst gestellt haben.

Und was hat das alles mit Revieren zu tun? Wer Kinder zur Selbständigkeit erziehen möchte, der muss zunächst dafür sorgen, dass sie Möglichkeiten haben, in bestimmten Revieren ihren Interessen nachzugehen. Egal, ob es sich um musische oder technische Interessen handelt, um sprachliche, sportliche, handwerkliche, soziale oder künstlerische: Kinder brauchen Gelegenheiten, um ihren Vorlieben und Neigungen nachgehen zu können. Über die Schulter sehen dürfen ihnen die Eltern. Sie dürfen sich auch erklären lassen, was sie machen. Aber reinreden sollten sie ihnen nicht. Auch für Kinder und Jugendliche gilt: Wer aus Interesse an einer Sache konzentriert arbeitet, will möglichst nicht gestört werden.

Hilfe sollte ein Kind nur dann bekommen, wenn es darum bittet. Ermutigungen dann, wenn es drauf und dran ist, die Flinte ins Korn zu werfen. Und wenn es nicht allein, sondern lieber mit anderen Kindern z. B. etwas ausprobieren, bauen, üben oder untersuchen möchte, sollten Eltern das zulassen.

Die Erziehung zur Selbständigkeit beginnt aber nicht erst, wenn sich bei einem Kind bestimmte Interessen zeigen, sondern schon viel früher. Was das Zweijährige schon selbst bewältigen kann, muss es auch tun. Zunächst in kleinen, mit zunehmendem Alter aber in größeren Revieren hat es bestimmte Pflichten zu erfüllen. Dazu leiten viele Eltern ihr Kind auch an. Aber ich habe den Eindruck, dass Kindern oft zu viel zugemutet wird.

Schon Drei- und Vierjährige sollen sich in kürzester Zeit in dem Geflecht von Verhaltensregeln zurechtfinden. Anstatt es Schritt für Schritt in all das einzuführen, was das Kind schon selbständig machen soll und kann, soll es möglichst von einem Tag auf den anderen kapieren, wie man sich die Zähne putzt, mit dem »richtigen Händchen« guten Tag sagt, dass beim Essen die Kartoffeln nicht mit dem Messer zerschnitten werden dürfen, dass es einen schlechten Eindruck macht, wenn man mit Löchern in den Strümpfen herumläuft, und dass schwarze Fingernägel abstoßend sind.

Mit dem, was ein Kind in den ersten Lebensjahren lernen muss, könnte man ein dickes Lexikon füllen. In keinem Lebensalter muss man so viel lernen. Und in keinem Lebensalter wird man so oft ermahnt, ausgeschimpft, zur Ordnung gerufen und bestraft wie in der frühen Kindheit. Für viele Kinder ist es leider auch heute nicht »kinderleicht«, ein Kind zu sein, weil sich ihre Eltern weniger an dem orientieren, was ihr Kind braucht, sondern an dem, was sie aus irgendwelchen Gründen für richtig halten.

Rituale geben Kindern das Gefühl, dazuzugehören

Bei mir hat es ziemlich lange gedauert, bis mir klargeworden ist, dass für Kinder und auch Jugendliche die kleinen Rituale ebenso wichtig sind wie die großen, die wir Erwachsenen von den Festen im Jahreslauf kennen. Nicht selten sind die Alltagsrituale, die ich als die kleinen Rituale bezeichne, sogar noch wichtiger als die großen der Feste.

Feste und Rituale

Schon oft habe ich Erwachsene nach ihren schönsten Kindheitserinnerungen gefragt. Alle haben mir dann von Familienfesten erzählt. Und erstaunlich war, dass man sich oft noch an viele Einzelheiten erinnern konnte, so als ob das Fest erst gestern gewesen wäre. Interessant war aber auch, mit welcher Begeisterung über lange Zurückliegendes berichtet wurde. Offenbar wirkt das Erfreuliche und Beispielhafte wie eine bergende Kraft in Menschen lange nach. Mit Ritualen ist es etwas anders: Sie stillen die Sehnsucht jedes Menschen nach Geborgenheit und Zugehörigkeit.

In meiner Familie gibt es seit vielen Jahren für die Adventszeit, den Heiligen Abend und die Feiertage bestimmte Rituale, an die wir uns halten. Genauer: Wir müssen uns daran halten, weil unsere Kinder und Enkelkinder darauf bestehen, dass an bestimmten Traditionen nichts geändert wird. Ob es das Schmücken des Christbaumes und der Aufbau der Krippe ist, das Vorlesen der Weihnachtsgeschichte und das gemeinsame Singen: Alles muss seinen gewohnten Gang nehmen.

Weihnachten, aber auch Ostern, die Taufe eines Kindes, die Kommunion oder Konfirmation, das sind Feste, die einen religiösen Ursprung und eine sehr lange Geschichte haben. Und so haben sich für jedes Fest bestimmte Rituale entwickelt, die wie das Amen in der Kirche selbstverständlich dazugehören. Diese mehr oder weniger feierlichen Zeremonien, die nach festgelegten Regeln vollzogen werden, prägen jedes Fest.

Interessant ist, dass Kinder für die Rituale der verschiedenen Feste dann aufgeschlossen und empfänglich sind, wenn ihnen ihre Eltern den Sinn, der dahintersteckt, erklären. Wenn sie also wissen, welche Bedeutung beispielsweise das weihnachtliche Krippenspiel hat, woran das Oster- und Pfingstfest erinnern und warum dem Baby bei der Taufe Wasser über den Kopf gegossen wird. Und wenn Kinder bei bestimmten rituellen Handlungen nicht nur zuschauen, sondern einbezogen werden und z. B. die Taufkerze halten dürfen, dann sind sie mit Begeisterung dabei und sind stolz auf den Dienst, der ihnen zugetraut worden ist.

Rituale tragen dazu bei, dass sich bei religiösen und auch weltlichen Feiern schwer zu beschreibende Stimmungen entwickeln können. Gefühle der Freude und Dankbarkeit können geweckt werden, aber auch Nachdenklichkeit kann sich einstellen. Ob es sich um einen festlich gestalteten Gottesdienst mit Kerzen, Blumen und Chorgesang handelt, eine Hochzeit mit einer strahlenden Braut und einem glücklichen Bräutigam oder ein Familienfest: Musik und Ansprachen, festliche Kleidung anstatt Alltagsklamotten, ausgewähltes Essen und Trinken, ein schön gedeckter Tisch und vieles andere kann dazu beitragen, dass alle sagen: *Ich bin froh, dass ich bei dieser Feier dabei war, denn das war ein herrliches Fest, an das ich mich immer gern erinnern werde.*

Bestimmt brauche ich Ihnen zum Thema Feste und Feiern nichts weiter zu sagen, denn Sie wissen wie ich, dass der Mensch nicht vom Brot allein lebt (Matthäus 4,4). Und bestimmt haben Sie auch schon beobachtet, wie Ihr Kind alles aufsaugt, was es bei einem Fest zu sehen, zu hören, zu riechen und zu schmecken gibt. So gut wie nichts entgeht Kindern, denn für sie sind Feste immer Höhepunkte, auf die sie sich schon Wochen vorher »wie verrückt« freuen – vor allem dann, wenn sie in die Festivitäten einbezogen werden.

So wichtig für ein Kind große Feste und die entsprechenden Rituale sind, ich glaube, dass die kleinen Rituale mindestens ebenso wichtig sind.

Rituale des Alltags

Viele Eltern, die ich kenne, haben das gleiche Problem, das ich früher auch einmal hatte: Ihnen ist nicht bewusst, dass für jedes Kind die kleinen Rituale sehr, sehr wichtig sind. Es kann aber auch sein, dass ihnen das durchaus bewusst ist, aber sie sich nicht die Zeit für Rituale nehmen. Wie es auch ist: Welche Rituale können dazu beitragen, die familiäre Zusammengehörigkeit zu stärken? Ohne auf die altersbedingten Möglichkeiten beim Klein-, Kindergarten- und Schulkind einzugehen, nenne ich stichwortartig nur die meines Erachtens wichtigsten:

Morgen- und Abendrituale: Ein freundlicher Morgengruß sollte eine Selbstverständlichkeit sein. Wenn sich das Kind das wünscht, steht am Abend ein bisschen Kuscheln oder Vorlesen auf dem Programm. Für meine Kinder war es wichtig, dass wir nach dem gemeinsamen Abendessen und nachdem alle beim Abräumen und Spülen des Geschirrs mitgeholfen hatten, noch eine Weile zusammengesessen und miteinander gesprochen oder gespielt haben. Keiner verließ unsere Runde, ohne allen eine *Gute Nacht!* zu wünschen. Und wenn es mal spät geworden war, kam oft der Rat: *Schlaf diesmal etwas schneller!* Für religiöse Eltern ist es eine Selbstverständlichkeit, mit ihrem Kind am Morgen und Abend zu beten.

Rituale für das Verabschieden und das Begrüßen beziehungsweise Wiedersehen: Ein Händedruck oder Kuss, beim Verabschieden dem Kind über den Kopf streicheln oder es in den Arm nehmen, ein herzliches »Ade!« und winken, das *Pass gut auf dich auf!*: all das sind Zeichen der Verbundenheit, nach denen sich nicht nur Kinder sehnen. Und wenn ihnen am Mittag, wenn sie aus der Schule nach Hause kommen, gesagt wird: *Ich freu mich, dass du wieder zu Hause bist!,* freuen sie sich. Diese Rituale des Alltags sind so wichtig wie das Schutzengel-Abonnement.

Täglich möglichst eine gemeinsame Mahlzeit: Gemeinsam essen ist mehr als abgefüttert werden – das gilt auch, wenn die Mutter nur ein Fertiggericht zubereitet hat. In früheren Zeiten, aber das ist auch heute noch in bestimmten Internaten üblich, durfte – wenn überhaupt – beim Essen nur leise gesprochen werden. In vielen Klöstern wird das Essen schweigend eingenommen.

Nun ist eine Familie weder ein Internat noch ein Kloster. Auch die Zeiten haben sich geändert und in vielen Familien, die ich kenne, ist das gemeinsame Essen am Abend die einzige Möglichkeit, miteinander am Tisch zu sitzen und über das zu sprechen, was einen beschäftigt. Das gemeinsame Essen führt die Familie quasi zusammen, und daher bin ich dafür, dass ausgiebig miteinander gesprochen wird. Auch, dass der Mutter ein *Danke* gesagt wird, wenn es gut geschmeckt hat. Gute Eltern werden auch auf die Tischmanieren ihres Kindes achten, denn sie sind – wie die Tischgebete vor und nach dem Essen – keine alten Hüte.

Jede Entschuldigung ist eine Bitte um Verzeihung: Wer sagt: *Es tut mir leid,* hat eingesehen, dass er einen Fehler gemacht hat. Er hat Anspruch, dass ihm eine Brücke gebaut wird. Diese Brücke heißt Versöhnung. Sich die Hand geben und auch aussprechen, dass nun wieder alles okay ist: all das sind Rituale, deren Bedeutung Kinder meistens schnell verstehen.

Streitvermeidungs- und Streitschlichtungsregeln: Nicht *dass* gestritten wird, ist das Problem, sondern *wie.* Die Regel, an die sich alle halten müssen, lautet: Niemals Beleidigungen und niemals Verletzungen, denn niemand hat das Recht, den anderen oder die andere, der bzw. die Mist gebaut hat, zu beleidigen und zu verletzen.

Das wöchentliche Familiengespräch: Immer möglichst am gleichen Tag, zur gleichen Zeit und mit festgelegter Dauer. Über alles, was in der vergangenen Woche erfreulich und nicht so schön war, sollte gesprochen werden. Nichts darf unter den Teppich gekehrt werden. Und wer etwas zu kritisieren hat, muss einen Verbesserungsvorschlag machen.

Das Familien-Tagebuch: Jeder darf in das Familien-Tagebuch das schreiben, was er »den anderen« gern einmal mitteilen, aber aus irgendwelchen Gründen nicht »Auge in Auge« sagen möchte. Nur wenn die Schreiberin beziehungsweise der Schreiber das erlaubt, darf im Kreis der Familie »öffentlich« darüber gesprochen werden. Für das kleine Kind übernimmt ein älteres Geschwister oder z. B. die Mutter das Schreiben.

Das Ritual der gelben, roten und grünen Karte: Wer ein Versprechen nicht gehalten hat oder sich z. B. ungerecht behandelt fühlt, ausgenutzt oder hintergangen, darf dem oder der Schuldigen die gelbe Karte zeigen. Das gilt für Eltern, aber auch für Kinder. Jede rote Karte bedeutet: *Ich will mit dir unbedingt noch vor dem nächsten Familiengespräch unter vier oder mehr Augen über das sprechen, was vorgefallen ist und mich traurig gemacht hat.* Jede grüne Karte bedeutet: *Ich gebe zu, dass ich gemein zu dir war. Dafür möchte ich mich entschuldigen.*

Den Tageslauf strukturieren: Alles zu seiner Zeit und nicht zu jeder Zeit alles, was einem gerade einfällt oder möglich ist. Es empfiehlt sich, für das Spielen drinnen und draußen Zeiten festzulegen, ebenso für das Vorlesen und Lesen, für die Hausaufgaben, das Üben am Klavier oder mit der Flöte, für die Pflichten im Haushalt, für die gemeinsamen Mahlzeiten, das Fernsehen oder Computerspiele und anderes, was immer wiederkehrt oder regelmäßig zu erledigen ist. Wenn sich die vereinbarten Zeiten nicht bewähren, sollten Eltern so lange andere Ordnungen ausprobieren, bis alles besser klappt.

Wenn nur einige dieser *Rituale des Alltags* allmählich zur Selbstverständlichkeit werden, weiß das Kind, was einerseits seine Eltern von ihm erwarten und andererseits, was es von ihnen erwarten kann. Es lernt die verschiedenen Regeln und Rituale für das Miteinander in der Familie kennen und weiß auch, welche Konsequenzen gezogen werden, wenn es sich nicht daran hält.

Dieses Wissen gibt jedem Kind eine gewisse Sicherheit und trägt dazu bei, dass mancher Familien-Ärger vermieden wird. Kurzum: Sinnvolle, das heißt der Entwicklung des Kindes angemessene Regeln und Rituale, geben jedem Kind das, wonach es sich – vor allem anderen! – immer sehnt, denn nichts ist ihm wichtiger: das Gefühl dazuzugehören und Geborgenheit.

Abschließend eine Empfehlung: Die Kinder- und Jugendlichenpsychotherapeutin Gertrud Kaufmann-Huber hat im Herder-Verlag ein empfehlenswertes Buch *Kinder brauchen Rituale* veröffentlicht. Auf 155 Seiten befasst sie sich in ihrem »Leitfaden für Eltern und Erziehende« (Untertitel) unter anderem mit der Frage, warum Kinder Rituale brauchen. Ich stimme ihr zu, wenn sie schreibt, dass Rituale jedem Kind »ein Gefühl der Sicherheit, Gemeinschaft und Geborgenheit geben. In einer Zeit, in der der familiäre Alltag auseinanderzulaufen droht, ... ist es besonders wichtig, Inseln der Ordnung, der Regelmäßigkeit ... in der Familie zu schaffen.« Preis: 8,50 €.

34 Mit Kindern den Glauben leben

In Gesprächsrunden hatte ich schon häufig den Eindruck, dass Eltern über die religiöse Erziehung ihrer Kinder nicht gern sprechen. Es gibt sogar welche, die sich dazu fast ein wenig verschämt äußern. Wie ist das zu erklären? Ist der christliche Glaube in unserer säkularisierten Gesellschaft, in der das Geld viele Merkmale der Religion übernommen hat, unzeitgemäß?

Es gibt aber auch Eltern, die mit dem Argument: *Mein Kind soll später selbst darüber entscheiden, was es glauben will,* die Erziehung zum Glauben ablehnen. Aus zwei Gründen habe ich dafür kein Verständnis. 1. Jedes Kind hat aus der Sicht eines gläubigen Menschen ein Recht auf religiöse Erziehung. 2. Im Interesse ihres Kindes treffen Eltern – z.T. schon vor der Geburt – viele Entscheidungen, auf die es keinen Einfluss hat. Sie werden es beispielsweise so hegen und pflegen, wie sie es für richtig halten, ihren Erziehungsstil haben, mit ihrem Kind deutsch sprechen und nicht warten, bis es sich selbst z.B. für Chinesisch oder Französisch entscheiden kann. Normalerweise werden sie ihm auch nicht die Entscheidung überlassen, ob es getauft werden und seinen Geburtstag feiern will.

Ich bin auch nicht der Meinung, dass Kinder durch religiöse Erziehung manipuliert werden. Auch die Entscheidung, Kinder von religiösen Lebensdeutungen fernzuhalten, ist im Grunde eine Manipulation. Meines Erachtens haben Eltern nicht das Recht, sich religiösen Fragen zu entziehen. Und zwar deswegen nicht, weil sie ihrem Kind nicht die Möglichkeit vorenthalten dürfen, sein Leben aus dem Glauben heraus zu deuten.

Schließlich habe ich noch ein anderes Problem mit den Gegnern einer zeitgemäßen religiösen Erziehung: Bisher hat mir noch keiner sagen können, wie ein Kind auf die Entscheidung, die es einmal selbst treffen soll, vorbereitet werden kann oder soll. Wenn es sich später einmal für eine der fünf Weltreligionen entscheiden soll, muss es die wesentlichen »Glaubenssätze« der verschiedenen Religionen kennen. Und das ist wahrhaftig nicht einfach. Ich habe schon große Schwierigkeiten, mich im Christentum einigermaßen auszukennen, obwohl ich mich mit der »Einführung in das Christentum« von Joseph Ratzinger, heute Benedikt XVI., mehr als gründlich befasst habe. Übrigens: Hätte er sich nur ein bisschen mehr um eine verständlichere Sprache bemüht, wäre ich vielleicht ein besserer Christenmensch geworden. Aber das hat er leider nicht getan. Daher vermute ich, dass nicht nur ich, sondern auch andere, vielleicht sogar der Heilige Geist, beim Lesen nicht nur einige Schwierigkeiten gehabt haben.

Kurzum: Meines Erachtens ist die religiöse Erziehung eines Kindes kein alter Zopf, sondern geradezu eine Pflicht der Eltern. Vor allem aus folgendem Grund ist es sehr wichtig, mit Kindern den Glauben zu leben: Heranwachsende brauchen Standpunkte und Überzeugungen, an denen sie sich mit ihrem Tun und Lassen orientieren können; sie brauchen moralische und religiöse Werte und Normen, denn nur dann können sie das Gute vom Bösen unterscheiden. Werte sind letztlich Wertungen, die es ermöglichen, bestimmte Handlungen zu akzeptieren oder abzulehnen.

Eltern, denen die religiöse Erziehung ein wichtiges Anliegen ist, stellen sich z. B. folgende Fragen: Wie kann ich mein Kind zum Glauben hinführen? Wie spreche ich mit ihm über Gott? Was sage ich ihm, wenn es mich fragt, wo Gott wohnt und ob er wirklich immer alles sieht und hört? Ist er ein Zauberer und immer lieb oder manchmal auch streng? Warum lässt er zu, dass jeden Tag viele Kinder verhungern?

Leicht ist es nicht, auf diese Fragen befriedigende Antworten zu geben, weil Eltern oft selbst keine Antworten darauf haben. Aber wer hat die eigentlich? Vieles war und ist unerklärlich.

Und man sollte Kindern auch sagen, dass man das Unfassbare zwar glauben, aber oft nur schwer in Worte fassen kann. Zwar hat sich im Laufe der Jahrtausende unübersehbar viel Wissen von Gott und der Welt angesammelt, aber niemand kann die Liebe einer Mutter zu ihrem Kind erklären. Astronauten sind auf dem Mond gelandet, aber kein Chirurg hat schon die Seele eines Menschen gesehen. Kein Wissenschaftler konnte bisher sagen, was eigentlich Glück ist, ob es ein Leben nach dem Tod gibt und wie beim Glauben »Ungewissheit und Wagnis« (Peter Wust) durch Gewissheit ersetzt werden können. Ich kenne allerdings Menschen, die ihr Glaube an die Wissenschaften dazu verführt hat, eher an der Existenz Gottes zu zweifeln, als an unbewiesenen Lehrmeinungen.

Ich bin der Ansicht, dass Eltern – trotz aller Ungewissheiten – in der Erziehung den Glauben nicht draußen vor der Tür lassen dürfen. Aber was können sie tun? Über diese Frage habe ich eingehend mit Eltern gesprochen, die mit ihren Kindern den Glauben leben. Auch von Erzieherinnen, Religionspädagogen und Pfarrern wollte ich wissen, was sie für wichtig halten. Darüber möchte ich nun berichten.

Die Ziele religiöser Erziehung

Hier eine kleine Auswahl der Antworten, die mir auf meine Frage gegeben wurden. Das Kind soll lernen,

- auf seine innere Stimme, d.h. auf sein Gewissen, zu hören;
- dass es hinter dem, was es sieht, anfassen, hören und riechen kann, noch etwas gibt, was man nicht auf den ersten Blick sehen und verstehen kann;
- in jedem Menschen ein Geschöpf zu sehen, das von Gott geliebt wird;
- sich mit all seinen Fragen und Sorgen Gott anzuvertrauen;
- sich über das Schöne, das Gott ihm mit seinen Eltern, Geschwistern, auch mit den Tieren und Blumen geschenkt hat, zu freuen und ihm dafür dankbar zu sein;

- dass der Wille Gottes für uns Menschen unerforschlich ist, aber wir darauf vertrauen können, dass er jeden Menschen liebt;
- in seinem Leben aus dem Glauben heraus zu denken und zu handeln.

Ein Pfarrer meinte, dass Kinder lernen sollten, dass der Sinn des Lebens darin besteht, ein Leben zu führen, das Gott gefällt, und sich auf den Weg der »Nachfolge Christi« zu machen. Vielleicht kennen Sie diese oder ähnliche Zielsetzungen aus Ihrem Religionsunterricht. Ich habe mich jedenfalls an meinen Katechismus-Unterricht erinnert, der nun schon viele Jahre zurückliegt. Also nichts Neues? Nein, seit fast zweitausend Jahren geht es bei der Glaubensvermittlung immer *nur* um das, was mir gesagt worden ist. Hinsichtlich der Ziele religiöser Erziehung gibt es also keine Unklarheiten. Aber was allgemein für Ziele gilt, die man sich setzt, das gilt auch für die Glaubensvermittlung in der Familie: Ziele und gute Vorsätze zu haben ist eine ziemlich einfache Sache. Aber diese Ziele zu erreichen eine andere, oft eine weitaus schwierigere.

Ein Vergleich: Relativ viele Bergsteiger wollen Jahr für Jahr den Mount Everest besteigen, aber längst nicht alle schaffen es. Und wenn sie den Gipfel nicht erreicht haben, kann das daran gelegen haben, dass sie einen falschen Weg eingeschlagen haben. Aber auch ihre Ausrüstung, Kondition, das Wetter, die Bergführer und Lastenträger können eine Rolle gespielt haben. Wer sich Ziele setzt und erreichen will, muss vieles bedenken – trotzdem kann es schiefgehen. Das ist mit den Zielen religiöser Erziehung nicht anders.

Mit diesem Vergleich möchte ich auf Folgendes aufmerksam machen: Die säkularisierte Welt ist – so wie z. B. das Wetter beim Bergsteigen – nur ein Faktor neben anderen. Und meines Erachtens nicht einmal ein sehr wichtiger. Wer Kindern den Glauben vermitteln und ihn mit ihnen leben will, muss auch möglichst gut ausgerüstet sein und Kondition haben. Das sind zwei weitere Faktoren, die entscheidend für das Erreichen der Ziele sind. Und dann gibt es da noch die Bergführer und die Lastenträger. Das sind diejenigen, die den Eltern bzw. Kindern die richtigen Wege zeigen, und die, die sich über Jahre hinweg um das kümmern, was zur Glaubensvermittlung selbstverständlich dazu gehört.

Wie können die Ziele religiöser Erziehung erreicht werden?

In einem wichtigen Punkt war ich mir mit allen, mit denen ich gesprochen habe, schnell einig: dass der Glaube nicht so wie Mathematik oder Fremdsprachen lehrbar ist. Er kann sich vor allem dann entfalten und entwickeln, wenn dem Kind Menschen begegnen, die ihn bezeugen. Überaus wichtig ist demnach das lebendige Zeugnis der Menschen, mit denen das Kind lebt, arbeitet, sich freut und trauert.

Die wichtigsten lebendigen Zeugnisse sind für ein Kind seine Eltern. Starken Einfluss hat beispielsweise, wie sie miteinander, aber auch mit ihrem Kind und anderen Menschen über Gott, den Nächsten und die Welt sprechen; was sie für richtig oder falsch halten und wie sie ihre Überzeugungen begründen. Große Bedeutung hat für jedes Kind auch, was seine Eltern tun, damit das Gute zu seinem Recht kommt und das Böse verhindert wird. Kurzum: Das Kind lernt an Vorbildern und durch Vorbilder; vor allem durch das, was es in der Familie sieht und hört. Es lernt aber auch durch das, was es selbst tut. Ob die *Zehn Gebote* zu Leerformeln verkümmern oder in der Familie mit Leben erfüllt werden, weil sich jeder darum bemüht, sie zu befolgen, das hängt entscheidend von den Eltern ab. Sie sollten stets daran denken, dass vor allem in den ersten Lebensjahren ihres Kindes die Familie der wichtigste Erfahrungsraum des Glaubens ist. Der Glaube muss gelebt werden. Gelegentliche Moralpredigten oder Stoßseufzer wie *O, mein Gott! Was soll aus dir mal werden?* haben nichts mit religiöser Erziehung zu tun. Im Gegenteil!

Vor allem kommt es darauf an, in der Familie ein Klima zu schaffen, durch das Kinder den Geist christlichen Glaubens gewissermaßen einatmen können. In Klöstern und Kirchen, aber auch in Familien, die ich kenne, habe ich dieses spirituelle Klima schon oft spüren können. Und das war bzw. ist immer wohltuend, weil eine eigentümliche Ruhe, Gelassenheit und Besinnlichkeit auf alle und alles ausstrahlt. Höchst interessant ist, dass schon kleine Kinder von dieser Stimmung eingefangen und zu äußerst aufmerksamen Beobachtern und Zuhörern werden können – wenn man ihnen nicht zumutet, eine Stunde stillzusitzen.

Niemand kann erklären, was sich z. B. beim gemeinsamen Beten und Singen in einem Kind vollzieht und zum Klingen gebracht wird. Aber sicher scheint zu sein, dass schon im kleinen Kind so etwas wie eine »Antenne« für Zeugnisse des Glaubens und Botschaften vorhanden ist. John Henry Newman (1801–1890) hat einmal gesagt: »Wenn ihr mit Kindern von Gott sprecht, habt ihr ihre ganze Aufmerksamkeit.« Ich kann das als Vater, Lehrer und Erzieher nur bestätigen. Das, was ich selbst schon oft beobachtet habe, haben mir auch Eltern und Erzieherinnen bestätigt: Vieles spricht dafür, dass jedes Kind die natürliche Anlage hat, beim Denken und Fühlen seinen Geist und seine Seele auf Gott auszurichten. Sie entwickeln Gedanken und stellen Fragen, über die man oft nur staunen kann: *Ist Gott wirklich immer da? – Wie sieht Gott eigentlich aus und schläft er auch mal? – Warum tut er nichts gegen die Zerstörung der Umwelt? – Hat Gott die einfachen Menschen besonders lieb, er hat doch so viele von ihnen gemacht?*

Häufig sind sie auch nicht nur neugierig, sondern regelrecht wissbegierig, wenn sie etwas entdecken, das sie sich nicht erklären können. Eine Ameise oder Katze, die sie beobachten, kann zu Fragen führen, die Eltern durchaus in Verlegenheit bringen können. Kinder sind Philosophen, weil für sie nichts selbstverständlich ist. Nichts ist für sie von vornherein normal, sondern irgendwie erstaunlich und fragwürdig. Daher können sie einem auch Löcher in den Bauch fragen, wenn sie etwas brennend interessiert. Und wenn sie z. B. wissen wollen, wo der Wind eigentlich ist, wenn er nicht weht, sollte man das nicht als doofe Frage abtun, weil man nicht weiß, wo der Wind gerade ist.

Bei der religiösen Erziehung ist davon auszugehen, dass in jedem Kind so etwas wie ein religiöser Sinn keimhaft angelegt ist.

In jedem Kind gibt es diese Glaubens-Dimension und auch das großes Bedürfnis, herauszufinden, was sozusagen hinter den Dingen steckt.

Schlimm ist es, wie das bei bornierten Erwachsenen oft zu beobachten ist, wenn das Bewundernswerte, Hervorragende, Erstaunliche, Beispielgebende oder Schöne nicht mehr gesehen und alles für selbstverständlich gehalten wird. Für Erwachsene, die so tun, als habe es alles schon immer gegeben, gibt es nichts Neues mehr. Aber wer nichts Neues mehr sieht und hört, der kann auch nicht mehr staunen. Wer aber nicht mehr staunt, der hört auch auf, nachzudenken und zu fragen. Leben Menschen eigentlich noch, wenn sie nicht mehr staunen, träumen, nachdenken, fragen und sich für nichts mehr begeistern können?

Um zu vermeiden, dass ein Kind das Staunen verlernt, sollte ihm immer wieder der Blick dafür geöffnet werden, dass Tiere und Pflanzen, Häuser, Straßen, Autos, Computer, Flugzeuge usw. nur ein Teil der uns umgebenden Welt sind. Diese Welt, die wir sehen können, ist aber nur ein Ausschnitt der Schöpfung. Man kann auch sagen: Das Diesseits ist nur eine Wirklichkeit. Darüber hinaus gibt es das Jenseits, das aber ein Geheimnis ist. Und vor diesem Geheimnis stehen viele Menschen schweigend und fragend. Dieses Geheimnis ist aber auch eine Wirklichkeit. Und Christen sagen, dass des Rätsels Lösung nur im Glauben gefunden werden kann.

Und was bedeutet das nun alles konkret? Unter fünf Gesichtspunkten fasse ich Möglichkeiten religiöser Erziehung für Kinder im Alter von etwa zwei bis zehn Jahren zusammen – es ist das, was mir Eltern, Erzieherinnen und Religionspädagogen über das berichtet haben, was sie im Alltag tun.

1. Das religiöse Gespräch

Es sollte sich zwanglos ergeben und z. B. an ein Erlebnis oder eine Frage anknüpfen, die das Kind gestellt hat. Dabei sollten ihm aber immer nur ehrliche Antworten gegeben werden. Und dazu gehört auch das: »Ich weiß es nicht. Aber lass uns mal überlegen, wen wir fragen könnten!«

Besondere Möglichkeiten für religiöse Gespräche bieten die Feste des Kirchenjahres. Eltern sprechen mit ihren Kindern über den Advent und den Adventskalender; sie erzählen ihm die Weihnachtsgeschichte und vom Kind in der Krippe. In der Karwoche lesen sie ihm die Leidensgeschichte Jesu vor, und Ostern erklären sie ihm das Osterfeuer und die Bedeutung der Osterkerze in der dunklen Kirche. Vor allem dann, wenn es nicht nur beim darüber Sprechen bleibt, sondern auch etwas geschieht, sind Kinder oft begeistert: Lieder werden gesungen, es wird etwas gebastelt (Adventskranz, Osterkerze), Bilder werden gemalt, gute Vorsätze (Fastenzeit!) aufgeschrieben, der Sinn bestimmter Rituale wird erklärt, gemeinsam besucht man den (Fest-)Gottesdienst usw.

Wenn möglich, werden die Kinder in die Vorbereitungen eines Festes einbezogen. Ein Fest vorzubereiten, sich darauf zu freuen, weil man selbst zum Gelingen etwas beigetragen hat, ist für jedes Kind eine Bereicherung. Feste sind immer auch Ausdruck der Freude. Und sozusagen das Echo der Freude kann Dankbarkeit sein. Kindern das nahezubringen ist auch Aufgabe religiöser Erziehung. Das Sichvorbereiten auf ein Fest hat zudem auch allgemein für die Erziehung Bedeutung: Das Kind lernt, auf das zu warten, worauf es sich selbst, aber auch seine Eltern, Geschwister, Großeltern und Freunde freuen.

Was immer besprochen, gezeigt und gemeinsam getan wird, stets sollte das Kind spüren: Es gibt keinen Menschen, den Gott nicht liebt. Ganz besonders liebt er die Kinder, die Heiligen des Alltags und die, die sich für eine bessere Welt und gegen Ungerechtigkeit einsetzen; aber auch die Tippelbrüder und Priester liebt er. Den Betrügern und Mördern vergibt er, wenn sie ihn um Vergebung bitten. Und wenn der Jüngste Tag kommt, lässt er sich von allen Menschen die Hände zeigen. Wer von der Arbeit und den Mühen harte, rauhe Hände hat, darf sich im Himmel ausruhen. Wer aber feine, weiße Hände hat, der muss ihm erst noch sein Herz zeigen. Das Herz der Menschen interessiert ihn nämlich mehr als ihr Bankkonto, ihre Titel oder Positionen, die sie einmal gehabt haben. Aber was er denkt und welche Wege er geht, ist für uns Menschen oft ein Rätsel. Wir müssen uns damit abfinden, dass Gott »auch auf krummen Zeilen gerade schreibt«.

Niemals, was auch passiert sein mag, dürfen Eltern Kindern mit Gott, dem Fegefeuer, der Hölle und dem Teufel drohen!

2. Das religiöse Erzähl- und Liedgut

Für jedes Alter gibt es ein reichhaltiges Angebot an großartig gestalteten Kinder-Bibeln und Bilder- und Geschichtenbüchern über Gott und religiöse wie wertorientierte Themen. Erfahrungsgemäß hören Kinder solchen Erzählungen dann aufmerksam zu, wenn ihnen nur das erklärt wird, was sie wissen möchten und sie nicht ständig gefragt werden, ob sie alles verstanden haben.

Auch in diesem Zusammenhang sind die Feste des Kirchenjahres, aber auch Familienfeste wie Geburts- und Namenstage von großer Bedeutung. Nach wie vor halten religiöse Eltern die Vorbereitung auf die Erstkommunion, Konfirmation und Firmung für sehr wichtig.

Namenstage: Wenn z. B. der fünfjährigen Leonie erzählt wird, wie der heilige Papst Leo der Große gelebt hat und für den Glauben eingetreten ist, wird sie hellhörig werden. Vielleicht wird sie immer mehr von ihrem Namenspatron wissen wollen, und ihre Eltern sollten versuchen, ihre Neugierde zu stillen. Auch die Geschichten, die hinter den Namen von Mama und Papa stecken, von Geschwistern und Freunden, können für Kinder interessant sein. Jede Kirche hat einen Namen, der eine bestimmte Bedeutung hat.

Übereinstimmend haben mir alle Eltern, die ich gefragt habe, berichtet, dass lebensnahe religiöse Erzählungen, Gleichnisse und Lieder jedes Kind ansprechen – manchmal sogar buchstäblich faszinieren. Auch wenn vor dem Schlafengehen eine Geschichte erzählt oder vorgelesen wird, gemeinsam ein Lied gesungen wird oder das Kind nur still zuhört, wenn die Mutter von dem erzählt, was sie am Tag Schönes erlebt hat – all das bedeutet nicht nur Nähe und Zuwendung, sondern auch Sammlung, die zur inneren Ruhe führt.

3. Die Zeugnisse religiösen Lebens

Jede Kirche und Kapelle ist eine »Schatzkammer«. Eltern erklären ihren Kindern, woran z. B. das Kreuz, der Altar, das Tauf- und das Weihwasserbecken, die Kerzen und der Kreuzweg erinnern. Auch an Wallfahrten nehmen sie mit ihren Kindern teil. Sie sagen ihren Kindern, dass jedes Feldkreuz und jeder Bildstock am Wegesrand seine Geschichte hat. Manche Eltern sorgen mit ihren Kindern für die Pflege einer Kapelle, die Wanderer zum Beten einlädt. Nicht nur zu Allerseelen besuchen sie mit ihren Kindern den Friedhof, denn sie sollen die Erfahrung machen, dass die Verstorbenen nicht vergessen werden. »Wer das Gefühl für den Tod verliert, verliert das Gefühl dafür, was Leben heißt«, hat mir einmal ein evangelischer Pfarrer gesagt.

4. Das Beten

Alle Eltern sind der Ansicht, dass es zu den wichtigsten Glaubenserfahrungen eines Kindes gehört, wenn es mit seinen Eltern regelmäßig betet. Schon das kleine Kind sollte das erleben, indem es einfach dabei ist und die Eltern seine Hände in ihre nehmen. Es spürt, dass Beten Ausdruck des Vertrauens seiner Eltern ist. Sie vertrauen sich Gott an und hoffen darauf, dass Gott sie hören und ihnen antworten wird. Es ist gar nicht so abwegig, wenn gesagt wird: Das Beten ist das Atmen der Seele – wobei mit Seele kein Organ des Menschen gemeint ist, sondern der Mensch als Ganzes.

Kindern sollte man sagen, was Beten im Grunde heißt: dass

sie mit Gott über alles Schöne und Erfreuliche sprechen können. Aber auch ihre Sorgen, Ängste und Schwierigkeiten dürfen sie ihm anvertrauen, denn er ist immer für sie da und nie müssen sie Angst vor ihm haben.

Beim Beten ist es gar nicht so wichtig, ob z. B. das Morgen-, Tisch- und Abendgebet als freies oder gebundenes Gebet gesprochen wird. Wichtig ist nur, dass Eltern überhaupt mit ihrem Kind beten. Sie danken z. B. dafür, dass sie satt zu essen und genug zum Anziehen haben, nicht frieren müssen oder eine schlimme Krankheit geheilt worden ist. Auch dem Schutzengel und dem Namenspatron wird dafür gedankt, dass er bisher immer ein wachsamer Beschützer des Kindes gewesen ist.

Zehn Gebetsregeln

Der Züricher Arzt und Schriftsteller Theodor Bovet rät in zehn kurzen Gebetsregeln:

1. Nimm dir täglich ein paar Minuten Zeit, um allein in der Stille zu sein. Entspanne Leib, Verstand und Herz!
2. Sprich mit Gott einfach und natürlich und erzähle ihm alles, was du auf dem Herzen hast. Du brauchst keine Formeln und fremde Redensarten zu benutzen. Sprich zu ihm in deinen eigenen Worten. Er versteht sie.
3. Übe dich im Gespräch mit Gott, wenn du bei deiner alltäglichen Arbeit bist. Mach deine Augen ein paar Sekunden lang zu, wo immer du bist, im Geschäft, im Bus, am Schreibtisch.
4. Berufe dich auf die Tatsache, dass Gott bei dir ist und dir hilft. Du sollst Gott nicht immer bestürmen und um seinen Segen bitten, sondern vielmehr von der Tatsache ausgehen, dass er dich segnen will.
5. Bete in der Überzeugung, dass deine Gebete sofort über Land und Meer hinweg die, die du liebhast, schützen und sie auch mit Gottes Liebe umgeben.

6. Wenn du betest, sollst du positive und nicht negative Gedanken haben.

7. Immer sollst du in deinem Gebet feststellen, dass du bereit bist, Gottes Willen anzunehmen, wie er auch sein mag.

8. Lege beim Beten einfach alles in Gottes Hand. Bitte um Kraft, dein Bestes geben zu können, und überlasse das Übrige vertrauensvoll Gott.

9. Sprich ein Wort der Fürbitte für die, die dich nicht mögen oder dich schlecht behandelt haben. Das wird dir außerordentlich Kraft geben.

10. Täglich sollst du irgendwann einmal ein Gebet für dein Land sprechen und um die Erhaltung des Friedens bitten.

(Quelle: Evangelischer Erwachsenen-Katechismus, Seite 1260)

Außer Dank-, Bitt- und Lobgebeten gibt es auch Gebete für andere Menschen oder eine Sache, die Menschen besonders am Herzen liegt. Es sind die sogenannten Fürbitten. Wenn Eltern mit ihren Kindern für andere Menschen beten, machen sie deren Not und Hoffnung zu ihrer eigenen. Und dieses Beten hat eine befreiende und entlastende Wirkung. Es erweitert nämlich unser Beten, es macht uns frei von uns selber und öffnet Türen zu anderen Menschen, die vielleicht lange schon verschlossen waren. Ein eindrucksvolles Beispiel dafür ist das »Gebet der Vereinten Nationen«:

VERANTWORTUNG FÜR DIE WELT

Herr, unsere Erde ist nur ein kleines Gestirn im großen Weltall. An uns liegt es, daraus einen Planeten zu machen, dessen Geschöpfe nicht von Kriegen gepeinigt werden, nicht von Hunger und Furcht gequält, nicht zerrissen in sinnlose Trennung nach Rasse, Hautfarbe oder Weltanschauung.

Gib uns den Mut und die Voraussicht, schon heute mit diesem Werk zu beginnen, damit unsere Kinder und Kindeskinder einst mit Stolz den Namen Mensch tragen!

5. Heilige Zeichen

Es gibt viele heilige Zeichen, auf die Eltern ihre Kinder aufmerksam machen und ihnen erklären, dass jedes dieser Zeichen eine Botschaft ist, die uns etwas sagt bzw. an etwas erinnert. Ich war überrascht, was Eltern und auch Erzieherinnen in diesem Zusammenhang alles wichtig ist. Beispielsweise das Läuten der Kirchenglocken, die ausgebreiteten Arme und der Segen des Priesters, das Knien der Gläubigen, das Kreuz, das mehr als nur ein Stück Holz ist, und die Kerzen, die mehr als ein Klumpen Wachs sind, den jemand geformt hat. Wenn eben möglich, nehmen sie an der Taufe eines Kindes teil und freuen sich, wenn ihr Kind Messdienerin oder Messdiener wird.

Zusammenfassung: Kindern die Welt des Glaubens so zu erschließen, dass sie sich für ein Leben im Glauben und aus dem Glauben heraus entscheiden, ist auch in unserer säkularisierten Welt möglich. Aber der Weg zu Gott führt immer über Menschen. Nicht das, was Eltern und andere, die sich Christen nennen, sagen, überzeugt ein Kind, sondern das, was sie tun. Wie sie also beispielsweise mit Fremden und sozial Verachteten sprechen, wie sie die Vergehen eines Menschen be- und verurteilen; wie sie auf Aggressivität, Unhöflichkeit oder Rücksichtslosigkeit reagieren, das interessiert Kinder mehr als fromme Sprüche.

Wenn die Menschen, die ein Kind Tag für Tag erlebt, das Helfen, Teilen und Danken vorleben, wenn das Verzeihen und Trösten ganz selbstverständlich auf der Tagesordnung der Familie steht, dann wirkt dieses Christentum der Tat mehr als tausend Worte.

In einer Fernsehsendung wurde einmal über die Arbeit eines Jugendpfarrers in Berchtesgaden berichtet. Das Leitmotiv dieses Pfarrers lautete: »Für die mir anvertrauten Menschen – junge wie alte! – einfach da sein. Sie dort abholen, wo sie stehen und ihnen zeigen, dass man sich für sie mitverantwortlich fühlt.« Dieser Jugendpfarrer ist meines Erachtens ein großartiges Beispiel für eine zeitgemäße Glaubensvermittlung. Er hat das bestätigt, wovon ich seit langer Zeit überzeugt bin: »Der Mensch wird am Du zum Ich. Der Mensch wird zu dem Ich, dessen Du man ihm gewährt« (Martin Buber, 1878–1965).

Dass es auch in unserer säkularisierten Gesellschaft möglich ist, mit Kindern den Glauben zu leben, kann niemand bestreiten. Aber aus einem einzigen Grund ist es heute weitaus schwieriger als in der Vergangenheit.

Religiöse Erziehung in unserer »entchristlichten Gesellschaft«

Katholische und evangelische Religionspädagogen, Pfarrer und Bischöfe beklagen seit vielen Jahren, dass die religiöse Erziehung in den Familien oft zu kurz kommt. Auch engagierte Laien klagen darüber. Und wenn man sie nach den Ursachen der Misere fragt, wird gesagt, dass vor allem die Unsicherheit, aber auch Gleichgültigkeit relativ vieler Eltern eine entscheidende Rolle spielen. Aber wer oder was verunsichert Eltern? Warum sind sie gleichgültig?

Ich bin der Auffassung, dass es hinsichtlich der religiösen Erziehung ein Problem gibt, das wie ein dunkler Schatten auch über den Bemühungen der Engagierten und Gutwilligen liegt. Unsicherheit und Gleichgültigkeit sind nicht Ursachen dieser oft übersehenen Problematik, sondern deren Auswirkungen bzw. Folgen. Das Kardinalproblem ist die »entchristlichte Gesellschaft« (Joseph Ratzinger).

Den Glauben zu leben ist in unserer Gesellschaft alles andere als einfach: Wer z.B. für Menschlichkeit in der Arbeitswelt und Redlichkeit in der Politik eintritt, gegen Unrecht Front macht, für Asylanten und sozial Verachtete Partei ergreift und das Profitmachen um jeden Preis anprangert, der wird Nachteile hinnehmen müssen. Nicht nur Christen ist bewusst, dass mit der Ethik des Christentums Egoismus, bedingungsloser Kampf um Marktanteile und politische Macht, auch das Ausbeuten von Menschen und Natur unvereinbar sind. Und mit der Ethik des

Christentums ist es unter gar keinen Umständen zu vereinbaren, wenn auch in der Bundesrepublik ungeborenes Leben getötet wird.

Eine doppelte Moral hat sich immer mehr ausgebreitet: Eine Moral, die bei Wahlkämpfen und Sonntagsreden, auf Betriebsversammlungen und manchmal sogar in Kirchen gepredigt, aber in der konkreten Situation des Alltags nicht angewandt wird. Und eine andere, die mit mehr oder weniger schlechtem Gewissen angewandt, aber keinesfalls gepredigt wird.

In den sogenannten Entwicklungsländern tritt diese doppelte Moral oft in einem anderen Gewand auf: Geben Missionare, Ordensfrauen und Entwicklungshelfer den Notleidenden zu essen, heißt es: *Großartig! Das ist wahres Christentum!* Fragen diese Helfer aber danach, warum die Menschen in diesen Ländern hungern müssen, und benennen sie korrupte Regierungen und ungerechte Strukturen, von denen der Westen auch noch profitiert, heißt es: *Zur Hölle mit denen, die sich einmischen und zum Fürsprecher der Armen machen! Sie sollen helfen, aber nicht denken und fragen!* Das Kardinalproblem ist, dass es die »Tugendlehre« unserer kapitalistischen Gesellschaft der christlichen Ethik sehr schwer macht, glaubhaft und zeitgemäß Werte zu repräsentieren, die auch verwirklicht werden können.

Diese Konstellation hat unabsehbare Folgen für die religiöse Erziehung. Eltern sind verunsichert, weil ihnen der Wertewandel und -verlust bewusst ist. Sie wissen, dass es fundamentale Widersprüche gibt, aus denen sich im Alltag massive Probleme ergeben können. Folglich haben sie Schuldgefühle, weil sie längst nicht immer das tun können, was sie eigentlich sollen. Wenn sie Nachteile für sich vermeiden wollen, müssen sie allzu oft wider besseres Wissen handeln, denn die normative Kraft des Faktischen zwingt sie dazu.

Wie halten religiöse Menschen diese permanente Spannung zwischen Ist und Soll auf die Dauer eigentlich aus, ohne an Leib und Seele krank zu werden? Eine äußerst schwierige Frage. Daher ist es für alle, die sich um die religiöse Erziehung in Familie, Kindergarten und Schule bemühen, auch so schwierig, auf entsprechende Fragen junger Menschen Antworten zu geben, die auch nur annähernd befriedigend sind. Sie haben diese Antworten nicht, Antworten, die sie selbst und die Heranwachsenden überzeugen.

Dieser innere Konflikt kann für jeden bewussten Christen zu einer schweren Hypothek werden. Nur seelenblinde Zeitgenossen finden Auswege aus diesem Dilemma. Aber für junge Menschen, die im Elternhaus und im Kindergarten religiös erzogen worden sind und außerdem in der Schule Religionsunterricht gehabt haben, kann dieser Gewissenskonflikt weitreichende Folgen haben.

Es sind keine schlechten Menschen, die im Rückzug ins Private einen Ausweg aus diesem Dilemma sehen. Sie haben resigniert, weil sie einsehen mussten, dass sie nicht nur keine Chance haben, gehört zu werden, sondern auch noch mitleidig belächelt werden, wenn sie sich für christliche Werte einsetzen. Diese Resignation kann für Heranwachsende fatale Auswirkungen haben. Und zwar dann, wenn sich Eltern nur noch halbherzig oder sogar überhaupt nicht mehr der Vermittlung des Glaubens widmen.

Mein Eindruck ist, seit immer weniger Menschen an Gott glauben, glauben sie nicht etwa an nichts, sondern sind sie in der Gefahr, an alles zu glauben. Und sie tun das aus einem inneren Bedürfnis heraus, denn Menschen wollen und müssen an etwas glauben können. Alle Menschen klammern sich an das Glaubhafte, das Glaubenswerte, denn irgendwie spürt jeder, dass nur das Glaubenswerte menschlichem Leben den letzten Sinn geben kann, einen Sinn, der das Natürliche und Erkennbare überschreitet. Einem Lebenssinn, der über wirtschaftliche Interessen und alles Materielle hinausreicht.

So wie es immer war, ist es auch heute: Junge Menschen haben ihre Ideale und sind auf der Suche nach dem Sinn des Lebens. Entsprechende Fragen stellen sie sich selbst und den Menschen, denen sie vertrauen. Und wenn die Antworten, die sie bekommen, unbefriedigend sind, kann es passieren, dass sie sich irgendwelchen »Heilsbringern« zuwenden und auch bereit sind, diesen Gurus nicht nur blind zu folgen, sondern für ihre Idole auch unglaubliche Opfer zu bringen. Weil sie eine innere Leere spüren, haben es selbsternannte »Führer« mit diesen Suchenden leicht, sie zu verführen. Es sollte uns nachdenklich machen, dass in der deutschen Sprache an- und verführen so viel heißt wie betrügen.

Ich fühle mich für jeden jungen Menschen mitverantwortlich, der sich bei der Suche nach dem Sinn seines Lebens in eine Sekte oder in eine virtuelle Welt des Internets verirrt hat. Sie auch? Sind diese Verirrungen nicht auch ein Zeichen für Versäumnisse vor allem der Eltern? Wer seinem Kind durch sein Vorbild und die Vermittlung von Werten und Normen keine Orientierungen gegeben hat, darf sich nicht wundern oder sogar beklagen, wenn es auf Abwege geraten ist.

Alle, mit denen ich gesprochen habe, sind davon überzeugt, dass in unserer Gesellschaft religiöse Erziehung notwendiger denn je ist, denn sie ist immer auch Werterziehung. Wer keine Werte kennt oder, wenn er sie kennt, sie nicht gelten lässt, der ist auch unfähig, Schuld zu erkennen. Und das ist die gefährlichste Form menschlicher Abstumpfung. Denn wer nicht mehr erkennt, dass »man« z. B. durch Betrügen und Stehlen Schuld auf sich lädt, der wird auch nicht verstehen, wenn z. B. ein Richter von ihm fordert, sich zu bessern.

Eine abschließende Bemerkung. Eltern, Priester, Erzieherinnen in den Kindergärten und Lehrerinnen sowie Lehrer in unseren Schulen hätten es leichter mit der religiösen Erziehung der ihnen anvertrauten Kinder, wenn ein Wunsch in Erfüllung gehen würde, den sie alle vermutlich haben. Der französische Dramatiker Eugène Ionesco hat diesen Wunsch so ausgedrückt: »Ich wünsche mir, dass das Göttliche mit Zeichen seiner Gegenwärtigkeit weniger geizen möge!« Diesen Wunsch habe ich auch. Sie auch? Vielleicht wird er Ihnen einmal erfüllt. Ich wünsche Ihnen, dass er in Erfüllung geht, denn das wäre wichtiger und auch sinnstiftender als ein »Sechser« im Lotto.

35 Was weißt du eigentlich von mir?

Wenn es einen Nobelpreis für Unordnung geben würde, hätte ich bestimmt unsere Tochter Sabine vorgeschlagen. Und meinen Vorschlag hätte ich auch so gut begründen können, dass sie diesen Preis mit Sicherheit bekommen hätte. Leider gibt es aber diese weltberühmte Auszeichnung für außerordentliche Leistungen auf dem Gebiet Chaos bis heute nicht. Eigentlich ist das schade, oder?

Bei Familienfesten lachen wir heute oft über das, worüber wir uns früher hin und wieder mit unseren Kindern gestritten haben. Natürlich auch über Sabines Unordnung, die sie immer mit folgender Belehrung verteidigt hat: *Wer Ordnung hält, ist zu faul zum Suchen.* Ihr Problem war, dass sie uns damit nicht überzeugt hat; unseres, dass ihr das völlig schnuppe war.

Bei irgendeinem Knatsch hat mich Sabine – damals zwölf – mit der Frage überrumpelt: »Was weißt du eigentlich von mir?« Was ich ihr geantwortet habe, weiß ich nicht mehr, aber diese Frage hat mir die Sprache verschlagen. Sie ist mir gehörig unter die Haut gegangen und hat mich auch zum Nachdenken gebracht. Und zwar deswegen, weil mir schlagartig klargeworden war, dass ich herzlich wenig von ihren Gefühlen, Gedanken und Vorstellungen wusste.

Später habe ich festgestellt, dass es vielen Eltern auch so geht, wie es mir einmal gegangen ist: Sie wissen ziemlich genau, was ihre Kinder alles tun und lassen sollen, was sie von ihnen erwarten und fordern müssen. Aber oft wissen sie nicht, was in ihren Kindern vorgeht, wenn sie z. B. gelobt, ermutigt, getröstet, ermahnt, ausgeschimpft oder bestraft werden. Sie können auch nur vermuten, aber eben nicht wissen, welchen Einfluss ihr Loben, Ermahnen usw. auf die Beziehung zu ihrem Kind hat. Denn was sich sozusagen im Kind abspielt, bleibt mindestens teilweise immer ein Geheimnis.

Gute oder schlechte Gefühle können geweckt werden. Und ohne dass es das will, kommen Gedanken im Kind hoch, die es z. B. deswegen in sich reinfrisst, weil es um nichts in der Welt darüber sprechen möchte. Oder das Gegenteil tritt ein: Das Kind schluckt nichts runter, sondern spricht zurückhaltend oder aggressiv aus, was ihm nicht passt oder worüber es sich ärgert.

Egal wie sich ein Kind verhält, immer spielt dieses im Grunde rätselhafte Gemisch aus Gefühlen und Gedanken eine entscheidende Rolle. Diese Mixtur, die Neurobiologen bisher nur ansatzweise enträtseln konnten, beeinflusst positiv und negativ auch die Beziehung des Kindes zu seinen Eltern. Aber auch Eltern haben ein »Innenleben«, das die Einstellung zu ihrem Kind beeinflusst. Darauf muss ich aber nicht eingehen, denn Sie wissen, welche guten und schlechten Gefühle und Gedanken ständig in Ihnen rumoren.

Wissen Sie aber auch, was in Ihrem Kind brodelt? Wie es Sie sieht und welche Fehler es Ihnen ankreidet? Ob es Sie gernhat und Ihnen vertraut? Hat es gelegentlich oder sogar oft Angst vor Ihnen? Hält es Sie für gerecht? Für launisch? Was empfindet es, wenn es von Ihnen angebrüllt wird? Kennen Sie seine Wünsche? Fühlt es sich manchmal einsam, weil Sie zu wenig Zeit haben?

Wenn Sie einige dieser Fragen nicht beantworten können, sollten Sie sich mal bei Ihrem Kind erkundigen, was es dazu zu sagen hat. Ich habe das bei unseren Kindern, aber auch bei Schülerinnen und Schülern, nicht nur dann gemacht, wenn ich den Eindruck hatte, dass zwischen uns etwas nicht gestimmt hat. Was ich mir da manchmal anhören musste, hat mich ebenso überrascht wie Sabines Frage: *Was weißt du eigentlich von mir?*

Hin und wieder war ich auch sauer, wenn sie mir offen und ehrlich sagten, wie sie mich sahen, wie sie bestimmte Entscheidungen und Situationen beurteilten, in denen ich zwar etwas Gutes gewollt, aber aus ihrer Sicht totalen Blödsinn gemacht hatte. Gerade dann, wenn sie frei von der Leber weg meine Fragen beantworteten, wurde mir klar, dass ich nicht die geringste Ahnung von dem hatte, was in ihrem Herzen und Kopf vorging, wenn sie sich z. B. uneinsichtig zeigten.

Trotzdem haben mich die Kinder und Jugendlichen davon überzeugt, dass es für sie sehr wichtig ist, wenn ihre Eltern mit ihnen über all das sprechen, was sie beschäftigt und in ihnen vorgeht. Aber noch wichtiger ist, dass die Eltern sich von ihrem Kind auch mal den Spiegel vorhalten lassen und nicht gleich verschnupft sind, wenn ihnen das Bild, das es von ihnen hat, nicht passt. Wenn sie in jeder Kritik eine Majestätsbeleidigung sehen, weil sie sich für unfehlbar halten, dürfen sie sich nicht wundern, wenn sie von ihrem Kind ein schlechtes »Führungszeugnis« bekommen. Darin steht dann beispielsweise: Erziehungskompetenz: gerade noch ungenügend. Begründung: Meine Eltern haben mich so gut wie nie nach meinen Gefühlen, Gedanken und Vorstellungen gefragt, sondern waren immer nur an ihren eigenen interessiert.

Mein Vorschlag

Bringen Sie alles zur Sprache, was Sie beunruhigt oder verunsichert, Ihnen Sorgen bereitet oder was Sie von Ihrem Kind gern wissen möchten! Schlucken Sie nichts runter, sondern machen Sie den Mund auf, wenn Sie es für erforderlich oder notwendig halten! Stellen Sie Ihrem Kind die Fragen, die Ihnen vielleicht schon lange im Magen liegen! Ich schlage Ihnen vor, dass Sie es einmal mit denen versuchen, die für alle Eltern interessant sind. Beispielsweise:

▷ Habe ich genug Zeit für dich?
▷ Halte ich meine Versprechen ein?
▷ Hast du Vertrauen zu mir?
▷ Bin ich launisch?
▷ Bin ich gerecht und fair?
▷ Mische ich mich zu sehr ein?
▷ Kann ich dich trösten?
▷ Kannst du dich auf mich verlassen?
▷ Hast du Angst vor mir?
▷ Was ist mein größter Fehler?
▷ Lebe ich dir vor, was ich von dir erwarte?

- ▷ Wärme ich alte Geschichten immer wieder auf?
- ▷ Kannst du mit deinen Fragen und Problemen immer zu mir kommen?
- ▷ Höre ich dir genug zu, wenn du mir was erzählen willst?
- ▷ Hast du manchmal oder oft das Gefühl, dass ich mich aufdränge?
- ▷ Kann ich dich aufbauen, wenn du traurig bist?
- ▷ Wem vertraust du deine Geheimnisse an?
- ▷ Woran erkennst du, dass ich immer versuche, dich zu verstehen?
- ▷ Was ist eigentlich dein größter Wunsch?

Selbstverständlich hängt es vom Alter Ihres Kindes ab, welche Fragen Sie ihm stellen. Sind sie sehr komplex, dürfen es meines Erachtens keinesfalls mehr als drei sein. Nehmen Sie sich Zeit für ein solches Gespräch und sprechen Sie nicht zwischen Tür und Angel über das, was Sie interessiert! Überlegen Sie, welche Situation sich besonders für Ihr »Interview« eignet! Sorgen Sie für eine entspannte Atmosphäre, die mehr zum Schmunzeln als zum Heulen verführt! Sagen Sie Ihrem Kind, dass Sie über das, was es Ihnen gesagt hat, erst mal nachdenken wollen! Bitte fühlen Sie sich nicht gleich angegriffen, wenn Ihr Kind etwas sagt, was Ihnen gegen den Strich geht! Unterlassen Sie alles, was dazu führen könnte, dass die Aussprache zu einem Streitgespräch ausartet! Denken Sie immer daran, dass ein »Interview« kein Verhör ist!

Vieles wäre noch zu dem zu sagen, was Sie beachten sollten. Aber ich glaube, dass das nicht nötig ist, weil Sie sich mit Ihrem Kind besser auskennen als ich und auch wissen, was Sie ihm an Fragen zumuten können. Wenn Sie das herausgefunden haben, wird jedes Gespräch eine Bereicherung sein – und zwar für Sie, aber auch für Ihr Kind.

Was es bewirkt hat, erkennt man bei Kindern und auch Jugendlichen oft an ihren mehr oder weniger spontanen Äußerungen. Ich habe mich immer diebisch gefreut, wenn als Echo beispielsweise kam: *Das hast du mich noch nie gefragt! – Cool, dass*

dich das interessiert! – Morgen bin ich aber dran mit Fragen, okay? –
Wenn mir dazu noch was einfällt, sag ich's dir! Versprochen! – Jetzt
weiß ich endlich, wie du tickst! – Dass du mit mir darüber gesprochen
hast, find ich klasse! – Deine ewige Fragerei nervt mich, obwohl ich sie
eigentlich nicht doof finde!

Sollten Sie auch so ein Kind haben wie Sabine, das Ihnen
manchmal Rätsel aufgibt, versuchen Sie es doch bitte mal mit
meinem Vorschlag. Ich bitte Sie deswegen darum, weil ich davon überzeugt bin, dass es Ihnen auch so gehen wird, wie es
mir gegangen ist: Schon nach den ersten »Interviews« werden
Sie besser verstehen, wovon z. B. das Tun und Lassen Ihres Kindes beeinflusst und damit sein Verhalten Ihnen gegenüber bestimmt wird. Auch wird Ihnen klarer werden, wie Ihr Kind Sie
sieht und was es sich von Ihnen erhofft. Das sind doch schon
mal wichtige Einsichten, oder?

Mit Hilfe dieser Einsichten werden Sie zwar auch noch nicht
jedes Rätsel lösen können, das Ihnen Ihr Kind aufgibt, aber einige bestimmt. Und das wird Sie hoffentlich ermutigen, nicht nur
weitere Fragen zu stellen, sondern Ihr Kind dazu anzuhalten,
dass es Ihnen die Fragen stellt, die es auf dem Herzen hat.

Was Sie auch tun: In jedem Fall wird Ihr Meinungsaustausch
ein erfreuliches Ergebnis haben. Ihr Kind wird Ihnen nämlich
nicht die Frage stellen, die mich auf eine Unterlassungssünde
aufmerksam gemacht hat: *Was weißt du eigentlich von mir?*

Namen- und Sachregister

A

Abhärtung
- körperliche 70 f.
- seelische 71, 72
Achtung 13
ADS-Kinder 64
Aggressivität 31, 142 ff., 155 ff.
Allen, Woody 227
Androhung von Liebesentzug 28
Anerkennung 13, 153, 303
- durch die Eltern 91
Anforderungen der Erwachsenen-
  welt 44
Angeber-Eltern 276 ff.
Angst 163, 286, 304
- abbauen 37
Anouilh, Jean 9, 55
Anpassung 55
Anstrengung, loben 23 f.
Anteilnehmen 293
Asendorpf, Jens 126
Aufmerksamkeit 13, 37, 148
Augustinus, Aurelius 190
Autorität, Missachtung der 305
Autoritätsverlust 312 f.

B

Bauchgefühl 248 f.
Bauer, Joachim 284
Bedürfnisse von Kindern 13, 29, 91,
  103
- erkennen 36
- körperliche 54
- seelische 54
- soziale 54
Begabung 133
Belastungen, seelische 163
Belehrung 41
Bemuttern 256, 257
Besonnenheit als Stärke 28
Bestrafung, ungerechte 27
Beten 335
- Gebetsregeln 336 f.
Bevormunden 60
Bewegungsdrang 112
Bovet, Theodor 336
Brecht, Bert 214
Buber, Martin 48, 149, 214, 339
Bueb, Bernhard 8, 102

C

Chardin, Teilhard de 241
Computerspielen 18

D

Defizit-Sicht 68
Demokrit 26 f.
Demütigung 15, 27
Denken
- Entwicklung 30
- optimistisches/positives 75
Disziplin 8
Dränge, kindliche 103 ff.
- Grenzen setzen 106, 111 ff.
Dreikurs, Rudolf 169, 220, 256
Drill 72

E

Ehrlichkeit 301
Eifersucht 173 ff., 273
- als Signal 174
Eigenheiten (des Kindes) 37
- erkennen 107
Eigeninitiative 319
Eigenverantwortung 13
Einfühlungsvermögen 38 ff.
Empathie 3, 39
Einigkeit der Eltern 211 ff.
- Maßnahmen 217, 218
- Verständnis entwickeln 213 ff.
Einsamkeit 149
Einschüchterung 284
Einstellung zum Kind 37
Einzigartigkeit (des Kindes) 14, 25, 48 ff.
Ekman, Paul 21
Eltern
- als Kumpel des Kindes 183
- als Versuchskaninchen 103
- ängstliche 110 f.
- was sie brauchen 183 ff.
- was sie sind 183 ff.
Eltern-Kind-Beziehung 57, 151 ff.,
  204 ff.
- als Fundament der Erziehung 206 f.
Eltern-Kind-Verhältnis 57
Elterntelefon 263
Engstirnigkeit 232 ff.
Enttäuschungen 61
- abwenden 69

Entwicklung
- geistige 20
- körperliche 30
- seelische 19, 274
- soziale 19, 274
Entwicklungsmöglichkeiten, individuelle 50
Erbanlagen 26, 135
- der Eltern 296 ff.
Erfahrungen 20
- soziale 93
Erikson, Erik H. 150
Ermahnungen 21, 289
Erzähl- und Liedgut, religiöses 334
Erziehen, verständnisvolles 8
Erziehung
- als gelebtes Vorbild 190 ff.
- Grundsätze 14
- Informationsmöglichkeiten 46 f.
- maßgeschneiderte 49
- religiöse 326 ff., 339
- - an Vorbildern lernen 330
- - lebendiges Zeugnis 330
- - Ziele 328 f.
- vom Kinde aus 53
- zum Gehorsam 171
- zur Verantwortung 171
Erziehungsfehler 265
Erziehungskompetenz 8, 14, 46
Erziehungskultur, neue 9
Erziehungsmaßnahmen, vertrauenbildende 285
Erziehungsnotstand 8
Erziehungssituation, schwierige 34

F
Fähigkeiten
- resiliente 73
- trainieren 261
Fallbeispiele
- Christian 289ff:
- Manuel 83 ff.
- Markus 62 ff.
- Stephan 267 ff.
Familienfeste 334
Familiengespräch 324
Familientagebuch 324
Fanatismus 227
Fehlentwicklungen 31
Fehlverhalten, kindliches 30 f.
Fernsehen 18
Folgen nichterfüllter Bedürfnisse 30 ff.
Förderung, individuelle 26
Formen kindlichen Fehlverhaltens 30, 31

Fragen an das Kind
- die richtigen stellen 41 f.
- offene 41
- Tipps 345 f.
Freud, Sigmund 227
Freunde 87 ff.
Fröbel, Friedrich 22
Fromm, Erich 240
Frustrationsgrenze 178
Frustrationstoleranz 72
Führung, verständnisvolle 188
Fürsorge 15

G
Gates, Bill 295
Gebet der Vereinten Nationen 337
Geborgenheit 13
Gebote 16
Gefühle als Ratgeber 245 ff.
Gefühlsleben 39
Gehorsam 164 ff.
- und Freiheit 172
Gelassenheit, heitere 226
Geltungsdrang 115 ff.
Gesamtentwicklung des Kindes 30
Geschwister 88
Geschwister-Rivalität 177 f.
Gesichtsausdruck lesen 21
Gespräch, religiöses 332 ff.
Gesprächsführung, konstruktive 42
Gesundheit, seelisch-geistige 15
Gewalt
- Auslöser und Verstärker 158
- Formen 155 ff.
- in der Erziehung 142 ff.
- Ursachen 148 ff.
Gewaltbereitschaft 158 f.
Gewalttäter 147, 157 f.
Gewissen 29
Gewohnheiten antrainieren 137
Glauben leben mit Kindern 326 ff.
Glaubwürdigkeit 193, 314
- der Eltern 101
Gleichbehandlung von Kindern 273
Goethe, Johann Wolfgang von 319
Goleman, Daniel 249
Gottschalk, Thomas 124
Gottvertrauen 226
Grenzen
- akzeptieren 16
- setzen 101 f., 106, 111 ff.
- vom Erwachsenen aus gesehen 107 ff.
- vom Kind aus gesehen 103 ff.
Grenzerfahrungen machen 108
Gruppenzugehörigkeit 149

H

Haffelder, Günter 67
Hahne, Peter 241
Haltung, innere 65
Hemmungen überwinden 125, 129
Herzog, Roman 147
Hesiod 240
Hippokrates 22
Humor, in der Erziehung 225 ff.
– und Ironie 220 ff.

I

Ideale, in der Erziehung 235
– unterschiedliche 237
Imponiergehabe 97
Individualität 26
Inkonsequenz, gelegentliche 119
Intelligenz, emotionale 39, 105, 129,
247
Ironie in der Erziehung 222 ff.

J

Jonas, Hans 56, 195
Jugenderlebnisse 33
Jugendfreundschaften 87

K

Kafka, Franz 203
Kalckreuth, Dr. Barbara von 278
Kasten, Hartmut 176
Kästner, Erich 45
Kaufmann-Huber, Gertrud 325
Kellmer Pringle, Mia 13
Kerschensteiner, Georg 164
Key, Ellen 9
Kind als Statussymbol 308
Kinder
– als Mini-Erwachsene sehen 42 ff.
– Anlagen erkennen 49
– angemessene Pflege 50
– Annäherungen 36 f.
– Bedürfnisse 54
– brauchen ein dickes Fell 69 ff.
– brauchen Freunde 87 ff.
– brauchen Grenzen 101 ff.
– brauchen Vertrauen 56 ff.
– Eigenheiten 51 ff.
– Einfühlungsvermögen entwickeln
38 ff.
– Einstellung 37, 66 f.
– kindliche Rätsel lösen 33 f.
– Klärungen 35
– Konflikte 38
– schwierige 64 f., 68
– sind keine Diplomaten 94 ff.

– stark machen 223
– Vergleiche 51
– verstehen 33 ff.
Kinderfreundschaften 87, 90
Kindern etwas vormachen 64 ff.
Kindesmisshandlung 30, 54, 284
Kindheitserinnerungen 33
Kindliche Rätsel 33 f.
Köhler, Henning 64
Kompetenz, soziale 255
Konfuzius 19
Konkurrenzsituation 159
Konsequent bleiben 117 ff.
Konsequenzen ziehen 187
Kontakte zu and. Kindern 92, 131 ff.
Kontaktfähigkeit 126
Korczak, Janusz 266
Körpersprache 22
Krisenbewältigung, Programm 73
Kritisieren 27, 60
Kunst 20

L

Launenhaftigkeit 17
Lebenseinstellung, optimistische 74
– pessimistische 78
Lebenskrisen 75
Leistung nach Vermögen 23 f.
Leistungsgesellschaft 159
– Maßstäbe 23
Leistungsnormen in der Schule 52
Leistungsprinzip 23
Lernbereitschaft 30
Liebe 13, 15
– beständige, gleichmäßige 15, 17
Liebesbeweise 120 f.
Liebesdrang 111
Liebesentzug 27
Lieblingskinder 271 ff.
– Probleme 272
Lieblosigkeit 17
limbisches System 39
Lindgren, Astrid 142
Lob 13
– der Disziplin 8
Loben, angemessenes 287 f., 292 ff.
Locke, John 136, 240
Lösel, Friedrich 72
Loslassen können 21, 91, 109
Lügen
– aus Angst 301 ff.
– aus Protest 309 f.
– der Eltern 310 ff.
– um nicht zu enttäuschen 307 ff.
– wegen Überforderung 308

M

Machtproben 108
Mahlzeiten, gemeinsame 323
Manipulierbarkeit d. Menschen 138 f.
Maßnahmen, vertrauensbildende 57
Memorandum des Kindes an den Erzieher 180 ff.
Menschenverständnis, christliches 25
Miesmacher 238 ff.
Mini-Erwachsene 9, 42 ff.
Missachtung der Autorität 97
Missbilligung zeigen 27
Misstrauen 26, 313
Mitgefühl beschränken 40
Modell-Verhalten der Eltern 310
Mong-Tse 46
Montaigne, Michel de 32
Montessori, Maria 22
Mutter-Vater-Konflikt 211

N

Neokortex 39
Nervensystem, vegetatives 67
Netzwerk, soziales 149
Newman, John Henry 331
Nissen, Gerhardt 112

O

Opfer-Rolle 77
Optimismus, pädagogischer 137
Orientierung 315 ff.

P

Papst Benedikt XVI. 24, 339
Papst Johannes XXIII. 119
Paul, Jean 32
Pestalozzi, Heinrich 65, 237
Pflichten des Kindes 114 f.
Potenzial, genetisches 48
Prause, Gerhard 140
Primärerfahrungen 80
Protest, kindlicher 97 ff.
Prüfungssituationen 127

R

Rabbi Hillel 123
Rang in der Gruppe 115
Rau, Johannes 147
Reaktion auf Kritik 98 ff.
Regeln 315 ff.
– und Normen 281
Regelverstoß 316
Religion 20
Resilienz 73
– Geschehenes akzeptieren 74
– Lösungen suchen 75
– Opferhaltung aufgeben 77
– optimistische Lebenseinstellung 74 f.
– Vorbeugung 77
Resonanz, vegetative 67
Reviere 318 ff.
Rezzori, Gregor von 82
Rituale 320 ff.
– Alltags 322
– Begrüßung / Verabschiedung 323
– Entschuldigen 324
– Feste 321
– Morgen- und Abendrituale 323
– Streitschlichtungsregeln 324
– Tagesablauf strukturieren 325
Rogers, Carl 42
Roth, Gerhard 246
Rousseau, Jean Jacques 206
Rufo, Marcel 175

S

Schimpfen 27
Schüchternheit 31, 124 ff.
– der Eltern 129
– erste Anzeichen 128
– fremdgemachte 130 ff.
– hausgemachte 128
Schuldgefühle vermitteln 264 f.
Schweigen 60
Schweitzer, Albert 287
Schwindeleien 40
Selbständigkeit 13, 171 f., 318, 320
Selbstanklage 75
Selbstbewusstsein 79, 154
Selbstdisziplin 250
Selbstentdeckung 21
Selbstkontrolle 250
Selbstschutz 69
Selbsttätigkeit 318 ff.
Selbstvertrauen 79, 81, 154, 318
– stärken 25
Selbstwertgefühl 287
Selbstwirksamkeit 79
Seneca 69, 124
Sokrates 123, 240, 243, 250
Sorgerechtsentzug 30
SOS-Rufe (des Kindes) 31
SOS-Situationen 76, 302
Sozialisation des Kindes 44
Spannungen lösen 221
Spaßgesellschaft 108
Spiel, in jeder Form 20, 22 f.
Spieldrang 114
– Bedeutung für das Kind 22 f.
– selbständiges 22

Spielregeln 108, 316
Spießer 232 ff.
Spinoza, Baruch 226
Spitz, René 158
Spitzer, Manfred 141
Spontaneität 95
Sport 20
Sprache 20, 21, 30
Stimmungen 248
Strafe 15, 61
Strafpredigt 21
Streit 31
Streitschlichtung 42
Streitsucht 15
Struck, Peter 114

T
Teilleistungen loben 24
Tolstoj, Leo 33
Tucholsky, Kurt 226

U
Überängstlichkeit 256
Übernachten 93
Umweltfaktoren 26
Unbekümmertheit 95
Uneinsichtigkeit, Fehler 307
Ungehorsam 15
– als Aufbegehren 169
Ungerechtigkeit 28, 61, 69, 169
Unterbringen im Heim 28
Unternehmungen, gemeinsame 19 f.
Unverständnis 38
Unverwundbare Kinder 72

V
Valentin, Karl 80, 243
Verantwortliches handeln einüben 25
Verantwortung 24 f.
– der Eltern 28 f.
– übernehmen 56
Verantwortungsbewusstsein 318
Verbote 16, 187
Verhalten
– egozentrisches 37
– kumpelhaftes 189
– soziales 30
Verhaltenssauffälligkeiten 32
Verhaltenstipps für Eltern 244 f.
Verletzungen, seelische 145
Versagen 25
Verständnis aufbringen 34
– für kindliche Bedürfnisse 14

Verstehen, gegenseitiges 36
Vertrauen 56 ff., 314
– Entwicklung 57 f.
– gegenseitiges 59
– verlieren 60
Vertrauensverlust 101
Verwöhnung des Kindes 112, 251 ff.
– Folgen 261 ff.
– materielle 253 f.
– Resignation 260
– Schuldgefühle 258
– soziale 255
– Uneinigkeit 259
– Ursachen 255 ff.
– Vergangenheitsbewältigung 259
Verzichten 18
»Vier-Stufen-Plan der Erziehung«
    279 ff.
– Drohungen 282
– Ermahnungen 281
– Gesetzgebung 280
– Strafen 282
– Varianten 283
Vorbildfunktion 192 ff., 310
Vorschriften 107

W
Wahlgren, Anna 117, 265
Wahrnehmung 151
Watson, J. B. 137
Weizsäcker, Richard von 160
Welten öffnen (dem Kind) 20 ff.
Wendepunkte des Lebens 77
Wiederkäuer 228 ff.
Wille
– böser 104
– eigener 38
Wohlergehen, körperliches 53 ff.

Z
Zehn Gebote 330
Zehn Gebote der Kindererziehung 13 ff.
Zeichen, heilige 338 f.
Zeit-Problem 18
Zeugnisse religiösen Lebens 335
Zugehörigkeit 320 ff.
Zusammengehörigkeit stärken 59
Zusammenspiel von Erbanlagen und
    Umwelteinflüssen 26, 133 ff., 297
Zuversicht 59
Zuwendung 115, 151 f.
Zwischentöne beachten 40
Zynismus 221

KINDER: Reg dich ab! Von manchen

ELTERN: Das sagt man nicht! Hör auf damit! Jetzt reicht's

Sachen hast du einfach null Ahnung!

mir mit dir! Was erlaubst du dir? Geh in dein Zimmer!

Lass mich einfach mal in Ruhe! War-

Hast du keine Augen im Kopf? Du raubst mir den letzten

um habt ihr mich eigentlich in die

Nerv! Das war das letzte Mal! Verschwinde! Ich will

Welt gesetzt? Du kannst mich mal!

doch nur dein Bestes! Das ist nun der Dank! Ich warne

Blaaaah – Blaaah – Blaah! Bist du

dich nicht noch mal! Mach nur so weiter! Bist du völ-

nie Kind / jung gewesen? Zeig mir

lig durch den Wind? Das wirst du noch bereuen! Hast du

doch mal deine Zeugnisse! Ich weiß

den Verstand verloren? Das hast du nun davon! Was sol-

— du warst früher immer perfekt.

len bloß die anderen denken? Sei doch nicht so kindisch!

Ist mir doch scheißegal! Ihr haltet

Wann wirst du endlich vernünftig? Hast du keine Ohren?

mich für durchgeknallt! Misch dich

Benimm dich! Kannst du nicht aufpassen? Spar dir deine

nicht immer gleich ein! Kannst du

Ausreden! Hau ab oder ich vergesse mich! Stell dich doch

das nicht einfach für dich behal-

nicht so (blöd) an! Das ist nichts für dich! Du kriegst

ten? Diesen Kommentar hättest du

gleich was auf die Finger! Entschuldige dich! Mach, dass

dir sparen können! Jaaaa! Du weißt

du wegkommst! Dir glaub ich kein Wort mehr! Hast du

mal wieder alles besser! Du bist

das endlich kapiert? Siehste, das haste jetzt davon! Mach

nicht mein Bestimmer! Das hab ich

nicht so ein Theater! Was soll das jetzt schon wieder?

doch nicht mit Absicht gemacht!

Halt dich da raus! Kannst du nicht hören? Das glaubst du

Halt doch einfach mal die Klappe!

<du bist echt 'ne Strafe! Spar dir
ja selber nicht! Lass das sein! Wo warst du schon wie-
den Atem! Wie kann man nur sooo
der? Räum endlich mal auf! Sieh mich an, wenn du mit
von gestern sein? Du bist total un-
mir sprichst! Das tut man nicht! Das verstehst du so-
gerecht! Warum bist du nie auf mei-
wieso nicht! Schämst du dich eigentlich nicht? Ich kann
ner Seite? Du nervst mich! Hätte
dich nicht mehr sehen! Was hast du da wieder angestellt?
ich bloß nichts gesagt! Du kannst
Wenn ich dich noch einmal erwische! Das kommt gar nicht
mich mal! Du bist eine richtige Me-
in Frage! Was soll das schon wieder? Das werde ich Papa
ckerziege! Ich bin nicht dein Depp!
sagen! Geh mir aus dem Weg! Du lügst wie gedruckt!
Darauf kannst du lange warten! Ich
Das hab ich dir schon x-mal verboten! Halt doch einfach
hab jetzt keinen Bock! Lass deine
mal deine Klappe! Musst du immer das letzte Wort haben?
schlechte Laune nicht an mir aus!
Mach, dass du rauskommst! Warum kann ich mich auf dich
Mir stinkt's! Mach die Tür zu – von
nicht verlassen? Ich hab die Nase voll! Nimm dir an mir
außen! Keiner versteht mich! Das
ein Beispiel! Plärr nicht so rum! Das erlaube ich dir auf
war ich gar nicht! Immer geht's
keinen Fall! Nimm die Finger da weg! Wie oft muss ich dir
nach deinem Kopf! Du bist sooo
das noch sagen? Das könnte dir so passen! Was bildest
gemein! Das ist nicht dein Ernst,
du dir eigentlich ein? Willst du oder kannst du mich nicht
oder? Du bist echt blöd! Hörst du
verstehen? Geh ins Bett! So erreichst du nichts bei mir!
dich selber gern reden? Warum im-
Sitz gerade! Mach nur so weiter! Erzähl keinen Quatsch!
mer ich?>